ECONOMY AND MANAGEMENT

中国社会科学院重大(重点)项目研究成果系列
ZHONGGUO SHEHUI KEXUE ZHONGDA XIANMU YANJIU CHENGGUO XILIE

本书获中国社会科学院出版基金资助

中国对外贸易的环境成本

——基于能耗视角的分析

张友国 著

ZHONGGUO DUIWAI MAOYI DE
HUANJING CHENGBEN

JIBEN NENGHAO SHIJIAO DE FENXI

中国社会科学出版社

图书在版编目（CIP）数据

中国对外贸易的环境成本：基于能耗视角的分析/张友
国著 . —北京：中国社会科学出版社，2011.5
ISBN 978 - 7 - 5004 - 9452 - 2

Ⅰ.①中⋯ Ⅱ.①张⋯ Ⅲ.①对外贸易—研究—中国
Ⅳ.①F752

中国版本图书馆 CIP 数据核字（2011）第 001090 号

策划编辑 卢小生（E - mail：georgelu@ vip. sina. com）
责任编辑 卢小生
责任校对 李 莉
封面设计 杨 蕾
技术编辑 李 建

出版发行	中国社会科学出版社		
社　　址	北京鼓楼西大街甲 158 号	邮　编	100720
电　　话	010 - 84029450（邮购）		
网　　址	http：//www. csspw. cn		
经　　销	新华书店		
印　　刷	北京新魏印刷厂	装　订	广增装订厂
版　　次	2011 年 5 月第 1 版	印　次	2011 年 5 月第 1 次印刷
开　　本	710×1000　1/16	插　页	2
印　　张	19	印　数	1—6000 册
字　　数	312 千字		
定　　价	38.00 元		

序

　　改革开放以来，中国确立了"以经济建设为中心"的发展战略，经济增长十分迅速，目前经济总量已超越日本而位居全球第二。中国的经济发展模式引来了国际和国内社会各界的关注。然而，伴随经济快速增长而来的还有逐年增加的能源消耗和污染排放。这些问题则使中国面临的能源供给和生态环境保护压力以及国际舆论压力变得突出起来。因而，转变经济发展方式，促进经济与自然资源和生态环境保护协调发展成为当前中国发展的指导思想和社会各界的共识。

　　在过去30多年中，中国始终坚持对外开放，制定了一系列政策、措施鼓励贸易的发展和吸引国外投资。贸易的迅速扩张成为中国经济快速增长的一个重要驱动因素。显然，中国的资源环境问题在很大程度上也与中国的贸易有关。二者之间的关系近年来也日益受到社会各界的关注。

　　《中国对外贸易的环境成本——基于能耗视角的分析》正是研究上述问题的一本专著。其作者张友国博士自2001年跟随我攻读博士学位起就开始研究中国的经济发展与资源利用和环境保护之间的相互影响。在关注相关理论的同时，他致力于将具有重要应用价值的数量经济学方法引入经济—能源—环境问题研究。近年来，他在这一领域取得了一系列高质量的研究成果。这本书就反映了作者一贯坚持将理论与中国的重大现实问题相联系、重视研究的系统性、方法的科学性以及论据可靠性的研究偏好和严谨学风。

　　在书中，作者基于（进口）非竞争型投入产出模型和国家统计局、国家发展和改革委员会能源局及中国海关等权威机构发布的数据，估计了贸易对中国的能源消耗和相关污染排放的贡献（贸易含污量），分析了中国贸易含污量的行业分布和国别（地区）流向，并将其估计的结果与以往的研究结果进行了比较。在此基础上，作者进一步采用投入产出结构分解方法分析了贸易规模、贸易结构和一系列技术变化因素对中国能源消耗和相关污染排放的影响。

其结果表明，无论是绝对量还是相对水平，中国对外贸易的环境成本一直呈现不断增加的态势，自中国加入世界贸易组织以来，其增长尤其迅速，对中国的能源消耗和相关污染物排放产生了重大影响。由此可见，中国巨大的能源消耗和污染排放不完全是为了自身发展，还有很大部分是为了向世界其他国家提供廉价的商品。在当前备受世人瞩目的国际气候谈判中，贸易的影响是需要考虑的重要公平因素。书中内容有益于加深对此问题的理解。

该书还表明，导致中国贸易含污量迅速增加的直接原因是贸易规模扩张的规模效应，这与中国"大进大出，两头在外"的贸易模式密切相关。技术因素虽然在很大程度上抑制了贸易含污量的增加，但这一技术效应也只能部分地抵消了上述规模效应。因而，加强技术进步、优化贸易结构是中国降低贸易能源环境成本的有效途径。

此外，作者还通过大量的文献阅读，系统地回顾了中国自改革开放以来采取的一系列贸易政策，概括了贸易与环境相互影响的有关理论，对投入产出模型及结构分解方法在经济、资源及环境问题研究中的应用均有很好的梳理。

总之，该书的研究方法兼顾了理论方法的科学性和数据的可获得性，得出了符合实际的结论，具有重要的学术和政策参考价值。"学无止境"，希望作者再接再厉，贡献更多更好的研究成果。

郑玉歆

2011 年 3 月于北京

目　录

前　言

　　1949 年 10 月 1 日中华人民共和国宣告成立，社会主义建设事业的序幕也正式拉开。面对西方发达国家的经济封锁和随时可能爆发的战争威胁，中国人民自力更生、艰苦创业，经过 30 多年的努力，从无到有，逐步建立起门类齐全的国民经济体系，国力日盛。西方发达国家无论是发动的武装战争还是冷战都不能遏制中国的崛起，"和平与发展"遂成为中国面对的世界潮流。自强不息使新中国赢得了自身的生存权和发展空间。

　　20 世纪 70 年代初，世界能源危机引爆了世界经济危机，美国及其他主要资本主义国家普遍出现了"滞胀"现象。这些国家迫切需要为其资本找到新的出路来获取利润，重组其产业结构，并寻找新的廉价商品来源。中国有廉价的劳动力、土地、自然资源和环境以及巨大的市场，而资金、一些相对先进的生产技术和管理手段则相对缺乏。基于上述形势，中国在 70 年代末将对外开放确立为国家发展战略。

　　在实施对外开放战略过程中，中国采取了一系列贸易政策、措施，跨国公司也纷纷来华投资设厂，中国的对外贸易尤其是加工贸易增长十分迅速。贸易的扩张为中国的经济增长和就业作出了贡献，但同时也给中国带来了一系列麻烦，如过度依赖出口的经济增长和就业风险、汇率风险、贸易摩擦、国内相关产业及自主创新受到的冲击等。许多研究者已经就上述贸易引起的经济问题进行了深入的研究。有关这些研究的回顾和总结便构成了本书第一章的主要内容。

　　随着国际社会以及国人可持续发展和环境意识的不断增强，与贸易相关的资源环境问题近年来也日益受到社会各界的关注。相关文献不断增加，其中既有针对具体环境事件的调查报告，也有针对贸易和环境相关性的理论分析和实证分析。而最近，引起不少研究者兴趣的则是这样一个问题：贸易对中国资源消耗和环境污染的贡献到底有多大？这一问题的解决不仅有助于人们深入认识贸易的环境影响，为相关研究提供借鉴，还能为决策者制定具有针对性的贸易政策、能源政策和环境政策提供参考依据。而这正是本书的核心内容。

　　本书第二章着重分析了贸易影响中国生态环境的途径。贸易的环境效应大致可以归纳为配置效应、规模效应、收入效应、结构效应、产品效应、技术效应和政策效应七个方面。而贸易的上述环境效应在中国均有不同程度的体现。一方面，贸易对中国的生态环境产生了积极影响，如贸易缓解了中国的资源供应紧张以及生态环境的压力，促进了国外环保技术和产品在中国的扩散；另一方面，贸易也对中国的生态环境产生了消极影响，如贸易在极大地促进中国经济快速增长的同时，也对中国的环境造成了不小的冲击。然而，贸易对中国生态环境的综合影响是怎样的呢？这就需要采用科学的方法来进行定量的估计和判断。

　　第三章回顾了投入产出模型在资源与环境成本分析中的应用，从贸易含污量概念出发，基于（进口）非竞争性投入产出模型建立了贸易的环境影响评价模型。世上没有普遍意义上的最好的研究方法，只有针对具体问题和研究目标的最合适的研究方法。采用投入产出模型来测度贸易的能源环境影响的最大优势在于，这种方法既考虑了贸易的直接环境影响，又考虑了贸易通过产业间的相互联系所间接引起的环境影响。这意味着投入产出模型考虑了贸易产品或服务的完全环境影响，因而它具备产品生命周期分析（life cycle analysis，LCA）的特点。因而无论是国外还是国内的相关研究，投入产出模型都是估计贸易对一国资源消耗和环境影响的主流方法。

　　而所谓（进口）非竞争型投入产出模型是区分了中间投入和最终使用中国产品和进口品的一种投入产出模型。由于本国的资源消耗和污染排放只与国产品的生产有关，如果不区分国产品和进口品，则有关贸易含污量的估计势必产生理论上的偏差。因而基于（进口）非竞争型投入产出模型来估计贸易含污量，可以消除这种理论偏差。这就是本书基于这种投入产出模型展开研究的基本出发点。具体地说，这一章给出了出口含污量、进口含污量、进口节污量、净贸易含污量的定义，并用分别用它们来衡量出口、进口和净出口的能源环境影响；定义了环境贸易条件，以衡量中国在能源环境方面的贸易状况。

第四章实证分析了1987—2007年中国总的贸易污量，在此基础上，分析了中国的环境贸易条件和行业出口的环境影响；评价了中国与OECD国家货物贸易的环境影响，并与其他相关研究的结果进行了相关的比较分析。结果表明：（1）出口和进口对中国的能耗和主要污染物排放的影响都不断增大。2005年以来，中国也已成为能源、二氧化碳和二氧化硫的净输出国。（2）1987年以来，中国的环境贸易条件呈现不断恶化的趋势。（3）中国的出口含碳量主要集中于制造业部门出口的产品，其中通信设备、计算机及其他电子设备制造业、化学工业、电气、机械及器材制造业、交通运输仓储及邮电业和纺织业等部门近年的出口对中国碳排放的影响较大。（4）中国的贸易含污量主要体现在中国与亚太地区国家的双边贸易中，具有一定的地缘特征。（5）贸易的完全和直接能源环境影响相差悬殊。（6）由于本书与以往研究的方法有所不同，因而本书研究得出的结果与以往研究的结果有明显的差异。

第五章从生态效率角度对中国出口部门的可持续性进行了评价。结果表明：（1）2002年以来，中国出口部门的生态效率整体呈现不断上升的趋势，尤其是基于二氧化硫排放的生态效率有显著改善。不过，相对于各类需求的平均生态效率水平而言，出口部门的生态效率还略显太低，尤其是低于居民消费和政府消费的生态效率。（2）按照完全生态效率认定的高效率出口产品或服务与按照直接生态效率认定的高效率出口产品或服务具有较大的差异。如通信设备、计算机及其他电子设备，非物质生产部门以及批发和零售贸易或住宿和餐饮业提供的服务等。无论是根据完全生态效率还是直接生态效率评价，低效率的出口产品都基本相同。如金属冶炼及压延加工业产品、非金属矿物制品业产品以及矿产品等。

第六章旨在提出贸易含污量变化的比较静态分析框架，并对中国的贸易含污量变化进行实证分析。为此，本章对投入产出结构分解分析（input-output structural decomposition analysis，SDA）的基本原理和最新进展进行了介绍，回顾了SDA在经济、资源和环境问题分析中的应用，然后结合第三章的模型，给出了贸易含能量和贸易含硫量的四因素结构分解模型、贸易含碳量的六因素结构分解模型以及外向型需求模式的能源环境影响模型，并结合中国的情况进行了实证分析。结果表明，在整个研究时期内，出口含污量的迅速膨胀主要是出口规模的快速扩张带来的，而技术进步有效地遏制了上述规模效应，出口结构变化也导致出口含污量有所增加，但其影响很小。进口含污量的结构分解结果显示出与上述类似的情形，但进口结构变化却导致进口含污量有所下降。20 世纪 90 年代以来的外向型需求模式也导致中国的能源环境成本有所上升，尽管这一影响相对来说不是很大。

第七章是本书的结论和相关的政策含义分析。本书认为，中国对外贸易的环境成本不可避免地随着出口规模的迅速扩张而增加，已经到了不可忽视的地步，同时环境贸易条件也在不断恶化。中国的净贸易含碳量数额巨大，在确定中国的碳排放责任时需要考虑这一因素。中国贸易含碳量的快速增加与中国改革开放以来逐渐形成的外向型经济增长模式、贸易增长模式密切相关，中国贸易含碳量的国别（地区）流向和贸易格局密切相关。出口结构的变化总体上也不利于降低贸易的环境成本，但是，由生产部门的能源强度、投入结构、能源结构以及碳排放系数的变化带来的技术效应却有效地抑制了贸易的环境成本。

本书是中国社会科学院重点课题《中国对外贸易的"环境成本"——评估与对策研究》的最终研究成果。中国社会科学院为课题研究提供了经费资助和其他各种学术便利条件，并为本书的出版提供了资助。作者所在的中国社会科学院数量经济与技术经济研究所对这一课题的申请立项给予了大力支持。

在研究过程中，作者所在机构的郑玉歆研究员、郑易生研究员、张晓研究员、徐松龄研究员提出了许多宝贵建议。齐建国研究员、杨敏英研究员、樊明太研究员以及清华大学的齐晔教授对研究成果进行了富有建设性的评论。作者还曾就研究方法及数据问题请教于沈利生研究员、曾力生研究员、姚愉芳研究员、国务院发展研究中心的吴振宇博士及国家统计局的齐舒畅先生。

张杰女士的热心帮助和高效率的科研管理工作保证了本书的顺利出版。中国社会科学出版社的卢小生编审、李莉女士、杨蕾女士和李建先生对本书进行了认真的编校工作，使本书最终得以呈现在读者面前。

本书中的部分内容已分别发表在《数量经济技术经济研究》（2009 年

第 1 期）、《财贸经济》（2009 年第 5 期）、《统计研究》（2009 年第 7 期）
和《经济学季刊》（2010 年第 9 卷第 4 期），这些期刊的编辑部已经许可
作者将这些文章与课题其他内容一并出版。

　　在此作者谨向上述机构和个人表示诚挚的敬意和谢忱。当然，本书仅
代表作者个人的观点，书中所出现的任何错误、不足和疏漏均由作者负
责。欢迎各位读者批评指正！

张友国

2011 年 3 月于北京

第一章 中国的对外开放与
贸易发展回顾[①]

  第二次世界大战以来，世界政治经济关系演变的一个突出特点就是全球化的不断深化和扩展。对于全球化，可以从多个角度来理解，包括国际关系、经济融合即经济全球化、价值观念融合、西化或现代化等（Scholte，2000）。而其中对全球化最流行的理解恐怕要属经济全球化。我们可以把经济全球化进一步理解成各国的经济发展通过贸易、外国直接投资（FDI）、短期资本流动、国家劳动和人口流动以及技术的扩散转移等方式融入国际经济体系的过程（Bhagwati，2004；IMF，2002）。虽然这种理解比较狭隘，但事实上当前的全球化也主要是通过经济全球化——或更具体地说——贸易自由化实现的。贸易自由化既是全球化的驱动力，又是全球化的具体表现（Panayotou，2000）。

  在贸易不断活跃的同时，许多区域性和全球性环境问题如大气的跨境污染、酸雨、全球气候变暖、臭氧层消耗、热带雨林剧减等的日益突出，环境问题已超过国内政策的范畴，逐渐成为国际社会关注的一个主要问题。这些环境问题的发生使人们意识到，经济全球化或贸易自由化虽然给全球各国带来了许多机遇，但经济全球化的同时也会造成经济外部性的全球化，从而给各国的资源环境体系带来了压力，并使全球不平等更加恶化。因而，一系列国际多边环境协议（MEAs）包括有关全球气候变暖，臭氧层的保护，生物多样性保护，濒危物种、危险物品的贸易等问题的协议也已经相继出台。显然，经济全球化引起的环境退化给这个已经不安全的世界带来了新的安全威胁（Najam et al.，2007）。

---

  ① 如无特别说明，本章的主要数据来自中国对外开放 30 周年回顾展宣传网（http：//kai-fangzhansb. mofcom. gov. cn/huigu/exhibition/show_ 1. jsp）。

中国自 1978 年确定改革开放的发展战略以来，也逐渐融入全球化的浪潮。到目前为止，中国的开放政策已经执行了 30 年。在这一过程中，中国的对外贸易取得了长足发展，为中国的经济发展作出了巨大的贡献，尤其是自中国加入世界贸易组织之后，中国融入全球化的速度迅速上升，融入全球化的程度也快速增加。在这一过程中，中国逐渐成为举世公认的"世界工厂"，中国为世界提供了大量的廉价商品。中国也因出口的迅猛增长而获得了举世瞩目的高速经济增长。但中国所采取的贸易发展战略也存在很多问题，给中国的经济社会发展带来了很多不良影响。中国急剧增长的环境污染、迅速恶化的环境质量以及国际国内日趋高涨的环境意识则使人们对贸易的讨论不再仅仅停留在经济层面，贸易的环境代价逐渐成为人们关注的另一个焦点。

一　改革开放的政治经济逻辑

改革开放前，中国实施的经济发展战略大体上是一种赶超战略，即在经济、军事及社会发展水平的诸方面力图赶上和超过西方发达国家（姚晓荣，2005）。主要发展目标就是尽快实现工业化，而工业化则以优先发展重工业为中心，重工业发展中又将钢铁工业放在首位。

中国之所以在那个时期制定那样的经济发展战略，一个重要的因素是当时的国际政治背景。第二次世界大战以后，许多新生的国家由于战前受资本主义国家侵略，因而逐渐由民族、民主革命而走上社会主义革命的道路，新中国成立后也自然而然选择了社会主义制度。社会主义和资本主义成为世界两大对立阵营，随时可能爆发的战争威胁着这些新生的社会主义国家。在这样的国际环境中，社会主义只有在经济发展上表现出超过资本主义的优越性和速度，才有可能存在和发展。因此，20 世纪多数新生的社会主义国家都采取了赶超战略。

作为新生社会主义国家的中国也顺应了这一潮流。20 世纪 50 年代的朝鲜战争和中国台湾问题，60 年代的中印边境冲突、越南战争升级以及中苏边境冲突都使中国的安全受到威胁。党和国家领导人充分地认识到，没有强大的国防体系，中国就难以屹立于这个世界。而这一战略又最终具体为发展工业，尤其是重工业，即苏联社会主义工业化模式。选择这种模式是因为它既能实现工业化，又能过渡到社会主义。另外，当时中国自身的一些因素也促使中国选择了苏联社会主义工业化模式。主要是当时中国的重工业基础薄弱，制约着中国工业的进一步发展，是关系经济发展、国力强盛的"瓶颈"产业。同时，由于发达资本主义国家对中国的经济封锁和禁运政策，使得自力更生和自给自足成为中国发展经济的指导思想。

现在来看，在上述经济发展战略和政策推动下，中国的主要工业产品产量迅速增长，一系列新兴工业部门也相继建立起来。1949—1978 年，中国的工业总产值增长了 29 倍，其中，重工业总产值增长了 62.5 倍；全国农业总产值增长 4.8 倍。工农业的比重发生了根本性的变化，1949 年农业比重为 70%，工业只有 30%；而 1978 年农业比重仅为 27.8%，工业达到 72.2%。

对外开放之所以成为改革的一个重要方面是因为中国在被封闭的情形下发展了多年，但经济基础仍然薄弱。进一步发展经济急需大量的资金投入，并需要采用先进的技术和管理手段以改变粗放式的经济增长方式。而中国自身在这些方面都不具有优势。因而适当吸纳国外的资金、引进国外先进的技术和管理经验用于中国的经济发展便成为合乎逻辑的经济发展战略。

第二次世界大战后，各国都把发展对外贸易作为一项经济发展战略，世界经济发展中的一个突出现象是国际贸易的迅速增长，其增长速度大大快于整个经济增长的速度（张蕴岭，2006）。不少国家通过贸易获得了经济的巨大发展。例如，同为东亚国家的日本，在战后确定了贸易立国的经济发展战略，并成功地通过这一战略的实施，取得了经济上的飞速发展，成为世界经济大国之一。韩国也是在这一时期，抓住机遇，通过贸易，带动了整个国家的经济发展。这也为中国作出对外开放的战略决策提供了借鉴和依据①。

20 世纪 70 年代，世界总体形势也趋于缓和，中国决策层判断"和平"与"发展"将逐渐成为世界的主流②。作为一个领土大国和一支重

---

①　"现在的世界是开放世界。中国在西方国家产业革命以后变得落后了，一个重要原因就是闭关自守。建国后，人家封锁我们，在某种程度上我们也还是闭关自守，这给我国带来了一些困难。三十几年的经验教训告诉我们，关起门来搞建设是不行的，发展不起来。"（《邓小平文选》第三卷，第 64 页）

②　"欧美国家和日本是发达国家，继续发展下去，面临的是什么问题？你们的资本要找出路，贸易要找出路，市场要找出路，不解决这个问题，你们的发展总是要受到限制的。……总之，南方得不到适当的发展，北方的资本和商品出路就有限得很，如果南方继续贫困下去，北方就可能没有出路。"（《和平和发展是当代世界的两大问题》，《邓小平文选》第三卷，第 105—106 页）

要的和平力量的中国，对于维持世界和平而言，其经济实力还很不足。这意味着世界需要一个经济实力不断增强的中国以使世界和平更加稳定，发展更具有前景。对中国而言，也是一个通过开放发展经济的难得机遇①。

更为重要的是，决策层还意识到，只要坚持以公有制为主体，走共同富裕的道路，不发生两极分化，引进外资和国外技术就不会改变中国的社会主义方向、不会违背社会主义原则②。因此，对外开放有助于中国的社会主义建设，有助于发展生产力并进而增强社会主义的优越性。对外开放也就顺理成章地成为改革的重要内容。

---

① "要扩大对外开放，现在开放得不够。要抓住西欧国家经济困难的时机，同他们搞技术合作，使我们的技术改造能够快一些搞上去。同东欧国家合作，也有文章可做，他们有一些技术比我们好，我们的一些东西他们也需要。中国是一个大的市场，许多国家都想同我们搞点合作，做点买卖，我们要很好利用。这是一个战略问题。"（《用外国智力和扩大对外开放》，《邓小平文选》第三卷，第 32 页）

② "在改革中坚持社会主义方向，这是一个很重要的问题……我们现在讲的对内搞活经济、对外开放是在坚持社会主义原则下开展的。社会主义有两个非常重要的方面，一是以公有制为主体，二是不搞两极分化……同时，发展一点个体经济，吸收外国的资金和技术，欢迎中外合资合作，甚至欢迎外国独资到中国办工厂，这些都是对社会主义经济的补充。一个三资企业办起来，工人可以拿到工资，国家可以得到税收，合资合作的企业收入还有一部分归社会主义所有。更重要的是，从这些企业中，我们可以学到一些好的管理经验和先进的技术，用于发展社会主义经济。这样做不会也不可能破坏社会主义经济。我们倒是觉得现在外国投资太少，还不能满足我们的需要。"（《改革是中国发展生产力的必由之路》，《邓小平文选》第三卷，第 138—139页）

"三中全会以来，我们一直强调坚持四项基本原则，其中最重要的一条是坚持社会主义制度。而要坚持社会主义制度，最根本的是要发展社会生产力，这个问题长期以来我们并没有解决好。社会主义优越性最终要体现在生产力能够更好地发展上。多年的经验表明，要发展生产力，靠过去的经济体制不能解决问题。所以，我们吸收资本主义中一些有用的方法来发展生产力。现在看得很清楚，实行对外开放政策，搞计划经济和市场经济相结合，进行一系列的体制改革，这个路子是对的。这样做是否违反社会主义的原则呢？没有。因为我们在改革中坚持了两条，一条是公有制经济始终占主体地位，一条是发展经济要走共同富裕的道路，始终避免两极分化。我们吸收外资，允许个体经济发展，不会影响以公有制经济为主体这一基本点。相反的，吸收外资也好，允许个体经济的存在和发展也好，归根到底，是要更有力地发展生产力，加强公有制经济。只要我国经济中公有制占主体地位，就可以避免两极分化。"（《社会主义和市场经济不存在根本矛盾》，《邓小平文选》第三卷，第 149 页）

二　中国对外开放的不断深化

改革开放前，由于发达资本主义国家实行对中国的经济封锁和禁运政策，自力更生和自给自足成为中国发展经济的指导思想。在对外贸易战略方面，中国此时基本上采取的是"进口替代"战略。在1960年之前选择的进口替代行业基本上是重工业，随后才开始有计划地引进部分基础工业。政府也采取进出口管制、征收关税、海关监管和商品检验等具体的贸易措施。主要是为了保护中国已有一定基础的手工业和轻工业产品以及其他新兴工业产品的正常生产和发展，不致遭受外来商品的竞争（刘似臣，2004）。

决定实施改革开放战略以后，"由于中国地域辽阔，改革开放前长期实行计划经济，如何有步骤地进行对外开放，减少开放的风险，成为一个重要的战略问题。因此，根据中国国情和国际经验，采取了渐进式对外开放策略，即开放区域采取了由点（经济特区先行）到线（沿海地区）、由线到面（内陆）梯度推进的做法；开放领域则采取了先货物贸易后服务贸易、先制造业后服务业逐步扩大，直至全面开放的做法；市场运行规则逐步与多边贸易体制和国际惯例接轨"（王子先和姜荣春，2008）。

随着改革开放的不断深化，中国加入了世界贸易组织，并成为以"世界工厂"著称的世界贸易大国，中国的对外贸易政策逐步得到调整、丰富和完善。

（一）对外贸易发展中的重要体制改革

在对外开放程度不断深化的过程中，中国在对外贸易领域相应地制定和实施了一系列体制改革措施。按制定和实施的先后顺序，这些政策措施主要包括下放对外贸易经营和管理权限、设立经济特区和确定"发展开放型经济"的发展战略三个方面。

1.下放对外贸易经营和管理权限

研究者普遍认为，下放对外贸易经营和管理权限是改革开放初期最为重要和最为核心的改革措施（李计广、桑百川，2008；王子先、姜荣春，2008；于培伟，2008）。这是因为，改革开放初期，对外贸易被看成是社会主义扩大再生产的补充手段，局限于互通有无、调剂余缺，并依然实行高度集中的指令性计划管理，由国营外贸公司集中统一经营，对外贸易远远不能适应经济发展的需要（于培伟，2008）。

根据李计广、桑百川（2008）的总结，下放对外贸易经营和管理权限主要经历了如下阶段：1983年对部分国有大中型企业开始赋予自营进出口权的试点工作；1985年将从事外贸经营许可的审批权限从中央下放到地方；1988年5月21日，外经贸部进一步将审批权限下放到省级外经贸主管部门及经济特区、经济开发区所在城市的外经贸主管部门，但规定不得层层下放；1992—1993年，先后批准出台了赋予各类企业进出口权的4个文件。加入世界贸易组织标志着我国外贸经营体制的又一次深刻的变革。在加入世界贸易组织后3年过渡期内，我国逐步放开了贸易权的范围和可获性，取消了贸易权的审批制。

2. 设置"经济特区"

设置"经济特区"在中国已经是家喻户晓的一项重要体制改革措施。1980年中央批准在深圳等地设置"经济特区"，给予特区政府实行一系列特殊经济政策的权利，由此开启了中国的开放进程。所谓的"特殊政策"主要有两方面的特点：一是通过中央与地方政府之间的谈判（设租与寻租的过程），给予特定区域更大的发展对外经济的自主权利；二是这些地方政府可以给予外资一系列特殊政策优惠（张蕴岭，2006；郑凯捷，2008）。

而之所以设置"经济特区"是鉴于整个计划经济体制的改革需要时间，有效的办法是划出一个地区，实行特殊政策，"进行体制外循环"。其主要目的是学习外商市场经营经验，赚取外汇，解决外汇严重稀缺问题，所以提出"利用外资"，以及增加供给，解决短缺经济的短缺问题（张蕴岭，2006）。而由于在实行特殊政策启动开放的同时，国内体制也进行了一些相应的改革和变化。因而，这一过程同时也是整个中国经济体制改革的先驱。它瓦解了原先的计划经济与中央集权管理体制，也启动了一系列体制改革的探索过程（郑凯捷，2008）。

这一时期，我国抓住亚洲"四小龙"①产业结构升级、劳动密集型产

---

① 韩国、新加坡、中国香港和中国台湾。

业向外转移的机遇，发挥我国劳动力资源丰富的比较优势，大力发展劳动密集型出口加工业。这一阶段的对外开放为我国经济增长注入了活力，为经济体制改革提供了样板和经验，度过了经济发展最为关键和艰难的时期（陈德铭，2008b）。

在特区经验成功之后，中央延续这一"给予特殊政策启动开放"的思路与模式，将对外开放拓展到更多的地区和领域，如沿海开放城市、经济技术开发区和沿海经济开放区，等等（郑凯捷，2008）。最终形成"经济特区—沿海港口城市—经济技术开发区—沿海经济开发区—内地经济中心城市"的一个多层次、有重点、全方位的对外开放格局（李安方，2007）。而在经济特区陆续进行的一系列有益的改革尝试以及国家在涉外体制方面也进行了一系列市场化改革，从而逐步建立起了较为完善的吸收利用外资、发展外贸的经营管理体制（金柏松，2004；郑凯捷，2008）。

3. 确定"发展开放型经济"的发展战略

当进入20世纪90年代中国的对外开放发展到一定阶段，外向型经济已经发展成为中国国民经济的重要组成部分之后，通过大规模引进外资，承接国际产业转移，并且通过大规模的产品出口带动国内经济增长就成为政府的一种必然政策手段（李安方，2007）。党的十四大正式确立建设社会主义市场经济体制的目标，特别是1993年的十四届三中全会提出了全面建设社会主义市场经济的基本框架，并首先明确提出了"发展开放型经济、与国际经济互接互补"后，对外开放已经不仅仅是早期的一种方针政策安排，而且是与社会主义市场经济体制紧密联系的一种制度安排。其制度含义是要将国内经济与国际经济紧密联系起来，积极参与国际分工，充分利用两个市场、两种资源，同时在国际分工中充分发挥本国的比较优势。

党的十五大报告在经济体制改革和经济发展战略中，又提出"发展开放型经济"；2000年10月，党中央召开的十五届五中全会通过的《中共中央关于制定国民经济和社会发展第十个五年计划的建议》中，再次强调要"发展开放型经济"；2001年3月，第九届全国人民代表大会第四次会议批准了《中华人民共和国国民经济和社会发展第十个五年计划纲要》，"扩大对外开放，发展开放型经济"正式写入"十五"计划。

十六届三中全会明确提出，要建立更加开放、更加富有活力的经济体系，实际上就是明确把开放型经济作为社会主义市场经济体制的内在目标。十七大报告基于对新时期国际国内形势和现代化建设新趋势的前瞻性把握，把对开放型经济的思维与认识提到了一个全新的高度。强调"开放型经济进入新阶段"，并明确了"拓展对外开放广度和深度，提高开放型经济水平"的新目标。"提高开放型经济水平"作为"促进国民经济又好又快发展"的重要途径（王子先和姜荣春，2008；郑凯捷，2008）。

（二）积极发展出口加工业

1. 改革开放初期至 20 世纪 90 年代出口加工业的发展

改革开放初期，为了抵消进口替代偏向性，国家采用了大力鼓励出口的战略措施（钟昌标，2005）。首先是 20 世纪 70 年代末出台的积极发展"三来一补"政策，创造了较为自由的"贸易小环境"，促进了来料加工贸易大发展，为吸收港澳台资、承接轻纺劳动密集型产业国际转移的起步创造了条件（王子先和姜荣春，2008）。这个方略之所以取得成功，主要是借助了中国香港的投资和出口渠道。在短短的几年内，由于内地拥有低成本竞争优势，中国香港的大多数加工制造业转移到内地。在广东的一些县市，如中山市、顺德市、东莞市形成了劳动密集型产品的出口加工中心（张蕴岭，2006）。

80 年代后期，实行沿海经济发展战略和"大进大出、两头在外"的进料加工战略，促进了沿海地区外向型经济的跨越式发展，也为大量吸收日本、美国、欧洲投资，承接以机电产业为主的国际产业转移创造了良好的政策小环境（王子先和姜荣春，2008）。而这主要得益于中国台湾投资的进入，使加工产品由服装鞋帽扩大到电气电子产品。引入的加工出口投资为大陆迅速发展起了一大批使用"先进设备"、"实行现代管理"、面向国际市场的"现代化"企业群，同时也培养了工人队伍和管理人才（张蕴岭，2006）。

到 20 世纪 90 年代初，出口加工业不仅规模得到很大的发展，而且实现了"产业升级"，从简单的"三来一补"，发展到引进加工和制造，从轻工产品（纺织服装、箱包、鞋袜）扩大到电气、电子、电信产品，既包括成品，也包括零部件（张蕴岭，2006）。

2. 20 世纪 90 年代以来出口加工业的发展

20 世纪 90 年代以来，中国在出口贸易领域陆续形成了具有鲜明特点的一系列战略。李计广和桑百川（2008）将它们归纳为三大战略：市场多元化战略、以质取胜战略和科技兴贸战略。并认为这些战略的实施，对于扩大中国出口的规模、范围与水平起着不可替代的作用，也正是在这些战略及其政策措施的支持、促进、服务下，中国出口贸易取得了突飞猛进的发展。而何亚东（2008）、于培伟（2008）等则认为还有另一大战略，即大经贸战略。

以质取胜战略于1991年提出，其目的主要是针对一些企业重视完成出口数量指标，而忽视质量控制的现象，为增强我国出口商品国际竞争力，维护国家利益和外贸信誉。其最初的基本内涵是：从出口商品的各个环节确保质量，推动我国外贸增长由粗放型经营转变到集约型经营；优化进出口商品结构，增加出口商品的附加值和技术含量（于培伟，2008）。此后，以质取胜战略的内涵不断得到延展，从最初打击假冒伪劣到提高产品附加价值、优化出口商品结构，从营造重质量守信用的氛围到推行国际标准，再到创出口商品名牌战略，在实施过程中取得了重大成效（李计广等，2008）。

市场多元化战略于1990年提出，其目的主要是针对我国对外贸易过于集中在美国、日本、西欧、中国香港等市场的问题，为突破西方制裁，减少政治、经济风险，争取更大的发展回旋余地。其主要内涵是：在巩固和扩大发达国家市场的同时，加快开拓发展中国家特别是周边国家和地区市场。

大经贸战略于1994年提出。这里的"大经贸"是相对于原来计划经济体制下由外经贸部所代表的各级外贸行政管理部门和外贸企业组成的"小经贸"而言的。其主要内涵是：鼓励各类企业参与外经贸活动，实现外经贸经营主体多元化；促进外贸、外资、对外工程承包与劳务合作、对外援助、对外投资等各项外经贸业务的相互渗透与融合；推动商品、技术和服务贸易的协调发展；加强外经贸主管部门与各相关部门的协作配合，发挥各个方面的积极性，形成开拓国际市场的合力（于培伟，2008）。

科技兴贸战略于1999年提出，其主要标志是1999年制订的《科技兴贸行动计划》。其目的主要是为了适应经济全球化、科技全球化的新形势，在外经贸领域深入贯彻"科教兴国"战略，加速发展我国高新技术产业，扩大高新技术产品出口，逐步实现由贸易大国向贸易强国的转变。

其内涵是：大力促进高新技术产品出口；同时，利用高新技术改造传统出口产业，提高出口产品的技术含量和附加值。2001 年、2003 年我国又分别制订的了《科技兴贸"十五"计划纲要》和《关于进一步实施科技兴贸战略若干意见》（以下简称《若干意见》）。《若干意见》的颁布，标志着中国科技兴贸战略体系框架正式形成，是中国实施科技兴贸战略的第一个纲领性文件（李计广等，2008）。

3. 鼓励出口加工业发展的相关政策

为了促进出口，国家还先后采取了一系列激励政策。1985 年开始实施出口退税政策，1988 年的一揽子外贸改革进一步增加了对出口的鼓励，包括外汇留成制度、全面的出口退税、鼓励来料加工和进料加工的出口、发展国家出口商品基地、扩大出口信贷等。2004 年修订后的《对外贸易法》第五十二条至第五十九条规定了出口促进体系的详细内容。另外，还建立了外国贸易壁垒调查制度，并利用争端解决机制保障出口利益（钟昌标，2005）。

在各种鼓励出口的政策中，特别值得注意的是出口补贴政策（钟昌标，2005）。出口退税政策是避免双重征税的中性贸易政策，也是世界贸易组织规则所允许的通行做法。出口退税是在产品出口时退还已缴纳税款，这一政策使出口商品以不含税价格进入国际市场，避免因进口国实行进口复征而造成出口商品的双重税收负担，以便提高产品出口竞争力。

我国自 1985 年起开始实施出口退税政策，出口退税率几经变化，且历次变化都对出口产生了不小的影响。尽管 1991 年中国宣布废止出口补贴，但中国确实存在着广泛的补贴制度和政策措施。包括资金直接转移、税收的放弃或减免、提供货物或服务、其他未被通知的补贴。另外，中国对于各类出口企业所实行的低生产要素价格政策，如较低的土地成本、较低的水电油气价格、较低的环保和劳工标准，等等，实际上也是变相的出口补贴政策（钟昌标，2005）。

为了优化进出口结构，推进外贸增长方式转变，努力缓解贸易顺差过大的矛盾，2003 年 10 月 13 日，国务院发布《关于改革现行出口退税机制的决定》，规定从 2004 年 1 月 1 日起，对现行出口退税机制进行调整，包括降低退税率；中央和地方共同负担；解决欠退税问题等。2004 年出口退税率的平均水平又降低了 3 个百分点。2007 年，中国在前几年加强进出口调控的基础上，继续对外贸政策进行了调整和完善。主要措施有：调整和完善出口退税政策，进一步降低或取消了部分高能耗、高污染和资源性产品以及容易引起贸易摩擦产品的出口退税；继续完善加工贸易政策体系，扩大了限制类和禁止类加工贸易商品目录；调整进出口关税税率，加征或提高了部分资源性产品出口关税，降低了部分国内需要的资源性产品和涉及百姓生活的日用品的进口暂定税率；取消了包括钢材、钢坯、塑料原料及部分机械设备、装备、仪器在内的 338 个税目的自动进口许可证管理。同时，进一步实施科技兴贸战略，加快科技创新基地建设，支持自主知识产权、自主品牌产品出口，扩大优势农产品出口，大力发展服务贸易，增加能源原材料以及先进技术装备、关键零部件进口。

为了推动地方政府扩大出口的积极性，中央政策采取了以下措施：一是放开一部分外贸审批权和一度试行外贸承包制及外汇留成制等方式；二是实行财政分税制，鼓励地方积极发展出口贸易（钟昌标，2005；李计广和桑百川，2008）。分税制改革形成了"中央与地方政府间博弈、地方政府之间竞争"的开放格局（郑凯捷，2008）。对于地方而言，出于政绩考核、财政收入甚至寻租的需要，自然会高度重视出口的发展，甚至出现地方政府向中央政府"要政策"的局面。同时，地方政府也对利用外资具有强烈的偏好。而且，现有的投融资体制也加强了地方政府干预经济的能力，在投资的冲动下，形成了大规模的生产能力，在国内市场有限且形成了区域市场分割和地方保护主义的情况下不得不转向国际市场。各区域迅速将注意力转向对外贸易，不同程度地形成了"对外贸易偏好"。有些地方政府为了吸引外资，而不惜进行优惠政策竞争（钟昌标，2005；李计广和桑百川，2008）。

三　中国对外贸易战略和政策的定位
——出口导向模式

从各国采取的对外贸易政策特点来看，主要有两类：一是进口替代政策；二是出口导向（或称出口带动）政策。尽管两者都是把对外贸易作为经济发展的重要战略，但前者重视进口功能，后者重视出口功能（张蕴岭，2006）。

许多文献都指出，中国改革开放 30 年来的对外贸易实际上采取的是出口导向发展模式（金柏松，2004；兰宜生，2005；张汉林和李计广，2005；陈文玲和王检贵，2006；裴长洪和彭磊，2006；王宏森，2006；张蕴岭，2006；李安方，2007；李计广和桑百川，2008；李计广等，2008）。虽然没有明确提出这一指导思想，但在实际操作过程中始终将出口鼓励放在首位，千方百计地扩大出口量（李计广等，2008）。

（一）中国对外贸易采取出口导向模式的原因

中国之所以选择了出口导向模式，其原因主要有如下三个方面：

其一，一些发展中国家的失败经验表明，进口替代战略存在严重缺陷。进口替代政策主要是通过进口设备，发展国内所需的相关产业，最终以国内生产替代进口。实行进口替代的国家大多实行贸易保护主义，通过高关税对国内产业进行保护，试图通过进口生产设备及技术，发展独立的产业。尽管局部进口替代可能会是有益的（比如部分重要战略产业），但是，作为一种总体经济发展战略却难以成功。因为，在没有开放竞争的情况下，进口替代容易产生进口依赖，往往出现"等距离"，甚至"拉距离"跟进。由于不能通过竞争实现技术的提升，靠进口设备发展起来的产业会很快变得落后和老化。同时，持续的进口必然增加外债负担，在没有出口换汇支撑进口的情况下，也容易发生债务危机。比如，亚洲的印度、巴基斯坦，拉美的巴西、阿根廷等都曾在 20 世纪六七十年代实行进口替代战略，最后或者因为发生债务危机而使整个经济陷入停滞，或者没有实现产业提升的目标（张蕴岭，2006）。

其二，出口导向战略具有成功的国际经验。出口导向政策对出口产业的发展给予特别重视，给予重点扶持并提供优惠。在对外贸易的安排上，往往是进口为了出口，这与进口替代的目标是截然不同的（张蕴岭，2006）。自在 20 世纪 80 年代中期到后期，我国加快城市经济改革，成效却不如农村显著。特别是在大型国有企业改革方面由于关系到中国经济的核心，各方争议较大，始终未能找到一种可行的模式。而在涉外经济领域，利用外资取得成果显著，也使我国了解到世界各国发展经济成功经验。特别是看到日本经济、亚洲"四小龙"经济外向型发展战略取得的奇迹，于是国内开始提出由进口替代战略向出口导向战略转移（金柏松，

2004)。

其三，中国的经济建设面临资金短缺和内需不足的限制。考虑到我国对外贸易中加工贸易比重达 47% 左右等因素，我国的实际外贸依存度远不如名义那么高，但国内消费需求不足强化了增长对外需的倚重，形成了经济的对外依赖（张燕生和毕吉耀，2005）。兰宜生（2005）指出，改革开放之初，我国经济发展面临严重的外汇短缺和出口能力低弱的限制。同时，由于中国国内潜在市场较大但内需相对较小，低成本劳动力丰富但资源与技术短缺（王宏淼，2006），因而形成了以出口创汇为核心的外贸政策。党的十三大报告强调，"出口创汇能力的大小在很大程度上决定着我国对外开放的程度和范围"。在这种思路的指导下，我国通过提供优惠贷款、贴息、出口补贴、退税等多种扶持措施（兰宜生，2005），形成了进口以资源、中间品和资本品为主，出口以中低档消费品、加工贸易制成品为主的贸易模式，出口大于进口，从而维持了较高的贸易顺差（王宏淼，2006）。

（二）出口导向模式所体现的贸易发展指导思想

张汉林和李计广（2005）认为，中国贸易政策的实质是"重商主义"。只不过中国的"重商主义"倾向更加重视出口，而非限制进口。从理论上来讲，对于发展中的国家和处于赶超阶段的国家来说，实行"重商主义"的贸易政策无可厚非。在历史上也没有任何一个经济学家能够成功地说服一国政府放弃"重商主义"的冲动。

王宏淼（2006）将中国的上述贸易政策进一步定义为中国式"新重商主义"（New Mercantilism）[①] 战略，即 1978 年改革启动以来，中国在扩大开放方面采取了广泛的措施，实行了外贸"奖出限入"、资金"宽进严出"和产业"填平补齐"的管理思路和政策框架。这一开放模式，通过资本控制、出口导向、税收及准财政激励、固定汇率及强制结售汇四大支柱的国家干预手段，发展对外贸易和推进工业化，以实现"强国富民"

[①]　重商主义作为一种思想学说和经济政策，发端于 14—15 世纪，对后世影响深远。在当代全球化背景下，重商主义的基本思想与核心理念并未被抛弃，并因各国国情和政策差异而形成了不同的"新重商主义"。如以日本、韩国为代表的东亚经济体新重商主义，因其具有特定产业扶持和出口导向特征而被克鲁格曼称为"结构式"新重商主义（王宏淼，2006）。

的目标。

而张幼文（2005）则指出，对外开放初期，我国学术界努力进行了相应的基础理论探索，在论证开放必要而有利的努力中，当时主要涉及三个方面的理论：一是比较优势理论；二是要素禀赋理论；三是"双缺口"理论。在理论界的思想解放下，这三种理论逐步为我国所接受，并成为对外开放的政策依据。"发挥廉价劳动力比较优势"逐步成为我国开放战略的基本点，这既是许多理论研究的前提，也是开放政策与战略的出发点。比较优势理论与要素禀赋理论是国际贸易理论发展中的两个代表性理论，甚至是发展的两个不同阶段。"发挥廉价劳动力比较优势"的提法是把两种不同的贸易理论混为一谈了，事实上只是说了"发挥劳动力价格低的绝对优势"，只包含了要素禀赋论而没有包含比较优势论。也正是因为这样，在实践上"发挥廉价劳动力比较优势"理论导致了利用劳动力价格低廉的单一战略，实质是抛弃了比较优势论而采用了绝对优势论。

四　中国对外贸易战略和政策的影响

改革开放以来，中国所采取的贸易发展战略和制定的相关政策对中国的经济社会发展既产生了巨大的影响。这主要体现在中国的经济体制改革、经济增长、产业结构升级和技术进步、贸易争端、资源环境影响、中国在全球的政治经济影响等几个方面。当然，对外贸易在这些方面的影响既有积极的，也有消极的。

（一）积极影响

1. 推进了中国的经济体制改革

不少文献将改革开放初期中国所采取的一系列促进对外贸易的政策措施理解为推动中国经济体制改革的、符合逻辑的、合理的政策安排。张蕴岭（2006）认为，之所以设置"经济特区"是鉴于整个计划经济体制的改革需要时间，有效的办法是划出一个地区，实行特殊政策，"进行体制外循环"。李安方（2007）指出，在改革开放的初期，中国国内经济非常落后，经济结构也不合理，并且存在着传统计划经济体制和根深蒂固的传统价值观念的约束，因此，当时中国选择通过引进外资和扩大出口利用国外资源，并且通过对外开放克服一时难以打破的制度约束，也就成为一种合理的政策安排。所以，中国的对外开放走过了 30 年的历程，开放经济体制也经历了从政策性开放迈向制度性开放的渐进性过程。最初启动开放进程所采用的特殊政策体系虽然不具有严格的"制度性"意义，而是针对特定地区和对象的差别待遇和优惠措施，但它也是广义上的开放经济体制在初期的一种必要的表现形式（郑凯捷，2008）。

2. 有力地带动了中国的经济增长

对外贸易发展对中国经济增长的有力带动作用已是研究者的共识。在改革开放初期，我国发展经济急需大量外汇、资金，需要学习和掌握国外企业管理经验以尽快提高本土企业竞争力等情况下，我国政府在外经贸领域出台了设立 4 个经济特区、开放 15 个沿海城市、颁布吸引外资的法律条文等重要政策制度，使我国东部、南部沿海地区经济最先起飞（金柏松，2004）。由于出口部门参与国际竞争，因此，必须不断革新，降低生产成本，提高产品质量。鉴于此，出口部门在一国经济中往往是发展最快、产业技术水平和效益最好的部门。出口导向使出口产业保持动态提升的发展态势，从而保持了出口部门的活力。同时，出口部门的发展会带动一大批相关产业的发展，为整个经济的发展积累外汇，弥补了资金技术的缺口，因此，出口部门的发展成为拉动整个经济增长的引擎（张蕴岭，2006）。

经过近 30 年的发展，出口占国内生产总值的比重，已由 1978 年的 4.6% 上升到 2007 年的 37.5%。据测算，我国平均每 1 亿美元出口可创造 1.5 万个就业岗位，2007 年出口 12180 亿美元，可解决 1.82 亿人的就业，其中加工贸易吸纳的劳动力在 3500 万人以上。同时，从 1990 年开始，我国扭转了进出口贸易长期处于逆差的状况。2007 年年末，国家外汇储备达 1.52 万亿美元，居世界第 1 位，对防范金融风险和维护国家经济安全起到了极为重要的作用（兰宜生，2005；于培伟，2008）。

3. 促进了中国的产业结构优化和技术进步

从经济结构、产业结构升级角度分析，我国国民经济也正是由于大量吸引外资，积极发展外资、外贸才使得我国信息产业、高新技术企业茁壮成长，并且能紧跟世界发展步伐（金柏松，2004）。科技兴贸战略实施几年来，我国高新技术产品出口比重显著提高。2003 年高新技术产品出口的比重达到 25.2%，比 1999 年提高了 12.5 个百分点，比 1995 年提升了 18.4 个百分点。（于培伟，2008）

4. 扩大了中国的政治经济影响

由于我加入了世界贸易组织，充分利用世贸规则，在世界贸易组织中积极发挥作用并积极的推进区域和世界经济一体化，我国的出口市场多元化战略取得了明显的成果。中国在与美国、日本、欧盟等发达国家的经贸关系继续发展的同时，与周边国家的经贸合作不断深化。在我国前 10 大贸易伙伴中，周边国家和地区占了 7 个。我国对外贸易的 50% 以上发生在周边地区，吸收外资的 70% 来自周边地区，周边地区也是我国开展对外承包工程与劳务合作的重要市场。近年来，我国与周边地区的经贸合作迅速发展，营造了更加和平稳定的周边环境（于培伟，2008）。

（二）消极影响

尽管中国对外贸易的积极影响有目共睹，但对外贸易战略和政策存在的问题和造成的消极影响更引起了各界人士的关注和担忧。国内学者对于"出口导向"模式的反思主要出现在两个阶段：第一个阶段是亚洲金融危机时期。亚洲金融危机的爆发使人们对出口增长型战略在长期的适用性发生了怀疑。第二个阶段是中国加入世界贸易组织后。尽管中国出口增长仍有空间，也为国民经济发展起到了积极的推动作用，但大多数人倾向于认为这种模式在长期内难以持续发展（李计广等，2008）。

例如，裴长洪和彭玉镏（2007）指出，我国对外贸易的快速增长，主要是依靠劳动力、资金、土地、资源等要素粗放投入实现的，增长的效率和质量不高，增长的基础脆弱。张幼文（2007）进一步认为，由于国内战略的体制上的原因，在经过了扩张阶段以后，利用外资实际走上了一条追求数量的粗放型的发展道路。数量主导下的利用外资又使一些地方在一定程度上走上了不关注本国产业发展战略和自主技术进步，放弃环境保护和能源资源节约，忽视可持续发展和国家经济安全的道路。

归纳起来，出口导向的贸易战略大概有如下七个方面的消极影响：

1. 导致出口产品的增加值率偏低

目前，中国的对外贸易主要建立在廉价劳动力、廉价土地、廉价货币和廉价的环境成本上。由于国际分工的地位不高，不少产品仍处于国际分工价值链的低端环节，多是跨国公司的供货商，出口产品附加值低（裴长洪和彭玉镏，2007）。我国加工贸易整体附加值的增长非常缓慢，甚至某些部门出现了增加值率下降的趋势。对我国加工贸易如不加引导，整个加工贸易的增值率仍可能在低水平上徘徊（裴长洪和彭磊，2006）。

我国出口走的是加工制造模式，大进大出，加工后再出口。这导致中国的出口严重依赖进口且加工的利润很低。而预计今后一个相当长的时期内，世界原材料和能源价格将处于上升阶段，这给我国坚持加工制造为主的出口带来巨大的压力，出口商面临着利润大幅度降低的局面（张蕴岭，2008）。

另外，特别需要指出的是，由于国际分工细化和产业转移加速，贸易顺差和逆差的内涵已发生深刻变化。跨国公司产业内分工和内部贸易扩大，大量利润流回母国，而大量顺差却记在投资东道国的账上（陈文玲、王检贵，2006）。

2. 对产业结构和技术进步的促进作用有限

张幼文（2007）认为，对外开放在我国经济发展中的作用，包括产业结构提升的作用。但是，同样也必须客观地承认这一产业结构的进步在很大程度上是由外资主导的，对中国来说，尽管实现了这种结构进步，但并没有改变以廉价劳动力为主参与国际分工的基本方式。

从外贸战略上看，"发挥廉价劳动力比较优势"使我们今天偏重发展一般加工型劳动密集型产业而没有发展知识型劳动密集型产业。结果加工贸易额越来越高，强化了我国低水平的产业结构，阻碍了技术进步和产业结构升级。一是产业结构落后，也就是说，劳动力价格低的绝对优势转变为"产业结构落后的绝对劣势"和"国际分工地位低的绝对劣势"。二是"有出口而无产业"，从出口结构看我国的产品结构逐步提升，其中高新技术产品比重不断增加，但是由于这些产品基本上是通过加工贸易形成的出口，因而在中国只是加工装配，而远不是一个产业，甚至连零部件的国内供应水平也非常低（张幼文，2005）。

这是因为，如果加工贸易中间投资品由东道国提供，且其最终产品的技术含量较高，那么它对所需的零部件、原材料等中间投入品的技术含量要求也必然相应提高，这就会带动东道国提供中间产品的企业进行技术改造，产生所谓的技术"溢出效应"。这些技术改造在大范围内进行时，产业结构随之改善。然而，我国目前开展的加工贸易，不仅技术含量低，中间投入品主要依靠进口，没有实现国内替代，而且对其他企业和地区的辐射力度不大，因而很难实现产业结构的改善与升级。而且外商投资企业加工贸易的高速发展，实际上提高了劳动密集型商品出口的比重（裴长洪和彭磊，2006）。

另外，虽然我国的产业政策鼓励"进口替代"，促进资本密集型的产业发展，但加工贸易则实施"两头在外"的出口导向战略，大量进口相关的原料，影响了我国国产的相关原材料生产的发展。两种政策的偏差导致出口部门与国内部门的关联脱节，出口加工部门的本地采购率仍然很低（约20%），不利于国民经济的整体协调发展，大大降低了我国产业升级潜力（裴长洪和彭磊，2006；王艳，2007）。

从对外贸易的技术溢出效应来看，市场并没有换到多少技术（裴长洪和彭玉镏，2007）。尽管中国出口贸易的技术高度得到了提高，但中国出口贸易仍以低技术含量的制成品为主，出口产品的技术结构仍然偏低。而且，中国对外来技术的依赖程度较高，出口贸易尤其是加工贸易的技术溢出效应并未充分地发挥（李计广等，2008）。

贸易政策只重视出口创汇，忽视其提高国内生产力的作用。为能快速实现扩大出口，许多产业在决定其命运的关键部件上实行"拿来主义"，成为产业受制于人的"死穴"。中国虽然每年引进大量国外先进技术和设备，发展满足国内市场需求的新兴产业，但由于又吸引外资在沿海地区发展劳动力密集型的出口加工贸易。导致每年进口的大量的先进技术，不能结合本国劳动力比较优势发展自己的加工贸易，反而让外商利用了我国优惠政策和廉价劳动力（王艳，2007）。

3. 导致贸易条件持续恶化

粗放式出口数量扩张模式也给我国带来贸易条件持续恶化等问题（兰宜生，2005）。近来有数据显示，我国贸易条件在恶化。刘重力（1999）对改革开放以来我国单位商品的价格变化作了实证研究，结果表明，我国单位商品的价格平均每年递减1%。林丽、张素芳（2005）通过对我国1994—2002年贸易条件的实证研究发现，1994—2002年我国的价格贸易条件明显恶化，长期以来，出口"有规模、没效益"，出口商品价格一路下滑，导致贸易摩擦增加。由于贸易结构不合理及贸易目标的缺失，20年以来，我国商品出口价格下降了20%—30%，而进口商品价格却没有明显回落

（王艳，2007）。

4. 引起的贸易争端不断增加

我国是世界上出口增长最快的国家，但也是遭受反倾销最多的国家。我国连续几年的大量贸易顺差已引起少数发达国家的不满，美欧一些反华势力借题发挥，大肆渲染我国贸易顺差对其经济社会的危害。日本对自己日益膨胀的顺差视而不见，却竭力声援美国压我国汇率升值。一些发展中国家也认为，我国出口快速增长挤占了其国际市场份额（陈文玲、王检贵，2006）。其中，一些国家已纷纷采取绿色壁垒、技术壁垒、反倾销等各种手段抑制我国产品的出口，贸易摩擦不断（龚震，2006）。

例如，美国对中国的反倾销调查从 1979—2000 年共有 79 起，年平均为 3.7 起，但 2001—2003 年就发生 18 起，年平均为 9 起，几乎是加入世界贸易组织前的两倍。再如印度对中国的反倾销调查在 1994—2001 年间共有 30 起，年平均为 4 起，而 2001—2002 年就有 20 多起，远大于加入世界贸易组织以前。同时，随着中外经济摩擦数量的上升，其经济摩擦所涉及的规模也在不断扩大，若以涉及摩擦的金额的大小来表示摩擦规模的高低，则加入世界贸易组织以来经济摩擦的金额在不断增加，如美国在 2003 年对中国的彩色电视机反倾销中，其金额就高于以前的许多反倾销案例，约达到 16 亿美元（胡方、余炳雕，2005）。

出口增长受到了来自国外的巨大阻力。概括起来，无非有两个方面的原因（张蕴岭，2008）：

（1）外国的贸易保护主义，对我国具有竞争力的产品进行贸易歧视，利用反倾销对我国日益扩大的出口趋势进行遏制，阻止我国产品进入（张蕴岭，2008）。其深层原因在于中国市场份额快速提高，打破了他国的全球贸易关系"均衡"。对外贸易是一国维持与其他国家政治经济关系的重要纽带。大国一般都会使重要的贸易伙伴在其对外贸易中占据一定的比重，并尽量维持一种"均衡"的状态。这样，既可以实现进口来源的多元化从而降低风险，也使各个贸易伙伴的利益均得到实现从而维持双方的经贸关系，乃至政治关系。中国在他国市场上份额的急剧扩张，会打破已有的"均衡"。因此，中国迅猛的出口态势就会成为众矢之的。加入世界贸易组织后中国出口高速增长，贸易顺差急剧扩大，这也使得国外对中国的贸易救济措施迅速增加，针对中国的新的保护措施层出不穷（李计广等，2008）。

（2）我国自身的原因。主要是出口产品在一个市场过分集中，或者我国出口企业间恶性竞争，过度压低价格（张蕴岭，2008）。这些所谓的低成本部分是由于生产要素和资源定价改革的滞后而人为地压低价格以及由于劳动力总量供给过剩而不得不承受低工资换来的。而这直接的后果是国民福利和国内资源的无偿转移以及贸易摩擦和国际争端增加（裴长洪和彭玉镏，2007）。

而日本及亚洲"四小龙"的出口导向模式之所以没有遭遇太多贸易争端。首先，20世纪七八十年代，发达国家的产业结构不断升级，致使发达国家大量退出传统产品市场，从而在很大程度上为发展中国家的传统产品进入国际市场腾出了空间。其次，80年代以前，多数发展中国家仍热衷于进口替代模式，实施出口导向模式的国家还比较少。与此同时，发达国家的传统产品市场为这些首先实施出口导向模式的国家提供了巨大的市场容量。因此，较先选择出口导向模式的国家受到国际市场限制的程度比较小，他们可以在国际贸易中充分发挥自己的比较优势，大力发展本国本地区的经济（陈文玲、王检贵，2006）。

5. 带来了巨大的经济风险

概括起来，改革开放以来，中国所采取的以出口模式为主的贸易战略所面临的经济风险主要包括三个方面：经济增长过度依赖出口、外贸模式主要依赖加工贸易、巨大的贸易顺差和庞大的外汇规模可能招致的其他国的贸易限制措施。

其一，经济过分依赖出口使经济变得脆弱，外部市场环境变动必然对国内经济产生巨大的压力（张蕴岭，2008）。自20世纪90年代以来，我国的出口增长加速，除个别年份外，出口的增长都大大快于国内生产总值的增长，这使得出口在国内生产总值中的比例不断提高。如果出口受限，增长率降低，则整个经济的增长就会以更大的幅度放慢（乘数效应）。同时，因环境变化（原材料及能源价格上涨），出口收益降低，也必然影响整个经济的效益，从而形成高产出低效益，加剧我国的数量型增长弊端（张蕴岭，2008）。而这一风险已经在日本发生过。日本经济发展之所以在20世纪80年代中期达到辉煌的顶点而进入90年代却陷入了泥沼，停滞了10年。究其原因，就是因为世界经济环境已经发生了巨大的变化，可是日本经济发展战略依然没有调整，仍痴迷于出口导向型而不能自拔（金柏松，2004）。另外，亚洲金融危机也表明，过多倚重外资外贸实不可取。在金融危机冲击下，东南亚国家的外商企业投资减少，外贸逆差增加，其经济增长也已停滞多年（金柏松，2004）。

其二，以加工贸易为主的贸易模式存在很大的不稳定性。张幼文（2007）认为，加工贸易是中国走向世界市场的有效路径，在开放初期发挥了重要作用，尤其是当中国外汇严重短缺的情况下有极大的重要性。但是，当中国外贸发展到主要依靠加工贸易的今天却值得我们反思了。加工贸易确实创造了就业，但是，如果把它作为中国外贸的主要模式，而且看不到出口的高增长中的利益有限性和长期不利性则是危险的。因为，加工贸易是十分容易转移的，存在着很大的不稳定性。在中国巨大人口和就业压力下，我们不能完全否定加工贸易。但中国需要实现更高的发展水平和结构进步，我们又不能依赖于加工贸易。这就是战略需要推进而不是坚持的原因。

由于加工贸易顺差过大，我国的外汇储备迅速增加。2006年2月底，我国外汇储备总体规模首次超过日本，位居全球第一（王艳，2007）。而中国的出口贸易的目的地仍然高度集中，外贸风险加大。2004年我国出口到美国、欧盟、中国香港、日本、东盟和韩国6个国家和地区的贸易总量为4772.22亿美元，占全国出口总量的比重为80.4%。因而庞大外储投放的基础货币增大，引发了人民币流动性过剩，人民币升值压力加大，影响了我国内外部宏观经济的平衡，引起了我国和外国尤其是美国和欧洲的贸易摩擦加剧（邓福光，2008）。而20世纪80年代中期，美国、西欧对日贸易逆差持续扩大，矛盾日益尖锐，在美国主导和西欧国家支持下，西方5国出台了支持美元针对日元的贬值。该项措施在90年代曾一再阻滞日本出口强劲增势，导致日本经济两次复苏中途夭折（金柏松，2004）。因此，一旦人民币大幅升值就会失控，会对我国出口带来难以估量的打击，继而会对我国经济发展产生巨大冲击（王艳，2007）。

6. 不利于缩小区域经济发展差距

对于一个大国而言，由于外贸出口主要与国内较发达地区关系密切，受益者往往是经济发达地区，再加上大国面积大，人口众多，外贸出口不可能迅速地、直接地扩展到全部国土和人口。因此，出口导向模式有拉大发展中大国国内的区域间经济差距和收入差距的趋势，从而强化了经济的二元性（陈文玲和王检贵，2006）。中国正是这样一个发展中大国。而且中国各地区的经济发展已经很不平衡，其本身的相对优势和特色迥然不同，因而各地区的发展模式不能简单的套用出口导向一种模式（龚震，2006）。

7. 引起比较严重的环境问题[①]

虽然我国地大物博，但由于人口众多，人均占有资源量严重不足。我国人均国土面积不足世界平均水平的1/3，在世界144个国家中排在110位以后；人均耕地面积不到世界平均水平的1/4，排在126位以后；45种矿产资源潜在价值排序在80位以后（张曙霄、王爽，2006）。

长期以来，我国外贸走的是外延式粗放型、以数量换取外汇的发展道路。粗放型的外贸增长是建立在大量消耗原材料、能源以及恶化生态环境基础上的。由于长期粗放型发展，能源利用率十分低下（张曙霄、王爽，2006）。大部分出口行业的废水排放量、废气排放量和固体废物产量不断增加，环境污染程度呈上升趋势（裴长洪和彭玉镏，2007）。尽管扩大出口对经济的增长起着重要的拉动作用，但是，资源消耗型生产的增长，尤其是考虑到我国现阶段资源—产出利用系数较低的因素，会导致严重的环境问题，从而导致出口扩大与可持续发展的矛盾（张蕴岭，2008）。

导致上述现象发生的一个重要国内原因是资源和环境成本被人为压低了。郑凯捷（2008）指出，政策性开放的一个特点就是"体制"建设相对于特殊政策供给的落后。我国的资源价格市场并未随着改革开放发展而得到彻底的改变和完善，资源定价机制仍处于非市场化状态，政府掌握定价权的做法导致了资源价格的扭曲。因此，外资企业所承受的资源使用成本大大低于其应有的市场价格。而且，资源使用上的负外部性也未能充分地得以计算和考虑，由此导致外资大量进入高耗能、高污染的行业，给中国的资源和环境造成了巨大破坏。

从某种角度看来，传统贸易理论对环境问题的忽视也是一个重要原因。这为发达国家向发展中国家通过贸易掠夺环境资源，通过投资渠道转移高耗能，高污染产业提供了理论依据。传统的贸易理论没有把环境资源

---

① 贸易对中国环境的影响是本书研究的主要内容，后面还将详细对其进行分析和论述。

作为一种独立的要素禀赋加以考虑研究，重视短期的、静态的贸易利益而忽视长期的广义的社会生态环境效益。虽然发达国家和发展中国家通过国际分工和国际贸易取得了一定的经济利益，但后者往往要为此付出巨大的生态环境代价（章晶等，2006）。

第二章　贸易影响中国生态环境的途径

一　贸易对环境产生影响的经济学分析

（一）环境问题的产生与发展

对于环境问题的定义，广义的理解是，由自然力和人力引起生态平衡破坏，最后直接或间接影响人类的生存和发展的一切客观存在的问题。自然力引起的火山爆发、地震、海啸、洪水泛滥等人类难以预见和预防的自然灾害自古至今一直存在，但环境科学[①]研究的环境问题主要是指人类为其自身生存和发展，在利用和改造自然界过程中，对自然环境造成的破坏和污染，以及由此产生的危害人类生存和社会发展的各种不利效应。因此，环境问题可以分为两大类：一是不合理地开发和利用资源而对自然环境的破坏以及由此引发的各种生态效应，即通常所说的生态破坏问题；二是工农业生产过程和人类生活向环境排放污染物所造成的污染及产生的危害，即环境污染问题（盛喜连等，2002）。

从远古一直到农牧业时代，人类生产力水平都比较落后，基本上是"靠天吃饭"，对自然环境的依赖性很大。在这一漫长的历史时期内，人

---

①　环境科学是研究和指导人类在认识、利用和改造自然中，正确协调人与环境相互关系，寻求人类社会持续发展途径与方法的科学，是由众多新兴分支学科组成的学科体系的总称。环境科学是一个以综合性的环境学、基础环境学和应用环境学三部分组成的完整的学科体系。包括环境学、环境地学、环境化学、环境生物学、环境医学、环境物理学、环境工程学、环境法学和环境经济学（盛喜连等，2002）。

类对自然环境造成的污染很有限，没有超出自然环境的降解能力。不过，为了生存，人类对自然生态的破坏却已相当严重。例如中国，黄河流域已经从一个地肥水美的人间天堂变成如今的贫瘠之地，曾经欣欣向荣的楼兰也被漫漫黄沙所吞没。

自工业革命以来，人类的生产力突飞猛进，人口急剧增加，生产规模迅速扩大，与此同时，对自然资源的耗损也猛增，工业污染物大量产生并被排入自然环境。环境污染问题由此变得突出起来，给人类带来了巨大的灾难。例如，1952 年 2 月伦敦烟雾事件在 5 天内就使 4000 余人死亡。而且环境经济问题迅速从地区性问题发展成为波及世界各国的全球性问题，从简单问题发展成复杂问题。例如 1986 年，苏联的切尔诺贝利核电站反应堆爆炸起火，大量放射性物质外泄，使上万人受到辐射伤害，并波及邻国，核尘埃遍布欧洲，世界大部分地区都测到了放射性物质。

（二）导致环境问题发生的经济原因

早期的经济学家对环境的变化并没有给予太多的关注。古典经济学家们（如亚当·斯密和李嘉图）主张发挥市场机制的作用，他们主要关注私人产品的生产、消费和价格问题，而不重视公共产品的研究，主张市场自由决定经济而反对政府对市场的干预；他们主张公共产品的提供应被压缩到最小，并认为中央集权的价格调控机制是多余的。而这些主张及其在经济研究领域的主导地位使环境问题很难成为一个经济学的研究主题（Hafkamp，1991）。

政治经济学家注意到了经济学界对环境问题的消极作用，指出了工业发展对环境的破坏。早期的政治经济学家认为，环境的衰退只是资本主义的必然产物，它会随着资本主义的消失而消失。比如，马克思认为，"在利用这种排泄物方面，资本主义经济浪费很大；例如，在伦敦，450 万人的粪便，就没有什么好的处理方法，只好花很多钱来污染泰晤士河"①。但在过去的几十年中，在环境污染领域却发生了许多变化。见证了这些变化的政治经济学家们已经认为环境的衰退并非是资本主义生产方式所独有的产物（Baumol et al.，1975），同时也是社会主义经济体系的产物，如中国、苏联的污染问题。他们已经意识到，任何文明的发展都会经历环境

---

① 《资本论》第三卷，人民出版社 1975 年版，第 116—117 页。

污染的阶段。

从当今的主流经济学理论来看，环境问题产生的经济原因在于市场失灵与政府失效的存在。市场失灵发生在价格不能完全包括生产的社会成本，从而市场不能恰当地评价和配置环境资源的时候。市场失灵的原因一般被归纳为以下几点（OECD，1994）：（1）如果诸如污染损失那样的环境成本没有包括在商品和服务的价格中，那么环境成本就被外部化，从而被市场所忽视。（2）经济价值一般包含与资产相伴随的使用价值、偏好价值和存在价值。如果市场不能考虑社会给予环境资产的全部价值，那么市场失灵也会发生。（3）环境资产产权的不明晰也导致市场失灵。如果产权不明确，资源很可能被处理为"免费的"，于是导致资源的过度消费。（4）市场不存在或市场机制不健全的情况。这主要发生在发展中国家，比如，一些发展中国家不存在资本市场或资本市场不完善。政府失效发生在政府政策不能克服市场失灵以及造成或加剧市场失效的情况下。在实践中，政府干预的失效十分普遍。这是因为，政府政策的制定经常受到生产方面的利益集团和政治因素的影响，导致环境不能像经济效率那样受到重视。

1. 外部性理论与环境问题

虽然在环境政策领域还存在着诸如科斯方法等学派与庇古框架相互之间的挑战与质疑，但经济学家们却对环境问题产生的根源达成了共识，即都认为外部性是环境问题产生的根源。

庇古在全面接受马歇尔提出的内部经济和外部经济概念的基础上，从社会资源最优配置的角度，运用边际产值的分析方法，提出了"边际社会净产值"和"边际私人净产值"两个概念，再根据收益递减与成本递增等原理对这两个概念加以系统化，从而使外部性理论得以确立。外部性指的是市场交易对交易双方之外的第三方所造成的影响，包括正效应和负效应。外部性理论的研究特指外部性的负效应，而不包括其正效应。

外部性具有如下特征：（1）外部性加在承受者身上时具有某种强制性，但外部性的影响不是通过市场发挥作用的，不属于买卖双方关系的范畴，换句话说，市场机制无力对产生外部性（如污染）的厂商给予惩罚。（2）厂商在作决策时所考虑的首先是在生产的私人成本基础而非社会成本基础上的私人利润最大化，因此，具有外部性生产者的产出水平将超过最优水平，污染的发生并不必然是因为把污染物排放到环境中的总收益超过总成本，而只是因为这样处理污染物的收益超过了它所负担的那部分成本。（3）市场机制对工业污染之类的外部性无能为力，政府干预也只能起到限制作用，而不可能完全消除外部性。

据此，可以给出外部性的一个确切定义：当某厂商或消费者的经济决策经过非市场的价格手段直接地、不可避免地影响了其他厂商的生产函数或成本函数或其他消费者的效用函数并成为后者自己所不能加以控制的变量时，那么，对前者来说就有外部性存在。

环境成本内部化的理论依据来源于庇古的建议，即根据产生的负外部性对排污者收费和征税，对正外部效应给予补贴，从而消除外部效应、弥补私人成本和社会成本的差距。西方环境经济学理论认为，市场机制通过价格手段可以提高资源的使用效率，并可通过国际贸易途径缓解国际资源与环境问题，而且因为国家与企业作为市场利益主体参与，效益较为显著。于是在环境经济学理论的指导下，西方发达国家认为，环境成本内部化是解决环境污染与生态破坏问题的根本出路，协调贸易与环境关系的重要手段。

2. 环境的公共产品特性

公共产品往往具有正的外部效应，很难将那些不付费者排除在公共产品的享受者之外，因此公共产品通常是市场中的生产者不愿意提供的产品。由于环境和某些自然资源的公共产品特征，也会导致市场失灵，从而引起环境问题。环境质量的公共产品属性，使得环境质量的生产不能满足社会的需要，因此，也相应地提出了政府干预问题，即政府要通过采取一系列措施，使得环境质量这一公共产品的供应能够满足社会的需要，如通过税收减免、投资补贴等方式，鼓励有利于环境的生产和消费。

3. 环境领域的产权、信息不完全与政府干预

定义不明确或保护不利的环境所有权也是造成环境问题的一大原因。这里所说的所有权不仅仅限于传统意义上的资源所有权或物的所有权，还包括其他形式的法定权利，例如避免土地受污染的权利。以科斯为代表的产权学派经济学家认为，可以通过明确所有权来解决因外部性和公共产品特征而引起的环境质量退化和自然资源被滥用的问题，因为通过建立有效的和可交易的产权结构可以确保环境成本和资源耗竭成本能够内部化到使

用者的身上，并进而促使他以可持续的方式利用其财产。在环境问题领域，有效的和可交易的产权能够确保各当事人之间进行协商，从而找到外部性内部化的解决方案。

但是，通过私人行为来解决外部性的科斯理论也受到了挑战，因为存在不完全信息。经济学家总是宣称没有"免费的午餐"，但又总是假定每个人都能得到免费的完备的信息。这显然自相矛盾，因为信息显然是有成本的。缺乏信息会使市场运转不完善。在所有的市场失灵中，信息不对称可能是最普遍的。环境问题听起来似乎很简单，似乎无非是工业污染、水土流失或是大坝淤积等。而深究起来，环境问题其实是相当复杂的，它不仅涉及人与人之间的关系，还涉及人与自然之间的关系。因此，只有获得大量的信息后，才能把某一具体的环境问题了解清楚，所以，仅通过明确产权后的私人行为来解决环境问题也就没有想象中那样吸引人了。

这就提出了政府干预的必要性问题。政府要制定环境政策，即通过各种法律、法规、标准以及经济手段来对产生外部性的行为进行干预，使得外部性问题内部化到采取外部性行为的经济主体的成本和效益中，从而解决市场在资源有效配置方面的失灵问题。为了给一个环境问题定性并制定相应的解决措施，政策制定者不仅需要技术和生态方面的知识和技能，还需要社会学、经济学以及有关产权方面的政治和法律知识。

然而，在大多数情况下，政策的主要设计者难以获得污染、破坏环境以及减排的成本方面的充分可靠数据，因此他们制定的环境政策很难既是有效率的又是公平的。这就是由信息不对称造成的政策失灵。而产权又是受到政策影响的，尽管这个过程比较缓慢，但最后的结果却不可忽视（Sterner，2003）。在不同的经济体系中，产权、政策工具与政治之间的联系方式是不一样的，信息所扮演的角色也大相径庭。意识到信息不对称不但有助于人们在设计政策时考虑监控的难题，还有助于人们思考一些深层次的两难问题：如何既能促进社会目标（如平等）的实现，又不妨碍效率。

（三） 贸易对环境产生影响的机制

从上述环境问题产生的经济原因来看，我们似乎很难找到贸易与环境的直接联系。显然，上述分析表明，贸易本身不会直接引起环境问题，只有当导致市场失灵和政府失效的因素（如外部性、产权不明确、信息不充分等）存在时，在这种情况下进行的贸易才会导致环境破坏。20 世纪 70 年代以来，许多研究也成功地将贸易纳入了传统的环境经济学分析框架，对贸易的环境影响进行了充分的分析（郑玉歆等，2005）。综合来看，贸易的环境效应大致可以归纳为配置效应、规模效应、收入效应、结构效应、产品效应、技术效应和政策效应七个方面，具体见表 2.1。

表 2.1　　　　　　　　　　　　贸易的环境效应

效应	效应发生机制
1. 配置效应	贸易导致资源配置效率的提高，减少资源浪费，从而产生有助于环境保护的正效应。
2. 规模效应	如果贸易增长的同时没有相应的技术进步或采取相应的政策，从而使污染排放增加，则此时规模效应为负效应；而如果贸易增长使经济总量增长，环保政策进一步加强，并导致产品结构和技术发生变化，从而使单位产出的污染排放下降，则此时规模效应为正效应。
3. 收入效应	贸易增长带来的经济增长使人们的收入增加，从而使人们对环境质量的支付意愿上升或增加环境保护的预算，从而带来正的环境效应。
4. 结构效应	贸易增长可能导致经济增长方式或微观的生产、消费、投资方式发生变化，从而导致正的环境效应（如有效减少化肥密集程度高的农作物生产活动）或负的环境效应（如导致煤炭发电在整个电力生产中的比重上升）。
5. 产品效应	贸易增长使环境友好型产品（如技能设备）增加带来的正效应，或使有害环境的产品（如危险废弃物）增加而带来的负效应。
6. 技术效应	单位产出污染排放下降的正效应或单位产出污染排放上升的负效应。
7. 规制效应	贸易带来的经济增长或贸易协议中规定的有关措施使环境规制得到加强，从而形成有利于环境保护的正效应；或者迫于贸易竞争的压力而使现有的环境规制被削弱，从而形成不利于环境保护的负效应。

资料来源：朗格（Runge，1995）、OECD（1994）和 Panayotou（2000）。

1. 配置效应

根据著名的比较优势理论，当各国都专业化生产其具有比较优势的产品，然后去与其他国家进行贸易以获得不具有比较优势的产品时，会导致较高的配置效率。毫无疑问，配置效应带来的资源使用效率的提高对环境具有正面影响（郑玉歆等，2005）。然而，贸易的自由化也和可能使污染产业从环境规制严格的国家或地区转向环境规制相对薄弱的国家或地区。这就是著名的"污染避风港假说"（Pollution Haven Hypothesis）。

鲍莫尔和奥茨（Baumol and Oates，1988）曾提出过一个考察国际贸易对污染排放影响的局部均衡分析的框架，并对"污染避风港假说"进行过理论论证。科普兰等（Copeland et al.，1994）则进一步证明，即使国家之间的环境政策相同，产业（或行业）的转移也有可能发生。他们建立的模型包含一个用污染排放密集度标示的商品闭集，假定污染对福利产生负面影响，政府恰好按污染的边际损害水平对它们征税。由于边际损害是随收入的增加而增加的（这是因为环境质量是正常商品），所以当国家之间进行贸易时，富有的国家会成为清洁商品的专业化生产国（减少污染）；而贫穷的国家则沦为污染型商品的专业化生产国家（扩大污染）。

2. 规模效应和收入效应

国际贸易对全球经济活动规模的扩大起着重要作用。如果没有贸易，全球的经济活动规模显然要小很多。国际贸易增长在提高了一个国家经济规模和人均 GDP 的同时会对环境造成怎样的影响呢？世界银行在 1992 年所作的《世界发展报告》（1992）用一系列图表显示了环境质量和经济活动（用 GDP 表示）之间的关系。这些图表表明，当经济活动在一个较低的水平时，污染是逐渐增加的，但是，随着经济活动水平的上升，会出现某个转折点，在这个转折点之后污染会逐渐减少。与这一关系相应的曲线就被称为环境库兹涅茨曲线（Environmental Kuznets Curve，EKC）。格罗斯曼和克鲁格（Grossman and Krueger，1993）的分析也表明，可吸入颗粒物和二氧化硫的排放与人均收入之间也存在类似的关系。如果 EKC 的成立具有普遍性，这就意味着，当国家的经济发展时，人均收入从低水平向高水平上升，所有环境退化现象将最终会减少。那么，是不是可以认为，贸易自由化带来的经济规模增长或人均收入增加与环境污染之间就是这样一种简单的曲线关系呢？

事实上，一些发达国家的产业结构虽然已经发生了明显变化，即明显比过去清洁了，但这些国家的消费结构并没有发生相应的显著变化。表面上这可以用 EKC 来解释，但实际上却是这些国家将其"肮脏"产业转移到了发展中国家。赫廷格（Hettige et al.，1992）发现，一些 OECD 国家的有害物质排放在 20 世纪 60 年代增长非常迅速，而这种情形在 70 年代和 80 年代这些国家颁布严格的环境标准后则发生急剧变化。与此同时，发展中国家的污染物排放则开始急剧上升。罗思曼（Rothman，1998）怀疑，一些富裕国家的环境质量之所以能得到改善，是因为这些国家的消费者有能力使其消费活动远离其消费品的生产活动及由此产生的环境污染。而阿格雷斯和查普曼（Agras and Chapman，1999）以及苏里和查普曼（Suri and Chapman，1998）则发现，贫穷国家和富裕国家分别是污染密集型和能源密集型产品的出口国和进口国。因而造成倒 U 形 EKC 的部分原因可能就是这种贸易分工，即贫穷国家成为污染密集型和资源密集型产品的专门生产国家，而发达国家则成为清洁产品的专门生产国。由此看来，贸易带来经济规模扩大对环境质量产生的影响是有限的。这一现象反映的其实就是前面提到的"污染避风港"假说。而格罗斯曼和克鲁格（1993）还发现，当一个国家到达更高的收入水平时，该国的环境污染排放又会重新上升。经济规模和污染程度之间的这种非线性关系意味着有其他的因素（如环保投入、产出结构、技术和政策因素等）在起作用（转引自郑玉歆等，2005）。

3. 结构效应

贸易会导致更多的外国商品和外国资本的进入，并导致本国产业结构的调整。这种调整的结果会改变各国对自然和人力资源的配置，并会带来产出结构的变化。例如，如果随着 GDP 的增加，污染严重的重工业的比重不断下降，而污染较轻的服务业的比重不断提高。那么，这种产出结构的变化会抵消掉部分贸易带来的经济增长的规模效应。在发达国家，服务业相对于制造业的迅速增长，导致人均污染物排放随之减少，产出结构的变化对此产生了重要作用（Dean，1992）。

4. 产品效应或技术效应

贸易可能影响环境的第四个途径是通过技术扩散提高该国的技术水平，即技术效应。安特韦勒等（Antweiler et al.，2001）和利德尔（Liddle，2001）认为，贸易有可能通过技术效应改善环境。随着收入的增加，环境质量被赋予更高的价值，环境规制也更加严格，从而使环境技术市场不断发展，刺激环境技术创新。环境技术（如废水处理技术或回收技等）发展的同时，传统技术（如能源效率更高和较少污染的炼钢技术）也在发生变化，从总体上降低制造工艺对环境的危害。一些"绿色技术"由于减少资源消耗而具有高盈利性，从而激励了那些包括高度集成的制造企业在内的大公司进行有利于环境的技术创新。贸易对这些"绿色技术"的扩散具有积极作用（郑玉歆等，2005）。

5. 规制效应

按照现代经济学理论，环境问题的根本原因在于，在现有市场经济制度的框架下，环境资源的外部性使之难以得到正确的估价和合理的配置。按照马克思的理论，环境问题产生的原因是：虽然环境资源具有使用价值，但没有市场价值。环境资源只有与资本和劳动结合通过生产过程才能转换为市场价值。因而，造成环境资源的被滥用、被破坏（郑玉歆等，2005）。

按"底限竞争假说"的说法，贸易自由化很有可能会使各国政府为了增强本国的竞争力而采取较低的规制标准（最典型的如环境标准和劳动工资标准）。从理论上分析，"污染避风港"是各国为了促进贸易增长或吸引外商投资而在环境领域进行"底线竞争"的一个结果（Milner et al.，2006）。范比尔斯（van Beers）等（2000）指出，根据国际贸易和区位理论，相对严格的环境政策对企业的国际贸易和区位选择有重要的影响，那些具有"流动性"的企业受到的影响尤其突出。由于担心严格的环境标准会增加其成本，从而导致销售额、雇员、投资的下降乃至国际竞争力的丧失，投资者也会对政府进行游说或施加压力（Frankel，2002）。

范比尔斯等（1997）利用廷伯根（Tinbergen）和林嫩曼（Linne-mann）开发的引力模型（gravity model）研究了21个OECD国家1992年的双边贸易流量。其结论是：严格的环境政策对贸易流中的出口和进口都有显著影响。威尔逊（Wilson et al.，2002）等考察了24个国家的污染密集型商品的出口在1994—1998年期间受环境政策的影响程度。他们得到的结果表明，所考察的5个污染密集型行业的出口都因环境标准的实施而下降。而且他们还发现，签订一项基于环境标准的贸易协定时，非OECD成员国所增加的商品成本比OECD成员国所增加的成本要明显高很多。

因而，一些国家由于害怕失去出口、就业或吸引投资的国家竞争力，可能通过采取较低的环境标准故意选择接受更多的环境污染，使环境质量降到底限（Esty，1994；Wheeler，2000）。而且，由于害怕实施了比别的国家更严格的环境规制后丧失国际竞争力，这些国家将减缓实施更严格的环境标准。这被称为"规制冷战"（regulatory chill）。例如，OECD 国家曾经不愿意实施环境税制以及其他温室气体减排措施，在一定程度上就是担心失去竞争力。许多观察者已经把世界贸易组织及其制度和政策视为在当今社会"底线竞争"愈演愈烈的直接原因。因为世界贸易组织一直在积极地消除一些所谓的贸易壁垒（其中就包括劳动法和环境法规）以推动"自由的"贸易。

但琼斯（Jones，2003）认为，至今还没有哪个正式的经济理论模型成功论证了"底限竞争假说"。从投资者的角度来看，环境成本往往只占公司成本的很小比重，因此其他的因素才是决定投资地点转移的重要因素，包括：廉价劳动力的供应、重要的自然资源禀赋、公共基础设施、合适的工业基础、市场规模以及与义务相关的利害关系或国内消费者施加的压力等。还有一些观点认为，投资者不愿意在环境政策松散的国家投资，例如对一些跨国公司而言，这不利于它们在国外的分支机构实施本国的产品标准。总而言之，真正决定投资地点的选择取决于该地区的投资环境，而不是环保政策。

以上提到了贸易对环境的多方面环境效应，这些效应综合起来可能是正的，也可能是负的，这取决于所涉及的具体的工业和具体的污染物。而配置效应、规模效应、收入效应、结构效应、产品效应和技术效应6个方面效应的影响程度，都将取决于政府政策规制的力度。因此，为了解决贸易带来的环境问题，保证社会经济的健康发展，利用公共政策来弥补市场制度上的缺陷或纠正市场失灵是政府不可推卸的责任（郑玉歆等，2005）。

二　贸易影响中国生态环境的途径

（一）中国能源消耗与污染排放变化

在对外开放程度不断扩大，对外贸易额不断增长的同时，中国工业部门的一次能源消耗量也持续增加（见图 2.1）。尤其是加入世界贸易组织

以来，中国工业部门的一次能源消耗增长更快，已经从 2001 年的 92347
万吨标准煤增加至 2006 年的 175137 万吨标准煤，增加了将近 1 倍。与此
同时，工业废气排放量也从 2001 年的 160863 亿立方米增加至 2006 年的
330992 亿立方米，增加了 1 倍多。其中工业二氧化碳排放量从 2001 年的
1566.6 万吨增加至 2006 年的 2234.8 万吨，增长了 668.2 万吨，超过
1990—2001 年的增长幅度（501.8 万吨）。

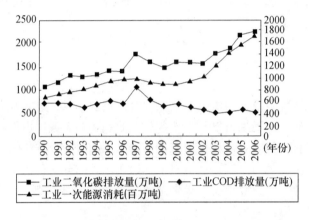

图 2.1　全国一次能源消耗量及二氧化硫排放量

因此，当前这种全球化背景下，中国以出口为导向的经济发展战略近
年来不断受到人们的批评。一方面不少学者从经济发展的角度指出"在
目前的国际分工体系中还只能处于加工、组装等低端环节"①，而且"跨
国公司产业转移在一定程度上加剧了我国对外贸易的低水平扩张"②，甚
至有学者认为中国以"世界工厂"为特征的贸易模式实际上是陷入了一
个产业链阴谋③。另一方面，随着中国国内资源环境形势的日益严峻以及
政府和民间对环境保护的日趋重视，更有不少学者、决策者以及观察者从
环境资源或可持续发展的角度指出，中国当前的贸易模式是造成中国资源

　　① 申恩威:《"统筹国内发展与对外开放"的科学内涵》，《中国社会科学院院报》2005 年
5 月 10 日。

　　② 吕政:《提高我国在国际产业分工中的地位》，《中国社会科学院院报》2005 年 11 月 1 日。

　　③ 郎咸平:《产业链阴谋 I——一场没有硝烟的战争》，东方出版社 2008 年版。

消耗和污染排放急剧增加的重要原因。为了配合节能减排和减少中国与伙伴国之间的贸易摩擦，近年来，国家发展和改革委员会、商务部以及财政部等重要部门还联合采取各种措施坚决控制"两高一资"产品出口。不仅取消了上千个"两高一资"产品的出口退税，还对其中几百个商品开征出口关税。同时，严格控制外商投资"两高一资"领域。可见，贸易对中国的环境影响已经引起了中国全社会的广泛关注，有关部门甚至已经采取实质性行动来干预贸易的环境影响。那么贸易是怎样影响中国的环境的呢？

（二）贸易影响中国环境的途径

从中国的贸易总额变化态势和工业一次能源消耗及主要污染物排放量的变化态势来看，似乎不容易直接发现它们之间存在高度相关性。例如，工业一次能源和二氧化碳排放量基本上持续增加，而 COD 排放量则总体上下降。因而，仅就这几个变量的变化特点分析，恐怕不能直接得出贸易改善或恶化中国生态环境的结论。而事实上这也正反映了贸易对环境产生影响的复杂性。

首先，不可否认的是，中国在对外开放的过程中，存在大量环境受到破坏的问题。而沿海地区从美国、日本、西欧、中国香港等 20 多个国家和地区，进口大量旧船拆废钢，使油污、船锈以及电焊等污染物直接排入滩涂、江海中，给人工养殖带来严重危害。我国每年从国外进口废金属、废纸等废旧物质，如果管理不善也会导致"洋垃圾"入境[1]。而这些问题的发生则与人们追求短期经济利益，缺乏环境意识有密切关系，与中国环境管制不力（包括法律法规不健全以及执法不严）有密切关系，当然也在很大程度上与中国经济的发展水平密切相关（郑玉歆等，2005）。

其次，贸易对中国环境影响的配置效应明显。自改革开放以来，中国的 GDP 能源强度快速下降。这在一定程度上反映了贸易对中国环境的配置效应。因为 21 世纪初叶起，中国开始进入有史以来人口、环境、资源"通道"最狭窄时期，国际贸易规模的扩大使中国得以利用国内国际两个市场的资源。中国的能源、木材、粮食大量进口，对缓解中国资源供应紧

---

[1]　《环境问题：入世后的外贸焦点——访国家环保总局副局长王玉庆》，《科技日报》2001年11月12日。

张以及生态环境的压力发挥了重要作用。同时，竞争压力也迫使中国企业减少资源消耗、提高资源的使用效率，以降低成本。这些对中国环境的改善都会产生积极影响（郑玉歆等，2005）。例如，1996—2000年尽管中国的出口总额和GDP增长迅速，但中国的一次能源消耗总量及二氧化硫排放量则呈现缓慢下降的趋势（见图2.1）。

　　另一方面，中国出口产品中有不少属于资源密集型或其生产和加工方法对环境有害，这部分贸易对中国环境的影响是负面的。例如，中国的对外贸易在80年代以前，基本没有考虑或很少考虑贸易对环境的影响。由于大量出口矿产品、农产品和畜牧产品，致使局部地区自然资源锐减、生态环境恶化。如有色金属矿钨、锡、锑、稀土及其他稀有金属的出口，都曾不同程度地导致这些矿产资源乱挖滥采；矿物的土法选炼释放出大量有毒和放射性物质，严重污染环境；石材的出口造成景观的破坏和水土流失，等等。近年来，一些出口企业又盲目收购发菜、山野菜、药材等野生植物，致使大批农民拥向内蒙古草原，乱挖滥采，加速了草原沙化。甘草的出口也造成类似问题。羊绒出口量的扩大，导致过度放牧和生态环境的破坏。为了出口创汇，一些企业生产和出口的产品是发达国家因污染严重不愿意生产的产品，结果造成"把产品输往国外，把污染留在家乡"[①]。

　　而加入世界贸易组织以来，部分高耗能高污染产品的出口规模仍在不断增大（见表2.2）。在非金属矿物制品中，水泥、混凝土或人造石制品由2001年的165.39万吨增加至2007年的243.24万吨；陶瓷产品由239.11万吨增加至541.98万吨；玻璃及其制品由103.52万吨增加至548.56万吨。在贱金属及其制品中，钢铁出口的增长幅度和增长速度最为突出，由2001年的808.79万吨增加至2007年的6186.09万吨，增加了6.65倍。钢铁制品出口的增长也非常迅速，从2001年的613.95万吨增加至2007年的2870.23万吨，增加了3.68倍。另外，铝及其制品出口的增长速度也较快，从2001年的75.11万吨增加至2007年的351.61万吨，也增加了3.68倍。这些高耗能高污染产品出口的迅速扩张是近年来中国一次能源消耗量急剧上升和相关污染物排放不断增加的重要影响因素之一。

---

　　① 《环境问题：入世后的外贸焦点——访国家环保总局副局长王玉庆》，《科技日报》2001年11月12日。

表 2.2　　　　　　　　部分高耗能高污染产品出口情况　　　　单位：万吨

	2001 年	2002 年	2003 年	2004 年	2005 年	2006 年	2007 年
水泥、混凝土或人造石制品	165.39	187.76	206.56	214.36	253.26	227.57	243.24
陶瓷产品	239.11	291.08	348.62	428.68	501.68	561.33	541.98
玻璃及其制品	103.52	152.74	207.95	292.64	360.83	429.65	548.56
钢铁	808.79	710.68	899.97	2145.16	2762.44	4760.87	6186.09
钢铁制品	613.95	738.84	917.49	1180.43	1549.15	2213.31	2870.23
铝及其制品	75.11	124.13	186.55	252.92	258.15	315.83	351.61

数据来源：相关年份《中国海关统计年鉴》。

其三，贸易对中国环境影响的规模效应和收入效应明显。中国实施对外开放政策，极大地促进了国民经济的快速增长。而中国环境状况则是局部改善、总体恶化。由此可见，中国目前正处于污染程度随经济规模扩大而加重的阶段。这是因为经济规模的扩大会消耗更多的原料和能源，而环保能力提高的速度赶不上由此带来的污染加重的速度。显然，贸易带来的经济规模扩大的这部分环境影响存在一定的负面效应。不过，随着人民生活水平的提高、环保意识的增强，对环境质量有了更高的要求。经济实力的增强使中国有能力在环境保护上进行更多的投入。"十五"期间，中央财政安排环境保护资金 1119 亿元人民币，其中，国债资金安排 1083 亿元人民币，主要用于京津风沙源治理、天然林保护工程、退耕还林（草）工程、三峡库区及其上游地区水污染治理、"三河三湖"污染治理、污水、垃圾产业化及中水回用工程等[①]。近年来，中国在环境保护中的投入以快于经济增长的速度不断增加，2006 年已经达到 2566 亿元。环保投入占 GDP 的比重由 1980 年的 0.4% 增加到 1995 年的 0.8%、2006 年的 1.22%，其中 2005 年甚至达到了 1.40%。可见，GDP 的增长会显著促进环保努力。当然，促进的程度与政府的财政状况和政府对环境规制的力度有关（郑玉歆等，2005）。

其四，经济全球化对中国环境影响的结构效应显著。改革开放在给中

[①]　参见《中国的环境保护白皮书》（1996—2005）。

国经济带来快速发展的同时，中国的产业结构也发生了很大变化。中国第三产业的国内生产值在 GDP 中的比重已经由 1978 年的 23.94% 上升为 2006 年的 39.35%。这说明中国服务业始终以高于经济增长的速度发展。这些可能是中国环境出现局部改善的重要原因。不过，加入世界贸易组织以来，第三产业的比重则没有出现进一步的上升，甚至还略有下降。而改革开放以来，工业的国内生产值在 GDP 中的比重则几乎没有什么变化：1978 年为 4409%，2001 年下降到 39.74%，而加入世界贸易组织以来又逐渐回升，2006 年达到 43.30%。而且，工业内部重工业的比重由 1978 年的 56.9% 上升到 2006 年的 70.0%。因而，经济全球化对中国环境影响的结构效应到底是积极的还是负面的，这还需要进一步分析。

其五，贸易促进了国外环保技术和产品在中国的扩散。在中国，尽管资源的使用效率相对于发达国家仍然较低，但是提高速度相当快，这与改革开放以来，中国从国外引进大量有利于环境的技术、装备和管理有密切关系。一些跨国公司，坚持全球环境标准，在全球范围使用统一标准的技术和管理实践。显然，这有利于发展中国家的环境保护。但贸易也可能会带来有害的、环境不友好的技术的传播。一些调查和新闻报道显示，也有一些跨国公司在健康、环境上采用多重标准，在其本土国家采用先进的技术和管理标准，而在中国使用低效、过时的技术。如中国国家环境保护部的一项监察行动发现，2004—2007 年间，有 130 家在华跨国公司存在环境违法行为。"这些跨国公司多数来自欧、美、日等发达国家，既有世界知名品牌，也有'世界 500 强'企业，拥有较好的环保口碑，近年来在中国却存在一系列环境违法行为，这是严重的企业社会责任缺失。"[①]

其六，改革开放以来，尤其是近几年来，中国政府对贸易的环境影响问题日益重视，制定大量环境法律法规和政策措施，大大加强了中国的环境规制。1996 年以来，国家制定或修订了包括水污染防治、海洋环境保护、大气污染防治、环境噪声污染防治、固体废物污染环境防治、环境影响评价、放射性污染防治等环境保护法律，以及水、清洁生产、可再生能源、农业、草原和畜牧等与环境保护关系密切的法律；国务院制定或修订

---

① 如《130 家跨国公司后督察结果见分晓》，2008 年 1 月 18 日，中华人民共和国环境保护部网站。

了《建设项目环境保护管理条例》、《水污染防治法实施细则》、《危险化学品安全管理条例》、《排污费征收使用管理条例》、《危险废物经营许可证管理办法》、《野生植物保护条例》、《农业转基因生物安全管理条例》等 50 余项行政法规；发布了《关于落实科学发展观加强环境保护的决定》、《关于加快发展循环经济的若干意见》、《关于做好建设资源节约型社会近期工作的通知》等法规性文件。国务院有关部门、地方人民代表大会和地方人民政府依照职权，为实施国家环境保护法律和行政法规，制定和颁布了规章和地方法规 660 余件。同时，中国还参加了《联合国气候变化框架公约》及其《京都议定书》、《关于消耗臭氧层物质的蒙特利尔议定书》、《关于在国际贸易中对某些危险化学品和农药采用事先知情同意程序的鹿特丹公约》、《关于持久性有机污染物的斯德哥尔摩公约》、《生物多样性公约》、《生物多样性公约〈卡塔赫纳生物安全议定书〉》和《联合国防治荒漠化公约》等 50 多项涉及环境保护的国际条约，并积极履行这些条约规定的义务[①]。

　　正是这一系列针对实施对外开放战略中环境问题的政策法规的出台，外商投资带来的污染转移问题已经明显缓解（郑玉歆等，2005）。目前，针对环境保护问题，中国政府正在积极加快实现"三个转变"：一是从重经济增长轻环境保护转变为保护环境与经济增长并重；二是从环境保护滞后于经济发展转变为环境保护和经济发展同步；三是从主要用行政办法保护环境转变为综合运用法律、经济、技术和必要的行政办法解决环境问题。党的十七大报告也明确提出，要"建设生态文明，基本形成节约能源资源和保护生态环境的产业结构、增长方式、消费模式。循环经济形成较大规模，可再生能源比重显著上升。主要污染物排放得到有效控制，生态环境质量明显改善"。相信这些举措将大大促进中国在融入经济全球化、促进经济发展的同时，也将大大促进中国的环境保护，显著改善中国的环境质量。

---

　　① 　参见《中国的环境保护白皮书》（1996—2005）。

第三章　如何量化贸易的环境成本

上一章回顾了中国自改革开放以来对外贸易的增长，能源消耗和环境污染的变化，以及贸易对中国资源消耗和环境的影响途径。然而，纵使我们可以从前面的直观分析明白贸易可能对一个国家的资源环境产生影响，但我们还是难以判断这一影响究竟有多大，因为没有现成的数据回答这一问题，只能通过科学合理的方法，并利用现有的信息来估计，也就是将贸易的环境成本进行量化。而围绕这一问题也产生了大量的研究文献。那么已有的研究是如何将贸易的能源环境成本进行量化的呢？这便是本章要解决的问题。

为了衡量贸易对资源、环境的影响，李和罗兰－霍尔斯特（Lee and Roland – Holst，1993）提出了"贸易含污量（embodied effluent trade，EET）"的概念。他们先定义部门污染产出指数：

$$e_i = \frac{\varepsilon_i}{\sum \varepsilon_i q_i}$$

其中，ε_i 表示美国制造部门中部门 i 的 AHTL（Acute Human Health and Terrestrial Ecotoxicity）产出排污率；q_i 表示部门 i 的产出在国内总产出中的比重。于是得到进口产品的含污量指数为：

$$E_m = \sum m_i e_i$$

其中，$m_i = M_i / \sum M_i$，M_i 是部门 i 的进口量，M 是总进口量。同理，出口产品的含污量指数定义为：

$$E_x = \sum x_i e_i$$

贸易含污量的净出口指数为：

$$E_x - E_m$$

用上述贸易含污量概念来衡量贸易对资源、环境的影响非常简洁明了。但是，由于生产中的资源消耗和污染物排放是伴随着经济活动而不可避免地发生的，而各种经济活动有着广泛的、直接或间接的联系，生产某种贸易产品不仅会直接消耗资源并产生相关的污染排放，同时为了生产这种贸易产品还必须生产其他用于该产品生产的相关中间产品，因而生产这种贸易产品还会产生间接的资源消耗和污染排放。

我们可以把经济活动简单地分为供给和需求两个方面。在一定程度上，可以认为正是需求带动了供给，并引发了生产、流通等一系列供给方面的经济活动。因此，尽管大量的资源消耗和污染排放产生于生产和流通环节，但导致这些资源消耗和污染物产生的诱因则是最终需求（Munksgaard and Pedersen，2001）。而通常我们可以把最终需求划分为消费、资本形成和出口。正如我们可以把消费、投资和出口看成是经济增长的"三驾马车"一样，我们也可以把这三者看成是资源消耗和污染物产生的"引擎"。

因而，李和罗兰 - 霍尔斯特（1993）提出的概念或方法虽然简洁明了，但他们在具体计算贸易含污量时却忽略了贸易活动与国民经济活动的相互影响，没有考虑贸易的间接环境影响，不能全面度量贸易的含污量。为了将贸易间接引起的那些污染也考虑进来以全面衡量出口含污量，必须将贸易对经济活动的影响机制与污染的产生结合起来考虑。这需要用系统的经济分析方法或模型，而作为国民经济核算基础的投入产出分析方法无疑是一个合适的选择。正因为如此，投入产出分析也就成为目前研究贸易的环境影响的主流方法。

一　投入产出模型的基本原理

受魁奈（Franois Quesnay）的巨著《经济表》（*Tableau économique*）的启发，利昂惕夫（Leontief，1936）提出了举世闻名的投入产出模型。这一模型自问世以来，已经逐渐成为经济分析的经典方法之一，甚至可以说对人类社会产生了广泛而深远的影响。与投入产出分析相关的文献也可为汗牛充栋、难以计数。一批致力于将投入产出模型不断完善和发扬光大的经济学家还成立了国际投入产出学会（International Input – Output Association，IIOA），并每隔两年举办一次国际投入产出学术会议。

为了详细阐明本书测度贸易对环境影响的方法，这里不妨先对投入产出模型作一些简单的介绍（关于投入产出模型的详细介绍可以参阅联合国，1999）。尽管不同的研究者开发的模型之间存在重大的差异，但它们都遵循投入—产出方法的一般假定，主要包括同质性假定、投入产品间的完全不可替代假定、投入产出比例固定的生产方程假定等（刘起运等，2006）。

表 3.1a 是一个满足投入产出模型基本假定的简单投入产出表（这里我们先假定没有进口）。横向来看，在这张表中部门 i 的总产出为 x_i，其中一部分为中间使用即作为其他部门的中间投入品被使用，例如，x_{ij} 表示部门 i 的产出中被部门 j 作为中间投入而使用的部分；另一部分为最终使用（y_i）即作为居民的消费品、固定资本形成以及出口品被使用。因而横向来看，有如下一系列恒等式：

$$x_{11} + x_{12} + \cdots x_{1n} + y_1 = x_1$$
$$x_{21} + x_{22} + \cdots x_{2n} + y_2 = x_2$$
$$x_{31} + x_{32} + \cdots x_{3n} + y_3 = x_3$$
$$\vdots \quad\quad \vdots \quad\quad \vdots \quad\quad \vdots \quad\quad \vdots$$
$$x_{n1} + x_{n2} + \cdots x_{nn} + y_n = x_n$$

而纵向来看，表 3.1a 又反映了各部门的投入状况。对任何一个部门而言，其投入包括中间投入和初始投入（包括劳动报酬、资本折旧、生产税、营业盈余等各项）两大类，它们的合计就是该部门的总投入。而对任何一个部门来说，其总产出应等于其总投入。因而，纵向来看，有如下一系列恒等式：

$$x_{11} + x_{21} + \cdots x_{n1} + v_1 = x_1$$
$$x_{12} + x_{22} + \cdots x_{n2} + v_2 = x_2$$
$$x_{13} + x_{23} + \cdots x_{n3} + v_3 = x_3$$
$$\vdots \quad\quad \vdots \quad\quad \vdots \quad\quad \vdots \quad\quad \vdots$$
$$x_{1n} + x_{2n} + \cdots x_{nn} + v_n = x_n$$

假定各部门的投入产出比例是固定的，也就是说，各部门的各种中间投入与其总投入比例固定。这样我们就可以定义各部门的投入产出系数矩阵 $A = \{a_{ij}\}$，其元素 $a_{ij} = x_{ij}/x_j$。A 反映了经济系统中各部门的生产技术，则横向的系列恒等式可以表述为：

$$a_{11}x_1 + a_{12}x_2 + \cdots a_{1n}x_n + y_1 = x_1$$
$$a_{21}x_1 + a_{22}x_2 + \cdots a_{2n}x_n + y_2 = x_2$$
$$a_{31}x_1 + a_{32}x_2 + \cdots a_{3n}x_n + y_3 = x_3$$
$$\vdots \qquad \vdots \qquad \ddots \qquad \vdots \qquad \vdots \qquad \vdots$$
$$a_{n1}x_1 + a_{n2}x_2 + \cdots a_{nn}x_n + y_n = x_n$$

即

$$\begin{pmatrix} a_{11} & a_{12} & \cdots & a_{1n} \\ a_{21} & a_{22} & \cdots & a_{2n} \\ a_{31} & a_{32} & \cdots & a_{3n} \\ \vdots & \vdots & \ddots & \vdots \\ a_{n1} & a_{n2} & \cdots & a_{nn} \end{pmatrix} \begin{pmatrix} x_1 \\ x_2 \\ x_3 \\ \vdots \\ x_n \end{pmatrix} + \begin{pmatrix} y_1 \\ y_2 \\ y_3 \\ \vdots \\ y_n \end{pmatrix} = \begin{pmatrix} x_1 \\ x_2 \\ x_3 \\ \vdots \\ x_n \end{pmatrix}$$

令 $X = (x_1, x_2, \cdots, x_n)^T$，$Y = (y_1, y_2, \cdots, y_n)^T$，它们分别表示总产出向量和最终使用（需求）向量，其中上标 T 表示向量的转置，则横向的系列恒等式可以进一步表述为：

$$AX + Y = X \qquad\qquad (3.1)$$

于是有

$$X = (I - A)^{-1}Y \qquad\qquad (3.2)$$

其中，I 为单位矩阵，$(I - A)^{-1}$ 就是利昂惕夫逆矩阵，它反映了经济系统中各部门间的相互（技术）关联。（3.2）式就是著名的利昂惕夫投入产出模型（Leontief input – output model）或称需求驱动型投入产出模型（Demand – driven input – output model）。它的经济理论基础如下：在一个经济系统中，最终需求决定了整个系统的产出或活动水平。而这样的经济理论基础也是为大多数经济学家所接受或认可的。因此，利昂惕夫投入产出模型在实践中得到了广泛的应用。这一模型也是本书及其他类似研究估计贸易的环境成本时所采用基本模型。

将最终需求区分为消费、资本形成和出口，则（3.2）式可改写为：

$$X = (I - A)^{-1}(Y_{cm} + Y_{in} + Y_{ex}) \qquad\qquad (3.3)$$

其中，Y_{cm}、Y_{in} 和 Y_{ex} 分别表示国内消费、资本形成和出口向量。

当然，这里我们只是粗略地对最终需求的类别进行了划分。其中，国内消费还可以进一步划分为农村居民消费、城镇居民消费和政府消费；而资本形成也可进一步区分为固定资本形成总额和存货增加（可参见中国国家统计局近年来公布的中国投入产出表）。

顺便要提及的是，我们也可以定义一个分配系数矩阵 $A' = \{a'_{ij}\}$，其元素 $a'_{ij} = x_{ij}/x_i$，则纵向的系列恒等式可以进一步表述为：

$$XA + V = X^T \tag{3.4}$$

于是有

$$X^T = V(I - A')^{-1} \tag{3.5}$$

（3.5）式就是戈什（Ghosh，1958）在假定分配系数固定的前提下，提出的著名的戈什投入产出模型（Ghosh input – output model）或称供给驱动型投入产出模型（Supply – driven input – output model）。它反映了各部门初始投入的变化对整个经济系统活动水平的影响。尽管，这一模型的经济理论基础还存在争议（Oosterhaven，1988，1989，1996；Dietzenbacher，1997），但许多研究者（Bon，1986；Bon and Xu，1993；Bon and Yashiro，1996；Zhang，2010）认为，从实证分析的角度来看，戈什投入产出模型是有重要价值的事后描述工具（expost descriptive tool）。

表 3.1a 投入产出简表

部门		中间使用（投入） 1，2，…，n	最终使用				总产出
			国内消费	固定资本形成	出口	合计	
中间 投入	1	x_{11}，x_{12}，…，x_{1n}	y_{cm1}	y_{in1}	y_{ex1}	y_1	x_1
	2	x_{21}，x_{22}，…，x_{2n}	y_{cm2}	y_{in2}	y_{ex2}	y_2	x_2
	⋮	⋮	⋮	⋮	⋮	⋮	⋮
	n	x_{n1}，x_{n2}，…，x_{nn}	y_{cmn}	y_{inn}	y_{exn}	y_n	x_n
增加值(初始投入)		v_1，v_2，…，v_n					
总投入		x_1，x_2，…，x_n					

二　投入产出模型与环境成本分析

在环境经济学领域或更宽泛地说经济系统与自然系统相联系的研究领域中，投入产出模型也得到了充分的拓展和应用，并产生了大量具有重要学术价值和现实意义的研究成果。毫不夸张地说，当前环境经济学领域的许多重大问题已经成为投入产出模型最重要的应用领域，而投入产出模型也成为环境经济学最主要的研究方法之一。

从笔者掌握的文献来看，穆尔和彼得森（Moore and Peterson，1955）对美国犹他州资源利用的研究也许是最早将投入产出模型应用于分析资源环境问题的文献之一。而这一领域对后来的研究产生了重大影响的一批文献则诞生于 20 世纪 60 年代末至 70 年代初。其中，戴利（Daly，1968）的分析表明，理论上完全可以利用投入产出模型将经济系统与自然界联系起来。艾萨德等（Isard et al.，1968）将投入产出模型从社会—经济系统拓展至社会—生态系统，并以英国普利茅斯湾区为案例对其分析框架进行了说明。艾尔斯和尼斯（Ayres and Kneese，1969）借助投入产出模型的基本原理，将物质消耗和污染排放与生产和消费联系起来，从而将以往关于外部性的分析框架从局部均衡模型拓展至一般均衡模型。而这一时期最有影响的文献恐怕还是利昂惕夫（1970）发表的论文。他在这篇论文中用一个简单的例子阐述了如何应用投入产出模型来分析污染物排放。在他构造的简单投入产出表中，他把污染物当做一种类似生产要素的投入，从而建立了最终需求与污染物排放量之间的数量关系。这一论文发表后引发了学术界一系列评论与回应（Flick，1974；Leontief，1974；Steenge，1978；Moore，1981）。此外，坎伯兰和斯特恩（Cumberland and Stern，1972）、利昂惕夫和福特（Leontief and Ford，1972）也是将环境因素纳入投入产出模型的早期重要文献。

（一）如何将资源与环境要素纳入投入产出模型

在应用投入产出模型分析能源或类似的资源消耗与污染排放时，通常有三种方法将这些实物变量引入模型。

第一种方法是直接设定实物量与部门产出（货币价值）的比值，建立一个货币量与实物量相结合的投入产出模型。从目前已有的文献来看，应该说大部分研究者都采用了这种方法，如 Östblomr（1982）、Ploger（1984）、Gould 和 Kulshreshtha（1986）、高迪和米勒（Gowdy and Miller，1987a）、Rose 和 Chen（1990，1991）、Wier（1998）、Garbaccio 等（1999）、王玉潜（2003）、彼得斯（Peters，2007）等、Zhang（2009，2010）以及张友国（2009，2010）。

　　第二种方法是建立混合型投入产出模型（Hybrid Input - output Model），即将各部门的非能源或资源型投入用货币价值来计量，而将其能源或资源型投入用实物量来衡量（Miller and Blair，1985）。也有部分学者采用了第二种方法展开研究，如布拉德和赫伦迪恩（Bullard and Herendeen，1975）、布拉德等（1978）、Lin 和 Polenske（1995）、Mukhopadhyay 和 Chakraborty（1999）、Kagawa 和 Inamura（2001）、Nakamura 和 Kondo（2002）、Kondo 和 Nakamura（2004）、Kagawa（2005）。米勒和布莱尔（Miller and Blair，1985）指出，只有当用于各部门的同种资源价格相等时，第一种方法才与第二种方法等价。他们认为，第二种方法在理论上优于第一种方法。不过，第二种方法在实证分析中往往面临数据的限制而不容易实施，因而文献中更常见的是第一种方法的应用。

　　第三种方法则是统一采用实物量来衡量各部门的投入、产出与资源消耗或污染排放，即建立实物型投入产出表（Physical Flow Input - output Model），而这种方法要求更多的信息和数据。近年来，不少学者（Hoekstra and van den Bergh，2003；Suh，2004；Dietzenbacher，2005；Hoekstra and van den Bergh，2006；Xu and Zhang，2009；Giljum and Hubacek，2009）对这一方法的基本概念和应用技术进行了介绍和探讨。也有不少学者通过建立实物模型来分析相关的环境经济问题，如 Mäenpä（2002）、Hubacek 和 Giljum（2003）、Weisz 和 Duchin（2005）。

（二）基于投入产出模型的能源和碳排放成本估计

　　从目前发表的有关资源环境问题研究的论文来看，能源消费及与之密切相关的碳排放分析似乎是投入产出模型应用最密集的研究领域[①]。这是

---

　　① 投入产出模型还被广泛应用与分析生态足迹（如贝伦斯等，1998；Lenzen and Murray，2001；Wiedmann et al.，2006）、水足迹（如 Hoekstra and Chapagain，2007；Guan and Hubacek，2007）等其他重要生态、环境问题。

因为，能源是当今世界各国经济运行的基石，甚至关系国家安全，意义十分重大。而与能源消费相关的碳排放又被普遍认为是造成当前国际社会高度关注的气候变化问题的主要因素。因而，能源和碳排放在现实世界中的受重视程度也自然而然地反映在了学术研究中。

20 世纪 70 年代初的石油危机爆发后，人们开始意识到能源的稀缺性并应用各种分析工具来分析能源的利用和替代问题，投入产出模型便是其中的一种工具（Chapman，1974；Casler and Wilbur，1984）。换句话说，有关能源消费问题的分析也成为投入产出模型的一个主要应用领域。正如赖特（Wright，1974）所指出的，"能源危机"的产生既不是因为能源是一种可耗竭资源，也不是因为能源的替代品非常有限，而是因为能源的提供商能够控制能源供应及其价格。因此，他认为应当对商品或服务的能源成本——包括直接的和间接的能源消耗——进行评价，而投入产出模型正是开展这种评价的合理方法。因此，利用投入产出模型估计最终需求（尤其是居民消费）以及各类商品或服务的能源成本或能源强度的论文在石油危机爆发后迅速增加。

70 年代比较有影响的文献中，赖特（1974）用该方法结合美国 1963年的投入产出表估计了美国的资本品和贸易商品的能源成本；布拉德和赫伦迪恩（1975）在考虑了不同部门和消费者的能源价格差异后，应用美国 1967 年的投入产出表计算了各个部门的能源强度；赫伦迪恩和塔纳卡（Tanaka，1976）对美国 1960—1961 年居民消费的能源成本进行的估计以及赫伦迪恩（1978a）对 1973 年挪威居民消费的能源成本估计，都表明居民消费的能源成本中一半以上来自间接能源消费；克伦兹（Krenz，1977）采用投入产出模型及相关数据分析了西欧各国最终需求的能源强度与美国的差异，发现前者只有后者的一般左右；AI – AIi（1979）估算了 1973 年苏格兰的各种产品和不同类型的最终需求对煤炭、精炼油、天然气和电力的依赖性。

在 80 年代，赫伦迪恩等（1981）测算了 1972—1973 年美国居民生活的能源消费量，并分析了一系列因素对其所产生的影响；康芒和麦克弗森（Common and McPherson，1982）利用英国 1968 年和 1974 年的投入产出表对 90 种商品的能源强度进行了排序，并对不同年份的商品能源强度进行了比较；汉农（Hannon，1983）等编制了美国 1963 年、1967 年和 1972

年的可比投入产出表，对各种产品的能源强度进行了比较，并分析了造成能源强度变化的潜在原因；康芒（1983）采用投入产出模型结合国际经济与发展研究所（International Institute for Environment and Development, IIED）提出的节能方案进行的数值模拟表明，如果 IIED 提出的"低能源未来"1974 年就已经实施，那么英国就会在当年节约 12 亿英镑的能源支出；科斯坦萨（Costanza）和赫伦迪恩（1984）利用美国 1963 年、1967 年和 1972 年的数据所进行的分析表明，产品或服务的含能量（embodied energy）是衡量产品或服务经济价值的好指标；贝伦斯（Behrens, 1984）基于巴西 1970 年的投入产出表进行的分析表明，对巴西的收入进行再分配可能增加就业和产出，但会使产出的能源强度有所上升；皮特（Peet, 1985）等估计了新西兰 1974—1980 年居民消费的能源需求变化趋势，其结果表明，即使没有结构变化和技术进步，新西兰居民消费的能源需求也不会快速增长；皮特（1986）计算了 1976—1977 年度新西兰各部门产出的各种能耗强度（包括煤耗、油耗、电耗等），并计算了资本形成以及各部门最终产品引起的能源消耗；皮特等（1987）基于投入产出模型对新西兰的电力供应和一次能源消耗进行了分析，认为长期内一次能源的净能源产出会不断下降。卡斯勒（Casler）和汉农（1989）基于能源投入产出模型，对美国 1963—1977 年商品能源强度的变化进行了比较。

　　进入 90 年代后，以估计产品或最终需求的能源成本或能源强度为主要内容而发表的文献仍在持续增加。如高迪和米勒（1991）对 1960—1980 年美国和日本的能源效率进行了估计和比较分析；高迪（1992）估计了澳大利亚 1974—1987 年的能源强度变化；弗林和布洛克（Vringer and Blok, 1995）对荷兰居民消费的能源需求进行了估算，发现其中 54% 来自间接能源需求；伦曾（Lenzen, 1998）估计了 1993—1994 年澳大利亚最终消费的含能量；伦曾和戴伊（Dey, 2000）估计了澳大利亚钢铁产品的含能量；伦曾（2001）通过将资本形成和进口内生化（当做中间投入处理）构造了一个拓展的澳大利亚投入产出模型，并利用该模型计算了一系列劳动和能源乘数。Pachauri 和 Spreng（2002）的估算结果表明，80 年代初至 90 年代初，印度居民消费的直接和间接能源需求约占印度总能源需求的 75%；Reinders 等（2003）对欧盟 11 个国家居民消费的直接和间接能源需求进行了估算；伦曾等（2004）对悉尼居民的直接和间接能源消费进行了估计；Liu 等（2009）利用中国 1992 年、1997 年、2002年和 2005 年的投入产出表估计了中国城乡居民间接的能源消费量。不过，从发表的论文来看，更多的研究者已经不是单纯以估计能源成本为主，而是在估计能源成本的基础上，进一步采用结构分解方法探讨能源消费的影响因素和相关政策（相关综述参见结构分解介绍部分）。

除了实证分析外，还有不少文献对于如何应用投入产出模型估计商品的能源成本进行了总结和评论。如布拉德等（1978）通过一个案例详细展示了应用投入产出模型计算能源成本的步骤，并对结果的不确定性及其来源进行了详细分析；赫伦迪恩（1978b）对五种应用投入产出表计算能源强度的方法进行了比较和评价；Flaschel（1982）对基于投入产出模型的"能源需求"和"能源成本"概念进行了一系列比较；帕克（Park，1982）给出了一种用投入产出模型估计最终需求的能源成本，并能用于评价技术变化的能源影响的方法；卡斯勒和威尔伯（Wilbur，1984）则对能源投入产出模型的基本原理和应用进行了总结和评论；范恩格伦伯格（Van Engelenburg，1994）等提出了一种将过程分析与投入产出模型相结合来计算各种产品的能源需求的方法；Biesiot 和 Noorman（1999）进一步发展了范恩格伦伯格等（1994）提出的方法，并分析了 1950—1995 年荷兰居民消费的能源需求变化趋势；以及最近米勒和布莱尔（2009）对包括能源投入产出模型在内的投入产出分析所作的系统总结和介绍。

另一方面，随着气候变化问题越来越受到国际社会的关注，而气候变化问题又与能源消费产生的碳排放密切相关，因而越来越多的研究者很自然地将投入产出模型应用于碳排放的研究之中。如盖伊和普鲁普斯（Gay and Proops，1993）对 1984 年英国各类产品和服务的碳排放影响进行了估计。卡斯和布莱尔（1997）基于混合型投入产出模型和他们提出的特殊方法对 1985 年美国各类商品和服务的各种与能源相关的污染物排放强度进行了估计。伦曾（1998）不仅估计了澳大利亚最终消费的能耗影响，同时也估计了其碳排放影响；Wier 等（2001）应用投入产出模型估计了1995 年丹麦各种最终产品或服务的碳排放强度；Limmeechokchai 和 Suk-suntornsiri（2007）基于泰国 1998 年的投入产出表的估计表明，电力部门是泰国能源强度最高的部门，而水泥生产部门则是碳排放强度最高的部门；韦伯和马修斯（Weber and Matthews，2008a）估计了 1997 年美国各种被最终消费的食品的碳排放影响和碳排放强度，发现红肉的碳排放强度要比鸡肉和鱼肉高 150%；安德鲁和福吉（Andrew and Forgi，2008）从三种不同的环境责任原则出发估计了新西兰的碳排放责任，其中基于共担责任原则（shared responsibility）的估计表明，新西兰本土碳排放的约 44% 应由其本土生产者承担，约 28% 应由其本土消费者承担，而其余的约 27% 则应归于其出口。德鲁克曼（Druckman et al.，2008）等基于一个两区域投入产出模型，从消费者责任原则出发计算了英国 1990—2004 年应承担的碳排放，发现这一时期英国应承担的碳排放呈现增加趋势。这一点与英国本土实际（基于生产者责任原则）的碳排放变化趋势正好相反。德鲁克曼和杰克逊（Jackson，2009）基于拟多区域投入产出模型估计了 1990—2004 年英国居民消费的碳排放影响；Alcántara 和 Padilla（2009）分析了西班牙服务业部门的碳排放影响，发现其中一些服务业部门对其他部门的直接碳排放产生了较大影响；柯科夫（Kerkhof）等（2009）估计了荷兰的居民支出对包括碳排放在内的多种污染排放的影响，发现荷兰的碳排放增加要慢于其居民支出的增长；Chen 等（2010）估计了 2005 年中国 42 产业部门对包括能源和碳排放在内的多种资源消耗和污染物排放的影响。不过，从目前发表的文献来看，研究者们在这方面的兴趣似乎主要集中于贸易的碳排放影响。

（三）投入产出模型与贸易的能耗影响和碳排放影响研究

　　利用投入产出模型对贸易所造成的环境影响进行测度的研究从 20 世纪 70 年代开始逐渐兴起。其原因，一是第二次世界大战以来经济全球化日益深化，贸易已成为各国经济发展的重要因素，同时贸易还会通过诸如规模效应、技术效应和结构效应（见表 2.1）等机制影响各国的环境。二是随着经济的快速增长，全球性的资源环境问题乃至灾难使得人们的环境意识日益加强，既然贸易已成为许多国家经济发展的重要战略，其环境影响也自然引起关注。而随着气候变化问题已逐渐成为全球环境问题的核心或最有代表性的重大问题，有关碳排放权利、责任分配的争论和谈判已经成为国际社会各阶层关注的焦点之一。

　　正如威科夫和鲁普（Wyckoff and Roop，1994）所指出的，随着《京都协议》的签署，有温室气体减排任务的国家可能通过增加从无减排义务国家的商品进口，并减少本国生产而完成自己的减排任务。因而贸易的增加可能造成碳泄露（Carbon Leakage），并导致全球温室气体排放的不断增加。而 Munksgaard 等（2005）则指出，对于从宏观层面来定义碳排放的责任而言，贸易扮演的角色非常重要，尤其是对一些开放程度较大的国家或地区而言更是如此，因而在有关碳减排和基准情景的谈判中必须考虑贸易。鉴于更好地理解贸易对碳排放的影响可能有助于制定更加有效的后京都时代的气候政策，关于贸易含能量（Energy Embodied in Trade）和含碳量（Carbon Embodied in Trade）[①] 的估计引起了广泛的研究兴趣。

由于投入产出模型具有诸多优点（坚实的理论基础、被广泛认可、可操作性强等），因而逐渐成为这类研究的主要工具之一[②]。沃尔特（Walter，1973）发表的论文可能是最早应用投入产出模型将贸易和环境联系起来的文献。他基于美国 1966 年的投入产出表估计了 83 种产品或服务的出口和进口环境负荷强度。在随后的几年里，Koo（1974）基于美国 1963 年的投入产出表进行的计算表明，美国的贸易有利于减少其悬浮颗粒物的排放，同时却使一氧化碳的排放增加。赖特（Wright，1974）的估计表明，1968 年英国进口品的总能源强度要略高于其出口品的能源强度。赫伦迪恩和布拉德（1976）对美国 1963 年、1967 年和 1973 年进出口的含能量进行了估计，其结果表明，尽管这一时期美国的进口增长迅猛，但美国的进口含能量仅增长了 6% 左右，而且进出口中的含能量基本保持平衡。赫伦迪恩（1978）对 1973 年挪威贸易含能量的估计也表明，挪威进出口的含能量也基本平衡。希尔曼和布拉德（Hillman and Bullard，1978）将能源作为劳动和资本以外的第三种投入要素，利用投入产出模型和美国 1963 年及 1967 年的投入产出表，对赫克歇尔—俄林（Heckscher - Ohlin）定理——比较优势理论进行了再检验，其结果似乎表明，美国在 20 世纪 60 年代的贸易符合比较优势理论。斯蒂芬逊和萨哈（Stephenson and Saha，1980）对 1979 年新西兰的贸易含能量进行了估计，发现新西兰的

---

① 这一概念在后来的相关研究中得到了广泛的应用，如威科夫和鲁普（1994）、安特威勒（1996）、李和罗兰 - 霍尔斯特（2000）、彼得斯和赫特维奇（Hertwich，2005）、彼得斯和赫特维奇（2006），等等。

② 特纳等（Turner，2007）、威德曼（Wiedmann，2009a）、威德曼（2009a）以及威德曼等（2007）对投入产出模型在有关贸易含污量研究中的应用进行了很好的评述。

进口含能量明显高于其出口含能量，这一差异相当于新西兰当年净能耗的16%。Strout（1984）基于美国 1967 年的投入产出表对 39 个国家和地区的贸易含能量进行了估计，其结果表明当年的贸易含能量约相当于直接交易的能源数量的 40%。

从发表的文献来看，在 20 世纪七八十年代贸易的含能量是相关研究者关注的重点，而进入 90 年后，贸易的含碳量也逐渐受到研究者重视，甚至比贸易含能量还受重视。威科夫和鲁普（1994）对 20 世纪 80 年代中期 6 个 OECD 国家进口的工业制造品含碳量进行了估计，发现这些国家进口工业品的含碳量占其碳排放总量的比例平均为 13%，其中法国更是高达 40%。他们认为，从控制温室气体排放的角度出发，有必要将一个国家或地区进口品的含碳量也纳入其碳排放核算框架中。Young（1996）对 1985—1994 年巴西出口引起的废气排放进行了评估，发现巴西出口部门的碳排放强度要明显高于整个经济系统的平均碳排放强度。他建议巴西政府调整出口政策并加强环境规制。Schaeffer 和 Leal de Sá（1996）估计了 1970—1993 年巴西的贸易含碳量，发现从 1980 年开始巴西的出口含碳量就一直高于其进口含碳量。他们也认为，仅基于地区内能源消费来核算一个国家或地区碳排放量的方法忽略了其进口活动（对其他地区）间接造成的碳排放，因而也建议重新考虑碳排放的核算方法。伦曾（1998）的估计表明，1993—1994 年澳大利亚的出口含能量和含碳量均明显高于其进口含能量和含碳量。Battjes 等（1998）基于其特殊的假定和投入产出模型对一些欧洲 OECD 成员国进口的能源强度进行了估计。Kondo 等（1998）估计了日本的进出口对其碳排放的影响，发现 1985 年以前日本的出口含碳量一直高于其进口含碳量，但 1990 年以后上述形势发生了逆转。

进入 21 世纪后，有关贸易含碳量和含能量的实证研究进一步升温。Munksgaard 和 Petersen（2001）结合贸易含碳量的测算讨论了与一个地区碳排放核算密切相关的"生产者责任原则"和"消费者责任原则"，并对 1966—1994 年丹麦的"二氧化碳贸易平衡"，（CO_2 trade balance）进行了案例分析。Machado 等（2001）基于混合型投入产出模型，估计 1995 年巴西每美元出口的含能量和含碳量分别比每美元进口的含能量和含碳量高 40% 和 56%。Bosi 和 Riey（2002）的计算表明，1999 年尽管 IEA 各成员国的贸易模式存在差异，但这些国家作为一个整体是能源的净输入者，而且在可以预见的将来这一形势不会改变。

Tolmasquim 和 Machado（2003）的估计表明，1998 年巴西的净贸易含能量和含碳量（出口含能量和含碳量与进口含能量和含碳量的差）分别为其全部能耗和碳排放的 6.6% 和 7.1%。Ahmad（2003）基于投入产出模型提出了一个贸易含污染的分析框架，指出如果计算某一发达国家的进口含污量时，如果假定进口品按其生产技术生产，则会低估该进口含污量。Ahmed 和 Wyckoff（2003）进一步采用上述框架进行了实证分析。他们采用所谓"保守性"（conservative）假定得到的结果表明，无论是绝对量还是相对量，90 年代中后期 OECD 国家的贸易含碳量都非常显著，例如瑞典进口和出口含碳量相当于其二氧化碳排放总量的 50%。美国进口含碳量约占全球二氧化碳排放总量的 2.5%。Straumann（2003）基于投入产出模型估计了挪威贸易的环境条件，其中贸易的二氧化碳条件为 0.736，这意味着挪威单位出口的含碳量要高于单位进口的含碳量。

伦曾等（2004）建立了一个五区域投入产出模型，用于估计了丹麦、德国、瑞典以及挪威各类商品和服务的碳排放乘数。他们发现，在单区域投入产出模型下，丹麦净输出的二氧化碳为 1100 万吨，而在多区域模型下丹麦的二氧化碳贸易则基本保持平衡。Sánchez – Chóliz 和 Duarte（2004）的估计表明，1995 年西班牙的最终需求含碳量中 64% 来自其国内生产所产生的碳排放，其余 36% 则来自国外；而西班牙的出口含碳量仅略高于其进口含碳量。Haukland（2004）的估计表明，挪威进口品的碳排放强度要明显高于其国产品的碳排放强度，按进口品来源国的技术计算的挪威的进口含碳量要明显高于按挪威的技术计算的进口含碳量。

Nijdam 等（2005）将荷兰进口品的来源地分为三大区域——欧洲 OECD 国家、其他 OECD 国家和非 OECD 国家，假定这三大区域具有不同的生产技术。同时为了减少数据需求量，他们假定这三大地区之间没有相互贸易，即忽略这三大地区之间的相互贸易所产生的环境影响。这一假定被后来的研究者（如 Peters and Hertwich，2006c）称为单向贸易（uni - directional trade）假定。在此假定下，他们的计算表明 90 年代后期荷兰居民消费的含碳量中有 49% 来自进口品的含碳量。Peters 和 Hertwich（2005）通过计算发现挪威 72% 的二氧化碳排放是其出口引起的，而出口对挪威的国内总产出的贡献只有 38%，因而挪威出口部门的二氧化碳密集程度比其他部门高得多。彼得斯和赫特维奇（Peters and Hertwich，2006a）的估计表明，挪威居民消费的含碳量中 61% 来自进口品。彼得斯和赫特维奇（2006c）利用多国投入产出模型和基于单向贸易假定的进一步分析发现，挪威的进口含碳量相当于其二氧化碳排放总量的 67%。Mukhopadhyay（2006）发现泰国与 OECD 国家的贸易中出口商品的含污量明显高于进口商品的含污量，并认为泰国的环境贸易条件不令人乐观。Mongelli 等（2006）的估计表明，2000 年意大利进口品的含碳量相当于其碳排放总量的 18%，同时他们的结果不支持污染避风港假说。

　　Tun 等（2007）的测算结果表明，1996 年土耳其的进口含碳量占其（基于消费者责任原则）所应承担的碳排放责任的 17%。Dietzenbacher 和 Mukhopadhyay（2007）估计了印度单位价值出口和进口所含的二氧化碳、二氧化硫和 NO_x，并以此为基础考察了污染避风港假说对印度的适用性。其结果表明在 1991/1992 年度和 1996/1997 年度间，印度并不是污染避风港，且越来越远离污染避风港的地位。Mäenpää 和 Siikavirta（2007）估计了 1990—2003 年芬兰的贸易含碳量，其结果表明 90 年代初开始，芬兰的出口含碳量就已经超过了其进口含碳量。韦伯和马修斯（2007）采用美国和其七大贸易伙伴国之间的多国投入产出模型并考虑货币价值转换的不确定性后，对美国 1997—2004 年的贸易含污量进行了估计，其结果表明这一期间美国的进口含碳量从 0.5 兆—0.8 兆吨二氧化碳增加值 0.8—1.8 兆吨二氧化碳，其相当于美国碳排放的比例则从 9%—14% 升至 13%—30%。

　　韦伯和马修斯（2008b）考察了贸易对美国气候变化政策的影响，他们认为美国通过实施碳关税来控制贸易含碳量并不可取，更有效的方式应是部门合作协议以及技术共享等手段。彼得斯和赫特维奇（2008）估计了 87 个国家 2001 年的贸易含碳量，其结果表明当年的贸易含碳量总计达到 5.3 兆吨二氧化碳，而附件 B 国家（根据《京都议定书》有碳减排任务的国家）为碳的净进口国。Papathanasopoulou 和 Jackson（2008）分别基于投入产出模型对英国化石燃料的贸易平衡进行了估计，发现在考虑间接资源消耗的情形下，1968—2000 年英国的化石燃料贸易为顺差，这意味着英国在这一时期并没有在国外制造污染避风港。McGregor 等（2008）

采用多区域投入产出模型分析了苏格兰和英国其他地区的碳贸易平衡问题，发现苏格兰地区45%的碳排放是为了向英国其他地区提供消费品而产生的，同时苏格兰在与英国其他地区的碳贸易中处于盈余状态（即其输出含碳量大于输入含碳量）。明克斯（Minx）等（2008）的研究表明，按消费者责任核算瑞典的碳排放要比按生产者责任核算的其碳排放多17%，这意味着其出口含碳量要比进口含碳量低。

最近，Nakano等（2009）利用OECD提供的41个国家或地区的17部门投入产出表、双边贸易数据以及碳排放数据进行的分析表明，21世纪初期21个OECD国家的碳贸易都处于赤字状态，其中16个国家的碳贸易赤字自上世纪90年代以来有所增大。威德曼等（2010）采用多区域投入产出模型估计了1992—2004年英国最终需求的含碳量，发现英国的进口含碳量相当于其碳排放总量的比重从1992年的4.3%上升至2002年的20%（最高值）。伦曾等（2010）进一步基于多区域投入产出模型并结合蒙特卡洛模拟对英国最终需求的碳排放乘数和含碳量进行了研究。其结果表明1992—2004年英国的进口含碳量一直高于其出口含碳量，且具有统计意义上的显著性；同时按消费者责任原则计算，英国的碳排放在此期间一直在增加而不是人们所普遍认为的下降。舒尔茨（Schulz，2010）估计了1962—2003年新加坡的对外贸易所间接引起的碳排放，其结果表明新加坡的进口所间接引起的碳排放相当于其本土碳排放的4—5倍。Gavrilova等（2010）估计了2000年奥地利畜牧业的贸易含碳量，其结果表明当年奥地利畜牧业生产中产生的碳排放有39%是为了生产出口的畜牧业产品，同时相应的进口畜牧业产品的含碳量约相当于其畜牧业生产中产生的碳排放的22%。

值得一提的是，近年来还有不少研究者专门就双边贸易对两个贸易伙伴国家和地区的碳排放产生的影响进行了分析。Rheeh和Chung（2006）对韩日双边贸易含碳量的分析，发现1995年日本对韩国产品的需求导致韩国排放了7892吨的二氧化碳，而韩国对日本产品的需求导致日本排放了5407吨二氧化碳。他们认为，这一结果的出现是因为韩国在能源强度较高的产品上相对日本具有比较优势。阿克曼等（Ackerman et al.，2007）基于日—美间投入产出表对日—美双边贸易对两国碳排放的影响进行了估算。其结果表明，1995年日—美双边贸易使美国的碳排放减少了1460万吨二氧化碳,同时使日本的碳排放增加了670万吨二氧化碳。诺曼等(Norman et al.,2007)的估计表明,如果考虑加拿大从美国进口的产品的含碳量,则加拿大制造业部门的含能量和含碳量将增加50%—100%,因为美国的产品或服务的能源强度和碳排放强度要明显高于加拿大相关产品或服务的能源强度和碳排放强度。

　　除贸易含碳量和含能量的估计之外,近年来在有关贸易对其他一些重要资源和污染物排放的影响的研究中,投入产出模型也得到了充分应用。如Subak(1995)对美国、英国、德国、日本、法国和加拿大6个发达国家1990年进出口商品的甲烷强度进行了估计。阿克金森(Atkinson)和汉密尔顿(2002)基于投入产出模型提出了"支付的生态平衡"(ecological balance of payments)分析方法,并分析了1980年、1985年和1990年全球贸易对自然资源消耗的影响。其结果表明,发达国家在资源方面对发展中国家具有依赖性,或者说后者的资源开发是以不可持续的方式进行的。Muradian等(2002)对1976—1994年间18个工业化国家和世界其余地区以及发展中国家间贸易的含污量进行了估计。发现1990年以来工业化国家的贸易出现了"生态贸易赤字"(ecological trade deficit),即其进口含污量超过了其出口含污量。Hubacek和Giljum(2003)基于物质型投入产出模型分析了欧盟15个国家出口的土地占用(生态足迹)。Nijdam等(2005)除了计算荷兰居民消费对世界其他地区碳排放的影响外,还计算了其对世界其他地区杀虫剂、烟雾、富营养化、酸化以及土地使用的影响。

　　此外,还有不少研究者从理念、概念和方法等方面探讨了投入产出模型在贸易—环境领域中的应用问题。安特威勒(1996)基于投入产出模型提出了贸易的环境(污染)条件(pollution terms of trade)的概念及具体计算方法。Proops等(1999)提出了一套考虑了贸易的可持续性准则,然后基于投入产出模型给出了相应的可持续的评价方法,并对全球主要国家和地区的可持续性进行了评价。彼得斯(2007)就环境多区域投入产出模型面临的机遇和挑战进行了深入分析,他指出这类模型在应用中遇到的最大挑战是数据的可获得性和可靠性,他认为在数据准备过程中,币种、通货膨胀、产品细分与合并、周期性更新(periodic updating)、平均化问题(averaging issues)、贸易统计、系统边界以及国际交通等问题尤其需要引起关注。Giljum 等（2007）介绍了一个可用于分析贸易对物流影响的多区域投入产出模型。Guo 等（2009）对于构建跨国投入产出模型时有关双边贸易数据处理的统计问题进行了深入的分析。Tukker 等（2009）介绍了一个环境投入产出数据库的开发战略，系统描述了相关的数据处理方法和设想。该数据库可用于分析欧盟体系内的环境问题和相关经济政策。Su 等（2010）以中国和新加坡为案例，讨论了部门细分程度对出口含碳量估计的影响，他们认为，40 个部门应该足以保证出口含碳量估计的可靠性。

（四）以往关于中国贸易含污量的投入产出分析

由于中国的经济增长模式具有十分明显的外向型特征，这已使中国成为公认的"世界工厂"。近年来，关于贸易对中国的能源消耗和环境的影响引起了广泛的关注，相关的文献迅速增加。总体来看，其中一部分是检验或模拟贸易自由化与环境污染的相关关系（如张连众等，2003；郑玉歆等，2005），另一部分文献则集中于定量测算贸易所引起的生态或环境压力。从方法论来看，除了少数几篇文献（陈丽萍等，2005；李刚，2005；彭海珍，2006；刘强等，2008）外，大多数文献都是基于投入产出模型来测算贸易所引起的生态或环境压力的，如马涛等（2005）采用投入产出模型计算了工业品在国际贸易中的污染足迹；沈利生等（2008）发现 2003 年以后出口的二氧化碳排放总量大于进口减排总量，对环境资源的影响是"逆差"。

另一方面，由于近年来气候变化成为全球各界关注的焦点，而中国伴随快速经济发展而来的能源消耗和二氧化碳排放量也急剧上升。因而有关中国的贸易含能量和含碳量的实证分析成为这一领域文献的主题。其中大部分文献的结果都表明中国已经成为一个"碳净输出国"，即出口含碳量（Carbon Embodied in Exports）明显大于进口含碳量（Carbon Embodied in Imports）或进口节碳量（Carbon Avoided by Imports）。

无论是假定进口商品与国产品的生产具有相同的技术，还是采用对各国碳排放强度的估计数据，Ahmed 和 Wyckoff（2003）的估算都表明，1997 年中国的出口含碳量要明显高于进口含碳量。Wang 和 Watson（2007）发现，2004 年中国净出口的二氧化碳为 1109 百万吨（MT）。沈利生（2007）利用投入产出模型测算了 2002—2005 年我国货物出口、货物进口对能源消费的影响。其结果表明，进口产品的省能多于出口产品的耗能。根据 Pan 等（2008）的估算，2002 年中国净出口的二氧化碳为623MT。姚愉芳等（2008）估计 2005 年中国的出口含碳量比进口节碳量多出 664MT 二氧化碳。而齐晔等（2008a）同样基于投入产出模型的估算表明，按中国的能耗效率对进出口进行保守估计，则 1997—2006 年中国的能源进出口基本持平；而按照日本的能耗效率对进口产品进行调整后的乐观估计则发现中国是一个能源净出口国，每年能源净出口量在 10000万—5000 万吨标煤之间，2006 年更高达 18.8%。齐晔等（2008b）的保守估计和乐观估计也都表明，1997—2006 年中国是一个碳净输出国。而最近，Yan 和 Yang（2010）的估计表明，1997—2007 年中国的出口含碳量相当于当年中国碳排放量的 10.03%—26.54%，而进口含碳量与之相比则只有 4.04%（1997）和 9.05%（2007）。Lin 和 Sun（2010）的估计也表明，2005 年中国的出口含碳量为 3357MT 二氧化碳，明显大于进口节碳量 2333MT 二氧化碳。

　　已有的文献还表明，与主要贸易伙伴所进行的双边贸易中，中国也是一个碳净输出国。Shui 和 Harriss（2006）的估计表明，中国经由出口向美国输出的二氧化碳从 1997 年的 213 MT 攀升至 2003 年的 497MT，而美国向中国输出的二氧化碳则很少。Li 和 Hewitt（2008）发现，2004 年中英贸易中，中国的出口含碳量为 186MT 二氧化碳，而英国的出口含碳量只有 2.3MT 二氧化碳。王文中和程永明（2006）以及 Liu 等（2010）发现，在中日双边贸易中，中国的出口含碳量也远远高于日本。Guo 等（2010）估计了中美双边贸易对两国碳排放的影响，其结果表明 2005 年美国因从中国进口商品而节约了 190.13 百万吨二氧化碳排放，却导致全球二氧化碳排放增加了 515.25 百万吨；而中国因从美国进口而节约了178.62 百万吨二氧化碳排放，同时导致全球二氧化碳排放增加了 129.93百万吨；总体上中美双边贸易使全球二氧化碳排放增加了 385.32 百万吨。此外，Reinvang 和 Peters（2008）的研究表明，挪威的进口含碳量的最大来源地区是中国，挪威从中国进口的商品的含碳量从 2001 年的 2.4 百万吨增加至 2006 年的 6.8 百万吨，而且这些进口品的结构朝着碳密集度高的方向变化。

　　不过，也有一些研究者得到的结果与上述结论相反。其中韦伯等

（2008）估计的结果表明，1987—2005 年中国的出口含碳量明显低于进口节碳量。Li 等（2007）对中国贸易品的含能量估计结果表明，1996—2004 年（除 1997—1999 年外）中国是能源的净输入国。Ma 等（2009）估计了 1994—2001 年中国贸易品的含能量，他们也发现这一时期中国进口品的能源强度要高于出口品的能源强度，因而尽管中国的贸易为顺差，但贸易含能量却为逆差，即中国是能源的净输入国家。

　　值得指出的是，目前大多数有关中国贸易含碳量估计的研究都是基于（进口）竞争型投入产出表，即区分了中间投入和最终需求中的国产品和进口品的投入产出表（如表 1 所示）来估计中国的贸易含碳量的。这意味着大部分实证研究都忽略了中间投入中进口对其结果的影响。不过，也有少数研究者如韦伯等（2008）、姚愉芳等（2008）以及 Lin 和 Sun（2010）采用了（进口）非竞争型投入产出表对中国贸易含碳量进行估计。

　　此外特别要提及的是，最近安德鲁等（2009）和阿特金斯等（2010）分别基于多区域投入产出模型计算了包括中国在内的世界主要国家和地区的贸易含碳量。其中安德鲁等（2009）基于 GTAP 提供的多区域（87 个区域）投入产出表计算了中国 2001 年 GDP 的含碳量，他们称之为最佳估计值。然后他们比较了对进口采取三种不同假定的单区域投入产出模型下中国 2001 年 GDP 的含碳量与上述最佳估计值的差异。他们首先假定模型中没有进口，此时得到的结果是最佳估计值的 92%；其次假定进口品按本国技术生产，得到的结果是最佳估计值的 117%；最后是进口品按世界平均技术水平生产，得到的结果是最佳估计值的 106%。阿特金斯等（2010）则基于 GTAP 提供的 106 个国家和地区 57 个部门的投入产出表计算了主要国家和地区 2004 年量及双边贸易含碳量。他们发现中国是世界上最大的碳输出国，中国净输出的碳主要集中于与欧盟、美国和日本的双边贸易中。

三　基于投入产出模型的贸易含污量估计方法

　　从以上文献综述不难看出，投入产出模型在有关贸易含污量的估计中已经得到的广泛的认可和应用，是这一研究领域的权威或主流方法。一些文献还详细阐述了应用投入产出分析方法研究贸易污量的相关理论和技术（如伦曾等，2004；Peters and Hertwich，2005）。用于估计贸易含污量的投入产出模型，按中间投入中的国产品与进口品的关系，可以分为两类：（进口）竞争型投入产出模型和非竞争型投入产出模型。这一部分将分别介绍基于这两种模型的贸易含污量估计方法及其差异。此外，这一部分还将简要讨论基于单区域和多区域投入产出模型的贸易含污量估计方法及其含义的不同。

（一）基于（进口）竞争型投入产出模型的贸易含污量估计

如前所述，投入产出模型的核心是投入产出表中的系数矩阵 A，它的每一列代表了一个经济部门的投入产出"技术"。在表 3.1a 中我们没有考虑进口，下面我们将上述简单投入产出模型进一步拓展即把进口纳入投入产出表中。前面我们已经提到，根据中间投入中的国产品和进口品之间的关系，投入产出表又可分为（进口）竞争型投入产出表和（进口）非竞争型投入产出表两种类型。其中，（进口）竞争型投入产出表没有区分中间使用（投入）和最终使用（需求）中的国产品和进口品（见表 3.1b）。例如，中国国家统计局公布的投入产出表就属于这种表。

表 3.1b　　经济—环境投入产出简表：（进口）竞争型投入产出表

部门		中间使用 1，2，…，n	最终使用				进口	总产出	污染物 1，2，…，w
			国内消费	固定资本形成	出口	合计			
中间投入	1 2 ⋮ n	AX	Y_{cm}	Y_{in}	Y_{ex}	Y	M	X	Q
增加值		V							
总投入		X							

我们可以先基于中国常见的（进口）竞争型投入产出表，进一步构造包含了污染物排放的经济—环境投入产出表（见表 3.1b）。为简单起见，我们用向量来表示表中各项。其中进口（M）是中间使用和最终使用中的进口品价值之和。污染物（Q）表示伴随着各部门的总产出（X）而

消耗的资源或产生的污染物。Q 是一个 $n \times w$ 向量，其元素 Q_{ij} 表示部门 i 消耗的第 j 种资源的总量或排放的第 j 种污染物的总量。

在表 3.1b 中，横向的恒等式为：

$$AX + Y_{cm} + Y_{in} + Y_{ex} - M = X \tag{3.6}$$

于是有

$$X = (I - A)^{-1}(Y_{cm} + Y_{in} + Y_{ex} - M) \tag{3.7}$$

在研究环境与经济相关问题时，既可以假定污染排放与投入成比例（Beghin et al.，1996），也可以假定污染排放与产出成比例（Perman et al.，2002；科普兰等，2004），理论上这两种假定是等价的。本书假定污染排放与产出成比例。令各部门单位货币价值产出的资源消耗量或污染排放量，即直接资源消耗或污染排放系数构成 $w \times n$ 矩阵 Ω，其元素 ω_{ij} 表示部门 i 的单位产出直接消耗的资源量或产生的污染排放量。于是有

$$Q = \Omega X = \Omega(I - A)^{-1}(Y_{cm} + Y_{in} + Y_{ex} - M) \tag{3.8}$$

（3.8）式表示了最终需求对整个生产部门污染排放的影响，其中出口对资源消耗或污染排放的影响则可类似表示为：

$$Q_e = \Omega X = \Omega(I - A)^{-1}Y_{ex} \tag{3.9}$$

本书将出口引起的资源消耗或污染排放定义为出口含污量。而进口对污染排放的影响为：

$$Q_m = \Omega X = \Omega(I - A)^{-1}M \tag{3.10}$$

由于进口产品的间接消耗发生在国外，而各国的产业结构和技术水平有差别，这意味着进口产品与国内产品的资源密集程度和污染物密集程度是存在差异的。如果知道进口产品来源国的投入产出关系系数、资源消耗系数和污染排放系数，这将使进口含污量的计算更加准确。但受数据限制，一般的研究都普遍假设进口产品是按进口国的技术生产的。

Q_m 为 w 阶向量，可以认为它反映了中国通过进口而节约的能源消耗和减少的污染排放。因此，（3.10）式所表示的进口对环境的影响，其实际含义是进口节约的能源消耗或污染排放，我们可以把它称为进口节污量。

进一步，我们可以将出口含污量和进口节污量的差定义为净贸易含污量 Q_n，则

$$Q_n = Q_{ex} - Q_m \tag{3.11}$$

（二）基于（进口）非竞争型投入产出模型的贸易含污量估计

为了更合理地估计贸易的环境影响，本书采用（进口）非竞争型投入产出表。这种表的系数矩阵 A 可以拆分成两部分 A_d 和 A_m，分别用来表示部门间产品投入要求中的国产品和进口品技术系数（见表 3.1c），即 $A = A_d + A_m$。各部门国内产品或服务的最终使用量构成最终使用向量 F_d。

则根据投入产出模型的基本原理有：

$$A_d X + Y_{cmd} + Y_{ind} + Y_{exd} = A_d X + Y_d = X \qquad (3.12)$$

$$X = (I - A_d)^{-1} Y_d \qquad (3.13)$$

由于假定污染排放与产出成比例，于是有：

$$Q = \Omega X = \Omega (I - A_d)^{-1} Y_d \qquad (3.14)$$

令 $= (I - A_d)^{-1}$，则 L 就是利昂惕夫逆矩阵，它反映了各个部门最终使用对其他部门产品的完全消耗情况。而 ΩL 则可以理解为各部门最终产品的完全（包括直接和间接）资源消耗或污染系数向量。令它的第 i 个元素为 ξ_{ij}，则 ξ_{ij} 表示第 i 个部门单位货币价值最终产品完全消耗的第 j 种资源或产生的第 j 种污染排放量。

表 3.1c　　　经济—环境投入产出简表：（进口）非竞争型投入产出表

部门		中间使用 1, 2, …, n	最终使用				进口	总产出	污染物 1, 2, …, w
			国内消费	固定资本形成	出口	合计			
国内产品中间投入	1 2 ⋮ n	$A_d X$	Y_{cmd}	Y_{ind}	Y_{exd}	Y_d		X	Q
进口产品中间投入	1 2 ⋮ n	$A_m X$	Y_{cmm}	Y_{inm}	Y_{exm}	Y_m	M		
增加值 总投入		V X							

令 S_e 为出口中各类国产品或服务的比重构成的 n 阶出口结构向量，国产品出口总量为 y_{ed}，则可得出口含污量 Q_e 为

$$Q_e = \Omega L Y_{exd} = \Omega L S_e y_{ed} \qquad (3.15)$$

显然，Q_e 为 w 阶向量，其元素 Q_i^e 表示国内产品或服务总出口引起的第 i 种污染物的排放总量。令 S_m 为出口中各类国产品或服务的比重构成的 n 阶进口品结构向量，进口总量为 x_m，类似的，可得到进口节污量 Q_m 为

$$Q_m = \Omega L M = \Omega L S_m x_m \qquad (3.16)$$

Q_m 的元素 $Q_{m,i}$ 表示进口节约的第 i 种污染物的排放量。进一步可得净贸易含污量 Q_n 为

$$Q_n = \Omega L S_e y_{ed} - \Omega L S_m x_m \qquad (3.17)$$

显然，Q_n 也是 w 阶向量，其元素 $Q_{n,i}$ 表示出口引起的第 i 种污染物排放与进口节约的第 i 种污染物排放之差。

在贸易研究中，人们经常用贸易条件来衡量一个国家在贸易中的比较优势。安特威勒（1996）参照上述概念提出了环境贸易条件（The pollution terms of trade），根据他的定义，环境贸易条件即单位货币价值的出口额所含的污染量与单位货币价值的进口额所含的污染量之比。我们依安特威勒（1996）的定义可得到第 i 种资源或污染物的贸易条件：

$$PTT_i = [\, Q_{e,i} / y_{ed} \,] / [\, Q_{m,i} / x_m \,] \qquad (3.18)$$

其中，PTT_i 就是第 i 种资源或污染物的贸易条件。显然，如果一个国家某种资源或污染物的贸易条件大于 1，则该国在该资源或污染物质方面的贸易条件是不利的，因为这意味着这个国家在对外贸易中出口单位价值产品或服务所消耗的资源或排放的污染要多于同等价值进口产品或服务所包含的资源或污染。

（三）（进口）非竞争型和（进口）竞争型投入产出模型下贸易含污量的差异

上述分析表明，（进口）非竞争型和（进口）竞争型投入产出模型有着显著的差异，而两种模型下估算的贸易含污量通常也是不同的。

1. 两种模型下出口含污量的差异

由（3.15）式和（3.9）式可知，（进口）非竞争型和（进口）竞争型投入产出模型下出口含污量的差为：

$$\varepsilon_e = \parallel \Omega(I - A_d)^{-1} Y_{exd} - \Omega(I - A)^{-1} Y_{ex} \parallel$$

$$= \parallel \Omega(I - A + A_m)^{-1} DY_{ex} - \Omega(I - A)^{-1} Y_{ex} \parallel \qquad (3.19)$$

其中，D 是一个对角矩阵，其对角元素 d_i 为出口品 i 包含的国产品的份额。显然，ε_e 的大小主要取决于 A_m 和 D。通常情况下，当存在 i 使得 $0 \leqslant d_i < 1$ 且 $A_m \neq 0$ 即存在转口贸易且有进口品用于生产部门的中间投入时，$\varepsilon_e > 0$ 即两种模型下的出口含污量存在差异。

当存在 i 使得 $0 \leqslant d_i < 1$ 且 $A_m = 0$ 即存在转口贸易但没有有进口品用于生产部门的中间投入时，ε_e 主要取决于 D。出口中转口贸易的份额越大即 D 中各元素的取值越小时，DY_{ex} 与 Y_{ex} 的差异越大，ε_e 也应越大。

考虑一种极端情形，当 $D = 0$ 即某地区的出口全部都是转口贸易时，则无论 A_m 中各元素大小如何，（进口）非竞争型投入产出模型下的出口含污量为 0。此时，两种模型下出口含污量的差异就是（进口）竞争型投入产出模型下的出口含污量。因而，对于一些以转口贸易为主的地区来说，两种模型下估算得到的出口含污量会存在巨大差异。

当 $d_i = 1$（$i = 1, 2, \cdots, n$）且 $A_m \neq 0$ 即不存在转口贸易但有进口品用于生产部门的中间投入时，

$$\varepsilon_e = \parallel \Omega(I - A + A_m)^{-1} Y_{ex} - \Omega(I - A)^{-1} Y_{ex} \parallel \qquad (3.20)$$

此时，两种模型下出口含污量的差异 ε_e 主要取决于 A_m。当中间投入中进口品的份额越小即 A_m 中各元素的取值越小时，$(I - A + A_m)^{-1}$ 与 $(I - A)^{-1}$ 越接近，而 ε_e 也应越小。

当 $d_i = 1$（$i = 1, 2, \cdots, n$）且 $A_m = 0$ 即不存在转口贸易且没有进口品进入生产部门的中间投入时，$\varepsilon_e = 0$ 即两种模型下出口含污量相等。

2. 两种模型下进口节污量的差异

由（3.16）式和（3.10）式可知，（进口）非竞争型和（进口）竞争型投入产出模型下进口节污量的差为：

$$\varepsilon_m = \parallel \Omega(I - A_d)^{-1} M - \Omega(I - A)^{-1} M \parallel$$

$$= \parallel \Omega(I - A + A_m)^{-1} M - \Omega(I - A)^{-1} M \parallel \qquad (3.21)$$

显然，ε_m 的大小主要取决于 A_m。类似的，当中间投入中进口品的份额越小即 A_m 中各元素的取值越小时，$(I - A + A_m)^{-1}$ 与 $(I - A)^{-1}$ 越接近，ε_m 也应越小。当 $A_m = 0$ 即没有进口品进入生产部门的中间投入时，$\varepsilon_m = 0$ 即两种模型下进口节污量相等。

（四）基于单区域与多区域投入产出模型估计的贸易含污量的差异

需要指出的是，以上所介绍的（进口）竞争型投入产出模型（见表3.1b）和（进口）非竞争型投入产出模型（见表3.1b）都只考虑了单个区域的投入产出情况，属于单区域的投入产出模型。这种模型一般假定进口品也按本地区的技术生产，因而这种模型更适合估算进口国通过进口所节约的本地区的资源消耗或污染排放（进口节污量）。而如果有充足的数据，也可以采用与单区域的投入产出模型相对应的多区域模型来测度贸易的环境影响。

表 3.2　　　　　　　　　区域 r 的（进口）非竞争型投入产出表

| 部门 | | 中间使用 1，2，…，n | 最终使用 | | | | 进口 | 总产出 | 污染物 1，2，…，w |
			国内消费	资本形成	出口	合计			
国内产品中间投入	1 2 ⋮ n	$A_{dr}X_r$	Y_{cmdr}	Y_{indr}	$y_{r1,1}$，…，$y_{rz,1}$ ⋮ $y_{r1,n}$，…，$y_{rz,n}$	Y_{dr}	X_r	Q_r
进口产品中间投入	来自区域 r 1 2 ⋮ n						Y_{1r}		
	⋮	⋮	⋮	⋮	⋮	⋮	⋮	⋮	⋮
	来自区域 z 1 2 ⋮ n						Y_{zr}		
增加值 总投入		V X							

仍然假定各区域可被划分成 n 各部门，各部门只生产一种产品。为了便于描述，我们假定以特定区域 r 为研究目标，区域 r 与 z 个区域之间存在贸易往来。如表 3.2 所示，区域 r 生产的商品 i 出口到区域 u 的数量为 $y_{ru,i}$，这样区域 r 生产的商品 i 出口到区域 u 的数量构成向量 Y_{ru}：

$$Y_{ru} = (y_{ru,1}, y_{ru,2}, \cdots, y_{ru,n})^T \qquad (3.22)$$

同时区域 r 从区域 u 进口由区域 u 生产的各种商品，这些进口品构成向量 Y_{ur}：

$$Y_{ur} = (y_{ur,1}, y_{ur,2}, \cdots, y_{ur,n})^T \qquad (3.23)$$

那么，对于区域 r 而言，其出口的环境影响 Q_{er} 可表示如下：

$$Q_{er} = \Omega_r (I - A_{dr})^{-1} Y_{exdr} \qquad (3.24)$$

其中，Ω_r 是区域 r 的资源消耗或污染排放系数矩阵；A_{dr} 是区域 r 国产品的投入产出系数矩阵；$Y_{exdr} = \sum\limits_u Y_{ru}$，是区域 r 的出口产品向量。Q_{er} 的元素 $Q_{er,i}$ 表示国内产品或服务总出口引起的第 i 种污染物的排放总量。

而区域 r 从区域 u 进口由区域 u 生产的商品 Y_{ur} 所造成的环境影响是对区域 u 的环境影响。也就是区域 u 出口 Y_{ur} 对本地区所造成的环境影响，类似（3.24）式，这一影响可以表是为：

$$Q_{eur} = \Omega_u (I - A_{du})^{-1} Y_{ur} \qquad (3.25)$$

其中，Ω_u 是区域 u 的资源消耗或污染排放系数矩阵；A_{du} 是区域 u 国产品的投入产出系数矩阵。于是区域 r 从各个区域进口的商品所造成的环境影响，以及区域 r 的进口含污量可以表示为：

$$Q_{mr} = \sum\limits_u Q_{eur} \qquad (3.26)$$

Q_{mr} 表示区域 r 通过进口对其他地区的环境造成的影响，其元素 $Q_{mr,i}$ 表示区域 r 通过进口引起的区域外的第 i 种污染物的排放量。其含义与单区域投入产出模型下计算的进口节污量（因进口而节约的本地区的资源消耗或污染排放）的含义截然不同。

这样我们可以进一步得到区域 r 的净贸易含污量：

$$Q_n = Q_{er} - Q_{mr} \qquad (3.27)$$

令区域 r 的出口总量和进口总量分别为 ex_r、x_{mr}，还可进一步定义区域 r 的第 i 种资源或污染物的贸易条件：

$$PTT_{r,i} = [Q_{er,i}/ex_r]/[Q_{mr,i}/x_{mr}] \qquad (3.28)$$

　　采用多区域投入产出模型测算贸易的环境影响面临的最大问题是数据的限制，因而通常需要进行大量的数据处理才能构造适用的多区域投入产出表。这些数据处理工作主要包括（参见伦曾等，2004；Peters and Hertwich，2006c）：各国投入产出表中部门划分的匹配问题；进口中来自不同区域的同种产品的数量，用于各类中间投入和最终需求中的各种进口品的数量；用统一口径的价格（如购买力评价方法）重新估计各国产品的价值（这涉及各国不同的通货膨胀率、各国货币之间的汇率、各国统计产品价值所使用的价格体系——基本价格、生产者价格还是消费者价格）以及误差项的调整问题，等等。

　　由于采用多区域投入产出模型时，进口品的环境影响是根据原产地的技术估算，此时估算的是进口品原产地为生产这些产品所产生的环境影响（进口含污量）。因此，采用这两类模型所计算的进口的环境影响具有不同的含义。在已有的关于贸易含污量的文献中，多区域投入产出模型和单区域投入产出模型都得到了应用。由于构建多区域投入产出模型的数据不易获得，因而大部分有关贸易含污染量的研究多以单区域投入产出模型为基础展开。而近年来，随着一些大型数据库（如 GTAP 项目组收集整理的全球主要经济体的投入产出表以及 OECD 整理的其成员国和一些非成员国的投入产出表）的建立和充实，基于多区域投入产出模型的研究（如 Ahmed 和 Wyckoff，2003；伦曾等，2004；Nijdam 等，2005；Peters 和 Hertwich，2006b、c；韦伯和马修斯，2007；Peters 和 Hertwich，2008；Nakano 等，2009；伦曾等，2010；安德鲁等，2009；阿特金森等 2010；威德曼等；2010）也越来越多。

　　由于只有应用多区域投入产出模型计算进口含污量时才可能考虑进口品生产地的技术，因此不少学者（如伦曾等，2004；特纳等，2007；韦德曼等，2007；安德鲁等，2009；阿特金森等，2010）指出，如果需要准确计算进口含污量，则多区域投入产出模型要由于单区域投入产出模型。安德鲁等（2009）还专门比较了两种模型下多个国家进口含碳量的差别。

　　不过，正如一些学者（威德曼等，2007；阿特金森等，2010）所提到的，最好的模型是不存在的，只有最适合于特定的研究目标的模型。虽然多区域投入产出模型更能准确估算贸易对全球或多个地区的碳排放所产生的影响，但单区域投入产出模型大大降低了对数据的要求，且可能更适合评价贸易对单个地区的资源环境所产生的影响。由于本书集中于分析贸易对中国资源环境的影响，加之受数据的限制，因而本书与大多数相关研究一样，采用单区域投入产出模型来开展研究。

四　数据准备

本书的数据处理主要包括编制 1987—2007 年的可比价（进口）非竞争型投入产出表序列（相关表格见附录 A）。整理有关能源和污染排放数据，特别是对碳排放数据的估算。

（一）可比价格投入产出表及其延长表（2003—2006）的编制

投入产出分析需要大量的数据支持，其中最主要的数据是官方公布的投入产出表。由于数据限制，有关贸易含污量的实证分析大多都是建立在单个国家投入产出表的基础上的（Peters and Hertwich，2006c）。本书的分析也以中国的投入产出表为基础。从 1987 年起，中国国家统计局每隔五年公布一张投入产出基本表，期间公布基本表的延长表。最近公布的是 2007 年的投入产出基本表，包括 42 个部门的基本表和 122 个部门的基本表。

考虑到能源数据及污染数据的限制，本书将经济系统划分为 26 个部门。为了分析贸易增长的环境影响，需要对不同年份的贸易量和贸易含污量进行对比，因此，本书首先以 1987 年、1992 和 2002 年的投入产出基本表为基础，通过合并分析方法得到 26 部门的投入产出基本表。由于 1987 年和 1992 年的投入产出表中只有净出口（出口减进口）数据，因而需要对这两张表中的进口和出口数据进行估计。其中，农业和工业部门的贸易数据根据也来源于中国海关总署公布的 22 类 98 章产品进出口额按一定的比例转换而来①，而服务业数据来源于中国国际收支平衡表和国务院

---

① 国家统计局和一些学者（如沈利生，2007）也采用类似的方法将进出口产品数据转化为部门数据。

发展研究中心网站整理的世界贸易组织（WTO）数据①。

　　为了对最近几年来贸易的环境影响进行比较可靠的定量分析，本书以上述 2002 年 26 部门的投入产出基本表为基础，应用 RAS 方法得到了 2003 年、2004 年和 2006 年的投入产出延长表。延长表编制过程中所用到的各部门增加值数据、除出口以外的各种最终使用数据来源于历年《中国统计年鉴》、《中国工业统计年报》；总产出数据是将各部门总产值按一定系数转换而来，因为投入产出分析中的总产出不仅包含总产值还包含增值税。农业和工业各部门进出口数据也是根据中国海关总署公布的 22 类 98 章产品进出口额按一定的比例转换而来，而服务业的进出口数据则来自《国际收支平衡表》。

　　考虑到不同年份价格的不可比，本书采用双重平减（double deflation）方法（United Nations，1999）并利用官方公布的各种价格指数将各年的投入产出表转化为以 2002 年的价格为基准核算的可比价投入产出表。其中，国产品采用历年《中国统计年鉴》公布的分行业产品的出厂价格指数予以平减；进口品采用中国海关总署编制的《中国对外贸易指数》予以平减；各类服务采用《中国统计年鉴》公布的服务业 GDP 数据估算其价格指数进行平减。

　　（二）进出口数据的处理

　　在中国，常见的投入产出表一般是（进口）竞争型的投入产出表（见表 3.1a），例如国家统计局历年公布的投入产出表即是这种类型。在这样的表中，中间使用和最终使用实际都是国内产品和进口产品的合成品。各部门的进口总量形成单独的一列，代表中间使用和最终使用中的进口产品，并被视为负的产出。为了避免夸大各种最终使用的环境影响，本书需要区分了国内产品和进口产品的（进口）非竞争型投入产出表（见表 3.1b）。

　　为了得到这种投入产出表，需要将进口分摊到各类中间投入和最终需求（包括出口）中。本书采取的方法如下：

　　首先，确定出口中包含的进口产品。中国海关公布的产品贸易数据按贸易方式可以分为一般贸易、进口加工贸易、保税仓库进出境货物、保税仓储转口贸易等 19 个类别。其中，保税管理下的货物进境后主要用于临

－－－－－－－－－－

　　① http：//www.drcnet.com.cn/DRCNet.OLAP.Web/NewSelect/WorldEconomy_ WTO.aspx.

时储存或加工出口产品，原则上复出口前并不投入境内的经济循环，对国内经济基本上不产生冲击。因此，以保税仓库进出境货物和保税仓储转口贸易出口的产品主要是未经过国内经济循环的进口产品，这部分出口产品价值应从出口总值中抵减，以免夸大出口的经济环境影响①。

其次，由于以保税仓库进出境货物、保税仓储转口贸易两种方式进口的产品在未经海关最终核定前不会进入国内经济体系，因而在考虑进口产品的环境影响时，不应当将这部分进口产品考虑在内，以免夸大进口对本国经济环境的影响。因而其价值应当从进口中抵减。

再次，从固定资产形成中抵减加工贸易进口设备、外商投资企业作为投资进口的设备、物品以及出口加工区进口设备的价值，因为以上述方式进口的产品主要是投资品，居民和政府一般不会消费这类进口品。

最后，将扣除了上述保税进口产品价值和设备类进口产品价值的其余进口产品价值，采取按比例拆分的方法②分摊到中间使用和最终使用中（不包括出口）进行抵减。

（三）能源消耗和二氧化硫排放数据

本书中各部门能源消耗数据来自历年《中国统计年鉴》和《中国能源统计年鉴》，污染排放数据来自历年《中国环境统计年鉴》。有两点需要说明：

第一，1987 年和 1992 年统计部门公布的能源消耗数据表中，行业划分较粗，需要将年鉴上的行业能源消耗数据进行拆分才能得到本书所需的行业能源消耗数据。本书主要根据行业的不变价 GDP，将加总的行业能源消耗数据按比例进行拆分。

第二，当前公布的二氧化硫排放数据主要包括工业排放的污染物和生

---

① 尹敬东（2007）在分析贸易对经济增长的贡献时认为，来料加工、来样装配和进料加工部分的进口品主要是为出口服务，应从出口中扣除。同时，保税仓库和保税区仓储转口贸易多属于转口贸易，其中的进口品也从出口中扣减。本书认为，以上述贸易方式进口的产品经过了国内加工然后出口，它们可被当做参与了生产过程的进口中间产品看待，从投入产出分析的角度看，不应从出口中扣减。而保税仓库和保税区仓储转口贸易中的进口并没有完全通过转口贸易方式出口，不能全部从出口中扣减，只有其中的出口部分才应该从出口总额中抵减。且这部分进口品原则上没有参与国内经济活动，在估算进口的环境影响时，不应考虑。

② 其他一些学者也采取这样的方法分解进口，如陈锡康（2002）。

活排放的污染物两部分。而其中公布的各工业行业污染物排放数据并非全部企业污染物排放数据。行业数据的累加值大约只有工业污染排放总量的85%左右。另外15%左右的工业污染难以找到其污染来源。对这部分工业污染的归属，本书采取的方法是以各工业行业的化石能源消耗量为权重进行分摊。

而生活排放的污染物实际上包含服务业排放的污染物，对这部分污染物的归属，本书也根据生活部门及各服务行业能源的消耗量进行分摊。由于官方公布的分行业污染排放数据最早是1993年的数据，因此对于1987年、1990年和1992年的二氧化硫排放数我们根据1993年的数据进行估计。具体方法是，假定1987年、1990年和1992年各行业污染物排放与能耗的比值和1993年一样。

（四）二氧化碳排放数据

而各行业二氧化碳的排放数据也没有现成的官方统计数据可用，只能进行估计。根据国内外相关研究来看，IPCC提出的二氧化碳排放估算框架及相关能源二氧化碳排放强度系数都具有权威性。但由于中国官方统计部门或能源部门提供的能源消费数据并不完全满足IPCC估算方法的要求，因此需要根据数据的可获得性适当修改IPCC的估算方法。本书在估计历年的二氧化碳排放量时，采用的各种燃料平均热值数据来自《中国能源统计年鉴》（2005）；碳排放系数来自IPCC排放清单指南。

为了避免重复计算，本书将所有部门划分成能源转换部门（电力及热供应，炼焦、炼油、制气过程以及煤炭的洗选损耗）和能耗终端部门两类。能源转换部门的二氧化碳排放主要计算其中化石能源投入产生的二氧化碳排放量。而各个能源终端消耗部门的二氧化碳排放则是以相应部门终端消耗的燃料为基础估算的二氧化碳排放量，其中扣除了用于原料和材料的能源所固化的二氧化碳量。生产电力及热所产生的二氧化碳排放根据各部门终端消耗的电力和热力按比例分配到这些部门中。

本书所采用的能源碳排放系数及平均低位热值数据如表3.3和表3.4所示。其中，17种化石能源的碳排放系数假定保持不变，只有电力和热力的碳排放系数会发生变化。而电力和热力的碳排放系数所发生的变化则是由发电和发热所消耗的19种能源——17种化石能源外以及清洁能源（水电、核电、风电）和其他能源——的结构变化引起的。

表 3.3　　　　　　　　　　用于部门碳排放排放计算的主要参数

能源	平均低位发热量[a]	碳排放系数（TC/TJ）[b]	折标系数[a]	碳排放系数（TC/TCE）[c]
原煤	209.08 TJ/万吨	25.3	0.7143TJ/万吨	0.742
洗精煤	263.44 TJ/万吨	25.8	0.9000TJ/万吨	0.755
其他洗煤	83.63 TJ/万吨	25.8	0.2857TJ/万吨	0.757
型煤	175.6 TJ/万吨[d]	25.8	0.6000TJ/万吨[e]	0.755
焦炭	284.4 TJ/万吨	25.8	0.9714TJ/万吨	0.755
焦炉煤气	1672.6 TJ/亿立方米	13.0	6.143/亿立方米	0.354
其他煤气	1045.0 TJ/亿立方米	13.0	3.5701/亿立方米	0.381
其他焦化产品	380.5 TJ/万吨[d]	25.8	1.3000TJ/万吨[e]	0.755
原油	418.2 TJ/万吨	20.0	1.4286TJ/万吨	0.585
汽油	430.7/万吨	18.9	1.4714TJ/万吨	0.553
煤油	430.7/万吨	20.2	1.4714TJ/万吨	0.591
柴油	426.5/万吨	20.2	1.4571TJ/万吨	0.591
燃料油	418.2/万吨	21.1	1.4286TJ/万吨	0.618
液化石油气	501.8/万吨	17.2	1.7143TJ/万吨	0.503
炼厂干气	460.6/万吨	18.2	1.5714TJ/万吨	0.533
其他石油制品	351.3/万吨[d]	20.0	1.2000TJ/万吨	0.585
天然气	3893.1/亿立方米	15.3	13.3000/亿立方米[e]	0.484

　　a：《中国能源统计年鉴》（2007）；b：IPCC（1996）；c：作者根据表中其他参数估计；d：作者根据能源的折标系数估计；e：北京市统计局"京统设函（2002）1号"（转引自王德发等，2005）。各种英文缩写的含义如下：TC 为吨碳当量；TCE 为吨标煤；J 为焦耳；TJ = 10^{12} 焦耳。

表 3.4　　　　　　　电力与热力的碳排放系数（TC/TCE）

年份	1987	1990	1992	1995	1997	2002	2003	2004	2005	2006	2007
热力	0.6857	0.7052	0.7173	0.7194	0.7192	0.7094	0.7191	0.7102	0.7139	0.7112	0.7216
电力	0.7229	0.7287	0.7294	0.7269	0.7243	0.7288	0.7296	0.7294	0.7296	0.7307	0.7301

　　注：电力和热力的碳排放系数根据表 3.3 中各化石能源的碳排放系数以及发电和发热的能源结构计算得到。本书假定消耗水电、核电、风电和其他能源不产生碳排放。

第四章　中国的贸易含污量

根据第三章给出的模型框架，本章研究 1987—2007 年中国总的贸易污量、环境贸易条件、贸易含污量的部门分布以及主要国别（地区）流向，并与其他相关研究的结果进行了相关的比较分析。

一　中国的总贸易含污量及环境贸易条件

（一）出口含污量与进口节污量

20 世纪 80 年代后期以来，贸易对中国的能耗和主要污染物排放的影响不断增大，如表 4.1 所示。其中，出口含能量，即出口引致的能源消耗量增长十分迅速，从 1987 年的 9636 万吨标煤（MTCE）增加至 2007 年的 688.33MTCE，增长了约 6 倍。而加入世界贸易组织以来（2002—2007 年），能源的出口含污量增长尤为迅猛。5 年时间内共增加了 388.38 MTCE，年均增长 18.07%；分别超过其前 15 年（1987—2002 年）的总增幅（203.59MTCE）和年均增长速度（7.86%）。

1987—2007 年，各出口含污量也有不同程度的增加。其中，出口含碳量从 66.31 百万吨碳当量（MTC）增加到 477.58 MTC，也增长了约 6 倍。出口含二氧化碳量从 125.01 万吨增加到 763.65 万吨，增长了 5 倍多。自加入世界贸易组织以来，出口含碳量和出口含二氧化碳量的增长速度分别达到 18.32% 和 16.08%，也都分别明显高于其加入世界贸易组织前的增长速度，7.85% 和 7.13%。

随着上述出口含污量的逐年增大，它们在全国生产部门能源消费和污

表 4.1　　　　　　　　　中国的贸易含污量（1987—2007）

年份	贸易含污量			贸易含污量相当于全国生产部门能耗或污染排放总量的比重（%）		
	出口	进口	净贸易	出口	进口	净贸易
能源消耗（MTCE）						
1987	96.36	149.18	-52.82	14.11	21.85	-7.74
1990	138.65	146.84	-8.19	18.69	19.79	-1.10
1992	169.06	211.68	-42.62	20.30	25.42	-5.12
1995	224.41	367.53	-143.12	20.17	33.03	-12.86
1997	243.62	320.03	-76.41	21.00	27.59	-6.59
2002	299.95	303.08	-3.13	25.00	25.26	-0.26
2003	373.92	373.25	0.67	26.77	26.72	0.05
2004	494.24	428.00	66.24	30.22	26.17	4.05
2005	608.69	493.60	115.09	33.40	27.08	6.32
2006	669.74	433.12	236.62	33.48	21.65	11.83
2007	688.33	402.91	285.42	31.88	18.66	13.22
二氧化碳排放（MTC）						
1987	66.31	104.12	-37.81	13.99	21.97	-7.98
1990	97.03	103.47	-6.43	18.65	19.88	-1.24
1992	118.58	148.85	-30.27	20.31	25.50	-5.19
1995	156.35	255.64	-99.28	20.16	32.96	-12.80
1997	169.07	222.00	-52.93	21.01	27.59	-6.58
2002	205.99	207.73	-1.73	25.07	25.28	-0.21
2003	257.85	257.14	0.71	26.84	26.76	0.07
2004	341.77	295.86	45.90	30.36	26.28	4.08
2005	422.01	339.57	82.44	33.59	27.03	6.56
2006	464.43	300.12	164.31	33.64	21.74	11.90
2007	477.58	278.07	199.50	32.04	18.65	13.38
二氧化硫排放（10^4 吨）						
1987	125.01	180.26	-55.25	11.93	17.20	-5.27
1990	188.02	188.76	-0.75	16.22	16.28	-0.06
1992	247.51	294.29	-46.78	17.88	21.26	-3.38
1995	344.63	534.77	-190.14	17.64	27.37	-9.73
1997	395.02	486.21	-91.18	19.13	23.55	-4.42
2002	351.25	334.05	17.20	24.07	22.89	1.18
2003	470.85	443.50	27.35	24.10	22.70	1.40
2004	580.54	485.60	94.94	28.12	23.52	4.60
2005	733.22	578.35	154.87	31.30	24.69	6.61
2006	743.27	482.93	260.35	30.98	20.13	10.85
2007	763.65	467.27	296.38	29.40	17.99	11.41

　　注：作者计算。本书各表中的数据因四舍五入，数据小计或合计与分项数据之和可能会有细小误差，特此说明。

染物排放总量中相应的比重（以下简称"出口含污量的比重"）也持续上升，分别从 1987 年的 14.11%、13.99% 和 11.93% 上升到 2007 年的 31.88%、32.04% 和 29.40%。这些出口含污量比重的持续上升意味着出口对中国的环境影响力在不断增强。目前各种出口含污量的比重都已超过或接近 1/3，它们对中国能源消耗和污染排放的影响已经不容忽视。这在一定程度上印证了人们关于贸易对资源环境影响的直观感觉和判断。

根据前面的分析，在某种程度上可以把进口的环境影响理解为一种正面影响，即"节约"了相应产品或服务的能源消耗，并减少了相关的污染排放。80 年代后期以来，在出口对环境的影响不断增强的同时，进口对环境的影响也在增强（见表 4.1）。这表明，中国坚持对外开放，积极利用"（国际国内）两个市场、两种资源"的战略为中国的能源节约和环境保护作出了很大的贡献。

尽管进口节污量在整个研究阶段呈现增长态势，但并不像出口含污量那样呈现持续增长的变化趋势。其中，进口节能量先从 1987 年的 149.18MTCE 持续增加至 1995 年的 367.53MTCE；然后持续下降至 2002 年的 303.08MTCE；其后快速增加，2005 年达到其整个研究阶段的最大值，493.60MTCE；而后下降至 2007 年的 402.91MTCE。进口节碳量和进口节二氧化硫量的变化趋势与进口节能量基本一致。

总体上看，加入世界贸易组织初期进口节污量的增速也快于其他子阶段。以进口节碳量为例，1987—2002 年进口节碳量从 104.12MTC 增加至 207.73MTC，年均增加 4.71%。2002—2005 年进口节碳量的增长速度也明显上升，年均增加 17.80%；2005 年进口节碳量达到整个研究时期的峰值 339.57MTC。不过 2005—2007 年进口含碳量却以年均 9.51% 的速度下降，2007 年回落至 278.07MTC。

（二）中国的净贸易含污量

如果说出口增加了中国能源消耗和污染排放，是负面影响，而进口节约了能源消耗并减少了污染排放，是正面影响，那么出口的负面影响和进口的正面影响相抵所得到的净贸易含污量，就是贸易对中国能源消耗和污染排放的总影响。而这一总影响则反映了中国面临的环境贸易形势。20 世纪 80 年代后期以来中国的环境贸易形势发生了怎样的变化呢？

如表 4.1 所示，1987 年出口含能、碳和二氧化硫量均小于相应的进口节污量。净贸易含能、碳和二氧化硫量分别为 − 52.82、− 37.81、− 55.25 万吨；分别相当于当年全国生产部门能源消耗、二氧化碳和二氧化硫排放总量的 − 7.74%、− 7.98% 和 − 5.27%。因而，总体而言，1987 年贸易有效地节约了中国的能耗、二氧化碳和二氧化硫排放。

1987 年后直至 2002 年，出口含能量和含碳量一直低于进口节能量和节碳量，净贸易含能量和含碳量在此期间均为负值。其中，净贸易含能量和含碳量于 1995 年分别达到其在整个研究阶段的最小值，− 143.12MTCE 和 − 99.28MTC，这表明贸易对中国能耗和碳排放的有利影响在这一年最为突出。而 2002 年净贸易含能量和含碳量分别只有 − 3.13MTCE 和 − 1.73MTC，这意味着贸易对能耗和碳排放的有利影响和不利影响基本保持平衡。

2003 年净贸易含能量和含碳量略大于 0，贸易对能耗和碳排放的有利影响和不利影响仍基本保持平衡，不过有利影响略大于不利影响。而此后，净贸易含能量和含碳量迅速扩大，2007 年时分别达到 285.42MTCE 和 199.50MTC，分别相当于全国生产部门能源消耗或相应污染物排放总量的 13.22% 和 13.38%。

净贸易含二氧化硫量也于 1995 年达到其在整个研究阶段的最小值，− 190.14 万吨。不过净贸易含二氧化硫量在 2002 年时就已经转为正值，17.20 万吨。而 2007 年时，净贸易含二氧化硫量已增至 296.38 万吨，相当于全国生产部门二氧化硫排放量的 11.41%。

总体来看，加入世界贸易组织以来中国的出口含污量的增长速度明显高于其进口节污量，无论是净贸易含污量的绝对值还是其相当于全国生产部门能源消耗或相应污染物排放总量的比重都快速上升。这意味着，加入世界贸易组织以来贸易对中国能源消耗和主要污染排放的总体影响是不利的。

（三）中国的环境贸易条件及其变化趋势

进一步从中国的环境贸易条件来看（见表 4.2），1987 年，能源、二氧化碳和二氧化硫的贸易条件分别为 0.64、0.63 和 0.69。这说明中国每出口价值一元的产品所引致的能源消耗以及二氧化硫和二氧化碳的排放量，相当于每进口价值一元的产品所节约的能源或减少的污染排放的 60%—70% 左右。显然，当时中国的环境贸易条件总体上是具有明显优势的。

表 4.2   环境贸易条件（1987—2006）

年份	能源	二氧化碳	二氧化硫
1987	0.64	0.63	0.69
1990	0.70	0.69	0.73
1992	0.81	0.80	0.85
1995	0.83	0.83	0.87
1997	0.78	0.78	0.83
2002	0.82	0.82	0.87
2003	0.84	0.84	0.89
2004	0.88	0.88	0.91
2005	0.87	0.88	0.90
2006	0.96	0.96	0.95
2007	0.94	0.95	0.90

注：作者计算。

　　不过能源、二氧化碳和二氧化硫的贸易条件值在随后的几年里一直在增加，到 1995 年时分别达到 0.83、0.83 和 0.87。这意味着 1987—1995 年中国的环境贸易条件发生了明显的恶化。1995—1997 年，能源、二氧化碳和二氧化硫的贸易条件值有所下降，但高于 80 年代末和 90 年代初的水平。因而，80 年代末至 90 年代末中国的环境贸易条件总体上在恶化。

　　而 1997—2007 年，能源、二氧化碳、二氧化硫的贸易条件值仍呈现不断增加的发展态势；到 2006 年时都已超过 0.90，分别达到 0.96、0.96 和 0.95；2007 年时略有下降，但仍保持在 0.94、0.95 和 0.90。这意味着中国出口单位价值产品或服务所包含的能耗、二氧化硫和二氧化碳排放量与进口单位产品或服务已经比较接近。简单比较可知，加入世界贸易组织以来中国的环境贸易条件恶化得更快。

　　那么，80 年代后期以来，造成中国环境贸易条件明显恶化的原因又是什么呢？或者环境贸易条件的恶化意味着什么呢？由于本书假定同部门同等价值的进出口产品的含污量相同，因此，中国环境贸易条件的变化只可能是进出口产品或服务的结构变化造成的。所以环境贸易条件的恶化意味着，相对于进口产品或服务而言，中国出口产品或服务中能源和污染密集型产品或服务的比重整体上有所上升。

二 贸易含污量的部门分布及其变化

由于能源、二氧化碳和二氧化硫具有很高的相关性，这里仅以贸易含碳量为代表来论述中国贸易含污量的部门分布状况（分行业的出口含能量和含二氧化硫量见附录 B）。表 4.3 显示了 1987—2007 年分部门的出口含碳量。从三次产业的出口含碳量来看，在整个研究期内，第二产业的出口含碳量始终远远超过第一和第三产业的出口含碳量。1987 年第二产业的出口含碳量为 56.82MTC，约占当年出口含碳量的 85.69%；2007 年达到 429.54MTC，其份额也进一步上升至 89.94%。第三产业的出口含碳量也呈现不断增加的态势——从 1987 年的 6.16MTC 增加至 2007 年的 46.11MTC。不过其份额变化较小，仅从 1987 年的 9.28% 上升至 2007 年的 9.65%。相对而言，第一产业（农业）的出口含碳量始终很小，而且在整个研究期内有所下降——从 1987 年的 3.33MTC 下降至 2007 年的 1.92 MTC。其份额也相应地从 5.02% 下降至 0.40%。

表 4.3　　　　　　1987—2007 年分部门的出口含碳量（MTC）

部门	1987 年	1990 年	1992 年	1995 年	1997 年	2002 年	2005 年	2007 年
第一产业	3.33	3.64	2.64	2.14	2.03	1.90	2.02	1.92
第二产业	56.82	85.75	105.18	143.93	147.69	175.72	376.16	429.54
采掘业	5.01	5.35	4.40	6.37	4.77	3.94	5.06	2.95
制造业	51.81	80.39	100.77	136.10	141.89	170.47	369.24	423.56
电力、热力的生产和供应业	0.01	0.01	0.01	0.51	0.73	0.50	0.43	0.40
建筑业	0.00	0.00	0.00	0.95	0.30	0.81	1.43	2.63
第三产业	6.16	7.64	10.76	10.28	19.35	28.37	43.83	46.11
总计	66.31	97.03	118.58	156.35	169.07	205.99	422.01	477.58

注：作者计算。

　　在整个研究期内，第二产业的出口含碳量主要由制造业的出口含碳量构成。1987—2007 年制造业的出口含碳量从 51.81MTC 增加至 423.56MTC，其在第二产业出口含碳量中的份额相应地从 91.18% 上升至 98.61%。而采掘业、电力、热力的生产和供应业以及建筑业的出口含碳量合计所占的份额则从 1987 年的 8.82% 下降至 2007 年的 1.39%。

　　制造业内，通信设备、计算机及其他电子设备制造业的出口含碳量从 1987 年的 1.67 MTC 增加至 2007 年的 63.02MTC，增加了 61.35 MTC，是所有 26 个细分部门中出口含碳量增幅最大的（见图 4.1）。金属冶炼及压延加工业的出口含碳量从 1987 年的 5.48 MTC 增加至 2007 年的 58.88MTC，增幅为 53.41MTC，居其次。化学工业的出口含碳量从 1987 年的 7.88 MTC 增加至 2007 年的 56.09MTC，增幅为 48.21MTC，位居第三。且 2007 年上述三个部门的出口含碳量在 26 个细分部门中也已依次位居前三。整个研究期间，出口含碳量增幅较大的部门还有电气、机械及器材制造业（39.92MTC）、纺织业（37.01MTC）、通用及专用设备制造业（25.49MTC）和金属制品业（22.67MTC）。

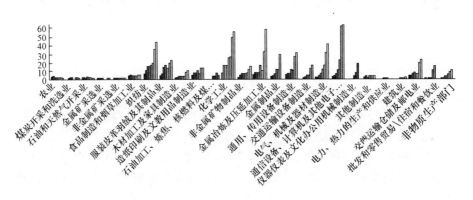

图 4.1　1987—2007 年分部门的出口含碳量

　　在整个研究期内，进口节碳量的部门构成与出口含碳量非常类似，也主要来自第二产业的进口节碳量，而其中又以制造业的进口节碳量为主（见表 4.4）。制造业中的化学工业、金属冶炼及压延加工业、通用及专用设备制造业、交通运输设备制造业、电气、机械及器材制造业以及通信设备、计算机及其他电子设备制造业的进口节碳量在整个研究期内一直位居26个细分部门进口节碳量的前列，且有不同程度的增加（见图4.2）。这与出口含碳量的部门构成也比较类似。

表 4.4　　　　　　　1987—2007 年分部门的进口节碳量（MTC）

部门	1987 年	1990 年	1992 年	1995 年	1997 年	2002 年	2005 年	2007 年
第一产业	1.25	1.32	1.15	3.01	1.81	2.64	5.01	5.41
第二产业	102.59	101.52	138.82	244.35	215.67	197.31	309.79	253.91
采掘业	1.32	2.11	2.75	6.53	9.42	14.22	16.38	35.34
制造业	101.11	99.18	135.60	236.78	205.62	182.36	292.34	217.04
电力、热力的生产和供应业	0.16	0.24	0.47	0.04	0.00	0.10	0.17	0.11
建筑业	0.00	0.00	0.00	1.00	0.62	0.62	0.89	1.42
第三产业	0.28	0.63	8.88	8.28	4.52	7.78	24.77	18.75
总计	104.12	103.47	148.85	255.64	222.00	207.73	339.57	278.07

注：作者计算。

不过，制造业的进口节碳量与制造业的出口含碳量在变化上有所不同。如前所述，制造业的出口含碳量在整个研究期内持续增加，而制造业的进口节碳量在经历了1987—2005 年的持续增加后，在 2005—2007 年间出现较明显的下降，并直接导致第二产业的进口节碳量乃至进口节碳总量在此期间显著下降。而且，1987—2002 年制造业的进口节碳量一直高于制造业的出口含碳量，但在 2005—2007 年却低于后者。这可以作为中国的贸易含碳量在前一时期一直为"逆差"而在后一时期变为"顺差"的一个初步解释。

三　中国贸易含污量的主要国别（地区）流向

为了更全面、深入地了解中国的贸易含污量，本书还估算了2002—2007 年中国与主要贸易伙伴国（地区）的货物贸易对中国能源消耗和污

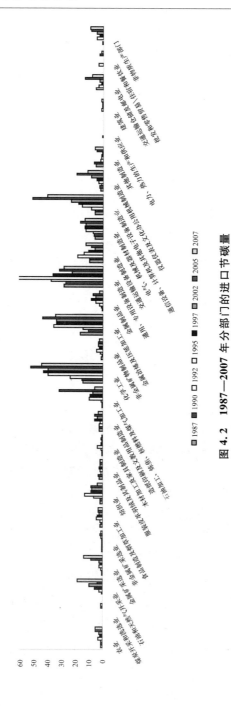

图 4.2　1987—2007 年分部门的进口节碳量

染排放的影响①，以揭示中国贸易含污量的主要国别（地区）流向。这里仍以贸易含碳量为例来分析中国贸易含污量的国别（地区）流向。

本书主要根据历年《中国统计年鉴》公布的"我国同各国（地区）海关货物进出口总额"，选择这几年中同中国的海关进出口总额居前十位的国家（地区）。总的来看，2002—2007 年中国的主要出口国（地区）与进口国（地区）具有较大的重合性，其中大部分与中国同属亚太地区或比邻（见表4.5）。在这几年中，中国向前10位出口国（地区）出口的货物额占总出口货物额的份额依次为：73.55%、69.59% 和 63.98%，呈逐年递减的趋势。中国从前十位进口国（地区）进口的货物额占总进口货物额的份额依次为：69.47%、62.72% 和 60.00%，也呈逐年递减的趋势。这意味着中国的货物出口目的国（地区）和进口国（地区）都有所分散。这是中国实施贸易多元化战略的结果，有利于降低中国的贸易风险。

表4.5 显示了 2002—2007 年中国与主要贸易伙伴国（地区）的货物贸易含碳量。这一期间，美国始终是这些中国出口货物含碳量的最大接收者。中国出口到美国的货物的含碳量在这一期间的年均增长率为 23.57%，其在中国出口含碳总量中所占的份额也从 14.22% 升至 17.67%。其他比较重要的接收者还有中国香港、日本、韩国、德国、荷兰和英国。而中国出口到俄罗斯和印度的货物含碳量则是增长速度最快的，2007 年时它们已经超过了中国出口到新加坡、中国台湾和马来西亚的货物含碳量。2002—2007 年中国出口到上述 11 个主要贸易伙伴国（地区）的货物含碳量从 111.74MTC 持续增加至 273.73MTC，而它们的合计占中国出口含碳量的份额也从 54.24% 上升至 57.31%。

另一方面，2002—2007 年中国从 11 个主要进口国（地区）进口的货物节碳量从 130.24MTC 增加至 168.76MTC，但其占中国总进口节碳量的份额却略有下降，从 62.68% 下降至 60.70%。在这些国家（地区）中，日本一直是中国进口货物的主要来源地，相应的进口货物节碳量也一直位居第一，在中国总进口含碳量中的份额稳定在 14.00% 左右。中国从中国

---

① 由于缺少中国与不同国家的服务贸易额数据，因而未能估算分国别和地区的服务贸易含碳量。

表4.5　2002—2007年中国与主要贸易伙伴国（地区）的货物贸易含碳量（MTC）

单位：%

出口地	向主要出口国（地区）出口货物产生的碳排放（MTC）			进口地	从主要进口国（地区）进口货物所节约的碳排放（MTC）		
	2002 年	2005 年	2007 年		2002 年	2005 年	2007 年
美国	29.29 (14.22)	60.58 (14.36)	84.39 (17.67)	日本	32.46 (15.63)	45.56 (13.42)	41.08 (14.77)
中国香港	26.61 (12.92)	42.16 (9.99)	47.04 (9.85)	中国台湾	24.29 (11.70)	33.63 (9.90)	26.72 (9.61)
日本	23.26 (11.29)	34.89 (8.27)	35.98 (7.53)	韩国	18.72 (9.01)	35.37 (10.42)	26.77 (9.63)
韩国	8.13 (3.95)	17.10 (4.05)	23.08 (4.83)	美国	15.08 (7.26)	21.47 (6.32)	20.36 (7.32)
德国	4.99 (2.42)	11.23 (2.66)	15.72 (3.29)	德国	8.94 (4.30)	12.87 (3.79)	15.51 (5.58)
荷兰	3.84 (1.86)	9.10 (2.16)	11.97 (2.51)	马来西亚	4.56 (2.19)	6.15 (1.81)	5.83 (2.10)
英国	3.94 (1.91)	7.66 (1.82)	12.69 (2.66)	俄罗斯	6.70 (3.22)	8.86 (2.61)	5.13 (1.85)
新加坡	3.20 (1.55)	6.15 (1.46)	8.85 (1.85)	澳大利亚	4.73 (2.28)	9.08 (2.67)	7.72 (2.78)
中国台湾	3.45 (1.68)	7.64 (1.81)	8.53 (1.79)	中国香港	5.64 (2.71)	5.29 (1.56)	5.04 (1.81)
马来西亚	1.97 (0.96)	3.98 (0.94)	5.47 (1.14)	新加坡	4.37 (2.10)	6.09 (1.79)	4.13 (1.49)
俄罗斯	1.37 (0.66)	4.70 (1.11)	10.59 (2.22)	泰国	3.48 (1.67)	5.20 (1.53)	5.26 (1.89)
印度	1.69 (0.82)	4.46 (1.06)	9.42 (1.97)	菲律宾	1.27 (0.61)	3.43 (1.01)	5.21 (1.87)
合计	111.74 (54.24)	209.65 (49.69)	273.73 (57.31)	合计	130.24 (62.68)	193.00 (56.83)	168.76 (60.70)

注：括号中为中国与主要贸易伙伴国的双边贸易中货物出口含碳量（进口节约碳量）占当年总出口含碳量（进口节约碳量）的份额。它们占总货物出口含碳量（进口节约碳量）即第一和第二产业合计的出口含碳量（进口节约碳量）的份额要更高。例如，2002—2005年中国向主要出口国（地区）出口货物产生的碳排放占总货物出口碳排放的份额依次为62.91%、55.44%和63.44%；而从主要进口国（地区）进口货物所节约的碳排放占总货物进口碳排放的份额依次为65.14%、61.31%和65.08%。

台湾、韩国、美国和德国进口货物的节碳量也在总进口含碳量中占据比较显著的份额，2007 年它们的份额都在 5.50% 以上。中国从余下的几个主要贸易伙伴国（地区）进口货物的节碳量在总进口含碳量中占据的份额相对较小，其中从马来西亚、俄罗斯、中国香港和新加坡进口货物的节碳量所占的份额有所下降，而从澳大利亚、泰国、菲律宾进口货物的节碳量所占的份额有所上升。

四　贸易的完全与直接能源环境影响比较

前面各部分所报告的贸易含污量结果都是基于投入产出模型估计得到的。如第三章所述，通过投入产出模型估计的贸易含污量既考虑了贸易的直接环境影响，又考虑了贸易的间接环境影响。因此，贸易含污量就是贸易的完全环境影响。而如果不考虑贸易的间接环境影响，即直接通过各部门的能耗或污染排放产出比来估计贸易的环境影响，不考虑部门之间的相互关联所产生的环境影响，这样估计得到的就是贸易的直接环境影响。那么贸易的完全环境影响与直接环境影响有多大的差异呢？

表 4.6 显示了 1987—2007 年中国贸易的完全和直接能源环境影响，其中完全能源环境影响就是表 4.1 中所显示的贸易含污量。很明显，贸易对能源消耗、碳排放和硫排放产生的完全影响远远大于其直接影响。其中，1987 年出口对能源消耗和碳排放的完全影响相当于其直接影响的 2.4 倍，出口对硫排放的完全影响相当于其直接影响的 2.8 倍。2005 年出口对能源消耗和碳排放的完全影响相当于其直接影响的 3.9 倍，出口对硫排放的完全影响相当于其直接影响的 7.8 倍。其他年份出口对能源消耗、碳排放和硫排放的完全影响与直接影响的相对差异则介于 1987 年和 2005 年的上述相对差异之间。

进口对能源消耗和碳排放的完全影响与直接影响的相对差异在 2004 年时最小，但前者也相当于后者的 2.7 倍。进口对硫排放的完全影响与直接影响的相对差异在 1987 年时最小，为 3.6 倍。而进口对能源消耗、碳排放和硫排放的完全影响与直接影响的相对差异都在 2007 年达到最大，分别为 3.3 倍、3.4 倍和 7.5 倍。

表4.6 贸易的完全和直接能源环境影响（1987—2007）

	年份	完全影响			直接影响		
		能源消耗（MTCE）	二氧化碳排放（MTC）	二氧化硫排放（10^4t）	能源消耗（MTCE）	二氧化碳排放（MTC）	二氧化硫排放（10^4t）
出口的影响	1987	96.36	66.31	125.01	40.38	27.75	44.21
	1990	138.65	97.03	188.02	54.46	38.07	57.66
	1992	169.06	118.58	247.51	57.67	40.42	69.10
	1995	224.41	156.35	344.63	69.93	48.66	66.38
	1997	243.62	169.07	395.02	73.13	50.64	70.04
	2002	299.95	205.99	351.25	85.54	58.93	68.38
	2003	373.92	257.85	470.85	114.53	78.83	81.20
	2004	494.24	341.77	580.54	157.02	107.94	91.95
	2005	608.69	422.01	733.22	157.47	109.11	93.74
	2006	669.74	464.43	743.27	230.78	159.12	119.22
	2007	688.33	477.58	763.65	185.65	128.90	98.08
进口的影响	1987	149.18	104.12	180.26	52.62	36.94	50.27
	1990	146.84	103.47	188.76	45.69	32.27	42.89
	1992	211.68	148.85	294.29	66.95	47.03	73.95
	1995	367.53	255.64	534.77	112.48	78.04	80.02
	1997	320.03	222.00	486.21	103.02	71.23	79.50
	2002	303.08	207.73	334.05	103.24	70.56	65.09
	2003	373.25	257.14	443.50	133.60	91.66	79.47
	2004	428.00	295.86	485.60	160.61	110.40	90.80
	2005	493.60	339.57	578.35	152.39	103.58	88.11
	2006	433.12	300.12	482.93	160.25	110.39	82.15
	2007	402.91	278.07	467.27	120.80	82.67	62.44

续表

年份	完全影响			直接影响		
	能源消耗（MTCE）	二氧化碳排放（MTC）	二氧化硫排放（10^4 t）	能源消耗（MTCE）	二氧化碳排放（MTC）	二氧化硫排放（10^4 t）
净贸易的影响 1987	-52.82	-37.81	-55.25	-12.24	-9.19	-6.06
1990	-8.19	-6.44	-0.74	8.77	5.80	14.77
1992	-42.62	-30.27	-46.78	-9.28	-6.61	-4.85
1995	-143.12	-99.29	-190.14	-42.55	-29.38	-13.64
1997	-76.41	-52.93	-91.19	-29.89	-20.59	-9.46
2002	-3.13	-1.74	17.2	-17.70	-11.62	3.28
2003	0.67	0.71	27.35	-19.07	-12.83	1.73
2004	66.24	45.91	94.94	-3.59	-2.46	1.15
2005	115.09	82.44	154.87	5.08	5.53	5.64
2006	236.62	164.31	260.34	70.53	48.73	37.07
2007	285.42	199.51	296.38	64.85	46.23	35.64

注：作者计算。

此外，基于完全能源环境影响估计的净贸易含污量也迥异于基于直接能源环境影响估计的净贸易含污量。两者的差异，首先表现在绝对量方面。在多数年份中，前者远远大于后者，两者甚至不在同一数量级。其次表现在符号上。例如，1990年基于完全影响的净贸易含能量、含碳量和含硫量均为正，即相应的出口含污量大于进口含污量；而基于直接影响的上述净贸易含污量则为负，这意味着相应的出口含污量小于进口含污量。又如，2003年和2004年基于完全影响的净贸易含能量和含碳量已经为正，而基于直接影响的上述净贸易含污量仍为负。

上述比较表明，贸易的完全能源环境影响至少是其直接能源环境影响的两倍以上，这意味着贸易的间接能源环境影响要明显高于其直接能源环境影响。考虑还是不考虑贸易的间接能源环境影响会对贸易的总体能源环境影响（净贸易含污量）产生截然不同（包括程度和方向在内的）的判断。由此可见，部门之间的相互关联及由此而间接产生的能源环境影响是不可忽视的。

五　与已有研究成果的比较：以贸易含碳量为例

本书报告的中国的贸易含污量与以往的研究得到的结果有一定的差异，这里还是以贸易含碳量为例加以分析。首先本书与以往类似的研究在数据处理方面有一些重要差异：（1）本书采用（进口）非竞争型投入产出表，而以往文献除韦伯等（2008）、姚愉芳等（2008）以及 Lin 和 Sun（2010）外，均采用（进口）非竞争型投入产出表，即考虑扣除中间投入中的进口品。（2）本书用各种价格指数将历年的投入产出表调整到 2002 年价格下的投入产出表，而除齐晔等（2008）对碳耗系数做了价格调整外，其他研究主要是基于现价的投入产出表进行估计的。（3）此外，以往研究在数据处理方面与本书的差异还包括部门划分详细程度、贸易数据处理方式、碳排放数据的估计等。而这些数据处理的不同也使本文的估计结果与以往研究明显不同。表 4.7 显示了已有文献的方法和结果。

在基于（进口）竞争型投入产出表进行估算的文献中，Ahmed 和 Wyckoff（2003）分别用两种方法估计了 1997 年中国的贸易含碳量：（a）进口含碳量按进口品产地的排放系数估计；（b）假定进口品按中国的技术生产。他们按两种方法估计的出口含碳量和进口节碳量（含碳量）都明显低于本书基于（进口）非竞争型投入产出表估计的结果。Pan 等（2008）估计的 2002 年中国的出口含碳量明显高于本书估算的结果。不过，他们根据进口品产地的能源强度进行调整后估计的进口含碳量则远低于本文的结果。此外，齐晔等（2008）估计的 1997 年、2002 年和 2005年中国的净贸易含碳量占中国碳排放总量比例的上限（假定进口品按日本技术生产）分别为 12.11%、14.16% 和 24.38%，下限（假定进口品按中国技术生产）分别为 2.54%、1.02% 和 7.00%；而本书估计的结果分别为 -6.58%、-0.21% 和 6.56%。这些比例与本书的结果也存在很大差异，甚至符号相反。Yan 和 Yang（2010）估计的 1997 年及 2007 年的出口含碳量明显低于本书的估计，他们估计的进口含碳量（相对差异）更远低于本书的估计。

表 4.7　　　　　　　　　　与已有研究的比较

文献	方法	结果	
	投入产出表（价格）	出口含碳量（MTCO$_2$）	进口含碳量（MTCO$_2$）
Ahmed 和 Wyckoff（2003）	竞争型表（现价）	463（1997[a]）；533（1997[b]）	102（1997[a]）；486（1997[b]）
韦伯等（2008）	非竞争型表（1990 年价和现价）	230（1987）；360（1990）；420（1992）；570（1995）；580（1997）；760（2002）；1670（2005）	390（1987）；420（1990）；560（1992）；710（1995）；700（1997）；1170（2002）；2200（2005）
姚愉芳等（2008）	非竞争型表（现价）	1460（2005）	796（2005）
Pan 等（2008）	竞争型表（现价）	880（2002）	257（2002）
Yan 和 Yang（2010）	竞争型表（现价）	314（1997）；1725（2007）	137（1997）；587（2007）
Lin 和 Sun（2010）	非竞争型表（现价）	3357（2005）	2333（2005）
本书	非竞争型表（2002 年价）	243（1987）；356（1990）；435（1992）；573（1995）；620（1997）；755（2002）；1547（2005）；1751（2007）	382（1987）；379（1990）；546（1992）；937（1995）；814（1997）；762（2002）；1245（2005）；1020（2007）

注：括号内为年份。本书结果系根据表 2 中结果折算而来。根据碳元素的原子量（12）和氧元素的原子量（16），碳当量折合二氧化碳的系数为 44/12。

　　韦伯等（2008）、姚愉芳等（2008）以及 Lin 和 Sun（2010）也是基于（进口）非竞争型投入产出表进行估算的。其中韦伯等（2008）采用的 1987 年、1990 年和 1995 年的投入产出表是用 1990 年的价格计算的，其余年份的则是用现价计算的；姚愉芳等（2008）以及 Lin 和 Sun（2010）采用的投入产出表都是用现价计算的；而本书则是用 2002 年价格计算的。韦伯等（2008）估计的 1987 年、1995 年和 1997 年中国的出口含碳量均略低于本书估计的结果（如表 2 所示），但 1990 年、1992 年、2002 年和 2005 年的出口含碳量略高于本书的结果。不过，他们估计的出口含碳量与本书的结果总体上比较接近。而他们估计的 1995 年和 1997 年

的进口节碳量明显低于本书的结果，但 1987 年、1990 年、1992 年、2002
年和 2005 年的进口节碳量则高于本书的结果。姚愉芳等（2008）估计的
2005 年中国的出口含碳量和进口节碳量都分别明显低于本书的结果，更
低于韦伯等（2008）的结果。而 Lin 和 Sun（2010）估计的 2005 年中国
的出口含碳量和进口节碳量则几乎都相当于本书估计的两倍，也远远超过
韦伯等（2008）和姚愉芳等（2008）的估计。

第五章　中国出口部门的生态效率

　　自加入世界贸易组织以后，中国的出口增长十分迅速，为中国的经济增长作出了巨大贡献。同时，伴随出口增长而来的环境问题也引起了社会各界的广泛关注。这反映了人们对中国出口部门乃至整个经济体系可持续性的担忧。因此，对中国出口部门的可持续性进行定量评价有助于深化人们对中国出口部门可持续性的认识，了解其动态变化趋势，并为相关政策的制定提供科学依据。

　　而生态效率（eco – efficiency）[①] 是分析可持续性的一个重要工具。生态效率这一概念可以追溯到 20 世纪 70 年代一些学者提出的"环境效率"概念。1990 年，Schaltegger 和 Sturm 将生态效率作为一个"联结商业与可持续发展"概念提出。而后，经由"世界可持续发展商业理事会"（WBCSD）的推广，生态效率得到社会各界广泛重视，并成为可持续发展研究的一个重要领域（Jollands et al.，2004；Zhang et al.，2008）。

　　1992 年，生态效率已被里约联合国环境与发展大会认定为企业实施《21 世纪议程》的一种方式。而生态效率评价的范围也逐渐从单个的企业、产品延伸至行业、区域，但还很少有文献涉及对包括出口在内的各类需求的生态效率进行评价。尽管近年来不少文献定量估算了贸易的环境影响，包括中国进出口贸易的环境影响，但却很少从生态效率的角度评价对

[①]　在生态学中"ecological efficiencies"也翻译为"生态效率"，是指"各种能流参数中的任何一个参数在营养级之间或营养级内部的比值关系，这种比值关系也可以应用于种群之间或种群内部以及生物个体之间或生物个体内部，不过当应用于生物个体时，这种效率更常被认为是一种生理效率"（参见孙儒泳等主编《普通生态学》，高等教育出版社 1993 年版）。

外贸易可持续性。为此，本章基于投入产出模型构造了生态效率的测度方法，并对中国出口部门的生态效率进行了评价。

一 出口部门生态效率的衡量指标

目前，关于生态效率的定义有许多，而其中最为流行的是 WBCSD 的定义，即："提供有价格竞争优势的、满足人类需求和保证生活质量的产品或服务，同时能逐步降低产品或服务生命周期中的生态影响和资源的消耗强度，其降低程度与估算的地球承载力相一致。"[①] 虽然不同学者和机构给出的生态效率定义在形式上有所差异，但这些定义的实质却是一致的，即使经济价值最大化的同时使相应的环境影响最小化（Jollands et al.，2004）。而现有文献（如 WBCSD，2000）给出的生态效率的衡量指标基本都采取了如下计算公式：

$$生态效率 = \frac{产品或服务的价值}{环境影响} \qquad (5.1)$$

根据 WBCSD（2000）的说明，（5.1）式中产品或服务的价值既可以用其数量表征又可以用其货币价值表征，还可以用其功能表征。而环境影响则包括产品或服务中的能源消耗、原料消耗、自然资源消耗、相伴产生的副产品和其他非预期事件以及产品或服务消费过程中产生的垃圾、排放的污染物、消耗的能源，等等。参考 WBCSD（2000）的定义，本书将出口部门的生态效率定义为：

$$出口部门的生态效率 = \frac{出口产品或服务的价值}{生产出口产品或服务造成的环境影响} \qquad (5.2)$$

对于（5.2）式中出口产品或服务的价值，本书选用其按 2002 年价格计算的各类出口产品或服务的可比价货币价值来衡量，这样，便于进行部门间和同一部门不同时期间的比较分析。而环境影响指标的选取则没有完全效仿 WBCSD（2000）。显然，WBCSD（2000）给出的生态效率衡量方法非常全面细致，但其所要求的大量环境影响数据并不容易获取，且不

---

① http://en.wikipedia.org/wiki/Eco-efficiency.

一定有突出意义。因此，限于数据和研究中国现实情形的目的，本书采用生产出口产品或服务所引起的能源消耗、二氧化碳排放和二氧化硫 3 个指标来衡量。其中，二氧化碳排放是全球关心的环境指标，而能源消耗和二氧化硫排放则是对中国有着更大影响的环境指标。至于消费出口产品或服务引起的环境影响，本书暂不考虑。

二　直接生态效率与完全生态效率

应用（5.2）式测算出口产品或服务的生态效率时，由于生产出口产品或服务所引起的环境影响有两类：直接环境影响和完全环境影响，分别按照这两类环境影响计算，便会得到两种不同的生态效率。我们不妨将按照直接环境影响计算的生态效率称为直接生态效率，而将按照完全环境影响计算的生态效率称为完全生态效率。

虽然直接生态效率容易从公开的统计数据整理得到，但笔者认为，按照完全环境影响计算的出口部门的完全生态效率更加合理和客观。因为这种生态效率考虑到了出口部门与整个经济体系的关系，考虑了生产出口产品或服务对整个产业链的环境影响。正如我们可以把消费、投资和出口看成是经济增长的"三驾马车"一样，我们也可以把这三者看成是能耗和相关污染物排放的"引擎"。所以，评价出口部门的环境影响不能只限于直接环境影响，而应以考虑了间接环境影响的完全环境影响为基础。

我们可以把（3.14）式进一步表述为：

$$Q = \Omega X = \Omega (I - A_d)^{-1} Y_d = \Omega (I - A_d)^{-1} (Y_{hcd} + Y_{gcd} + Y_{ind} + Y_{exd}) \qquad (5.3)$$

其中，Y_{hcd}、Y_{gcd}、Y_{ind}、Y_{exd} 都是 $r \times 1$ 向量，分别代表居民消费、政府消费、资本形成、出口。通过（5.3）式可以将环境影响分配到不同的最终需求上。

出口及其他各类最终需求的完全生态效率。而令 y_{hcd}、y_{gcd}、y_{ind}、y_{exd} 为当期国产品构成的居民消费、政府消费、资本形成、出口总额，则可以定义基于不同环境影响的各类最终需求的总体生态效率为：

$$\frac{y_f}{q_{fi}} (q_{fi} \in Q_f, f = 居民消费, 政府消费, 资本形成,$$

出口;j = 能源,二氧化碳,二氧化硫)   (5.4)

各类出口产品或服务的完全生态效率。令 $EE = \Omega (I - A_d)^{-1}$,则 EE 为 $m \times r$ 矩阵。令它的第 ij 个元素为 ee_{ij},则 ee_{ij} 表示生产单位价值第 j 种最终使用产品或服务对第 i 种资源的完全消耗量或引起的第 i 种污染物的完全排放量。因而 EE 中各元素的倒数正好就是基于不同环境影响指标所测度的各类最终使用产品或服务的生态效率。显然,同一类最终使用产品无论是用于消费、资本形成还是出口,其完全生态效率都是一样的。

三 最终使用的产品或服务的生态效率

本书分别计算了 26 类最终使用的产品或服务 1987—2007 年基于各种环境影响的完全生态效率和直接生态效率(见附录 C)。限于篇幅,这里仅以 2007 年的计算结果为例进行分析。

(一)出口产品或服务的完全生态效率与直接生态效率差异

比较可知,各类出口产品或服务的直接生态效率也明显高于其完全生态效率。以基于能源消耗的直接生态效率和完全生态效率的相对差异为例,其中差异最大的是电气、机械及器材(见表 5.1)。其直接生态效率高达 24.53 万元/TCE,而其完全生态效率只有 1.42 万元/TCE,前者约相当于后者的 17 倍。建筑业产品、仪器仪表及文化办公用机械、交通运输设备和服装皮革羽绒及其制品的直接生态效率与完全生态效率的差异也都超过了 10 倍。差异最小的是交通运输仓储及邮电服务,但其直接生态效率与完全生态效率的差异也有 1.75 倍。

(二)按完全生态效率认定的高效率和低效率产品或服务

识别高生态效率和低生态效率的出口产品或服务对于制定合理的贸易政策、产业政策及环境政策等具有重要参考价值。见表 5.2,各类出口产品或服务中,基于能源消费的完全生态效率最高的是通信设备、计算机及其他电子设备,其生态效率为 2.46 万元/TCE。非物质生产部门提供的服务和批发和零售贸易/住宿和餐饮服务也具有较高的生态效率,它们的生态效率都超过了 2.00 万元/TCE。另外,生态效率处于前五位的还有仪器仪表及文化办公用机械和食品制造及烟草加工产品,其生态效率均超过了 1.75 万元/TCE。

表 5.1 2007 年出口产品或服务基于能源消费的完全生态效率和直接生态效率的相对差异

相对差异最大的五类产品或服务	生态效率		差异	相对差异最小的五类产品或服务	生态效率		差异
	完全	直接			完全	直接	
电气、机械及器材	1.42	24.53	17.27	金属冶炼及压延加工产品	0.36	0.7	1.94
建筑业产品	0.87	13.17	15.14	非金属矿物制品	0.64	1.19	1.86
仪器仪表及文化办公用机械	1.78	19.43	10.92	石油加工、炼焦、核燃料及煤气加工产品	0.57	1.04	1.82
交通运输设备	1.38	15.03	10.89	煤炭开采和洗选业产品	0.60	1.07	1.78
服装皮革羽绒及其制品	1.60	16.94	10.59	交通运输仓储及邮电服务	1.02	1.78	1.75

注：表中环境效率的单位是"万元/TCE"。差异是直接环境效率与完全环境效率的比值，其单位为"倍"。

表 5.2 2007 年按照完全生态效率降序排列的出口产品或服务（前 5 位和后 5 位）

基于能源消费	基于二氧化碳排放	基于二氧化硫排放
通信设备、计算机及其他电子设备	通信设备、计算机及其他电子设备	通信设备、计算机及其他电子设备
批发和零售贸易/住宿和餐饮服务	批发和零售贸易/住宿和餐饮服务	批发和零售贸易/住宿和餐饮服务
非物质生产部门提供的服务	非物质生产部门提供的服务	非物质生产部门提供的服务
仪器仪表及文化办公用机械	仪器仪表及文化办公用机械	交通运输仓储及邮电服务
食品制造及烟草加工产品	食品制造及烟草加工产品	仪器仪表及文化办公用机械
⋮		
非金属矿物制品	非金属矿物制品	石油加工、炼焦、核燃料及煤气加工产品
金属矿采选业产品	石油加工、炼焦、核燃料及煤气加工产品	非金属矿物制品
煤炭开采和洗选业产品	金属矿采选业产品	金属冶炼及压延加工产品
石油加工、炼焦、核燃料及煤气加工产品	煤炭开采和洗选业产品	金属矿采选业产品
金属冶炼及压延加工产品	金属冶炼及压延加工产品	电力、热力

基于能源消费的完全生态效率最低的则是金属冶炼及压延加工产品，其生态效率为 0.36 万元/TCE。此外，非金属矿物制品、金属矿采选业产品、煤炭开采和洗选业产品以及石油加工、炼焦、核燃料及煤气加工产品的生态效率也相对较低。它们的该项生态效率指标都低于 0.70 万元/TCE。

基于二氧化碳排放和二氧化硫排放的完全生态效率最高的那些产品和效率最低的那些产品，与基于能源消耗的完全生态效率最高的那些产品和效率最低的那些产品具有较大的相似性（见表 5.4）。比较特殊的是电力、热力，其基于二氧化硫排放的完全生态效率在所有出口产品或服务中最低，但其基于能源消费和二氧化碳排放的完全生态效率却不是最低的。

这主要是因为电力、热力的生产和供应业是能源转换部门，该部门将大部分能源转换为电力、热力。因而该部门是化石能源消耗最大的部门，也是化石能源强度最高的部门。而二氧化硫排放主要来自化石能源消耗，所以该部门基于二氧化硫排放的完全生态效率和直接生态效率都是最低的（见附录 C）。

另一方面，虽然二氧化碳排放也主要来自化石能源消耗，但是，本书在数据处理过程中已经将发电和发热产生的碳排放按各部门终端消耗的电力和热力进行了分摊。经过这样处理后，电力、热力供应部门便不是碳排放最多和碳排放强度最密集的部门。此外，就各种能源的总体消费而言，电力、热力的生产和供应业却不是能源强度最高的部门。因而，其基于能源消费和碳排放的生态效率不是最低的。

（三）按完全生态效率和按直接生态效率认定的高效率和低效率产品或服务的差异

作为比较，本书将各类出口产品或服务基于能源消费的直接生态效率也进行了降序排列（见表 5.3）。按此指标，生态效率最高的仍然是通信设备、计算机及其他电子设备，但非物质生产部门提供的服务、批发和零售贸易/住宿和餐饮服务以及食品制造及烟草加工产品则不再属于生态效率最高的产品或服务。取而代之的是电气、机械及器材、服装皮革羽绒及其制品和交通运输设备。而直接生态效率较低的那些产品与完全效率较低的产品虽然基本相同，只不过金属矿采选业产品不再是生态效率最低的五类产品之一，取而代之的是石油和天然气。

表 5.3 　　　　2007 年出口产品或服务基于能源消费的直接生态效率

（前 5 位和后 5 位） 　　　　单位：万元/TCE

前 5 位产品或服务	生态效率		后 5 位产品或服务	生态效率	
	完全	直接		完全	直接
通信设备、计算机及其他电子设备	2.46	25.37	石油和天然气	0.67	1.32
电气、机械及器材	1.42	24.53	非金属矿物制品	0.64	1.19
仪器仪表及文化办公用机械	1.78	19.43	煤炭开采和洗选业产品	0.60	1.07
服装皮革羽绒及其制品	1.60	16.94	石油加工、炼焦、核燃料及煤气加工产品	0.57	1.04
交通运输设备	1.38	15.03	金属冶炼及压延加工产品	0.36	0.7

　　上述比较表明，按照完全生态效率认定的高效率出口产品或服务与按照直接生态效率认定的高效率出口产品或服务具有较大的差异。其中，最为典型的例子就是批发和零售贸易/住宿和餐饮服务以及非物质生产部门提供的服务。它们基于能源消费的直接生态效率相对并不突出，远远低于该项生态效率最高的通信设备、计算机及其他电子设备。但它们基于能源消费的完全生态效率（分别为 2.28 万元/TCE，2.25 万元/TCE）则居于前列，分别排在第 2 位和第 3 位，与排在第 1 位的通信设备、计算机及其他电子设备的完全生态效率十分接近。而无论是根据完全生态效率还是直接生态效率评价，低效率的出口产品都基本相同。

　　简单的推断可知，这是因为非物质生产部门以及批发和零售贸易/住宿和餐饮业提供的服务虽然直接生态效率不高，但它们主要带动的是直接生态效率相对较高的生产活动，因而它们的完全生态效率相对较高。电气、机械及器材和交通运输设备的直接生态效率虽然较高，但它们主要带动的是直接生态效率相对较低的生产活动，因而它们的完全生态效率不能居于前列。而金属冶炼及压延加工业等产品的直接生态效率就很低，加之它们主要带动的也是一些直接生态效率较低的生产活动，因而它们的完全生态效率也很低。且这些效率较低的产品的完全生态效率和直接生态效率的绝对值也比较接近。

四 出口部门的整体生态效率

（一）出口部门生态效率的纵向比较

纵向来看，1987—2007 年出口的完全生态效率呈现不断上升的变化趋势（见表 5.4）。其中，基于能源消费的完全生态效率从 0.44 万元/TCE 上升到 1.28 万元/TCE，上升幅度达到 190%。基于二氧化碳排放的完全生态效率也上升了 190% 左右。而基于二氧化硫排放的完全生态效率则上升了将近 240%，表现更为突出。

表 5.4 　　　　　　　出口部门的总体生态效率（1987—2007）

年份	环境影响的范围	基于能源消费（万元/TCE）	基于二氧化碳排放（万元/TC）	基于二氧化硫排放（万元/吨）
1987	直接影响	1.05	1.52	95.56
	完全影响	0.44	0.64	33.80
1990	直接影响	1.06	1.52	100.56
	完全影响	0.42	0.60	30.84
1992	直接影响	1.32	1.89	110.48
	完全影响	0.45	0.64	30.84
1995	直接影响	1.48	2.13	155.94
	完全影响	0.46	0.66	30.04
1997	直接影响	1.92	2.78	200.86
	完全影响	0.58	0.83	35.61
2002	直接影响	3.57	5.19	446.98
	完全影响	1.02	1.48	87.01
2005	直接影响	4.14	5.98	695.62
	完全影响	1.07	1.55	88.94
2007	直接影响	4.74	6.83	897.79
	完全影响	1.28	1.84	115.30

　　与直接生态效率相比，出口的完全生态效率要明显低得多。其中出口基于能源消费和碳排放的直接生态效率约相当其相应完全生态效率的2—4倍。例如，2002年基于二氧化碳排放的出口直接生态效率为5.19万元/TC，而基于二氧化碳排放的出口完全生态效率只有1.48万元/TC，前者约为后者的3倍。而出口基于二氧化硫排放的直接生态效率约相当其相应完全生态效率的3—8倍。这表明，包含间接影响在内的出口的各种完全环境影响要远远高于出口的各种直接环境影响，前者也相当于后者的2—8倍。由此可见，考虑还是不考虑间接环境影响，会使计算得到的生态效率结果相差悬殊。因此，评价出口的生态效率时，出口所间接引起的环境影响是不可忽视的因素。

　　（二）出口与其他最终需求的生态效率差异

　　而横向来看，在各类需求中出口的生态效率始终处于较低水平。无论是从基于能源消费、碳排放还是硫排放的完全生态效率来看①（见表5.5至表5.7），出口的生态效率始终低于总需求的生态效率，或者说低于各类需求生态效率的平均水平。尤其是与居民消费和政府消费的生态效率相比，出口的总体生态效率明显偏低。不过，出口的生态效率要明显高于资本形成的生态效率。

表5.5　　　　　各类最终需求基于能源消费的完全生态效率比较

（1987—2007）　　　　　　单位：万元/TCE

年份	居民消费	政府消费	资本形成	出口	总需求
1987	0.68	0.94	0.37	0.44	0.52
1990	0.74	0.89	0.36	0.42	0.53
1992	0.73	0.96	0.52	0.45	0.62
1995	0.74	1.09	0.53	0.46	0.63
1997	0.90	1.22	0.57	0.58	0.73
2002	1.35	1.98	0.94	1.02	1.17
2005	1.42	1.80	1.01	1.07	1.19
2007	1.65	2.12	1.04	1.28	1.32

---

　　①　同样，将基于二氧化硫排放和二氧化碳排放的环境效率进行上述比较，结果也类似。

表 5.6 各类最终需求基于碳排放的完全生态效率比较

（1987—2007） 单位：万元/TCE

年份	居民消费	政府消费	资本形成	出口	总需求
1987	0.98	1.37	0.52	0.64	0.75
1990	1.06	1.28	0.50	0.60	0.75
1992	1.05	1.39	0.74	0.64	0.89
1995	1.06	1.59	0.76	0.66	0.90
1997	1.30	1.80	0.82	0.83	1.05
2002	1.98	2.95	1.37	1.48	1.71
2005	2.08	2.64	1.46	1.55	1.72
2007	2.42	3.14	1.50	1.84	1.91

表 5.7 各类最终需求基于硫排放的完全生态效率比较

（1987—2007） 单位：万元/吨

年份	居民消费	政府消费	资本形成	出口	总需求
1987	43.84	72.96	22.27	33.80	34.10
1990	45.85	68.33	21.52	30.84	33.74
1992	44.51	63.47	28.38	30.84	37.52
1995	36.64	64.41	32.29	30.04	35.74
1997	45.97	71.59	33.03	35.61	40.76
2002	96.04	176.09	85.64	87.01	96.23
2005	96.63	141.98	81.45	88.94	92.20
2007	113.18	196.65	90.20	115.30	109.65

　　由于假定用于不同最终需求的同种产品或服务具有相同的生态效率，因而导致出口的生态效率与其他需求的生态效率产生差异的唯一原因就是出口的结构与其他最终需求的结构存在差异。这里以 2007 年的情形为例来说明这一结论。图 5.1 显示了 2007 年各类产品或服务在出口中的份额与其在居民消费中的份额的差异及其基于能源消费的生态效率。

　　2007 年，有 19 类产品在出口中的份额大于其同年在居民消费中的份额。其中，通信设备、计算机及其他电子设备在出口中的份额为 25.37%，比其在居民消费中的份额（1.75%）高 23.62%，是份额差异最大的产品。此外，份额差异较大（5%—10%）的产品还有纺织品、通

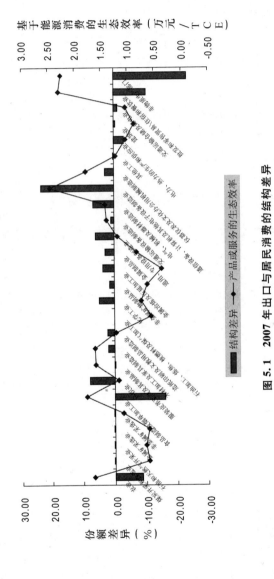

图 5.1　2007 年出口与居民消费的结构差异

注：份额差异是指各类产品或服务在出口中的份额与其在居民消费中的份额的差异。

用、专用设备以及电器、机械及器材 3 类产品，而其他 15 类产品的份额差异分布在 0—5% 之间。但在 19 类产品中，只有木材加工及家具、交通运输设备、通信设备、计算机及其他电子设备、电器、机械及器材以及仪器仪表及文化办公用设备等五类产品的生态效率高于平均水平（1.23 万元/TCE）。也就是说，绝大部分在出口中的份额高于其在居民消费中份额的产品都是生态效率较低的产品。

　　另一方面，有 7 类产品或服务在出口中的份额小于其同年在居民消费中的份额。其中非物质生产部门提供的服务在出口中只占 3.81%，远远低于其在居民消费中的份额（27.07%），是份额差异最大的。食品和烟草、批发和零售贸易/住宿和餐饮以及农产品 3 类产品或服务的份额差异则分别为 −16.26%、−10.29% 和 −8.82%，也是份额差异比较显著的。以上 4 类份额差异较大的产品或服务基于能源消费的生态效率均明显高于平均水平，尤其是批发和零售贸易/住宿和餐饮以及非物质生产部门提供的服务都至略低于生态效率最高的通信设备、计算机及其他电子设备。而其余 3 类产品或服务的生态效率虽然低于平均水平，但其份额差异也较小。

　　简单比较可知，尽管生态效率最高的通信设备、计算机及其他电子设备在出口中的份额远远超过其在居民消费中的份额，但生态效率仅略低于通讯设备、计算机及其他电子设备的批发和零售贸易/住宿和餐饮以及非物质生产部门提供的服务在出口中的份额却远远低于其在居民消费中的份额。而绝大部分生态效率较低的产品在出口中的份额高于其在居民消费中的份额。因此，出口的生态效率明显低于居民消费的生态效率。

　　图 5.2 显示了 2007 年各类产品或服务在出口中的份额与其在政府消费中的份额的差异及其基于能源消费的生态效率。出口和政府消费的结构差异主要表现为非物质生产部门提供的服务在出口中的份额远远低于其在政府消费中的份额，这一差异为 −90.67%。此外，农产品和交通运输服务在出口中的份额略低于（−0.29% 和 −0.40%）其在政府消费中的份额，而其余 23 类产品或服务在出口中的份额则高于其在政府消费中的份额。如前所述，由于非物质生产部门提供的服务是生态效率最高的（居第 3 位）的产品或服务之一，因此出口的生态效率远远低于政府消费的生态效率。

　　图 5.3 显示了 2007 年各类产品或服务在出口中的份额与其在资本形

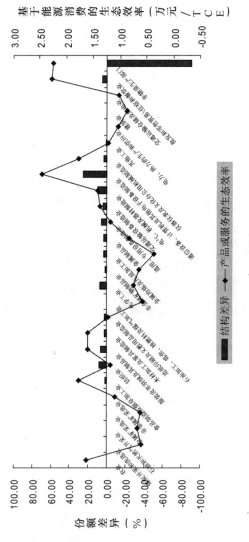

图 5.2 2007 年出口与政府消费的结构差异

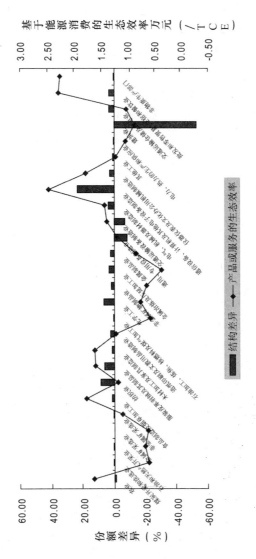

图 5.3 2007 年出口与资本形成的结构差异

成中的份额的差异及其基于能源消费的生态效率。总的来看，出口与资本形成的结构差异主要表现为建筑业提供的服务在出口中的份额远远低于其在资本形成中的份额，差异大 - 52.63%。此外，除农产品、通用、专用设备及交通运输设备 3 类产品在出口中的份额略低于其在资本形成中的份额，其余绝大部分产品或服务在出口中的份额则都大于其在资本形成中的份额。尤其是通信设备、计算机及其他电子设备在出口中的份额比其在资本形成中的份额高 23.24%。由于建筑业的生态效率低于平均水平，而通信设备、计算机及其他电子设备具有最高的生态效率，因而 2007 年出口的生态效率略高于资本形成的生态效率。

第六章　贸易的环境成本变化及其
影响因素：比较静态分析

从本书第二章我们也已经了解到，贸易的环境成本（贸易含污量）是多种因素共同作用的综合结果。第三章给出的贸易含污量的量化模型也体现了这一点。根据（3.15）式和（3.16）式，可以认为不同时点之间出口（进口）含污量的变化是由四个因素的变化引起的，这四个因素就是各个行业的直接资源消耗或污染排放系数矩阵 Ω、投入技术 L、出口（进口）的产品结构 S^e（S^m）和贸易规模 ex（im）。识别这些因素对贸易含污量（历史）变化的影响有助于人们更深入地了解和控制贸易的环境成本。而通过分解分析可以将这些因素的影响予以量化。

一　投入产出结构分解分析

通常，用于分解分析的技术可划分为两大类（Hoekstra and Vander Berg，2003）。一类是投入产出结构分解方法（Structural Decomposition Analysis，SDA）。Rose 和 Chen（1987）最早提出"投入产出结构分解方法"这一术语，而这一方法的历史渊源则可以追溯至里昂惕夫（1941，1953）利用投入产出表对美国的经济结构所进行的一系列分析。另一类是所谓指数分解方法（Index Decomposition Analysis，IDA），这种方法主要基于产业部门的年度数据展开分析。两类方法各有优势和不足。由于指数分解方法只需要采用产业水平上的加总数据，而这样的数据比 SDA 所需的投入产出表容易获得，因而其应用频率更高（Ang，2004）。不过，

IDA 对数据要求较低同时也是其劣势所在，因为这使得 IDA 不能像 SDA 那样进行更详细的经济结构分解 （Hoekstra and Vanden Berg，2003）。

SDA 可以充分刻画部门、技术与需求模式之间的关联影响，SDA 特别适合估算由其他产业产生并通过中间投入传递的结构和生产率变动对某一产业所造成的间接影响 （Milana，2001），从而可以追踪与某种产品相关的直接和间接环境影响 （Machado et al.，2001）。所谓间接环境影响，是指那些不是由行为主体直接带来的，而是由于生产该主体所需要的投入并继而生产最终产品而带来的影响 （Mongelli et al.，2006）。而这种深入刻画一个经济体内部生产活动之间的联系及其环境影响优势是包括 IDA 在内的其他方法所不具备的 （Tarancón Morán and del Río González，2007），因而 SDA 作为一种识别经济系统中相互关联的各种因素如何对重要政策目标产生影响的有力工具也得到了广泛的认可和应用①。这种方法的实质是利用投入产出表中的关键参数对经济变化进行比较静态分析 （Rose and Chen，1991），即假定其他因素不变的情况下，分析特定因素的变化对某个经济变量或其他变量 （如环境变量） 的影响。

此外，罗斯和卡斯勒 （1996） 还认为，SDA 之所以盛行于实证经济分析是因为它具备如下优势：一是克服了投入产出模型的静态特征，可以进行跨期技术和产业结构分析；二是该方法只需要两个时点的投入产出表，而不像计量经济分析方法那样需要很长的时间序列才能进行分析；三是由于投入产出模型能够将环境、资源等要素轻易纳入分析框架，因而 SDA 也适用于分析相关的资源环境问题。通过许多学者的努力，如 Dietzenbacher 和 Los （2000） 对这一方法中变量之间相关性问题提出的解决方案，SDA 已被不断完善，并在以往有关经济、能源以及环境等重要变量的研究中得到了广泛的应用。

（一） SDA 的基本原理

SDA 的基本原理就是将一个恒等式按其构成因素进行分解 （Rose and Casle，1996）。SDA 按其分解形式又可分为增量分解和乘数分解 （可参阅 Rose and Casle，1996；Hoekstra and Vander Berg，2003） 两种。由于包括

---

① 罗斯和卡斯勒 （1996），Hoekstra 和 Vanden Berg （2002，2003） 等对这一方法进行了很好的综述。

本书在内的绝大多数有关 SDA 的应用研究都是采用增量分解形式进行的，这里仅就这种分解形式来介绍 SDA。为了对 SDA 的基本原理予以说明，不妨考察最基本的投入产出恒等式：

$$X = LY \qquad (6.1)$$

其中，X 是产出向量，L 是利昂惕夫逆矩阵，Y 是最终需求向量。假定 Δ 表示两个时点（0，1）之间变量的变化，如 ΔX 为两个时点（0，1）之间产出向量 X 的变化，则可对 ΔX 进行增量分解如下：

$$
\begin{aligned}
\Delta X &= X_1 - X_0 = L_1 Y_1 - L_0 Y_0 \\
&= (L_1 - L_0) Y_1 + L_0 Y_1 - L_0 Y_0 \\
&= (L_1 - L_0) Y_1 + L_0 (Y_1 - Y_0)
\end{aligned}
\qquad (6.2)
$$

即

$$\Delta X = \Delta L Y_1 + L_0 \Delta Y \qquad (6.3)$$

则（6.3）式等号右边第一项表示利昂惕夫逆矩阵变化即技术系数变化对总产出的影响，或者更准确地说，第一项表示在最终需求恒定时（取其在时点 1 的值）技术系数变化对总产出的影响。同理，第二项表示技术系数恒定时（取其在时点 0 的值）最终需求变化对总产出的影响。

通常，以变量在基期的值为权重进行的分解称为拉氏（Laspeyres）分解，如上式中的 $L_0 \Delta Y$；以变量在基期的值为权重进行的分解称为普氏（Paasche）分解，如（6.3）式中的 $\Delta L Y_1$。而上式既不是单纯的拉氏分解也不是单纯的普氏分解，而是两者的混合，即先进行普氏分解而后进行拉氏分解，不妨称之为 P—L 分解。

由于（6.3）式仍然是恒等式，因而按上述方法对总产出所进行的分解不存在分解残余（residual）。而如果采用单一的拉氏或普氏分解对 ΔX 进行分解，则会产生分解残余。下面将对此进行简要说明。

采用单一的拉氏分解时，ΔX 被分解为：

$$\Delta L Y_0 + L_0 \Delta Y \qquad (6.4)$$

将（6.4）式展开可得

$$
\begin{aligned}
\Delta L Y_0 + L_0 \Delta Y &= (L_1 - L_0) Y_0 + L_0 (Y_1 - Y_0) \\
&= L_1 Y_0 + L_0 Y_1 - 2 L_0 Y_0 \\
&= L_1 Y_1 - L_0 Y_0 + L_1 Y_0 - L_0 Y_0 + L_0 Y_1 - L_1 Y_1 \\
&= \Delta X + \Delta L Y_0 - \Delta L Y_1
\end{aligned}
$$

$$= \Delta X - \Delta L \Delta Y \tag{6.5}$$

这意味着，采用单一的拉氏分解不能将 ΔX 进行彻底分解，还存在分解残余 $\Delta L \Delta Y$。

而采用单一的普氏分解时，ΔX 被分解为

$$\Delta L Y_1 + L_1 \Delta Y \tag{6.6}$$

同理，将（6.6）式展开可得

$$\Delta L Y_1 + L_1 \Delta Y = \Delta X + \Delta L \Delta Y \tag{6.7}$$

因而，采用单一的普氏分解也不能将 ΔX 进行彻底分解，其分解残余为 $-\Delta L \Delta Y$。

而如果采用拉氏和普氏分解的另一种混合形式 L—P 分解，情形又将如何呢？在此方法下，ΔX 被分解为

$$\Delta L Y_0 + L_1 \Delta Y \tag{6.8}$$

将其展开可得

$$
\begin{aligned}
\Delta L Y_0 + L_1 \Delta Y &= (L_1 - L_0) \, Y_0 + L_1 \, (Y_1 - Y_0) \\
&= L_1 Y_0 - L_0 Y_0 + L_1 Y_1 - L_1 Y_0 \\
&= L_1 Y_1 - L_0 Y_0 = \Delta X \tag{6.9}
\end{aligned}
$$

显然，对 ΔX 进行 L—P 分解也不会产生分解残余。

通过上例可以得到如下结论：SDA 就是估计各种影响因素的变化在某一时期内对某一变量的变化所作的贡献；采用单一的拉氏或普氏分解不能将变量的变化进行彻底分解，会产生分解残余；而采用拉氏和普氏分解的混合形式（L—P 或 P—L）进行分解不会产生分解残余，不过这类混合形式并不是唯一的。

（二）分解形式的非唯一性问题及其解决方案

正是由于特定变量的结构分解形式通常（当影响因素大于等于 2 时）都不是唯一的，因而对各种因素影响的估计结果也不是唯一的（Rose and Casler，1996），那么如何合理评价各因素的影响呢？这就是结构分解的非唯一性问题（non - uniqueness problem）。尽管对于 SDA 而言这是一个需要解决的、非常关键的理论问题，但它似乎并未引起研究者的重视，直至 Dietzenbacher 和 Los（1998）专门对此问题进行讨论并提出相应的解决方案——完全分解均值法（average of the full decompositions）。Dietzenbacher 和 Los（1998）指出，如果一个变量的变化由 n 个因素决定，那么

该变量的变化分解形式共有 $n!$ 种。这一结论可简单推导如下：

如果一个变量的影响因素有 n 个，那么从不同的因素开始对其进行增量分解，就会得到不同的分解方程。例如对 $X = LY$ 进行分解时，如果从 L 开始分解，则得到 $\Delta X = \Delta L Y_1 + L_0 \Delta Y$；而如果从 Y 开始分解，则得到 $\Delta X = \Delta L Y_0 + L_1 \Delta Y$。因而确定分解方程数目的问题实质上是一个简单的排列组合问题：完成分解的步骤共有 n 部，第一步是从 n 个因素中任意选择一个得到其影响的表达式，完成第一步的方式共有 n 种；第二步是从余下的 $n-1$ 个因素中再任意选择一个予以分解，完成第二步的方式共有 $n-1$ 种；以此类推直至第 n 步确定最后一个因素的影响的表达式；由排列组合的基本原理可知，完成整个分解过程的方式共有 $n \times (n-1) \times \cdots \times 1 = n!$ 种，即一个变量如果由 n 个因素决定，则其变化的结构分解形式共有 $n!$ 种[①]。

例如，对于一个有 3 个影响因素的变量 $y = x_1 x_2 x_3$，如果要将 y 在 0—1 期之间的变化进行分解，则完成这一事件需三个步骤：第一步，从 3 个因素中任选一个开始分解，有 3 种方式；第二步，从余下的 2 个因素中任选一个分解，有两种方式；第三步，对最后余下的 1 个因素进行分解，只有 1 种方式；因而完成这一事件的方式共有 $3 \times 2 \times 1 = 3! = 6$ 种（见表 6.1）。

表 6.1　　　　　　　　　　三因素模型的所有分解形式

分解步骤	所得分解形式
$x_1 \to x_2 \to x_3$	$\Delta y = \Delta x_1 x_{2,1} x_{3,1} + x_{1,0} \Delta x_2 x_{3,1} + x_{1,0} x_{2,0} \Delta x_3$
$x_1 \to x_3 \to x_2$	$\Delta y = \Delta x_1 x_{2,1} x_{3,1} + x_{1,1} \Delta x_2 x_{3,0} + x_{1,0} x_{2,1} \Delta x_3$
$x_2 \to x_1 \to x_3$	$\Delta y = \Delta x_1 x_{2,0} x_{3,1} + x_{1,1} \Delta x_2 x_{3,1} + x_{1,0} x_{2,0} \Delta x_3$
$x_2 \to x_3 \to x_1$	$\Delta y = \Delta x_1 x_{2,0} x_{3,0} + x_{1,1} \Delta x_2 x_{3,1} + x_{1,1} x_{2,0} \Delta x_3$
$x_3 \to x_1 \to x_2$	$\Delta y = \Delta x_1 x_{2,1} x_{3,0} + x_{1,0} \Delta x_2 x_{3,0} + x_{1,1} x_{2,1} \Delta x_3$
$x_3 \to x_2 \to x_1$	$\Delta y = \Delta x_1 x_{2,0} x_{3,0} + x_{1,1} \Delta x_2 x_{3,0} + x_{1,1} x_{2,1} \Delta x_3$

---

① 当然，这还只是考虑单个因素影响的情况。如果考虑多个因素共同变动的影响，则分解的形式将更多（Dietzenbacher and Los, 1998）。

　　Dietzenbacher 和 Los（1998）指出，上述 n! 种分解形式在理论上是等价的，没有优劣之分，但它们的结果则可能存在明显的差异。因此，事先人为地任意采用其中的一种分解形式用于实证分析都是不可取的。他们认为，采用从上述 n! 种分解形式得到的结果的均值来衡量各因素的影响是合理的，他们还建议，在报告这些结果的均值的同时，给出它们的变化范围或标准偏差也有助于人们判断各因素的影响。

　　不过，Dietzenbacher 和 Los（1998）提出的完全分解均值法，虽然具有较好的理论基础，但当影响因素较多时却会面临计算量过大的问题。值得庆幸的是，这一计算量过大的问题也得到了较好的解决。Seibel（2003）的研究表明，每个因素的变动对应变量的影响由其自身的增量和其他（$n-1$）个因素的取值（1 期或 0 期的水平值）决定。假定某个因素对应变量影响的某个表达式中，其他因素中有 k（$0 \leqslant k \leqslant n-1$）个因素取 0 期的水平值，则这种类型的表达式共有（$n-1$）! / [（$n-1-k$）! × k!]种。于是对每个因素而言，在 n! 种分解形式中，该因素对应变量影响的表达式共有 2^{n-1} 种，而每种表达式出现的次数为（$n-1-k$）! × k!。这样，根据上述规律便能较容易计算出每个因素影响的 2^{n-1} 种可能结果及其频数，从而能大大降低计算量，并较快得到其完全分解结果的均值。

　　例如，对于变量 $y = x_1 x_2 x_3$ 的影响因素 x_1 而言，它在 0—1 期之间对 y 产生的影响大小由其自身变化 Δx_1 和另两个因素 x_2 和 x_3 的取值决定。x_1 对 y 产生的影响的表达式共有 $2^{n-1} = 2^{3-1} = 4$ 种，即 $\Delta x_1 x_{2,1} x_{3,1}$、$\Delta x_1 x_{2,0} x_{3,1}$、$\Delta x_1 x_{2,1} x_{3,1}$ 和 $\Delta x_1 x_{2,0} x_{3,0}$。

　　当 $k = 0$ 即 x_2 和 x_3 都不取其 0 期的值时，x_1 对 y 产生的影响的表达式有（$n-1$）! / [（$n-1-k$）! × k!] = （3-1）! / [（3-1-0）! × 0!]=1 种，即 $\Delta x_1 x_{2,1} x_{3,1}$；而该表达式出现的次数为（$n-1-k$）! × k! =（3-1-0）! × 0! =2（见表 6.1）。

　　当 $k = 1$ 即 x_2 和 x_3 中有一个取其 0 期的值时，x_1 对 y 产生的影响表达式有（$n-1$）! / [（$n-1-k$）! × k!] = （3-1）! / [（3-1-1）! ×1!] =2 种，即 $\Delta x_1 x_{2,0} x_{3,1}$ 和 $\Delta x_1 x_{2,1} x_{3,1}$；而这两个表达式出现的次数都是（$n-1-k$）! × k! = （3-1-1）! × 1! =1（见表 6.1）。

　　当 $k = 2$ 即 x_2 和 x_3 都取其 0 期的值时，x_1 对 y 产生的影响表达式有（$n-1$）! / [（$n-1-k$）! × k!] = （3-1）! / [（3-1-2）! ×2!] =

1种，即 $\Delta x_1 x_{2,0} x_{3,0}$；而这一表达式出现的次数为 $(n-1-k)! \times k! = (3-1-2)! \times 2! = 2$（见表6.1）。

而且 Dietzenbacher 和 Los（1998）还指出，常用的所谓"两极分解法"（polar decompositions）所得结果的均值与完全分解所得结果的均值非常接近，因此在实证分析中也可以考虑用来解决分解的非唯一性问题。两极分解法最早见于 Fujimagari（1989）和 Betts（1989），简单地说，这一方法就是根据变量表达式中因素的排列顺序，将从第一个因素开始分解得到的各因素变化对应变量的影响值和从最后一个因素开始分解得到的各因素的影响值的平均值，确定为各因素对应变量的影响值。也就是从所有的 $n!$ 种分解形式中，选择最特殊（或极端）两种分解形式——从第一个因素开始的分解和从最后一个因素开始的分解，并用这两种分解形式下得到的结果的平均值来衡量各因素的影响。

仍以 $y = x_1 x_2 x_3$ 为例，从一个极端 x_1 开始的分解形式为

$$\Delta y = \Delta x_1 x_{2,1} x_{3,1} + x_{1,0} \Delta x_2 x_{3,1} + x_{1,0} x_{2,0} \Delta x_3 \tag{6.10}$$

从另一个极端 x_3 开始的分解形式为

$$\Delta y = \Delta x_1 x_{2,0} x_{3,0} + x_{1,1} \Delta x_2 x_{3,0} + x_{1,1} x_{2,1} \Delta x_3 \tag{6.11}$$

则根据两极分解法，三个因素对 y 的影响就是在两种极端分解形势下所得结果的均值，因而可分别表示如下：

x_1 的影响为 $0.5 \times x_1 x_{2,1} x_{3,1} + 0.5 \times \Delta x_1 x_{2,0} x_{3,0}$

x_2 的影响为 $0.5 \times x_{1,0} \Delta x_2 x_{3,1} + 0.5 \times x_{1,1} \Delta x_2 x_{3,0}$

x_3 的影响为 $0.5 \times x_{1,0} x_{2,0} \Delta x_3 + 0.5 \times x_{1,1} x_{2,1} \Delta x_3$

显然，当 $n = 2$ 时，两极分解法就是完全分解均值法。因此，从实证分析的角度来看，两极分解法应该是解决非唯一性问题的较"经济"的方法。

此外，中点权分解法也是比较常用的一种分解方法。采用这种方法对 $y = x_1 x_2 x_3$ 进行分解时，Δy 通常可被分解为：

$$\Delta y \approx \Delta x_1 (0.5 \times x_{2,0} + 0.5 \times x_{2,1})(0.5 \times x_{3,0} + 0.5 \times x_{3,1})$$
$$+ \Delta x_2 (0.5 \times x_{1,0} + 0.5 \times x_{1,1})(0.5 \times x_{3,0} + 0.5 \times x_{3,1})$$
$$+ \Delta x_3 (0.5 \times x_{1,0} + 0.5 \times x_{1,1})(0.5 \times x_{2,0} + 0.5 \times x_{2,1}) \tag{6.12}$$

将（6.12）式等号右边展开可得

$$\Delta y \approx 0.25 \times (x_{1,1} x_{2,0} x_{3,0} + x_{1,1} x_{2,0} x_{3,1} + x_{1,1} x_{2,1} x_{3,0} + x_{1,1} x_{2,1} x_{3,1})$$

$$- 0.25 \times (x_{1,0}x_{2,0}x_{3,0} + x_{1,0}x_{2,0}x_{3,1} + x_{1,0}x_{2,1}x_{3,0} + x_{1,0}x_{2,1}x_{3,1})$$

$$+ 0.25 \times (x_{1,0}x_{2,1}x_{3,0} + x_{1,0}x_{2,1}x_{3,1} + x_{1,1}x_{2,1}x_{3,0} + x_{1,1}x_{2,1}x_{3,1})$$

$$- 0.25 \times (x_{1,0}x_{2,0}x_{3,0} + x_{1,0}x_{2,0}x_{3,1} + x_{1,1}x_{2,0}x_{3,0} + x_{1,1}x_{2,0}x_{3,1})$$

$$+ 0.25 \times (x_{1,0}x_{2,0}x_{3,1} + x_{1,0}x_{2,1}x_{3,1} + x_{1,1}x_{2,0}x_{3,1} + x_{1,1}x_{2,1}x_{3,1})$$

$$- 0.25 \times (x_{1,0}x_{2,0}x_{3,0} + x_{1,0}x_{2,1}x_{3,0} + x_{1,1}x_{2,0}x_{3,0} + x_{1,1}x_{2,1}x_{3,0})$$

$$= 0.75 \times (x_{1,1}x_{2,1}x_{3,1} - x_{1,0}x_{2,0}x_{3,0}) + 0.25 \times (x_{1,1}x_{2,1}x_{3,0}$$

$$- x_{1,0}x_{2,0}x_{3,1} - x_{1,0}x_{2,1}x_{3,0}) + 0.25 \times (x_{1,0}x_{2,1}x_{3,1} - x_{1,1}x_{2,0}x_{3,0} - x_{1,1}x_{2,0}x_{3,1})$$

$$= 0.75 \times \Delta y + 0.25 \times (x_{1,1}x_{2,1}x_{3,0} - x_{1,0}x_{2,0}x_{3,1} - x_{1,0}x_{2,1}x_{3,0})$$

$$+ 0.25 \times (x_{1,0}x_{2,1}x_{3,1} - x_{1,1}x_{2,0}x_{3,0} - x_{1,1}x_{2,0}x_{3,1}) \tag{6.13}$$

显然，只有当如下条件：

$$0.25 \times \Delta y = 0.25 \times (x_{1,1}x_{2,1}x_{3,0} - x_{1,0}x_{2,0}x_{3,1} - x_{1,0}x_{2,1}x_{3,0})$$

$$+ 0.25 \times (x_{1,0}x_{2,1}x_{3,1} - x_{1,1}x_{2,0}x_{3,0} - x_{1,1}x_{2,0}x_{3,1})$$

即：

$$x_{1,1}x_{2,1}x_{3,1} - x_{1,0}x_{2,0}x_{3,0} = (x_{1,1}x_{2,1}x_{3,0} - x_{1,0}x_{2,0}x_{3,1} - x_{1,0}x_{2,1}x_{3,0})$$

$$+ (x_{1,0}x_{2,1}x_{3,1} - x_{1,1}x_{2,0}x_{3,0} - x_{1,1}x_{2,0}x_{3,1})$$

成立时，中点权分解法才不会产生分解残余。当然，当影响因素的数目等
于 2 时，中点权法与完全分解均值法和两极分解法得到的结果完全一致。

（三）结构分解中的因素相互依存问题及其解决方法

除了非唯一性问题外，SDA 在理论上还存在的另一重要问题——如
何对相互依存的因素（dependant determinants）进行分解。这一问题也长
期为研究者所忽视，直到 Dietzenbacher 和 Los（2000）将这一问题提出来
并提出相应的解决方案。这一问题之所以严重是因为应用 SDA 时通常假
定因素之间是相互独立的，这样才能假定其他因素不变而某一因素变化时
计算其影响。而如果其他因素中有一个或多个因素与所关注的因素之间存
在较强的相关性，那么假定所关注的因素变化而与其密切相关的其他因素
不变，从理论上来说就是不严谨的。

而大多数情形中，研究者都会遇到这种具有相互依存性的因素。如
Dietzenbacher 和 Los（2000）提到的例子——增加值率（增加值与总产出
的比值）与中间投入系数之间就存在极强的相关性，因为根据投入产出
的基本原理，各部门的中间投入系数之和与增加值率相加等于 1，即部门
的总投入与总产出必须相等。Dietzenbacher 和 Los（2000）将增加值率与

中间投入系数之间的这种关系称为完全依存关系（full dependency）。因而，假定增加值率变化而中间投入系数恒定，或反过来假定增加值率恒定而中间投入系数变化，这都是与投入产出模型的基本原理不符的。

同时他们指出，这种依存性不仅存在于增加值率或各种初始投入强度（初始投入价值或数量与总产出的比值）与中间投入系数之间，还存在于物质投入强度（如能源强度，即能源消费量与总产出的比值）与中间投入系数之间。例如，某部门石油强度下降，那么该部门至少有一种非石油中间投入的系数或增加值系数将会因此而上升。也就是说，能源强度与中间投入系数之间存在较强的依存性。而按通常的方法进行分解时，即假定能源强度和中间投入系数中之一变化而另一个可以不变，其实质是把增加值当作平衡项目来看待（Dietzenbacher and Los，2000）——增加值随着其中变化的一项变化来维持另一项不变。因此，严格来讲，在有关能源需求或碳排放及其他污染物变化的影响因素分析中，也应该考虑这一问题。

那么这一问题当如何解决呢？为此，Dietzenbacher 和 Los（2000）借鉴层次分解法（hierarchical decomposition analysis）和 RAS 方法的基本原理提出了一套方案：第一步，把具有相互依存关系的两个或多个变量视为一个整体或当做一个变量看待，根据前面提到的完全分解均值法得到该整体及其他变量影响的表达式；第二步，将该整体按他们提出的特殊方法进行分解，然后代入第一步得到的一系列表达式，从而得到所有变量影响的表达式。

他们在第二步中设计的特殊方法，其关键就是采用与 RAS 方法相同的步骤构造两个新的报告期的中间投入系数矩阵。令基期（时期 0）的中间投入系数矩阵为 A_0，报告期（时期 1）的中间投入系数矩阵为 A_1，则新构造的两个中间投入系数矩阵为 $\acute{A}_1 = A_1 R_1^{-1} R_0$ 及 $\acute{A}_0 = A_0 R_0^{-1} R_1$，其中 $R_i = (D^T A_i)^T$（$i = 0, 1$），$D^T = (1, \cdots, 1)$，上标 T 表示向量的转置。$\acute{A}_1$ 可以理解为 A_1 的每一列乘上一个列系数所得到的矩阵，而该矩阵每一列的列和等于 A_0 中相应列的列和，每一列中各系数之间的比例与 A_1 每一列中各系数之间的比例相同；同理，$\acute{A}_0$ 也可作类似理解。在此基础上可进一步得到两个新的利昂惕夫逆矩阵 $\acute{L}_1 = (I - \acute{A}_1)^{-1}$ 及 $L_0 = (I - \acute{A}_0)^{-1}$，并利用其来解决变量间的相互依存性带来的问题。

这里不妨参考 Dietzenbacher 和 Los（2000）给出的例子具体说明一下上述方法。令 Q 为一个封闭经济体的能源消费总量，E 为各部门增加值率构成的向量，Y 为最终需求向量，则 $Q = ELY$。对 Q 在时期 0 和时期 1 之间的变化 ΔQ 进行分解时，第一步首先将 E 和 L 视为一个整体 $\Phi = EL$，继而得到 ΔQ 的所有"简约的"分解形式：

$$\Delta Q = \Phi_1 Y_1 - \Phi_0 Y_0 = \Delta\Phi Y_1 + \Phi_0 \Delta Y \tag{6.14}$$

及

$$\Delta Q = \Delta\Phi Y_0 + \Phi_1 \Delta Y \tag{6.15}$$

第二步，将 $\Delta\Phi$ 按如下两种方式分解：

$$\Delta\Phi = E_1 L_1 - E_0 L_0 = (E_1 L_1 - E_0 \acute{L}_1) + (E_0 \acute{L}_1 - E_0 L_0) \tag{6.16}$$

及

$$\Delta\Phi = (E_1 L_1 - E_1 \acute{L}_0) + (E_1 - {}_0\acute{L} E_0 L_0) \tag{6.17}$$

将 $\Delta\Phi$ 的两个表达式带入第一步所得 ΔQ 的"简约的"表达式，便得到了 ΔQ 的所有完整的表达式：

$$\begin{cases} \Delta Q = (E_1 L_1 - E_0 \acute{L}_1)\ Y_1 + E_0\ (\acute{L}_1 - L_0)\ Y_1 + \Phi_0 \Delta Y \\ \Delta Q = (E_1 \acute{L}_0 - E_0 L_0)\ Y_1 + E_1\ (L_1 - \acute{L}_0)\ Y_1 + \Phi_0 \Delta Y \\ \Delta Q = (E_1 L_1 - E_0 \acute{L}_1)\ Y_0 + E_0\ (\acute{L}_1 - L_0)\ + \Phi_1 \Delta Y \\ \Delta Q = (E_1 \acute{L}_0 - E_0 L_0)\ Y_0 + E_1\ (L_1 - \acute{L}_0)\ Y_0 + \Phi_1 \Delta Y \end{cases} \tag{6.18}$$

这项表达式中，等式右第一项可视为能源强度变化对能源消费总量的影响，第二项为生产技术变化的影响，第三项为最终需求变化的影响。

二　SDA 在经济、资源和环境问题中的应用——文献综述

20 世纪 60 年代，钱纳利等（Chenery et al.，1962）利用利昂惕夫投入产出模型对日本 1914—1954 年经济增长模式的分析是有关该方法应用的早期代表文献之一。卡特（Carter，1970）对美国经济结构分析的专著

是另一重要的早期文献。她在这本专著中构造了 1939 年、1947 年和 1958 年美国的可比投入产出表，分析了技术变化以及各种初始投入对美国产业分工的影响，以及技术变化与初始投入中间的相关性。而利昂惕夫和福特（1972）将空气污染变化的来源分解成三部分的研究被认为是第一次正式地应用 SDA 的文献（Rose and Casle，1996）。20 世纪 70 年代后期，Skolka（1977）利用 SDA 方法估计了各种因素对奥地利进口弹性的影响。不过，20 世纪 80 年代以前应用 SDA 进行实证分析的研究还比较少，但 80 年代中后期关于 SDA 应用的文献则开始快速增加。据 Rose 和 Casle（1996）的统计，1975—1985 年发表的有关 SDA 的论文不足 10 篇，而 1986 年至 90 年代中期，这一领域发表的论文已经超过了 50 篇，而且应用 SDA 所分析的问题所涉及的领域十分广泛。

（一）应用 SDA 对生产率、产出及要素需求等经济变量的分析

在有关经济问题的分析中，对生产率变化的分解是 SDA 应用的一个主要领域。沃尔夫（Wolff，1985）分析了产出结构、中间投入以及部门技术变化对 1947—1976 年美国生产率的影响，发现这一时期美国全要素生产率下降了 2%，而其中有 17%—22% 是产出结构变化带来的。Gallcatin（1988）的分析得到了一个反直觉的结果，即技术变化可能导致生产率水平的降低，而加速技术变化则有可能使生产率的增长率降低。Östblom（1989）对瑞典 1951—1980 年生产率（单位最终产出所需要的劳动、资本和进口）的变化进行了分析，发现中间投入结构的变化没有直接劳动需求系数变化对生产率的影响大，同时他还发现进口对瑞典的劳动密集型产品居于明显的替代作用。

戈迪和米勒（1990）考察了 1967—1977 年劳动投入、能源和资源利用系数变化对美国各部门全要素生产率的影响，发现劳动投入系数的变化仍然是这一时期全要素生产率下降的主导因素。不过劳动投入系数变化的影响部分被能源系数的变化抵消。而资源利用系数的下降对农业、金属矿采选业和石油采选业的全要素生产率产生了显著影响。Ten Raa 和 Wolff（1991）探讨了二次产品（secondary products）与生产率测度的关系。他们的理论模型表明全要素生产率增长可以分解为初级产品（primary products）和二次产品效应。而他们对美国的实证分析表明，二次生产（secondary production）对美国 1967—1977 年生产率的下降影响甚微。Wolff

（1994）进一步指出，基于投入产出模型可以测算综合技术变化对生产率的影响，并可有效避免投入之间的相互替代引起的生产率测度上的麻烦。Casler 和 Gallatin（1997）建立了一个分析了特定部门的中间投入、劳动和资本需求变化对全要素生产率产生影响的分解模型并进行了实证分析，发现劳动生产率的下降是美国 1963—1982 年全要素生产率下降的主要原因。

Dietzenbacher 等（2000）采用乘数形式的 SDA 分析了包括贸易变化和最终需求在内的六种因素对西欧六国 1975—1985 年的劳动生产率所产生的影响，发现这些国家劳动生产率的变化主要受单位总产出的劳动投入要求和总投入中增加值的比例这两个因素的影响。此外，Dietzenbacher 等（2005）还采用这种方法研究了 1982—1997 年美国 GDP 中劳动报酬份额下降的影响因素。

对总产出、收入（GDP）等经济总量变化的分解是 SDA 的另一个主要应用领域。其中，费尔德曼等（Feldman et al.，1987）应用一个包含 400 个部门的投入产出模型对 1963—1978 年美国经济的结构变化进行了分解，发现对于 80% 的部门而言，最终需求是影响其总产出的主要因素。采用类似的方法，Fujimagari（1989）也发现最终需求是导致 1961—1981 年加拿大多数产业产出变化的最主要原因。而 Skolka（1989）对奥地利经济结构转型的分析也是这一时期发表的并被后来的文献广泛应用的论文。在这篇论文中，Skolka 分别考察了技术变化（中间投入结构和各部门增加值份额变化）、国内最终需求结构变化出口结构变化以及最终需求对中间投入中进口的依赖程度变化对奥地利净产出和就业的影响，并发现国际贸易和中间投入的变化是净产出变化的主导因素，国内需求和中间投入结构变化则是就业变化的主导因素。

Fujita 和 James（1991）通过分析 1985 年日元急剧升值后制造业部门出口对日本就业和总产出的影响，考察了 1985 年前后日本经济增长模式的变化。其结果表明，日本已经从出口主导的经济增长模式转向了以内需为主的增长模式。Siegel 等（1996）就如何应用 SDA 分析区域经济增长的源泉作了详细论述。Hitomi 等（2000）分析了区域间贸易对日本经济的影响，发现区域间贸易是日本区域性产出和中间投入系数矩阵变化的主要因素。Liu 和 Saal（2001）分析了 1975—1993 年各类最终需求及进口对南非产出变化的影响，发现 1981 年以前这些因素都对南非的产出产生了积极影响，而此后主要由于投资的下降，南非的产出处于停滞状态。

此外，Oosterhaven 和 Vander Linden（1997）基于多区域投入产出模型和层次分解方法①对 8 个欧盟成员国 1975—1985 年的 GDP 增长进行了分解，发现最终需求的增长是影响这些国家名义 GDP 增长的主要因素，而贸易结构等五种系数类的因素则影响不大，不过这些系数因素对不同国家 GDP 增长的影响却存在显著差异。Oosterhaven 和 Hoen（1998）采用 RAS 方法对六个欧盟成员国 1970 年、1975 年和 1980 年的跨国投入产出表价格进行了平减，然后继续沿用 Oosterhaven 和 Van der Linden（1997）的方法分析了这些国家实际 GDP 增长的影响因素并得到了类似的结论。SDA 有时还会基于投入产出表的拓展形式——社会核算矩阵（Social Accounting Matrix，SAM）展开，如 Tarp 等（2002）基于越南的 SAM 分析了贸易对越南收入增长的影响。

SDA 也被用于分析劳动力的变化。Kutscher（1989）、Bezdek 和 Jones（1990）分析了 1972—1982 年美国的经济增长和技术变化对科学家和工程师需求量的影响。他们发现这一时期美国的科学家和工程师需求量的增长速度是总就业增长速度的两倍左右，而技术变化对科学家和工程师的需求量要大于经济增长的影响。Forssell（1990）分析了初始投入结构、中间投入价格以及初始投入价格变化对 1970—1980 年芬兰不同教育水平的劳动力需求的影响。Lakshmanan 和 Han（1993）分析了技术变化、最终需求结构、劳动生产率以及职业构成变化对 1975—1985 年日本劳动力知识水平的影响，发现技术变化和劳动生产率的提高对劳动力知识水平产生了负面影响。而 Han（1995）对 1975—1985 年日本的就业变化进行了分解，发现这一时期日本的蓝领工人大量被具有专业技能的专业人士或技术人员替代，而这主要是由技术变化和最终需求的结构变化带来的。

除了国家层面经济问题的分析外，SDA 还被广泛应用于分析部门或

---

① 有关层次分解方法的具体技术细节可参阅 Sonis 和 Hewings（1993）、Oosterhaven 和 vander Linden（1997）、Sonis 等（1997）以及 Kagawa 和 Inamura（2001）。

地区经济发展和其他经济变量的历史变化及国际比较研究。如霍兰和库克（Holland and Cooke，1992）分析了 1963—1982 年美国华盛顿地区的服务业产出变化。其结果表明这一时期该地区服务业产出的变化中 48% 是由国外需求和美国其他地区的需求引起的，而 52% 则是由该地区自身的最终需求引起的。巴克（Barker，1990）对 1979—1984 年英国服务业发展的分析表明，整个经济系统的中间投入结构变化对英国服务业结构的变化产生了十分重要的影响。霍兰和库克（1993）对美国 1972—1977 年农业部门的产出变化进行了分析，发现国际贸易和产业关联的变化对美国农业部门产出的影响要明显大于对其他部门产出的影响。罗伊等（Roy et al.，2002）对 20 世纪 80 年代印度信息产业的发展进行了结构分解，发现印度信息产业这一时期的发展主要由其国内需求带动，而出口和技术变化虽然也产生了积极影响，但其影响却不如前者显著。Fujikawa 和 Milana（2002）比较了中国和日本的产品价格差异，发现日本的产品价格高于中国同类产品的价格，这主要是因为日本的工资较高，虽然其劳动生产率也较高，但后者的影响不如前者。

（二）应用 SDA 对能源需求变化的分析

特别要提出的是，随着人们对自然环境的关注程度日益上升，关于能源消耗和碳排放及其他资源和环境变量的分析也逐渐成为 SDA 应用频率最高的一个领域。与此密切相关的一个重大事件就是 1973 年第一次世界石油危机的爆发。这次危机对世界经济产生了严重的负面影响，而能源作为自然资源的重要代表受到了经济学界空前的重视，相关的研究成果也迅速增加。

不过，从笔者掌握的文献来看，应用 SDA 分析能源利用的研究则主要是从 20 世纪 80 年代开始兴盛起来的。Stblomr（1982）分析了 1973—1978 年瑞典能源强度下降的原因，发现出口能源强度的下降是导致瑞典这一时期能源强度下降的最主要因素，当然，居民消费能源强度的下降也发挥了一定的作用。Ploger（1984）对丹麦 1966—1979 年的能源消费变化进行了结构分解，认为丹麦最终需求的变化对能源消费量产生了重大影响。Sterner（1985）分析了结构变化和技术选择对墨西哥制造业内能源强度的影响，他的结果表明 1970—1981 年墨西哥制造业能源强度的上升主要是技术变化带来的，而产出结构影响甚微，尽管能源强度较低的部门在产出中的比重有所增加。戈迪和米勒（1987a）分析了四种技术变化因素和两种需求变化因素对美国 1963—1977 年能源利用模式的影响。戈迪和米勒（1987b）专门分析了美国服务业部门的能源利用变化，其结果表明如果保持其他因素不变，则能源系数的变化将使美国服务业部门 1977 年的一次能源和二次能源消费量比 1972 的水平低 23% 和 12%，但电力的消耗量将增加 9%。Gould 和 Kulshreshtha（1986）还应用 SDA 分析了加拿大萨斯喀彻温省的经济结构变化和能源消耗之间关联性。其结果表明产业间的关联变化对不同部门的能源消耗量产生的影响是不同的，其中服务业部门的能源消耗量因此变化而增加。

90 年代初，Wu 和 Chen（1990）讨论了应用投入产出模型在能源研究领域进行影响分析的问题，他们认为不仅可以采用传统的需求驱动型模型分析进口能源的价格变化对整个经济系统价格的影响，也可以采用非传统的供给驱动型模型分析进口能源供应对整个经济系统的影响。Chen 和 Rose（1990）以及 Rose 和 Chen（1991）应用 SDA 对中国台湾和美国能源消费变化的分析进一步推动了 SDA 在能源问题方面的应用。他们通过正式、详细的推导建立了其 SDA 模型，从而充分展现了其模型的直观经济或政策含义。在他们的模型中，能源消费的影响因素被区分为 14 个。同时，他们还将自己建立的模型与新古典经济模型（资本、劳动、能源和原材料四大要素构成的超越对数生产函数，简称 "KLEM"，可参阅 Hudson 和 Jorgenson，1974）进行了比较，认为他们基于 SDA 建立的模型不仅具有 KLEM 的直观性而且避免了以往 KLEM 需要通过经济计量方法估计要素之间替代弹性的麻烦。他们的实证分析结果表明，1971—1984 年原材料消耗强度、出口和其他最终需求规模以及进口替代的变化是导致中国台湾综合能源需求增加的主要因素，直接能源消耗强度和劳动需求的变化则是有效抑制中国台湾综合能源需求的主要因素。而 1972—1982 年，最终需求规模、要素替代效应和技术变化的综合效应是导致美国能源消费增加的主要因素，而直接能源强度、直接原材料消耗强度和最终需求的结构变化是有效抑制这一时期美国能源消费增长的最重要因素。

Chen 和 Wu（1994）继续采用 Chen 和 Rose（1990，1991）的模型分析了 1976—1986 年中国台湾产业部门的电力消费。其结果表明，这一时期经济增长对中国台湾产业部门的电力消耗影响最大，其次是要素之间的替代效应，而技术变化所产生的负影响要远低于前两个因素的影响。Han 和 Lakshmanan（1994）分析了 1975—1985 年日本经济结构变化对其能源强度的影响，发现日本最终需求结构的变化对能源强度的影响超过了技术变化的影响。Jacobsen（2000）考察了贸易模式与丹麦制造业部门能源消费的关系。通过分析，他认为贸易模式对具有小国开放经济特征国家（如丹麦）的能源消费具有重要影响。

　　而最近，Tuyet 和 Ishihara（2006）分析了 1996—2000 年越南能源强度的变化，发现种植业、贸易和修理服务部门是导致这一时期越南能源强度上升的主要部门，而纸浆业则是有助于降低能源强度的主要部门。Zhao 和 Hong（2008）分析了 1997—2002 年贸易对中国能源消费的影响，发现技术变化是这一时期中国能源消费变化的最主要影响因素，而贸易对中国能源消费的影响也非常显著。Wachsmann 等（2009）分析了 1970—1996 年巴西的能源消费变化，其结果表明财富、人口和部门间关联性的变化是导致这一时期巴西能源消费增长的主要原因，而直接能源强度和居民人均能源消费则对巴西的能源消费增长产生了延迟作用。韦伯（2009）分析了 1997—2002 年美国的能源消费变化，发现人口和居民消费的增长是导致美国这一时期能源消费增长的主要因素，不过它们的影响在很大程度上被经济结构的变化尤其是制造业产品的贸易逆差增长所抵消。

　　虽然大部分应用 SDA 的实证分析都是基于货币价值型投入产出表和假定各部门的产出与能耗成比例而展开的，但也有一些研究者在分析过程中采用了混合型投入产出模型。例如，Lin 和 Polenske（1995）对中国 1981—1987 年的能源消费所进行的结构分解，就是基于混合型投入产出模型展开的。在他们的模型中，各部门的非能源投入采用货币价值计量，而能源投入则采用实物价值计量。其结果表明这一时期中国能源消费的减少主要是中间投入产出技术系数（各部门的能源中间投入强度下降）而不是最终需求结构的变化带来的。Mukhopadhyay 和 Chakraborty（1999）基于混合型投入产出模型分析了影响印度 1973/1974 年度至 1991/1992 年度的能源变化的六大因素，发现最终需求结构、技术变化以及两者之间的相互影响是导致印度能源消费变化的最主要原因。Kagawa 和 Inamura（2001）采用混合投入产出模型及层次分解法对日本 1985—1990 年的能源消费进行了分解。他们发现这一时期日本非能源最终需求的变化是导致日本能源消费有所增加的主要因素，而投入结构系数的变化则有助于节能。Cao 等（2008）分析了 1978—2004 年中国农业部门的总体能源影响（直接和间接能源消费）及其变化，他们的结果表明这一时期中国农业部门的能源效率呈现下降趋势，这主要是农业部门过于依赖化石能源，尤其是来自化肥和农药部门的间接能源消耗。

　　SDA 不仅被用于分析能源消费总量的变化，也被用于分析能源强度的变化。应用 SDA 分析能源强度的变化时，首先遇到的一个问题就是如何定义能源强度的问题。Proops（1977）对如何用投入产出模型来刻画能源强度的方法进行了比较，Proops（1984）进一步应用 SDA 分析将产出能源比的变化分解成能源强度、最终需求和中间投入变化的影响。Casler 等（1991）通过理论推导和实证分析指出，应用 SDA 可以在当期数据不完整的情况下，根据基年的完整能源投入产出表和当期的能源消费数据比较精确地估计出当期的能源强度。Garbaccio 等（1999）采用 1987 年和 1992 年中国的投入产出表及相关数据分析了这一时期中国能源—产出比率下降的原因。他们发现这一时期中国能源—产出比率下降主要是由部门技术进步带来的，而最终需求结构变化反而导致能源使用增加。此外，对能源密集型产品的进口也有助于降低能源—产出比率。Chai 等（2009）基于投入—占用—产出表分析了 1992—2004 年中国能源强度下降的原因。其结果表明这一时期中国能源强度的持续下降主要是由他们定义的其他因素（GDP 增长、体制创新、管理进步等宏观变量）带来的，而技术变化对能源强度的影响则存在很大的波动性。因而他们建议进一步加强技术进步来提高中国的能源效率。

　　已有的文献除了基于单区域投入产出模型对单个区域的能源消耗变化进行结构分解外，一些学者还基于多区域投入产出模型并利用 SDA 考察经济关联性较强的多个地区的能源消费变化。如 Kagawa 和 Inamura（2004）建立了一个两区域的投入产出模型对中日两国最终需求引起的能源消费变化进行了结构分解。其结果表明，日本的非竞争型投入（non - competitive input）变化仅仅使中国的一次能源需求下降了 4.6%；而中国的非竞争型投入变化仅仅使日本的一次能源需求增加了 0.1%。他们认为这些结果大大小于他们的预期。

此外，SDA 方法不仅被用于考察变量的历史变化原因，也被用于分解变量的地区差异以及情景分析。如 de Nooij 等（2003）采用一系列 1990 年的投入产出表对 7 个 OECD 国家与美国之间的人均能源消费差异进行了结构分解。他们发现美国的直接能源强度比其他七个国家中的六个都要高，因而美国可以通过改善能源效率而大幅度节约能源消费；而美国的中间投入结构和最终需求结构却优于其他国家。Alcántara 和 Duarte（2004）用 SDA 方法分析了导致欧盟国家总能源强度（包含直接和间接能源消费）不同的各种因素，发现直接能源强度和最终需求的不同是导致这些国家总能源强度不同的主要原因，而与各国经济结构的差异关系不大。而 Wilting（1999）则应用 SDA 方法考察了不同情景下荷兰居民消费的节能潜力。他们的实证分析结果表明，实施技术和需求侧的节能方案能够有效减少居民的能源需求。

（三） SDA 在碳排放研究中的应用

二氧化碳是与能源消费密切相关的一种温室气体。随着人们对全球气候变化的日益关注，应用 SDA 考察碳排放（尤其是与能源消费相关）影响因素的研究也与日俱增。人们期望从碳排放的历史变化分解中寻找有助于未来减缓碳排放的政策措施。从目前的文献来看，这方面的研究主要从 20 世纪 90 年代初开始逐渐兴盛。

Common 和 Salma（1992）对澳大利亚 1973/1974 年度至 1988/1989 年度中四个阶段的碳排放变化所进行的结构分解是这方面较早的文献。在他们的模型中，碳排放的变化被分解为最终需求、投入产出技术、能源强度、能源结构、能源的碳排放因子的影响和分解剩余。他们的结果表明，除了最终需求始终导致碳排放增加以外，其他因素在不同子阶段对碳排放变化的影响是不同的（在某个阶段使碳排放增加而在另一阶段则有助于减缓碳排放）。Parikh 和 Gokarn（1993）基于印度 1983/1984 年度的投入产出表，对不同节能方案下印度的碳排放进行了模拟分析。其结果表明，通过节煤而不是节油来节能将大幅度减少印度的碳排放；而在保持能耗不变的情况下实施油和气替代煤炭的政策也会有效减缓碳排放。Hawdon 和 Pearson（1995）对英国的能源、环境和经济的相互关联性进行了模拟，分析了常见的外生变量（最终需求、税收以及财政转移）和投入产出结构系数变化对包括碳排放在内的多种污染、收入以及就业的影响。

Alcántara 和 Roca（1995）将能源作为一种初始要素看待，并对西班牙 1980—1990 年一次能源消费和碳排放的变化进行了结构分解。盖尔（Gale，1995）在假定技术不变的情境下，分析了贸易自由化对墨西哥碳排放的影响，其结果表明贸易自由化有助于改善墨西哥的最终需求结构并有效抵消了最终需求规模增长带来的碳排放增长。

Murthy 等（1997）基于印度 1990 年的投入产出表，通过控制需求结构和产出结构，分析了 1990—2005 年不同情境下印度的碳排放变化。其结果显示，为了实现减贫目标，印度这一时期的碳排放将以年均 4.8%—5.9% 的速度增加，而能效项目则能使碳排放的年均增速降低 4.8%。Chang 和 Lin（1998）分析了 1981—1991 年中国台湾产业部门碳排放的变化。其结果表明，国内需求和出口规模的增长是碳排放增加的主要影响因素，而部门能源强度、国内需求结构、国产品投入与进口投入比以及出口结构的变化则部分抵消了上述规模效应。Casler 和 Rose（1998）基于混合型投入产出表并进一步发展了 Rose 和 Chen（1991）提出的方法，对 1972—1982 年美国的碳排放变化进行了分解。其结果表明，尽管最终需求增长导致碳排放大量增加，但需求结构、能源结构以及 KLEM 替代效应的变化却有效遏制了美国这一时期的碳排放，且这些因素的影响合计超过了需求规模的影响。Wier（1998）对丹麦 1966—1988 年与能源消费相关的碳排放、硫化物和氮氧化物排放的变化进行了结构分解。其结果表明，能源供应部门的燃料结构变化、广泛开展的节能活动带来的各部门直接产出——能源强度的下降有效减缓了这些废气的排放，但由于丹麦的经济增长对废气排放的影响超过了上述技术效应，因而这些废气的排放量仍然在增加。

Munksgaard 等（2001）对 1966—1992 年丹麦居民消费引起的碳排放变化进行了分解，发现这一时期丹麦的居民消费增长了 58% 而相关的碳排放只增加了 7%，这主要是生产部门的能源效率改善带来的。Weber 和 Perrels（2000）模拟了不同生活模式下联邦德国、荷兰和法国的能源需求及相关的碳排放变化，其结果表明，就业分布、收入分配和消费结构都是影响这些国家未来能源需求和相关碳排放的重要因素。Lee 和 Lin（2001）结合使用 IDA 和 SDA 专门分析了 8 种因素对 1984—1994 年中国台湾石化行业碳排放变化的影响。其结果表明，能源强度是该行业这一时期碳排放的重要影响因素，而增加值的变化则是导致碳排放增加的最主要因素。
De Haan（2001）采用 Dietzenbacher 和 Los（1998）提出的完全分解均值
法分析了 1987—1998 年荷兰多种污染物排放量的变化。他识别了 4 个因
素：生态效率、生产技术、需求结构和需求规模对这些污染物的影响，
并以碳排放的变化为例分析了这些因素的影响。其结果表明，最终需求
规模的增长使荷兰的碳排放在这一时期增长了 35.1%，而生态效率变化
减少了约 12.1% 的碳排放，生产技术和需求结构变化也分别减少了
0.2% 和 2.6% 的碳排放。Forssell 和 Mäenpää（2002）分析了 1970—2000
年芬兰的碳排放变化，发现碳排放强度（生态效率）和需求规模变化是
碳排放变化的最重要影响因素，前者有利于减缓碳排放而后者导致碳排
放增加。

　　Yabe（2004）分别从前向关联（供给侧）和后相关联（需求侧）分
析了 1985—1995 年日本产业部门的碳排放变化。其结果表明，在日本经
济的泡沫期（80 年代后期），环境技术和生产技术的变化有效地抑制了日
本的碳排放，但在日本经济的萧条期（90 年代）以上两类技术的变化都
没有对日本的碳排放产生有效的减缓作用。Rørmose 和 Olsen（2005）分
析了 1980—2001 年丹麦碳排放的变化，其结果表明最终需求规模的增长
是导致丹麦这一时期碳排放增长的最重要因素，而能源结构和能源强度的
变化则是约束碳排放增加的最重要因素。Mukhopadhyay 和 Forssell
（2005）分析了 1973/1974—1996/1997 年度印度多种污染物排放的变化及
其健康影响。他们的研究结果表明：在整个研究阶段印度碳排放变化的主
要影响因素是中间投入结构的变化；需求规模虽然也是导致碳排放增加
的重要因素，但其影响总体上低于中间投入结构变化的影响；碳排放强
度（或生态效率）的变化只在 1983/1984—1991/1992 年度这一阶段有助
于减缓碳排放而在其他阶段则导致碳排放增加，从而总体上不利于减缓
碳排放。Mukhopadhyay 和 Forssell 认为，他们的结果与以往研究者关于工
业化国家碳排放变化的分解结果有明显差异，以往研究的结果往往是碳
排放强度和中间投入结构的变化有助于减缓碳排放而需求规模是导致碳
排放增加的最重要因素。

　　Wilting 等（2006）对荷兰的 6 种废气（CO_2，CH_4，N_2O，NO_x，SO_2
and NH_3）排放变化进行了结构分解，其结果表明出口对这些气体排放变

化的影响基本上抵消了进口对它们的影响，因而污染避风港假说不适用于荷兰。Kander 和 Lindmark（2006）分析了贸易对瑞典能源和碳排放的影响，认为 20 世纪 70 年代以来瑞典能源和碳排放的变化主要受内部因素（如效率改善、消费模式变化以及能源体系转换等）的影响，而贸易的影响甚小。Chung 和 Rhee（2006）采用跨国投入产出表分析了韩日两国碳排放转移的变化，其结果表明，部门碳排放强度和投入结构的变化有效降低了韩国的碳排放，类似情形也发生在日本，且表现更为突出。尽管韩国对日本的贸易额为逆差，但韩国出口到日本的产品的含碳量却高于日本出口到韩国的产品的含碳量。Wu 等（2007）分析了贸易模式的变化对中国台湾 1989—2001 年碳排放的影响。其结果表明，出口规模的增长使碳排放增加了 72.1%，远远超过其他因素的影响，而出口结构和投入中进口比例的变化分别使碳排放降低了 5.7% 和 11.7%。Roca 和 Serrano（2007）分析了 1995—2000 年西班牙的大气污染物排放，发现这一时期最终需求规模的增长和结构变化分别导致西班牙的碳排放增加了 29.56% 和 5.38%，而技术变化使其降低了 9.72%。Mäenpää 和 Siikavirta（2007）分析了 1990—2003 年芬兰的贸易含碳量和国内需求含碳量的变化，发现芬兰的出口含碳量自 20 世纪 90 年代初以来就一直高于进口含碳量，而造成这一差异的主要是出口和进口的规模差异，而不是它们的结构差异。

　　Guan 等（2008）应用结构分解评价了 1980—2030 年中国碳排放的影响因素，认为效率的改善只能部分抵消这一时期中国最终需求规模的增长，如果中国的需求模式向美国靠拢，则对于减缓碳排放而言，只有效率的改善是不够的。Chang 等（2008）分析了九种因素对 1989—2004 年中国台湾碳排放变化的影响，发现出口和内需规模的扩大是导致这一时期中国台湾碳排放增加的最重要影响因素；由于煤电增长迅速，碳排放因子也导致碳排放大量增加；而产业部门的能源强度变化则是抑制碳排放的最重要因素，其减缓作用在 1999—2004 年尤其显著。Guan 等（2009）对 2002—2005 年中国的碳排放的加速增长进行了结构分解，认为其主要原因是效率的改善远远落后于最终需求规模的增长。这一时期中国碳排放的增量有约一半由出口引起，1/3 由资本形成引起，余下的则由消费引起。Lim 等（2009）考察了 1990—2003 年韩国碳排放的影响因素，他们发现主要是由于能源强度和国内需求的变化，1995—2000 年韩国产业部门的碳排放显著下降；而 2000—2003 年出口的增长导致碳排放快速增加。伍德（Wood，2009）分析了 1976—2005 年澳大利亚的碳排放变化，发现部门效率、最终需求结构、最终需求的用途、出口的结构的变化总体上有利于减少碳排放，其中部门效率的影响最突出；而投入产出结构、总体经济增长、人口和出口的规模变化则导致碳排放增加。

Duarte 等（2010）建立了 1999 年西班牙的 SAM 矩阵并分析了与居民消费相关的碳排放变化。其结果表明，上述碳排放的增加主要是居民收入的增长带来的，与此同时消费模式的变化却使碳排放略有下降。他们认为消费习惯、更加平衡的收入分配以及充足的储蓄率对于约束碳排放有重要意义。Zhang（2010）采用非传统的供给驱动型投入产出模型分析了 1992—2005 年（增加值衡量的）供给侧的结构变化对中国碳排放变化的影响，并与需求侧的结构效应进行了比较。其结果表明，1992—2002 年主要由于制造业部门份额的增加，供给侧的结构变化导致中国的碳排放增加；而 2002—2005 年由于碳密集型部门的份额有所下降，因而上述结构变化减少了中国的碳排放。Yan 和 Yang（2010）基于 1997 年的投入产出表分析了贸易规模、贸易结构和技术变化对中国 1997—2002 年贸易含碳量的影响，他们的结果表明规模效应是这一时期中国贸易含碳量增加的主要因素，而技术变化对贸易含碳量产生了比较明显的抑制作用，但结构效应不甚明显。

此外，Llop（2007）对 1995—2000 年西班牙诸多基于最终需求的大气污染物排放的乘数（强度）变化进行结构分解，发现直接的污染排放强度有助于降低污染排放乘数，而经济结构变化则不利于降低这些乘数。Zhang（2009）和张友国（2010）还分别分析了中国碳排放强度变化。其中，Zhang（2009）分析了 1992—2006 年中国最终需求的碳排放强度变化。其结果表明，1992—2002 年能源强度的变化是导致整个研究时期内最终需求的碳排放强度下降的最重要原因，但 2002—2006 年碳排放强度的最重要影响因素是投入结构的变化。而张友国（2010）则分析了经济发展方式的各构成要素对 1987—2007 年中国基于 GDP 的碳排放强度的影响。其结果表明，在整个研究时期内，经济发展方式的变化使中国的 GDP 碳排放强度下降了 66.02%。其中，生产部门能源强度、需求直接能源消费率的持续下降和能源结构的变化分别使碳排放强度下降了90.65%、13.04%和1.16%，但是需求衡量的分配结构、三次产业结构、三次产业内结构、制造业内结构变化以及进口率和中间投入结构的变化却分别导致碳排放强度上升了4.61%、2.50%、1.02%、3.85%、2.89%和27.63%。

（四）SDA 在其他资源和污染物研究中的应用

另外，SDA 也被广泛应用于分析其他资源消耗和污染物排放的变化。如 Gould 和 Kulshreshtha（1985）分析了加拿大萨斯喀彻温省五种产品的出口增长对该省总产出、个人收入、GDP、进口、就业、能源消耗和非农业用水的影响。Wier 和 Hasler（1999）对 1966—1988 年丹麦的氮负荷进行了结构分解。其结果表明，在整个研究期间，部门的氮排放强度变化使丹麦的氮排放减少了约 2700 万吨，需求规模的增长导致氮排放增加了约 1700 万吨，需求结构和投入结构也分别导致氮排放增加了 88 万吨和 630 万吨。因而，这一时期丹麦的氮排放总体上减少了约 280 万吨。

Muñoz 和 Hubacek（2008）应用 SDA 结合物质流核算（Material Flow Analysis，MFA）解释了 1986—1996 年智利资源投入的变化，发现经济增长使资源需求量增长了 109%、资源强度和最终需求分配结构（内需和出口的份额）变化分别使资源需求增长 31% 和 14%。不过，产业间及产业内的结构变化以及最终需求的产品结构变化分别使资源需求量下降 14% 和 13%。他们认为，像智利这样的南美国家，其资源消耗的变化主要受经济增长及与之相伴的出口的增加和资源强度的变化影响。

张友国（2009）分析了 1987—2006 年需求模式的变化对中国二氧化硫排放产生的影响。其结果表明，中国的最终需求模式变化整体上是不利于减少二氧化硫排放的，这一方面是因为最终需求中出口的份额大幅上升而消费的份额明显下降；另一方面则是因为二氧化硫排放强度高的产品或服务在整个最终需求中的份额有所上升。不过，相对于需求总量和技术变化的影响而言，需求模式变化对二氧化硫排放的影响很小。

此外，前面提及的一些学者在分析能源消耗和碳排放变化的同时也分析了其他资源消耗和污染物排放，如 Hawdon 和 Pearson（1995）、Wier（1998）、De Haan（2001）、Mukhopadhyay 和 Forssell（2005）、Rørmose 和 Olsen（2005）、Wilting 等（2006）、Llop（2007）、Roca 和 Serrano

（2007）。

（五）SDA 与贸易的资源环境影响分解

本书主要集中于研究贸易的能源环境影响，而前面所提到的有关 SDA 的文献中就有一些是涉及或专门就贸易的资源环境影响展开讨论的。如 Gould 和 Kulshreshtha（1985）分析了五种产品的出口增长对加拿大萨斯喀彻温省非农业用水和能源消耗，Jacobsen（2000）贸易对丹麦制造业部门能源消耗的影响，Wilting 等（2006）分析了 1990—2004 年进口和出口对丹麦 CO_2、CH_4、N_2O、NO_x、SO_2 和 NH_3 的影响，Kander 和 Lind-mark（2006）分析了贸易对荷兰能源和碳排放的影响，Chung 和 Rhee（2006）分析了日韩贸易对两国碳排放的影响，Peters 和 Hertwich（2006b）分析了贸易对挪威环境的影响，Wu 等（2007）分析了贸易模式变化对中国台湾碳排放的影响，Muñoz 和 Hubacek（2008）对智利资源消耗的分析，Zhao 和 Hong（2008）分析了贸易对中国能源消耗的影响，Yan 和 Yang（2010）则分析了贸易对中国碳排放的影响。此外，还有讨论贸易的经济影响的，如 Skolka（1989）贸易对奥地利产出的影响，Fujita 和 James（1991）分析了制造品出口对日本经济的影响，Hitomi 等（2000）分析了区域间贸易对日本经济的影响，Tarp 等（2002）分析了贸易对越南经济的影响。

三　贸易含能量和贸易含硫量变化的结构分解

第四章的分析表明，80 年代后期以来，中国的贸易含污量即贸易的环境影响在不断增加，尤其是加入世界贸易组织以后增长十分迅速。那么，在贸易含污量的这一变化过程中，各种因素，如贸易规模、贸易产品结构以及各种技术因素（如贸易产品的能源或污染密集程度）起了怎样的作用呢？弄清楚这一问题有助于我们进一步理解贸易对中国能源消耗和污染排放的影响，并为相应的政策制定提供参考。

而本章前面有关 SDA 的文献回顾已经表明，SDA 自诞生以来已被不断完善，并在以往有关经济、能源以及环境等重要变量的研究中得到了广泛的应用。仅以对中国的研究为例，许多学者采用这种方法分析了各种因素对中国经济增长（如 Hu and McAleer，2004）、能源消耗（如 Lin and Polenske，1995）、能源强度（如 Garbaccio 等，1999；王玉潜，2003）、碳排放（如彼得斯等，2007；Zhang，2010）以及碳排放强度（Zhang，2009）的影响。因而，本书也采用 SDA 来识别各种因素对中国贸易含污量的影响。

（一）　贸易含污量的四因素结构分解模型

在（3.15）式和（3.16）式的基础上，可以对出口含污量和进口节污量进行结构分解。首先，分别对两式进行增量分解，我们可以把各因素对贸易含污量的影响表述如下：

$$\Delta Q_e = Q_e(\Delta\Omega) + Q_e(\Delta L) + Q_e(\Delta S_e) + Q_e(\Delta y_{ed}) \qquad (6.19)$$

$$\Delta Q_m = Q_m(\Delta\Omega) + Q_m(\Delta L) + Q_m(\Delta S_e) + Q_m(\Delta x_m) \qquad (6.20)$$

下面以（6.19）式为例对上述因素的影响予以说明。贸易变化对能耗和相关污染物排放的影响首先反映在贸易的规模上，一般情况下随着出口和进口规模的不断扩大，相应的生产活动规模也将扩大，从而引起贸易含污量增大。式中的等号右边的最后一项 $Q_e(\Delta y_{ed})$，它主要反映了第 t 期出口总额与基期出口总额的差异带来的出口含污量变化，可把它理解为出口对环境影响的规模效应。

贸易的变化不仅会导致贸易规模的扩大，同时也会带来贸易结构的变化，即各类贸易产品比重的变化。一般在相同规模和技术水平下，如果能耗或污染密集程度高的产品比重上升，则贸易含污量也将上升；反之贸易含污量会下降。（6.19）式中的等号右边的倒数第二项 $Q_e(\Delta S_e)$ 主要反映了第 t 期与基期在出口总额中各行业的比重变化带来的出口含污量变化的总和，可把它理解为出口对环境影响的结构效应。

如果一国贸易变化的同时技术发生明显进步，则相同规模和结构下，贸易含污量将会下降。如随着先进节能技术、环保技术和其他先进工业技术的不断普及，生产单位产值贸易产品的能耗和污染物排放量都将下降，从而使贸易含污量下降。（6.19）式中的等号右边的第一项 $Q_e(\Delta\Omega)$ 和第二项 $Q_e(\Delta L)$ 分别反映了各行业第 t 期与基期能耗系数或排污系数以及投入组合的差异带来的出口含污量变化，不妨分别称之为强度效应和投入结构效应。由于 Ω 和 L 这两个因素是由企业微观生产行为模式或技术选择决定的，不妨将它们的变动引起的资源消耗或污染排放变化合称为技术效应。

接下来的问题是，如何具体确定上述各种效应的表达式并估算它们的大小，从而判断一段时期内各种因素对贸易含污量的变化产生了怎样的影响、多大的影响。为此，我们可以采用结构分解分析来确定上述各种效应的表达式。

$$\Delta Q_e = Q_{e,t} - Q_{e,t-1}$$

$$= \Omega_t L_t S_{e,t} \, y_{ed,t} - \Omega_{t-1} L_{t-1} S_{e,t-1} \, y_{ed,t-1}$$

$$= \Delta\Omega L_t S_{e,t} \, y_{ed,t} + \Omega_{t-1} L_t S_{e,t} \, y_{ed,t} - \Omega_{t-1} L_{t-1} S_{e,t-1} \, y_{ed,t-1}$$

$$= \Delta\Omega L_t S_{e,t} \, y_{ed,t} + \Omega_{t-1} \Delta L_t S_{e,t} \, y_{ed,t} + \Omega_{t-1} L_{t-1} S_{e,t} \, y_{ed,t} - \Omega_{t-1} L_{t-1} S_{e,t-1} \, y_{ed,t-1}$$

$$= \Delta\Omega L_t S_{e,t} \, y_{ed,t} + \Omega_{t-1} \Delta L S_{e,t} \, y_{ed,t} + \Omega_{t-1} L_{t-1} \Delta S_e y_{ed,t} + \Omega_{t-1} L_{t-1} S_{e,t-1} \, y_{ed,t}$$
$$\quad - \Omega_{t-1} L_{t-1} S_{e,t-1} y_{ed,t-1}$$

$$= \Delta\Omega L_t S_{e,t} \, y_{ed,t} + \Omega_{t-1} \Delta L S_{e,t} \, y_{ed,t} + \Omega_{t-1} L_{t-1} \Delta S_e y_{ed,t} + \Omega_{t-1} L_{t-1} S_{e,t-1} \Delta y_{ed}$$

$$= Q_e(\Delta\Omega) + Q_e(\Delta L) + Q_e(\Delta S_e) + Q_e(\Delta y_{ed}) \tag{6.21}$$

$$\Delta Q_m = Q_{m,t} - Q_{m,t-1}$$

$$= \Omega_t L_t S_{e,t} x_{m,t} - \Omega_{t-1} L_{t-1} S_{e,t-1} x_{m,t-1}$$

$$= \Delta\Omega L_t S_{m,t} x_{m,t} + \Omega_{t-1} \Delta L S_{m,t} x_{m,t} + \Omega_{t-1} L_{t-1} \Delta S_m x_{m,t} + \Omega_{t-1} L_{t-1} S_{m,t-1} \Delta x_m$$

$$= Q_m(\Delta\Omega) + Q_m(\Delta L) + Q_m(\Delta S_e) + Q_m(\Delta x_m) \tag{6.22}$$

根据 Dietzenbacher 和 Los（1998）提出的完全分解均值方法的基本原理，（6.21）式和（6.22）式只不过是（6.19）式和（6.20）式的一种表达式，而（6.19）式和（6.20）式可能的表达式共有 $4! = 24$ 种分解方式，而每个因素对每种资源消耗或污染排放影响的表达式共有 $2^{4-1} = 8$ 种。以出口产品结构变动对能源消耗或污染排放影响 $Q_e(\Delta S_e)$ 的表达式为例，表 6.2 给出了其 8 种表达式，及每种表达式出现的次数。这样每个因素变动对每种资源消耗或污染排放影响的取值便有 8 种，而这 8 种取值可能相差悬殊。因而以它们的均值来衡量因素变动对每种资源消耗或污染排放的影响是一种合理的选择①。

---

① 如前面所述，Dietzenbacher 和 Los（2000）指出，因素之间可能存在相互依赖关系，并给出了在这种情况下新的结构分解方法。这里暂时没有考虑这个问题，这可能会导致实证分析的结果出现一定的偏差。

表6.2　　　　　　　　　　　　Q_e（ΔS_e）的表达式

k	表达式种类 $(n-1)! / [(n-1-k)! \times k!]$	表达式	出现次数 $(n-1-k)! \times k!$
0	1	$Q_e（\Delta S_e） = \Omega_{t-1}L_{t-1}\Delta S_e y_{ed,t-1}$	6
1	3	$Q_e（\Delta S_e） = \Omega_t L_{t-1}\Delta S_e y_{ed,t-1}$	2
		$Q_e（\Delta S_e） = \Omega_{t-1}L_t\Delta S_e y_{ed,t-1}$	2
		$Q_e（\Delta S_e） = \Omega_{t-1}L_{t-1}\Delta S_e y_{ed,t}$	2
2	3	$Q_e（\Delta S_e） = \Omega_t L_t\Delta S_e y_{ed,t-1}$	2
		$Q_e（\Delta S_e） = \Omega_t L_{t-1}\Delta S_e y_{ed,t}$	2
		$Q_e（\Delta S_e） = \Omega_{t-1}L_t\Delta S_e y_{ed,t}$	2
3	1	$Q_e（\Delta S_e） = \Omega_t L_t\Delta S_e y_{ed,t}$	6

注：$n=4$ 是影响因素的总数目；k 是取 0 期的水平值的因素的数目。

（二）中国贸易含能量和贸易含硫量变化的实证分析

本书基于（6.19）式和（6.20）式的24种分解形式对中国的贸易含能量和贸易含硫量进行了分解（见表6.3）。这里仅报告了1987—1992年、1992—2002年以及2002—2005年这三个时期的分解结果。

结果表明，1987—1992年出口所含的能源和二氧化硫的增加主要是由出口规模的扩张引起的。出口规模对能源消耗和主要污染物排放的影响分别相当于相应出口含污量实际变化的96.62%和90.80%。出口结构的变化对这些指标的影响都相对较小，分别只相当于相应出口含污量实际变化的15.67%和15.27%。不过，出口结构的变化终究还是导致能耗和各种污染物排放略有增加。这意味着出口产品中能源密集型产品的比重总体上略有上升。投入结构变化的影响也远小于规模效应，但明显大于出口结构的影响。强度效应是唯一有助于减少能源消耗和污染物排放的效应，且其影响力超过了投入结构效应。因而，技术效应（投入结构效应和强度效应合计）总体上对规模效应产生了一定的抑制作用。不过，技术效应只相当于规模效应的6%—30%，因而这种抑制作用还太弱，根本改变不了出口含污量的增加趋势。

1992—2002年，出口对能源消耗和二氧化硫排放的影响方式与前一

表6.3　贸易含能和二氧化硫量变化的结构分解

	年份	出口含污量变化的分解						进口含污量变化的分解					
		规模效应	结构效应	技术效应			总效应	规模效应	结构效应	技术效应			总效应
				投入结构效应	强度效应	合计				投入结构效应	强度效应	合计	
能耗（MTCE）	1987—1992	83.91	13.60	22.26	-32.94	-10.67	86.84	98.93	4.18	20.22	-48.93	-28.70	74.40
	1992—2002	413.53	-15.74	-50.38	-208.38	-258.76	139.03	382.67	-4.39	-55.75	-224.33	-280.08	98.21
	2002—2005	367.37	4.48	8.80	-32.72	-23.92	347.93	323.60	-46.95	23.85	-23.39	0.47	277.11
二氧化硫排放（10⁴t）	1987—1992	107.91	18.15	34.32	-41.53	-7.22	118.84	121.93	4.82	34.42	-61.14	-26.72	100.03
	1992—2002	502.80	-8.59	-70.89	-319.56	-390.46	103.75	444.90	-16.52	-87.12	-301.50	-388.62	39.76
	2002—2005	404.57	2.59	145.97	-158.89	-12.92	394.24	339.50	-52.31	159.17	-126.03	33.14	320.33

注：作者计算结果。

时期类似：规模效应导致能耗和污染排放大幅度增加。不过，这一时期投入结构效应和强度效应都有所加强，尤其是强度效应明显增大。且投入结构效应也有利于减少能耗和两种污染物的排放。因此，技术效应对规模效应的抑制作用增大；前者约相当于后者的60%—80%，明显高于前一时期。而这一时期结构效应仍然非常小，但它也是有利于减少能耗和上述两种污染物排放的。

2002—2005年，出口所含的能源和二氧化硫的变化非常巨大，甚至明显高于前两个时期变化的累计值。出口含污量的这一变化主要还是规模效应带来的。这一时期恰好是中国加入了世界贸易组织（于2001年年底）后的一个时期，中国的贸易在这一时期发展十分迅速。尽管在这短短几年中的规模效应并没有超过前一时期（1992—2002），但强度效应在这一时期显著下降，加之投入结构变化也导致出口含污量有较大幅度的增加，因而技术效应对规模效应的抑制作用明显下降，出口含污量最终表现为大幅度的增加。此外，这一时期结构效应仍然很小，且不利于降低能耗和减缓二氧化硫排放量的。

另外，进口含污量变化的分解情形与出口含污量相似。这主要表现为各种进口含污量的变化也是由进口规模的变化决定的。不同的是，技术变动对各种进口含污量的影响相对规模效应而言较大。而且各种进口含污量的变化中，结构效应虽然较小，但在各个阶段均为负值。这意味改革开放以来，中国进口产品中能源和二氧化硫密集型产品的比重一直呈现下降趋势。而出口产品中能源和二氧化硫密集型产品的比重只在1992—2002年间均表现为下降，在另两个阶段则没有这样的良好表现。正是进口含污量和出口含污量变化的上述差异导致中国的环境贸易条件呈现持续恶化的趋势。

总的来看，能源效率的提高和污染强度的下降有效抑制了中国出口规模迅速扩张造成的环境影响。相对来说，结构效应较小，这意味着20世纪80年代后期以来中国的贸易结构变化不大。然而需要注意的是，尽管结构效应较小，近年来其影响方向则是增加能耗以及二氧化硫的排放。

四　中国贸易含碳量变化的因素分析

考虑到气候变化及与之密切相关的碳排放是当前受到国际和国内社会广泛关注的一个环境问题。这一部分特别对中国的贸易含碳量变化进行了详细分析。由于碳排放与能源消耗关系密切，这部分先将贸易含污量的四因素模型拓展为贸易含碳量的六因素模型，然后以此为基础对中国的贸易含碳量变化进行了实证分析。

（一）贸易含碳量的六因素结构分解模型

以（3.15）式为基础，进一步假定每个部门终端消耗的能源可划分为 g 种，能源消耗与产出成比例（科普兰等，2004）。则国产品的最终需求与生产部门碳排放总量 Q 之间的关系可表述为：

$$Q = Q(C, F, E, L, Y_d) = CFELY_d \qquad (6.23)$$

其中，C 是 $1 \times g$ 阶行向量，其元素 c_k 表示第 k 种能源的碳排放系数；F 是 $g \times n$ 阶能源结构矩阵，其元素 f_{rj} 表示部门 j 消耗的第 r 种能源占部门 j 消耗的能源总量的比重；E 是 $n \times n$ 阶对角矩阵，其对角元素 e_{ii} 表示部门 i 的直接产出能源强度；$L = (I - A_d)^{-1}$，就是利昂惕夫逆矩阵，它反映了各个部门最终使用对其他部门产品的完全消耗情况；Y_d 为国产品最终需求向量。Y_d 可以进一步拆分为

$$Y_d = Y_{dd} + Y_{ed} \qquad (6.24)$$

其中，Y_{dd} 为国产品的国内需求向量，包括消费和固定资本形成；Y_{ed} 为出口向量。

本书将出口引起的碳排放定义为出口含碳量。根据（6.23）式，出口含碳量可表述为：

$$Q_e = Q_e(C, F, E, L, Y_{ed}) = CFELY_{ed} \qquad (6.25)$$

令 S_e 为 $n \times 1$ 阶出口的产品结构矩阵，其元素 s_{ej} 表示来自行业 j 的国产品价值在最终需求中的比重；y_{ed} 为国产品出口总量，则出口含碳量的估计式可进一步表示为

$$Q_e = Q_e(C, F, E, L, S_e, y_{ed}) = CFELS_e y_{ed} \qquad (6.26)$$

由于进口产品的间接消耗发生在国外，而各国的产业结构和技术水平

有差别，这意味着进口产品与国内产品的碳密集程度是存在差异的。但如第三章所述，由于数据限制，一般的研究都普遍假设进口产品是进口国的技术生产的。虽然这样处理后计算得到的进口含碳量与实际可能有较大差异。不过，如果把进口的环境影响理解为节约本国的能源消耗和减少本国的污染排放，则这样的处理方式也是合理的。因而，令中国进口品总量为 x_m，进口的产品结构向量为 S_m，就可得到进口节碳量（因进口而节约的碳排放）：

$$Q_m = Q_m(C,F,E,L,S_m,x_m) = CFELS_m x_m \tag{6.27}$$

表6.4 $\qquad\qquad$ **Q_e（ΔE）的表达式**

k	表达式种类$(n-1)!$ / $[(n-1-k)! \times k!]$	表达式	出现次数 $(n-1-k)! \times k!$
0	1	$C_{t-1}F_{t-1}\Delta EL_{t-1}S_{t-1}^e y_{t-1}^{ed}$	120
1	5	$C_{t-1}F_{t-1}\Delta EL_{t-1}S_{t-1}^e y_t^{ed}$; $C_{t-1}F_{t-1}\Delta EL_{t-1}S_t^e y_{t-1}^{ed}$; $C_{t-1}F_{t-1}\Delta EL_t S_{t-1}^e y_{t-1}^{ed}$; $C_{t-1}F_t \Delta EL_{t-1}S_{t-1}^e y_{t-1}^{ed}$; $C_t F_{t-1}\Delta EL_{t-1}S_{t-1}^e y_{t-1}^e$	24
2	10	$C_{t-1}F_{t-1}\Delta EL_{t-1}S_t^e y_t^{ed}$; $C_{t-1}F_{t-1}\Delta EL_t S_{t-1}^e y_t^{ed}$; $C_{t-1}F_t \Delta EL_{t-1}S_{t-1}^e y_t^{ed}$; $C_t F_{t-1}\Delta EL_{t-1}S_{t-1}^e y_t^{ed}$; $C_{t-1}F_{t-1}\Delta EL_t S_t^e y_{t-1}^{ed}$; $C_{t-1}F_t \Delta EL_{t-1}S_t^e y_{t-1}^{ed}$; $C_t F_{t-1}\Delta EL_{t-1}S_t^e y_{t-1}^{ed}$; $C_{t-1}F_t \Delta EL_t S_{t-1}^e y_{t-1}^{ed}$; $C_t F_{t-1}\Delta EL_t S_{t-1}^e y_{t-1}^{ed}$; $C_t F_t \Delta EL_{t-1}S_{t-1}^e y_{t-1}^{ed}$	12

k	表达式种类$(n-1)!/$ $[(n-1-k)!\times k!]$	表达式	出现次数 $(n-1-k)!\times k!$
3	10	$C_{t-1}F_{t-1}\Delta EL_t S_t^e y_t^{ed}$ $C_{t-1}F_t\Delta EL_{t-1}S_t^e y_t^{ed}$ $C_t F_{t-1}\Delta EL_{t-1}S_t^e y_t^{ed}$ $C_{t-1}F_t\Delta EL_t S_{t-1}^e y_t^{ed}$ $C_t F_{t-1}\Delta EL_t S_{t-1}^e y_t^{ed}$ $C_t F_t\Delta EL_{t-1}S_{t-1}^e y_t^{ed}$ $C_{t-1}F_t\Delta EL_t S_t^e y_{t-1}^{ed}$ $C_t F_{t-1}\Delta EL_t S_t^e y_{t-1}^{ed}$ $C_t F_t\Delta EL_{t-1}S_t^e y_{t-1}^{ed}$ $C_t F_t\Delta EL_t S_{t-1}^e y_{t-1}^{ed}$	12
4	5	$C_{t-1}F_t\Delta EL_t S_t^e y_t^{ed}$ $C_t F_{t-1}\Delta EL_t S_t^e y_t^{ed}$ $C_t F_t\Delta EL_{t-1}S_t^e y_t^{ed}$ $C_t F_t\Delta EL_t S_{t-1}^e y_t^{ed}$ $C_t F_t\Delta EL_t S_t^e y_{t-1}^{ed}$	24
5	1	$C_t F_t\Delta EL_t S_t^e y_t^{ed}$	120

注：$n=4$ 是影响因素的总数目；k 是取 0 期的水平值的因素的数目。

令第 t 期的出口含碳量为 $Q_{e,t}$，第 $t-1$ 期的碳排放总量为 $Q_{e,t-1}$。两个时期出口含碳量的变化为 $\Delta Q_e = Q_{e,t} - Q_{e,t-1}$。则可根据（6.26）式对 ΔQ_e 进行增量分解如下：

$$\Delta Q_e = Q_e(\Delta C) + Q_e(\Delta F) + Q_e(\Delta E) + Q_e(\Delta L) + Q_e(\Delta S_e) + Q_e(\Delta y_{ed})$$

$$(6.28)$$

同理，可根据（6.27）式对两个时期进口节碳量的变化 ΔQ_m 进行增量分解如下：

$$\Delta Q_m = Q_m(\Delta C) + Q_m(\Delta F) + Q_m(\Delta E) + Q_m(\Delta L) + Q_m(\Delta S_m) + Q_m(\Delta x_m)$$

$$(6.29)$$

利用（6.28）式和（6.29）式便可识别各种因素变化对出口含碳量和进口含碳量变化的影响。仍然根据 Dietzenbacher 和 Los（1998）的结论，由于贸易含碳量的影响因素被划分为六种，因而（6.28）式和（6.29）式的具体形式共有 6!＝720 种。每个因素对碳排放影响的表达式共有 $2^{6-1}=32$ 种。以出口产品结构变动对能源消耗或污染排放影响 Q_e（ΔS_e）的表达式为例，表 6.4 给出了其 32 种表达式，及每种表达式出现的频数。本书计算了（6.28）式和（6.29）式的所有 720 种分解式，并取其均值衡量各因素对中国贸易含碳量变化的影响。

（二）出口含碳量变化的结构分解

表 6.5 显示了各种因素对出口含碳量变化的影响。在整个研究阶段及分阶段中，出口含碳量的大幅度增加主要是由出口总量的迅猛增长带来的。按 2002 年价格，1987 年中国的出口总量为 4224.94 亿元，2007 年时达到 88052.84 亿元，增长了 18.84 倍。出口总量的增长使出口含碳量在此期间增加了 669.96MTC，相当于 1987 年出口含碳量的 10.10 倍。

而出口总量的迅速增长是中国长期实施的以出口为导向的贸易和经济发展战略（见第一章）的必然结果。改革开放初期，中国的经济建设面临着资金匮乏、技术落后的困难局面，国内消费能力也很有限。为了解决这些困难，中国充分实施了利用国际国内两个市场的战略，并出台了一系列鼓励出口创汇的政策措施。在全球化的大背景下，中国主要依靠本国大量廉价的劳动力和自然资源积极参与国际分工，从而逐渐成长为名副其实的"世界工厂"。这种以出口为导向、劳动密集型产品出口为主的贸易发展战略与日本和亚洲"四小龙"在经济腾飞时期的贸易和经济发展战略颇为类似。

尤其是加入世界贸易组织（2001 年年底）以后，中国的出口环境得到了很大的改善，出口潜能迅速释放。因而加入世界贸易组织初期（2002—2005）中国出口加速增长。这就是前文所述中国出口含碳量的增加幅度和增加速度在此期间骤然上升的根本原因。不过，随着大部分出口潜能的迅速释放，进一步释放出口潜能的难度也势必增加，于是 2005

表 6.5 　　　　　　　　出口含碳量变化的结构分解（MTC）

时期	影响因素						合计
	出口总量	出口产品结构	投入结构	能源强度	能源结构	碳排放系数	
1987—1990	25.71	8.56	8.77	-13.22	0.65	0.25	30.72
1990—1992	29.77	3.18	3.09	-14.56	-0.03	0.10	21.54
1992—1995	41.89	3.25	-2.75	-3.93	-0.57	-0.12	37.78
1995—1997	50.71	-3.59	-6.19	-28.04	0.00	-0.17	12.71
1997—2002	155.29	-8.88	-13.08	-94.97	-1.74	0.31	36.92
2002—2005	230.16	3.80	1.36	-21.00	1.43	0.25	216.01
2005—2007	136.43	22.88	-2.75	-101.50	0.12	0.38	55.57
1987—2007	669.96	29.20	-11.55	-277.22	-0.14	1.00	411.25

注：分阶段的分解结果是根据（6.28）式估计得到的。整个研究时期的分解结果由各分阶段的结果累加得到。当然，整个研究时期的分解结果也可以根据（6.28）式估计得到，但结果会有差异，而本书也未采取这种方法。

2007 年出口的速度有所回落，而出口含碳量的增速也相应大幅放缓。由此可见，加入世界贸易组织这一变革对中国出口含碳量所产生的冲击似乎也符合"边际效益"递减的规律。

出口产品结构的变化也使出口含碳量在整个研究时期有所增加。1987—2007 年出口产品中有 12 个部门的产品份额有所上升，份额上升最突出的是以通信设备、计算机及其他电子设备和电气、机械及器材为代表的机械制造产品。不过，一些能源密集型部门（如化学工业、非金属矿物制品业以及金属冶炼及压延加工业）的产品份额总体上也有所增加。余下的 14 个部门的产品份额则有不同程度的下降，其中传统的劳动密集型产品（主要包括农产品、食品制造及烟草以及服装皮革羽绒及其制品）及资源密集型产品（各类矿产品尤其是石油和天然气以及石油加工、炼焦、核燃料及煤气加工品）的份额下降比较明显（见图 6-1）。结果，上述出口结构变化使中国的出口含碳量增加了 29.20 MTC。不过，分阶段来

看，在 1995—1997 年以及 1997—2002 年这两个分阶段中出口结构的变化
是有利于减少出口含碳量的。

投入结构的变化使出口含碳量在整个研究时期有所下降。在整个研究
期内，中间投入中农产品的份额下降最为显著，石油加工、炼焦、核燃料
及煤气加工业、石油和天然气开采业产品的份额也有较明显的下降（见
图 6.2），而各类机械产品、化学工业品的份额则明显上升。这样的投入
结构变化主要反映了中国从农业经济向工业经济的转变，并最终使中国的
出口含碳量减少了 11.55MTC。而分阶段来看，投入结构变化的减碳效应
主要发生在 1992—2002 年的各分阶段（尤其是 1997—2002 年）以及
2005—2007 年，而在其余三个分阶段中投入结构的变化导致出口含碳量
有所增加。

生产部门能源强度的显著下降（见图 6.3）是抑制出口含碳量增加的
最重要的因素。它导致出口含碳量在整个研究期内下降了 277.22 MTC，
相当于出口规模增长所产生的影响的 41.40%。这意味着中国长期致力于
提高能源利用效率的努力已经为减少碳排放作出了积极贡献。然而分阶段
来看，生产部门能源强度的变化并不总是十分有效地抵消出口规模增长所
产生的影响。例如，1992—1995 年以及 2002—2005 年其影响都不到后者
的 1/10。不过，2005—2007 年生产部门能源强度的变化使出口含碳量减
少了 101.50 MTC，相当于出口增长所产生的影响的 74.40%，无论是绝对
量还是相对量都远远超过其他阶段。这说明 2006 年以来中国大力实施的
节能减排政策已经发挥了十分积极的作用。

生产部门能源结构的变化总体上也有利于减少出口含碳量，只不过其
影响甚微，只有 0.14MTC。在整个研究期内，生产部门终端能源消费结
构的变化主要表现为电力对原煤的替代（见图 6.4）：原煤的份额从 1987
年的 40.12% 降至 2007 年的 15.82%，绝对降幅为 24.30%；电力的份额
则相应从 22.53% 上升至 39.04%。此外，焦炭、柴油的份额有较明显的
增加，而原油和燃料油的份额有较明显下降。不过这些能源的碳排放系数
（见表 3.3）相互比较接近，因而能源结构变化对出口含碳量的影响比较
有限。

碳排放系数的变化使出口含碳量在整个研究期内增加了 1.00MTC。
而碳排放系数之所以会发生变化主要是电力和热力这两种能源的碳排放系

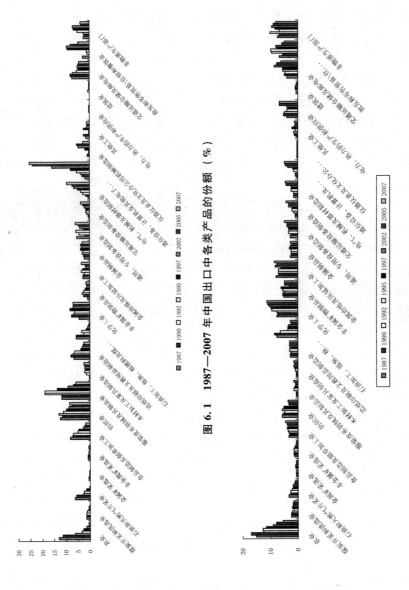

图 6.1　1987—2007 年中国出口中各类产品的份额（%）

图 6.2　1987—2007 年中间投入中各类产品的份额（%）

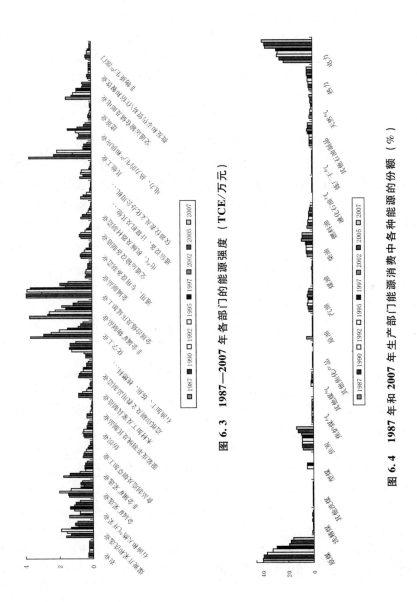

图 6.3　1987—2007 年各部门的能源强度（TCE/万元）

图 6.4　1987 年和 2007 年生产部门能源消费中各种能源的份额（%）

数会变化，因为发电和发热的能源在结构上发生了变化（见图 6.5）①。在整个研究期间，发电和发热所消耗的能源中原煤始终占据绝大部分份额，且其份额持续上升。而碳排放系数较低的燃料油和不会产生碳排放的水电、风电和核电的份额则相应持续下降。因此，这样的能源结构变化导致电力和热力的碳排放系数上升，并进而引起出口含碳量的增加。不过，在 1992—1995 年以及 1995—1997 年这两个分阶段中，碳排放系数使出口含碳量微弱下降。

（三）进口节碳量变化的结构分解

对进口节碳量变化进行分解得到的结果（见表 6.6）与出口含碳量变化的分解结果非常类似。在整个研究期内进口总量的增长也是进口含碳量变化的最主要影响因素，而能源强度的变化是抑制进口节碳量增加的主要因素。投入结构、能源结构以及碳排放系数的变化对进口节碳量的影响与它们对出口含碳量的影响也颇为类似。不过，进口产品结构变化的影响与出口产品结构变化的影响正好相反。下面仅就进口总量和进口产品结构变化对进口节碳量的影响予以分析。

表 6.6　　　　　　　　进口节碳量变化的结构分解 （MTC）

时期	影响因素						合计
	进口总量	进口产品结构	投入结构	能源强度	能源结构	碳排放系数	
1987—1990	2.55	-4.07	12.83	-12.90	0.63	0.31	-0.65
1990—1992	74.43	-0.87	-5.75	-22.60	0.06	0.12	45.38
1992—1995	118.99	-1.15	-8.91	-0.49	-1.46	-0.18	106.79
1995—1997	7.27	4.22	-9.09	-36.11	0.31	-0.24	-33.64
1997—2002	129.52	-6.33	-15.01	-120.93	-1.85	0.33	-14.27
2002—2005	162.65	-29.60	9.20	-12.04	1.41	0.22	131.84
2005—2007	15.89	-5.43	-1.92	-70.13	-0.16	0.25	-61.50
1987—2007	511.30	-43.23	-18.65	-275.20	-1.06	0.81	173.95

　　注：分阶段的分解结果是根据（6.29）式估计得到的。整个研究时期的分解结果由各分阶段的结果累加得到。当然整个研究时期的分解结果也可以根据（6.29）式估计得到，但结果会有差异，而本文也未采取这种方法。

---

　　①　根据本书的假定，其他终端消费能源的碳排放系数不随时间变化。

　　进口总量的不断增长是因为自改革开放以来，中国不仅重视国际国内两个市场，同时也坚持利用国际国内两种资源来发展经济。因而随着中国经济的发展，中国的进口及相应的进口节碳量也有较大幅度的增加。同时，具有"大进（口）大出（口）"特征的加工贸易是中国的主要贸易方式之一，在这种贸易方式下，出口的快速增长也会引发进口的相应增长。按2002 年价格计算，1987 年中国的进口总量为 4173.92 亿元，2007 年达到48564.49 亿元，增加了 9.64 倍。而最终进口总量的增长使进口含碳量在整个研究期内增加了 511.30MTC，相当于 1987 年进口节碳量的 4.91 倍。

　　不过，进口总量的增长幅度明显小于出口总量，因而进口总量的增长对进口节碳量的影响也明显低于出口总量增长对出口含碳量的影响。尤其是在 1987—1990 年、1995—1997 年以及 2005—2007 年这三个分阶段中，进口总量的增长幅度很小，分别只有 2.47%、3.07% 和 5.27%，因而它对进口节碳量的影响也非常有限。于是，在其他因素尤其是能源强度变化的综合影响下，进口节碳量在这些阶段中有所下降。而 1997—2002 年，虽然进口总量的增长及其对进口节碳量的影响比较显著，但大部分其他因素尤其是能源强度的变化所减少的进口节碳量超过了进口总量增长的影响，因而进口节碳量在这一阶段中也有所下降。

　　进口产品结构的变化总体上使进口节碳量下降了 43.23MTC，这一影响与出口产品结构的变化对出口含碳量的影响正好相反。在整个研究期内，进口产品中通信设备、计算机及其他电子设备份额的增长最为突出（见图 6.6），而出口产品中通信设备、计算机及其他电子设备份额的增长也是最大的。这一点充分体现了"大进大出"的加工贸易特征，同时也说明中国对这类技术密集型进口品还有较大的依赖性。此外，非物质生产部门提供的服务、仪器仪表及文化办公用机械以及石油和天然气在进口中的份额也有较明显的上升。而同属机械产品的通用、专用设备则是进口中份额下降最多的产品，这似乎表明上述技术含量更高的通信设备、计算机及其他电子设备对这些技术含量相对较低的机械产品产生了较大的替代作用。份额下降比较明显的进口品还有服装皮革羽绒及其制品、金属冶炼及压延加工业以及交通运输设备。上述进口产品结构的变化最终导致进口节碳量在整个研究期内有所下降。不过，在 1995—1997 年这一分阶段中，进口产品结构的变化导致进口节碳量有所增加。

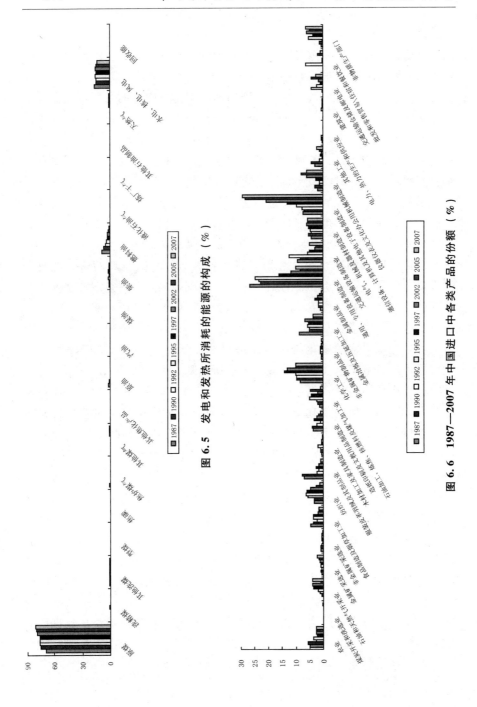

图 6.5 发电和发热所消耗的能源的构成（%）

图 6.6 1987—2007 年中国进口中各类产品的份额（%）

（四）所有可能分解结果的统计特征及不同分解方法的结果比较

以上报告的出口含碳量和进口含碳量的分解结果只是（6.28）式和（6.29）式的所有720种分解结果得到的均值。而这些结果可能存在较大差异，正因为如此，以均值来衡量各因素的影响是合理的选择。为了了解这些结果的差异，这里报告了不同阶段对贸易含碳量进行结构分解得到的所有720种可能结果的均值、标准差、最大值和最小值（见表6.7和表6.8），以及应用完全分解均值法、两极分解法和中点权分解法得到的分解结果的比较（见表6.9和表6.10）。

结果表明，多数研究子阶段中，完全分解均值法下各因素对贸易含碳量的720种可能的影响值分布范围相对较大，这意味着这些影响值之间存在显著差异。例如，1987—1990年出口规模变化对出口含碳量影响的最大可能值为31.21MTC，其最小可能值为21.33MTC，前者约比后者高50%（见表6.7）。尤其是有些因素的各种可能影响值甚至有符号变化。例如，1990—1992年能源结构对出口含碳量的最大可能影响值为0.03MTC，其最小可能值却为 - 0.11MTC（见表6.7）。不过，个别子阶段中一些因素的各种可能的结果之间差异较小。例如1992—1995年出口规模对出口含碳量的最大可能影响为43.18MTC，而其最小可能影响为39.91MTC，两者相差不到10%（见表6.7）。

另一方面，在多数分阶段中贸易规模对贸易含碳量的所有可能影响值分布比较集中。这主要表现为这些结果的标准差相对于均值而言较小。除了个别子阶段外，标准差都不超过均值的10%。例如，1990—1992年出口规模对出口含碳量的所有可能影响值的标准差为1.82MTC，其均值为29.77MTC，前者只有后者的6%左右（见表6.7）。又如1992—1995年进口规模对进口节碳量的所有可能影响值的标准差为3.12MTC，其均值为118.99MTC，前者只有后者的3%左右（见表6.8）。而其他因素的各种可能影响值的分布则相对没有贸易规模的集中。

应用两极分解法得到的结果（两极分解值）与应用完全均值分解法得到的结果（表中的均值）比较接近，且两种方法都能对贸易含碳量进行彻底分解，即不存在分解残余。而应用中点权分解法得到的结果（中点权分解值）虽然与应用其他两种方法得到的结果也很接近，但这种方法分解的结果存在残余。例如，1987—1990年，应用完全均值分解法以

表 6.7　　　　　　　　　分阶段出口含碳量的分解结果统计

时期 （年）	统计 指标	影响因素						合计
		进口总量	进口产品结构	投入结构	能源强度	能源结构	碳排放系数	
1987— 1990	均值	25.71	8.56	8.77	-13.22	0.65	0.25	30.72
	标准差	2.37	1.67	1.46	3.37	0.15	0.06	
	最大值	31.21	12.22	11.63	-9.04	1.03	0.38	
	最小值	21.33	5.69	6.42	-17.97	0.37	0.16	
1990— 1992	均值	29.77	3.18	3.09	-14.56	-0.03	0.10	21.54
	标准差	1.82	0.48	1.32	2.93	0.03	0.01	
	最大值	32.97	4.19	5.31	-11.00	0.03	0.12	
	最小值	27.22	2.42	1.50	-18.54	-0.11	0.08	
1992— 1995	均值	41.89	3.25	-2.75	-3.93	-0.57	-0.12	37.78
	标准差	0.90	1.17	3.60	3.31	0.14	0.02	
	最大值	43.18	5.56	1.28	0.69	-0.36	-0.10	
	最小值	39.91	1.51	-7.27	-9.31	-0.84	-0.16	
1995— 1997	均值	50.71	-3.59	-6.19	-28.04	0.00	-0.17	12.71
	标准差	4.89	1.84	2.08	5.91	0.04	0.03	
	最大值	56.15	-1.22	-3.46	-20.80	0.06	-0.13	
	最小值	44.67	-6.38	-9.35	-36.04	-0.11	-0.23	
1997— 2002	均值	155.29	-8.88	-13.08	-94.97	-1.74	0.31	36.92
	标准差	38.46	4.64	6.26	35.12	0.65	0.13	
	最大值	198.48	-3.68	-5.90	-59.16	-0.80	0.63	
	最小值	110.98	-16.45	-21.22	-132.44	-3.20	0.12	
2002— 2005	均值	230.16	3.80	1.36	-21.00	1.43	0.25	216.01
	标准差	6.97	1.70	5.37	9.99	0.54	0.09	
	最大值	242.16	7.96	10.92	-9.57	2.06	0.38	
	最小值	220.72	1.42	-5.42	-35.00	0.85	0.15	
2005— 2007	均值	136.43	22.88	-2.75	-101.50	0.12	0.38	55.57
	标准差	14.42	4.40	1.67	17.43	0.08	0.06	
	最大值	156.21	31.72	-0.83	-81.59	0.29	0.52	
	最小值	118.21	15.81	-5.04	-122.52	0.01	0.27	

表6.8　　　　　　　　　　分阶段进口含碳量的分解结果统计

时期(年)	统计指标	影响因素						合计
		出口总量	出口产品结构	投入结构	能源强度	能源结构	碳排放系数	
1987—1990	均值	2.55	-4.07	12.83	-12.90	0.63	0.31	-0.65
	标准差	0.19	0.75	1.33	1.72	0.11	0.04	
	最大值	2.95	-3.09	14.61	-10.73	0.85	0.40	
	最小值	2.20	-5.02	11.14	-15.09	0.46	0.24	
1990—1992	均值	74.43	-0.87	-5.75	-22.60	0.06	0.12	45.38
	标准差	7.26	1.08	2.25	6.59	0.04	0.03	
	最大值	82.85	0.23	-3.15	-14.54	0.18	0.17	
	最小值	65.95	-2.78	-8.79	-31.89	-0.03	0.07	
1992—1995	均值	118.99	-1.15	-8.91	-0.49	-1.46	-0.18	106.79
	标准差	3.12	1.21	6.16	5.04	0.45	0.05	
	最大值	124.16	0.35	-1.96	7.51	-0.88	-0.12	
	最小值	114.81	-3.59	-18.65	-7.93	-2.21	-0.26	
1995—1997	均值	7.27	4.22	-9.09	-36.11	0.31	-0.24	-33.64
	标准差	0.59	1.33	2.31	3.21	0.09	0.02	
	最大值	8.03	5.74	-6.69	-32.02	0.44	-0.21	
	最小值	6.52	2.75	-11.55	-40.30	0.20	-0.28	
1997—2002	均值	129.52	-6.33	-15.01	-120.93	-1.85	0.33	-14.27
	标准差	35.74	2.94	5.08	33.19	0.57	0.12	
	最大值	169.02	-2.95	-9.09	-87.00	-0.97	0.65	
	最小值	89.58	-11.22	-22.15	-155.82	-3.15	0.15	
2002—2005	均值	162.65	-29.60	9.20	-12.04	1.41	0.22	131.84
	标准差	9.37	9.71	4.83	6.66	0.43	0.06	
	最大值	180.08	-18.73	20.31	-4.56	2.27	0.33	
	最小值	149.64	-41.44	2.82	-21.32	0.81	0.14	
2005—2007	均值	15.89	-5.43	-1.92	-70.13	-0.16	0.25	-61.50
	标准差	1.87	2.10	2.03	2.19	0.06	0.04	
	最大值	17.92	-2.80	1.39	-67.15	-0.07	0.32	
	最小值	13.92	-8.08	-4.59	-72.94	-0.28	0.20	

表6.9　　　　　　　　　不同方法下出口含碳量的分解结果统计

时期(年)	统计指标	影响因素						合计
		出口总量	出口产品结构	投入结构	能源强度	能源结构	碳排放系数	
1987—1990	完全法(a)	25.71	8.56	8.77	-13.22	0.65	0.25	30.72
	两极法(b)	25.51	8.74	9.02	-13.43	0.63	0.25	30.72
	中点权法	25.51	8.43	8.71	-13.5	0.64	0.25	30.05
	(b-a)/a	-0.78%	2.10%	2.85%	1.59%	-3.08%	0.00%	0.00%
1990—1992	完全法(a)	29.77	3.18	3.09	-14.56	-0.03	0.10	21.54
	两极法(b)	29.62	3.19	3.43	-14.77	-0.03	0.10	21.54
	中点权法	29.62	3.10	2.92	-14.76	-0.03	0.10	20.95
	(b-a)/a	-0.50%	0.31%	11.00%	1.44%	0.00%	0.00%	0.00%
1992—1995	完全法(a)	41.89	3.25	-2.75	-3.93	-0.57	-0.12	37.78
	两极法(b)	41.62	3.11	-2.08	-4.17	-0.58	-0.12	37.78
	中点权法	41.62	3.27	-3.15	-4.20	-0.58	-0.12	36.85
	(b-a)/a	-0.64%	-4.31%	-24.36%	6.11%	0.00%	0.00%	0.00%
1995—1997	完全法(a)	50.71	-3.59	-6.19	-28.04	0.00	-0.17	12.71
	两极法(b)	50.40	-3.31	-5.79	-28.42	0.00	-0.17	12.71
	中点权法	50.40	-3.73	-6.34	-28.38	0.00	-0.17	11.79
	(b-a)/a	-0.61%	-7.80%	-6.46%	1.36%	0.00%	0.00%	0.00%
1997—2002	完全法(a)	155.29	-8.88	-13.08	-94.97	-1.74	0.31	36.92
	两极法(b)	154.70	-7.41	-14.17	-94.87	-1.62	0.29	36.92
	中点权法	154.70	-9.11	-13.47	-94.66	-1.61	0.29	36.14
	(b-a)/a	-0.38%	-16.55%	8.33%	-0.11%	-6.90%	-6.45%	0.00%
2002—2005	完全法(a)	230.16	3.80	1.36	-21.00	1.43	0.25	216.01
	两极法(b)	228.87	4.01	3.51	-22.07	1.44	0.25	216.01
	中点权法	228.87	3.58	-0.16	-22.09	1.44	0.25	211.90
	(b-a)/a	-0.56%	5.53%	158.09%	5.10%	0.70%	0.00%	0.00%
2005—2007	完全法(a)	136.43	22.88	-2.75	-101.50	0.12	0.38	55.57
	两极法(b)	135.86	23.72	-2.50	-102.01	0.12	0.38	55.57
	中点权法	135.86	22.43	-2.93	-102.06	0.12	0.38	53.80
	(b-a)/a	-0.42%	3.67%	-9.09%	0.50%	0.00%	0.00%	0.00%

表 6.10 　　　　　　　　　不同方法下进口含碳量的分解结果统计

时期 （年）	统计 指标	影响因素						合计
		进口总量	进口产品结构	投入结构	能源强度	能源结构	碳排放系数	
1987— 1990	完全法（a）	2.55	-4.07	12.83	-12.90	0.63	0.31	-0.65
	两极法（b）	2.53	-4.04	12.81	-12.89	0.63	0.31	-0.65
	中点权法	2.53	-4.07	12.83	-12.91	0.63	0.31	-0.68
	(b-a)/a	-0.78%	-0.74%	-0.16%	-0.08%	0.00%	0.00%	0.00%
1990— 1992	完全法（a）	74.43	-0.87	-5.75	-22.6	0.06	0.12	45.38
	两极法（b）	74.44	-1.32	-5.28	-22.62	0.05	0.11	45.38
	中点权法	74.44	-0.67	-5.97	-22.61	0.05	0.11	45.35
	(b-a)/a	0.01%	51.72%	-8.17%	0.09%	-16.67%	-8.33%	0.00%
1992— 1995	完全法（a）	118.99	-1.15	-8.91	-0.49	-1.46	-0.18	106.79
	两极法（b）	118.31	-1.70	-6.94	-1.24	-1.46	-0.18	106.79
	中点权法	118.31	-0.81	-9.69	-1.28	-1.46	-0.18	104.89
	(b-a)/a	-0.57%	47.83%	-22.11%	153.06%	0.00%	0.00%	0.00%
1995— 1997	完全法（a）	7.27	4.22	-9.09	-36.11	0.31	-0.24	-33.64
	两极法（b）	7.24	4.23	-9.00	-36.19	0.32	-0.24	-33.64
	中点权法	7.24	4.19	-9.13	-36.14	0.32	-0.24	-33.77
	(b-a)/a	-0.41%	0.24%	-0.99%	0.22%	0.00%	0.00%	0.00%
1997— 2002	完全法（a）	129.52	-6.33	-15.01	-120.93	-1.85	0.33	-14.27
	两极法（b）	129.27	-5.40	-15.94	-120.77	-1.74	0.31	-14.27
	中点权法	129.27	-6.38	-15.08	-120.59	-1.75	0.31	-14.22
	(b-a)/a	-0.19%	-14.69%	6.20%	-0.13%	-5.95%	-6.06%	0.00%
2002— 2005	完全法（a）	162.65	-29.60	9.20	-12.04	1.41	0.22	131.84
	两极法（b）	161.30	-28.42	10.31	-12.92	1.35	0.22	131.84
	中点权法	161.3	-30.08	8.14	-12.95	1.35	0.22	127.98
	(b-a)/a	-0.83%	-3.99%	12.07%	7.31%	-4.26%	0.00%	0.00%
2005— 2007	完全法（a）	15.89	-5.43	-1.92	-70.13	-0.16	0.25	-61.50
	两极法（b）	15.92	-5.68	-1.48	-70.35	-0.16	0.26	-61.50
	中点权法	15.92	-5.57	-2.08	-70.32	-0.16	0.26	-61.96
	(b-a)/a	0.19%	4.60%	-22.92%	0.31%	0.00%	4.00%	0.00%

及两极分解法得到的各因素对出口含碳量的影响合计为 30.72MTC，正好是 1990 年出口含碳量与 1987 年出口含碳量的差异（见表 6.9）。这表明上述两种方法都能将出口含碳量的变化彻底分解到各因素的影响中。而且应用两种方法得到的各因素的影响也颇为接近。应用中点权分解法得到的各因素影响的结果合计为 30.05MTC，小于 1990 年出口含碳量与 1987 年出口含碳量的差异。这说明这种方法不能将出口含碳量的变化彻底分解到各因素的影响中，它会产生分解残余。不过，用这种方法得到的各因素的影响值与前两种方法比较接近。

五　外向型需求模式的能源环境影响

（一）问题的提出

改革开放以来，中国的出口迅速增加，尤其是加入世界贸易组织以来增长速度尤为迅猛，其增长速度和增加幅度都明显超过其他需求（见图 6.7）。这导致中国的最终需求中出口的份额持续快速上升，从 1987 年的 11.82% 增加至 2007 年的 30.92%（见表 6.11）。鉴于中国的最终需求结构呈现出如此突出的一个变化特点，我们不妨将其称为"外向型需求模式"。

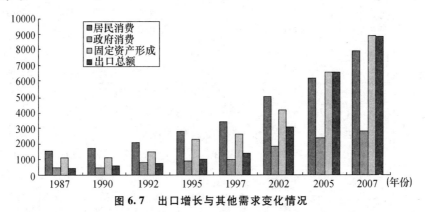

图 6.7　出口增长与其他需求变化情况

前面一些章节已经谈到，需求的三个组成部分，即消费、投资和出口可以看成是经济增长的"三驾马车"，而大量的污染物排放正是伴随着经

表 6.11　　　　　　　　　最终需求的分配结构（%）

年份	居民消费	政府消费	消费合计	固定资本形成	国内需求	出口	合计
1987	44.49	12.62	57.11	31.07	88.18	11.82	100.00
1990	44.20	12.10	56.30	28.88	85.17	14.83	100.00
1992	40.27	15.54	55.81	29.49	85.30	14.70	100.00
1995	40.34	11.99	52.33	32.84	85.18	14.82	100.00
1997	40.39	11.86	52.24	31.04	83.28	16.72	100.00
2002	35.71	13.22	48.93	29.30	78.23	21.77	100.00
2005	28.81	10.77	39.58	30.23	69.81	30.19	100.00
2007	27.92	9.86	37.78	31.30	69.08	30.92	100.00

济增长而来的。因而我们也可以把需求看成是造成环境退化的"引擎"。而第五章的分析表明，出口与其他需求的生态效率存在明显差异。那么这种外向型需求模式对中国的能源环境产生了怎样的影响呢？

从已有的文献来看，有不少研究者对最终需求或其中的某一类需求的产品结构变化产生的环境影响进行了研究，如 Munksgaard 等人（2001）对丹麦私人消费的环境影响所进行的评价，以及本书就贸易的能源环境影响进行的分析。不过，似乎还很少有研究对上述需求分配模式（各类需求占总需求的比重）的变化所产生的能源环境影响进行分析。因此，这一部分本书将结合贸易在整个最终需求中的份额变化来分析需求的分配模式变化，即逐渐形成的外向型需求模式对中国能源环境的影响。为了分离出需求的分配模式变化的能源环境影响，我们仍然采用 SDA 方法。

（二）需求模式与能源环境成本的连接模型

为了得到需求模式与能源消耗或污染排放的关系式，可将（3.14）式拓展如下：

$$Q = Q(\Omega, L, M, S, y_d) = \Omega L M S y_d \tag{6.30}$$

其中，Q、Ω 和 L 的含义与第三章所述相同，仍分别表示能耗或污染排放矩阵、能耗或污染排放系数矩阵以及利昂惕夫逆矩阵；M 为 26×4 阶国产品最终需求产品结构矩阵，其元素 m_{kj} 表示来自行业 j 的国产品价值

在第 k 类最终需求中的比重；S 为 4×4 阶国产品最终需求分配结构对角矩阵，其对角元素 s_k 表示第 k 类国产品最终需求（如居民消费的国产品）在国产品最终需求总量中的比重；y_d 为国产品最终需求总量。

（6.30）式中，能耗或污染排放系数矩阵 Ω 和产业间的投入产出系数的逆矩阵 L 最终取决于微观层面企业的行为[①]，可以认为它们共同构成了技术模式。而 S 反映了最终需求中消费、固定资本形成和出口之间的分配结构，M 则反映了最终需求的产品结构；它们共同构成了需求模式。

令第 t 期的能耗或污染排放总量为 Q_t，基期的碳排放总量为 Q_{t-1}。对（6.30）式进行增量分解得到：

$$Q_t - Q_{t-1} = Q(\Delta\Omega) + Q(\Delta L) + Q(\Delta M) + Q(\Delta S) + Q(\Delta y_d)$$

$$(6.31)$$

其中 Δ 表示相应因素的变化。利用（6.31）式可计算需求模式和技术模式变化对能源环境产生的影响。（6.31）式确定了碳排放的 5 个影响因素，根据 Dietzenbacher 和 Los（1998）的结论，其分解形式共有 5! = 120。由于 Dietzenbacher 和 Los（1998）的研究以及本书第六章的结果都表明，两极分解法与完全分解均值方法所得到的结果极为接近且都不会产生分解残余，因此这里采用两极分解法作为完全分解均值法的替代来进行实证分析。

（三）　需求模式变化的能源环境影响

如表 6.12 所示，在整个研究阶段中需求的分配模式的变化导致中国的能源消耗、碳排放和硫排放分别增加了 98.72 MTCE、69.44 MTC 和 79.29 万吨。尽管其影响力度不大，但其影响方向则是不利于经济节能、减硫和低碳化发展趋势的。其原因在于 1987 年以来中国的消费增长速度落后于出口和固定资本形成，导致总需求中消费比重的大幅度下降（见表 6.12）。与此同时，随着中国对外开放程度的日益深化，中国的出口增长迅速，尤其是加入世界贸易组织以来增长十分迅猛。这使得出口在总需求中的比重迅速上升。投资扩张则使固定资本形成的比重基本保持稳定，但总体上也略有上升。

---

①　各种能源的碳排放系数中，主要是电力和热力的碳排放系数在一定程度上取决于发电和发热企业的行为，而化石能源的碳排放系数则由各种能源的性质决定。

表 6.12　　　　　　　　需求模式及技术模式变化的能源环境影响

时期（年）	分解对象	影响因素					合计
		需求总量	分配结构	产品结构	投入技术	能耗或排放系数	
1987—1990	能源消耗	64.16	-0.16	11.81	86.16	-102.72	59.25
	碳排放	44.77	-0.32	8.31	60.86	-67.19	46.43
	硫排放	99.36	-7.89	2.93	171.54	-154.89	111.06
1990—1992	能源消耗	224.53	-1.73	-10.34	-10.74	-111.07	90.65
	碳排放	157.44	-1.24	-6.96	-6.97	-78.96	63.30
	硫排放	361.10	-6.01	16.06	-25.32	-120.55	225.28
1992—1995	能源消耗	285.78	19.62	17.63	-10.66	-32.44	279.94
	碳排放	199.79	14.08	12.67	-7.61	-27.00	191.94
	硫排放	488.45	37.93	63.40	-136.67	115.97	569.07
1995—1997	能源消耗	213.00	3.04	1.29	20.96	-190.82	47.47
	碳排放	148.16	2.04	1.01	15.80	-137.89	29.12
	硫排放	376.36	1.84	-96.43	-19.35	-151.44	110.98
1997—2002	能源消耗	628.03	12.88	-7.29	-59.20	-534.66	39.75
	碳排放	433.57	8.80	-6.48	-44.70	-374.16	17.02
	硫排放	982.25	3.26	32.30	-55.53	-1567.61	-605.34
2002—2005	能源消耗	641.99	49.53	-13.09	61.13	-116.89	622.66
	碳排放	441.13	35.03	-10.31	48.93	-80.25	434.53
	硫排放	802.90	35.85	-8.65	549.60	-495.96	883.74
2005—2007	能源消耗	550.87	15.54	66.11	122.80	-418.53	336.78
	碳排放	380.01	11.06	50.09	87.38	-294.13	234.41
	硫排放	686.63	14.32	86.08	184.04	-716.58	254.49
1987—2007	能源消耗	2608.36	98.72	66.12	210.44	-1507.13	1476.51
	碳排放	1804.87	69.44	48.33	153.69	-1059.60	1016.74
	硫排放	3797.05	79.29	95.69	668.31	-3091.05	1370.61

　　而在整个研究阶段中，尽管各类需求的生态效率都显著上升，但在各种类型的需求中，固定资本形成和出口的生态效率始终低于两类消费需

求。例如，2007 年资本形成和出口基于能源消费的生态效率分别只相当于居民消费的 63% 和 77%，政府消费的 50% 和 60%。于是最终需求中消费比重的下降和固定资本形成比重尤其是出口比重的迅速上升显然也会导致中国能源消耗和污染排放的增加。

　　不过，在前两个分阶段——1987—1990 年和 1990—1992 年中，需求的分配模式变化却有利于节约能源消耗和减少污染排放，尽管影响的幅度也很小。在前一个分阶段中，需求的分配模式变化主要表现为出口不仅挤占了消费在总需求中的份额，也挤占了资本形成的份额，而且资本形成的份额被挤占得更多一点（见表 6.12）。由于出口的各项生态效率在这个阶段中均高于资本形成，因而在此阶段需求的分配模式变化有利于降低能源环境成本，但影响甚微。在后一个分阶段中，需求的分配模式变化主要表现为政府消费对居民消费份额的挤占（见表 6.12）。由于政府消费的生态效率始终是各类需求中最高的，因而需求的分配模式变化也有利于降低能源环境成本，不过其影响也很小。

　　除了上述两个分阶段外，在此后的各分阶段中需求的分配模式变化均导致能源环境成本的上升。其中只有 1992—1995 年需求的分配模式变化主要表现为资本形成对政府消费份额的挤占，由于前者的生态效率远低于后者的生态效率，因而需求的分配模式变化在此阶段中导致能源环境成本上升。而此后的各分阶段中，需求的分配模式变化则主要表现为出口对居民消费和政府消费份额的挤占。如前所述，由于出口的生态效率一直低于两类消费的生态效率，因而需求的分配模式变化在这些分阶段中始终导致能源环境成本上升。可以说，从 20 世纪 90 年代中期以来，以出口挤占消费份额为主导的需求分配模式变化导致中国的能源环境成本有所上升。

第七章　结论

改革开放以来，中国的贸易发展取得了伟大的成就。贸易的发展推动了中国的经济体制改革，促进了经济增长和就业，扩大了中国在世界的政治影响和经济影响。但由于中国的贸易过于强调出口导向，迅速增长的贸易也存在一系列问题，如引起比较严重的环境问题。为此，本书编制了1987—2007年可比价格（进口）非竞争型投入产出表，在此基础上估算了贸易对中国能源消耗、二氧化碳和二氧化硫排放的影响，评价了出口部门的生态效率，并对贸易含污量的变化进行了结构分解。

一　贸易对中国的环境产生了重大影响

1987年以来贸易对中国环境的影响不断增强，已经到了不可忽视的地步，同时环境贸易条件也不断恶化，那么我们应当如何看待和应对贸易对中国环境的影响及其变化呢？

首先，贸易对中国环境影响的不断增强主要是因为贸易在国民经济中的影响不断增强。经济全球化程度的不断深化是当今世界经济发展的一个不争事实。面对这一世界经济发展趋势，坚持对外开放是中国的基本国策，"充分利用国际国内两个市场、两种资源"是中国实现经济良好发展的正确战略选择。事实上，随着中国融入世界经济的程度日益加深，出口在中国最终需求中的比重（按2002年价格计算）已经从1987年的11.82%上升至2007年的30.92%。贸易已经成为影响中国经济发展的十分重要的因素。因而，贸易对中国环境影响不断增强是伴随着中国贸易的快速增长而来的。

关于贸易含碳量的结构分解表明，中国贸易含碳量的迅速增长主要由中国贸易规模的快速增长引起，在经济发展方式没有发生重大转变之前，这一现象是不可避免的。然而，这并不意味着中国要盲目地控制出口规模的增长来减少出口含碳量。出口为中国的经济发展和中国融入世界经济体系作出了巨大的贡献。目前和将来，出口仍是中国经济增长的重要驱动力，也是中国扩大国际政治经济影响的重要途径。当前扩大内需的发展战略也不是要压制出口，而是促进消费、投资与出口协同带动经济增长。

其次，环境贸易条件恶化并不是中国比较优势的发挥，而是中国的环境规制力度不够强，以及利用贸易促进环境保护的意识不够。必须清醒地认识到这样一个事实，即中国并不拥有能源和环境容量的比较优势，尤其是考虑到中国巨大的人口因素时，我们甚至可以说中国在能源和环境容量方面是相当匮乏的。中国的环境贸易条件恶化，表面来看是出口产品结构中能源和污染密集型产品的比重相对于进口产品有所上升，而更深层原因则恐怕在于中国的环境规制力度还不够，与环境影响相关的市场外部性成本还不能成为生产者决策的有效约束条件。具体来说，就是相关的环境规制力度不够，并导致环境要素十分低廉甚至是免费的。这便使中国的能源和污染密集型产品在国际市场具有价格竞争优势。于是能源和污染密集型产品在出口中的比重相对进口不断上升，并最终导致中国环境贸易条件恶化。

最后，在当前全球环境意识不断高涨，资源和环境约束日趋紧张的背景下，中国通过进口实现节能减排固然有潜力可挖，但面临的挑战和压力极大。一是主要工业化国家已经拥有比较完整的基础设施，并积累了雄厚的资本。而在这一过程中，全球廉价的矿产资源和环境要素已经被大量消耗，如今已成为十分稀缺的资源，且国际市场上围绕这些资源的争夺十分激烈。发展中国家，尤其是中国这样的发展中大国，已经不能像这些工业化国家当年那样轻易获得发展所需的资源和环境容量了。二是中国难以找到另一个拥有大量廉价且素质较高的劳动力、完整的工业体系和地缘优势的国家来提供经济发展所需的大量制造品。从以上角度来看，中国"充分利用两种资源"，通过贸易促进环境保护的潜力固然不小，但不得不说，其中的挑战和压力也是极其巨大的。

二　净贸易含碳量对碳排放责任的确认有重要意义

尤其值得注意的是，近年来，中国的出口含碳量增长迅速且数额巨大，2005—2007 年已经占全国生产部门碳排放总量的 1/3 左右。这表明出口是导致中国碳排放增加的一个重要因素，同时也意味着中国的碳排放中有相当部分通过贸易而被其他国家消费了。由此可见，在全球碳排放权的分配中，贸易也确实是一个需要重视的公平因素，至少对中国是如此。

正是考虑到贸易与碳排放权公平分配的关系，如何对一个国家的碳排放量进行核算引起了人们的争论。目前有两种相互对立的碳排放核算原则——生产核算原则（production accounting principle）和消费核算原则（consumption accounting principle）。生产核算原则是指一个国家全部的二氧化碳排放量按实际产生二氧化碳的各生产过程中二氧化碳的排放量进行核算。消费者核算原则是指根据最终使用的（包括进口的）各种产品或服务进行二氧化碳排放量的核算（Munksgaard and Pedersen，2001）。

显然，按生产核算原则下的碳排放量与按消费核算原则下的碳排放量存在差别，而这一差别就是净贸易含碳量的值。而从中国的情况来看，加入世界贸易组织以前，中国的净贸易含碳量基本为负值，这说明消费核算原则下中国的碳排放量略高于生产核算原则下的碳排放量。而从 2005 年开始中国的净贸易含碳量则一直为正值，且增长迅速。这意味着近年来消费核算原则下中国的碳排放量已经低于生产核算原则下的碳排放量，且两者的差距迅速扩大，目前已相当可观。

而且本书假定进口品按中国的技术生产，这很有可能高估这些进口品的碳排放影响。也就是说，本书估计的中国的净贸易含碳量偏低。因为中国进口品中的大部分来自发达国家（地区），而这些国家（地区）生产同量同类产品所需耗费的能源及产生的碳排放远远低于中国。例如，日本就是中国进口品的最大提供者，而其能源效率则是全球最先进的。因而，如果条件允许，值得在后续研究中进一步采用多国投入产出模型估算中国的进口含碳量。

三　贸易含碳量的部门分布和区域流向反映了中国的贸易增长模式和贸易格局

中国贸易含碳量的快速增加与中国改革开放以来逐渐形成的外向型经济增长模式密切相关。在这种模式下，出口增长的速度远远超过消费和固定资本形成等国内需求，由此带来的出口含碳量及其在生产部门碳排放总量中的份额也迅速增加。另外，随着对外开放的深入，中国更深地融入了全球分工体系。廉价而丰富的劳动力和自然资源是中国参与国际分工的主要优势，这使加工贸易逐渐成为中国的主要贸易方式。而这种贸易方式使中国对进口的需求也随着出口的大幅增长而增长，并引起了中国进口节碳量的大幅度增加。

同时，这种贸易模式也使劳动密集型和资源密集型的制造业产品成为中国具有优势的出口产品。因而制造业产品在中国的出口中一直占据绝大部分份额，且其份额不断扩张。而制造业的出口含碳量在总出口含碳量中的份额也远远超过其他产品和服务合计的份额，并逐年增加。同样，以制造业产品为主的出口结构使中国对制造业进口品的需求也远胜于其他进口品和服务。于是，制造业进口品的节碳量也主导着中国的总进口节碳量。

而且由于中国在目前的国际分工体系中还只能处于比较低端的加工环节，因而在整个研究期内，出口结构的变化导致中国的出口含碳量有所增加。因此，应当转变出口增长模式，从而逐渐优化中国的出口产品结构，并通过出口产品结构变化控制出口含碳量的增加。具体措施包括鼓励出口附加价值率高而能源强度较低的产品或服务，如通信设备、计算机及其他电子设备、批发和零售贸易/住宿和餐饮以及其他服务等，而对能源强度高的产品，如化学工业产品、金属矿物制品以及非金属矿物制品等则应通过适当的经济、法律和行政手段加以限制。

从 2002—2007 年中国贸易含碳量的国别（地区）流向来看，中国与主要贸易伙伴国的货物贸易对中国的出口含碳量和进口节碳量产生了重大影响。除德国、荷兰、英国外，中国的主要贸易伙伴都属亚太地区或与中国比邻（俄罗斯）。这在一定程度上说明，除经济规模和比较优势外，是否与中国在地缘上接近也是决定一个国家能否成为中国主要贸易伙伴国的十分重要的因素。因而地缘关系既是中国贸易格局的重要影响因素，也是决定中国贸易含碳量流向的重要因素。

当然，中国的贸易增长模式和贸易格局与国际产业转移和跨国公司的外包经营战略也有着重要关系。例如，20 世纪六七十年代开始，日本大力推进亚洲地区发展的"雁阵模式"，先将其劳动密集型产业转向亚洲"四小龙"。而后，随着中国的改革开放，这些劳动密集型性产业又进一步转移到更有劳动力优势的中国沿海地区。中国从这些国家（地区）进口关键的零部件进行加工组装而后主要出口到这些国家（地区）及美国等其他发达国家（地区）。正是这样的国际分工链使中国的贸易含碳量呈现上述部门分布和国别（地区）流向特征。

四　出口部门的生态效率持续改善但相对偏低

按照完全生态效率认定的高效率出口产品或服务与按照直接生态效率认定的高效率出口产品或服务具有较大的差异。而由于完全生态效率考虑产品或服务对通过产业链所产生的间接环境影响，因而以完全生态效率来评价出口产品或服务的生态效率更加客观合理。因此，从协调贸易发展与环境保护的角度考虑，应当鼓励出口那些完全生态效率较高的产品或服务，包括通信设备、计算机及其他电子设备，非物质生产部门以及批发和零售贸易/住宿和餐饮业提供的服务等。

而无论是根据完全生态效率还是直接生态效率评价，低效率的出口产品都基本相同。这些产品包括金属冶炼及压延加工业产品、非金属矿物制品业产品、煤炭开采和洗选业产品、石油加工、炼焦、核燃料及煤气加工业产品以及金属矿采选业产品等。因此，我们完全可以认为这些产品就是"高耗能、高污染"的产品。对这些产品，一方面应当采取适当的政策措施提高其生产技术水平，从而改善其生态效率；另一方面则需要通过下调出口退税率、加征出口关税、资源税、环境税等措施控制与其相关的生产行为带来的环境影响。

1987 年以来，中国出口部门的生态效率整体呈现不断上升的变化趋势，尤其是基于二氧化硫排放的生态效率有显著改善。不过，相对于各类需求的平均生态效率水平，尤其是居民消费和政府消费的生态效率而言，出口部门的生态效率偏低。造成这一差异的直接原因主要是生态效率较低的产品或服务在出口中的比重高于其在居民消费和政府消费中的比重。

而 20 世纪 90 年代中期以来，中国的需求分配模式呈现明显的外向型变化特征，即出口在需求中的份额持续增加，而居民消费和政府消费的份额持续下降。由于出口的生态效率始终低于居民消费和政府消费，因而上述外向型需求模式导致中国的能源环境成本有所上升，尽管这一影响不是很大。

不过，出口部门的生态效率虽然不如消费，但要高于固定资本形成。因此，经济增长由外向型向内需主导型模式转化应主要是向消费主导型模式转化。要有效地扩大消费需要进一步增加中低收入人群的收入、完善收入分配制度、社会和医疗保障制度、提供更多就业机会等。同时，扩大消费也要注意优化消费的结构，即鼓励更多地消费环境友好型产品或服务。

五　技术进步有效地抑制了贸易的环境成本

虽然中国对外贸易的环境成本不可避免地随着出口规模的迅速扩张而增加，出口的结构变化总体上也不利于降低这一环境成本，但由生产部门的能源强度、投入结构、能源结构以及碳排放系数的变化带来的技术效应却有效地抑制了贸易的环境成本。

其中，生产部门能源强度的大幅度下降是整个研究期内抑制中国贸易含能/碳量增加的最重要因素。这意味着中国长期致力于改善能源效率的努力为保护全球气候作出了巨大的贡献。中国已经将节能减排确定为国家"十一五"规划的约束指标，并将进一步把降低 GDP 碳排放强度作为未来发展规划的约束指标，这十分有利于降低中国对外贸易的环境成本。

不过，受本国能源资源禀赋的约束，在整个研究期内中国的能源结构以煤炭和电力为主，而电力又主要是通过燃煤发电产生，因而能源结构和碳排放系数的变化对中国出口含碳量的影响一直都很小。然而，这也意味着中国通过改变能源结构减少出口含碳量的潜力也十分巨大。考虑到这一点，中国鼓励生产和消费清洁能源是十分有意义的。同时，这也有助于为中国培育新的经济增长点。

为了进一步通过技术效应控制贸易的环境成本，需要建立和完善相关的激励机制，如政府鼓励和资助相关的技术研发、补贴相关技术采用者、强制生产者采用相关技术、政府采购等来促进资源节约和环境保护技术的推广和改进。然而，作为一个发展中国家，中国完全通过自己的技术创新来改善能源效率并不容易。而作为中国主要贸易伙伴国的一些发达国家，如美国、日本、韩国、德国、荷兰等拥有世界上最先进的节能技术和清洁生产技术，这些国家应向中国出口其清洁生产技术或提供技术援助。这将有助于中国改善自身的能源效率并减少碳排放，同时也有助于这些国家减少同中国的贸易逆差（Shui and Harriss，2006）。这将是中国和发达国家之间的一个重要合作领域。

六　有待进一步研究的问题

应该承认，尽管本书在方法上力图克服以往研究的不足，但本书的估算结果也存在不确定性。首先，本书为弥补数据的缺失而采取的近似估算方法（如投入产出延长表的编制）可能影响到本书结果的精确性。其次，本书未能采用多区域投入产出模型估算中国的进口含污量，而只采用中国的单区域投入产出模型估计了进口节污量。这有可能低估中国的净贸易含污量，尤其是净贸易含碳量。再次，在对贸易含污量的变化进行结构分解时，本书没有考虑部门能耗强度或污染排放强度与投入结构之间的相关性问题，这也可以进一步探讨。最后，对于如何转变贸易增长方式，改善贸易的环境影响的具体政策也没有展开充分、深入的分析和讨论。这些都需要在以后的研究中进一步加强。

附录 A* 26 部门可比价（进口）非竞争型
投入产出表序列

表 A1.1　　　　1987 年国内产品中间使用（投入）表

部门代码	1	2	3	4	5	6	7	8	9	10	11	12	13
1	1953.24	7.79	0.04	2.31	27.09	2320.42	780.74	126.99	21.71	182.47	0.22	351.62	20.22
2	9.66	9.87	0.82	2.20	5.78	12.86	10.40	1.00	9.21	14.89	107.40	94.94	136.04
3	0.00	0.06	5.46	0.00	0.27	0.23	0.00	0.00	0.00	0.77	1006.06	203.14	4.99
4	0.00	0.00	0.00	21.10	0.00	0.00	0.00	0.00	0.00	0.00	0.00	8.48	0.00
5	3.32	8.19	0.97	1.02	8.49	5.44	2.09	0.66	30.70	7.44	1.04	57.98	44.09
6	416.88	0.82	0.21	0.15	0.83	513.32	3.48	32.66	0.89	3.55	0.57	123.13	2.61
7	22.63	4.41	2.09	1.56	5.97	9.31	1361.66	327.62	26.41	121.31	1.13	141.04	28.24
8	4.41	4.38	1.92	1.39	3.49	2.41	5.76	89.79	6.36	5.34	1.49	13.93	9.76
9	11.41	3.03	1.03	0.59	1.09	1.67	1.16	1.01	47.67	6.87	0.42	4.58	7.08
10	8.31	4.00	1.20	0.67	2.72	67.73	9.48	8.97	8.37	338.22	1.02	60.81	109.48
11	170.65	28.00	23.55	16.45	43.28	16.97	17.52	3.86	26.71	22.06	61.63	236.20	230.55
12	583.43	21.26	8.62	10.16	17.84	42.19	237.70	36.66	31.83	89.53	11.55	959.88	94.26

*附录 A 录中各投入产出表的单位均为亿元（按 2002 年价格计算）。2003 年、2004 年和 2006 年的投入产出表是基于 2002 年的投入产出表，采用 RAS 方法估计得到的，其余年份的投入产出表主要依据国际统计局公布的表，经过价格平减得到的。

续表

部门代码	1	2	3	4	5	6	7	8	9	10	11	12	13
13	7.86	11.17	8.16	2.57	7.86	41.56	2.26	0.61	4.26	6.87	3.97	41.32	147.18
14	4.45	17.51	16.81	6.30	6.21	7.06	3.16	1.48	32.43	49.69	5.33	46.24	82.84
15	24.25	24.25	3.94	4.31	9.37	19.24	5.21	10.04	27.80	12.86	2.93	48.56	39.50
16	26.85	23.76	28.73	6.48	10.72	5.33	18.44	1.25	5.55	7.57	4.51	35.19	35.10
17	7.92	1.64	2.85	1.33	3.06	0.56	0.56	0.17	0.99	0.62	0.69	2.87	4.99
18	2.30	9.72	4.47	2.05	2.94	2.05	3.25	0.64	2.32	3.41	1.58	12.31	14.21
19	0.09	0.55	0.59	0.12	0.23	0.10	0.21	0.05	0.13	1.37	0.18	1.12	0.79
20	0.28	1.03	2.98	0.25	0.54	0.35	0.42	0.03	0.29	0.54	1.26	5.88	1.98
21	11.67	2.81	0.34	1.30	1.55	2.70	3.12	14.68	2.53	6.85	0.65	6.88	10.00
22	85.37	69.85	20.54	25.10	44.96	30.51	45.48	3.96	19.20	40.97	17.88	258.88	215.27
23	0.00	0.00	0.00	0.00	0.00	0.00	0.00	0.00	0.00	0.00	0.00	0.00	0.00
24	163.50	8.15	4.97	3.69	7.05	270.73	73.73	15.03	10.20	31.86	48.89	97.70	47.13
25	132.74	22.34	10.41	8.39	17.88	274.46	320.93	96.01	32.86	103.18	38.14	260.06	86.29
26	270.61	20.94	10.15	8.11	12.92	140.87	133.29	40.94	19.09	58.51	6.10	147.81	77.81

部门代码	14	15	16	17	18	19	20	21	22	23	24	25	26
1	3.39	3.23	6.56	1.38	7.17	0.18	0.16	8.16	0.40	33.53	0.22	256.81	66.57
2	120.10	8.03	17.84	3.78	5.74	1.03	0.51	3.84	295.37	11.06	21.40	13.21	44.45
3	19.57	1.85	3.66	0.41	0.31	0.15	0.01	0.19	90.11	0.19	2.81	0.42	2.62
4	211.34	12.44	5.03	0.22	0.00	0.00	0.00	0.00	0.00	0.00	0.00	0.00	0.51
5	8.66	4.97	6.39	1.30	1.61	0.55	0.24	1.45	6.31	273.11	3.24	7.01	20.37
6	2.63	1.67	3.07	0.78	2.55	0.47	0.25	0.49	0.77	4.89	2.39	237.32	30.64

续表

部门代码	14	15	16	17	18	19	20	21	22	23	24	25	26
7	8.70	33.86	25.75	6.76	6.97	2.51	1.00	26.92	2.91	28.41	12.83	70.84	43.94
8	10.18	5.69	15.85	3.64	3.92	1.67	0.80	5.61	2.10	26.96	9.29	16.13	19.76
9	2.85	6.28	21.35	3.91	5.56	1.33	1.01	3.27	0.86	99.03	5.56	19.76	22.56
10	7.23	24.27	26.40	3.25	33.55	8.83	2.18	8.12	3.14	18.50	14.34	92.46	289.02
11	377.44	47.42	121.49	27.09	43.53	7.83	2.35	24.21	183.29	301.39	760.30	81.87	254.27
12	40.92	49.42	125.89	55.17	118.51	46.28	7.34	32.62	6.11	122.74	46.63	31.11	281.79
13	71.78	17.80	38.40	12.08	39.08	19.56	3.32	8.41	5.30	1376.11	8.01	47.18	100.46
14	754.21	353.33	461.57	99.83	274.53	29.16	14.48	44.24	6.11	767.36	10.72	15.72	29.81
15	26.21	79.42	99.74	16.07	46.86	14.39	5.09	14.63	4.65	430.86	11.40	36.78	65.86
16	65.24	18.89	402.66	61.66	44.76	6.62	5.64	22.93	8.22	156.02	9.65	11.32	52.87
17	6.75	2.79	18.43	127.35	1.33	0.55	0.26	26.80	1.46	25.44	62.93	9.81	23.29
18	17.07	8.58	121.94	19.68	123.53	28.53	6.27	11.60	8.99	119.00	7.02	10.81	28.17
19	1.58	1.08	10.95	3.21	6.41	214.41	8.09	1.52	0.73	3.51	3.91	3.85	25.40
20	4.64	1.38	11.74	2.47	7.64	2.89	9.09	2.35	2.16	10.83	1.71	0.94	20.98
21	10.73	10.57	10.84	2.22	6.07	2.53	0.99	27.60	2.08	32.12	10.01	25.68	27.49
22	222.34	44.42	91.29	15.75	26.22	9.25	2.80	16.95	31.49	49.91	31.91	46.01	117.77
23	0.00	0.00	0.00	0.00	0.00	0.00	0.00	0.00	0.00	0.00	0.00	0.00	0.00
24	63.58	24.36	65.49	19.32	24.89	9.33	2.83	11.62	26.04	191.97	24.67	55.63	302.24
25	124.68	62.20	178.08	49.95	86.65	57.57	8.60	34.67	26.25	284.30	49.94	129.87	169.52
26	61.54	43.88	151.16	37.62	63.07	42.41	10.95	23.98	10.98	51.60	188.52	773.95	588.35

表 A1.2　　　　1987 年进口品中间使用（投入）、中间投入合计、增加值及总投入表

部门代码	1	2	3	4	5	6	7	8	9	10	11	12	13
1	29.73	0.12	0.00	0.04	0.41	35.31	11.88	1.93	0.33	2.78	0.00	5.35	0.31
2	0.05	0.05	0.00	0.01	0.03	0.07	0.06	0.01	0.05	0.08	0.58	0.51	0.73
3	0.00	0.00	0.00	0.00	0.00	0.00	0.00	0.00	0.00	0.00	0.00	0.00	0.00
4	0.00	0.00	0.00	2.04	0.00	0.00	0.00	0.00	0.00	0.00	0.00	0.82	0.00
5	0.23	0.57	0.07	0.07	0.59	0.38	0.14	0.05	2.12	0.51	0.07	4.00	3.04
6	18.09	0.04	0.01	0.01	0.04	22.28	0.15	1.42	0.04	0.15	0.02	5.34	0.11
7	0.81	0.16	0.07	0.06	0.21	0.33	48.84	11.75	0.95	4.35	0.04	5.06	1.01
8	0.93	0.92	0.40	0.29	0.74	0.51	1.21	18.90	1.34	1.12	0.31	2.93	2.05
9	0.99	0.26	0.09	0.05	0.09	0.15	0.10	0.09	4.14	0.60	0.04	0.40	0.62
10	0.76	0.37	0.11	0.06	0.25	6.18	0.87	0.82	0.76	30.88	0.09	5.55	10.00
11	3.00	0.49	0.41	0.29	0.76	0.30	0.31	0.07	0.47	0.39	1.08	4.15	4.05
12	54.58	1.99	0.81	0.95	1.67	3.95	22.24	3.43	2.98	8.38	1.08	89.80	8.82
13	0.10	0.14	0.10	0.03	0.10	0.51	0.03	0.01	0.05	0.08	0.05	0.50	1.79
14	0.49	1.94	1.87	0.70	0.69	0.78	0.35	0.16	3.60	5.52	0.59	5.13	9.20
15	0.80	0.80	0.13	0.14	0.31	0.63	0.17	0.33	0.92	0.42	0.10	1.60	1.30
16	11.82	10.46	12.64	2.85	4.72	2.35	8.12	0.55	2.44	3.33	1.98	15.49	15.45
17	4.25	0.88	1.53	0.71	1.64	0.30	0.30	0.09	0.53	0.33	0.37	1.54	2.68
18	0.40	1.67	0.77	0.35	0.51	0.35	0.56	0.11	0.40	0.59	0.27	2.12	2.44
19	0.04	0.23	0.25	0.05	0.10	0.04	0.09	0.02	0.05	0.58	0.07	0.48	0.34
20	0.16	0.59	1.73	0.14	0.31	0.20	0.24	0.02	0.17	0.31	0.73	3.40	1.15
21	2.69	0.65	0.08	0.30	0.36	0.62	0.72	3.39	0.58	1.58	0.15	1.59	2.31

续表

部门代码	1	2	3	4	5	6	7	8	9	10	11	12	13
22	0.67	0.55	0.16	0.20	0.35	0.24	0.36	0.03	0.15	0.32	0.14	2.04	1.70
23	0.00	0.00	0.00	0.00	0.00	0.00	0.00	0.00	0.00	0.00	0.00	0.00	0.00
24	0.29	0.01	0.01	0.01	0.01	0.47	0.13	0.03	0.02	0.06	0.09	0.17	0.08
25	0.00	0.00	0.00	0.00	0.00	0.00	0.00	0.00	0.00	0.00	0.00	0.00	0.00
26	0.91	0.07	0.03	0.03	0.04	0.47	0.45	0.14	0.06	0.20	0.02	0.49	0.26
中间投入	4053.62	328.49	182.14	136.99	256.09	3864.52	3137.36	857.42	389.67	1179.30	1332.54	3379.00	1519.85
增加值合计	9544.17	848.23	1411.63	138.27	287.30	598.78	683.33	500.23	-7.94	546.87	2140.06	349.13	515.68
总投入	13539.73	1213.61	1617.02	284.08	554.31	4441.00	3792.32	1347.74	380.58	1681.89	3499.00	3753.81	2087.96

部门代码	14	15	16	17	18	19	20	21	22	23	24	25	26
1	0.05	0.05	0.10	0.02	0.11	0.00	0.00	0.12	0.01	0.51	0.00	3.91	1.01
2	0.64	0.04	0.10	0.02	0.03	0.01	0.00	0.02	1.59	0.06	0.11	0.07	0.24
3	0.00	0.00	0.00	0.00	0.00	0.00	0.00	0.00	0.00	0.00	0.00	0.00	0.00
4	20.44	1.20	0.49	0.02	0.00	0.00	0.00	0.00	0.00	0.00	0.00	0.00	0.05
5	0.60	0.34	0.44	0.09	0.11	0.04	0.02	0.10	0.44	18.85	0.22	0.48	1.41
6	0.11	0.07	0.13	0.03	0.11	0.02	0.01	0.02	0.03	0.21	0.10	10.30	1.33
7	0.31	1.21	0.92	0.24	0.25	0.09	0.04	0.97	0.10	1.02	0.46	2.54	1.58
8	2.14	1.20	3.34	0.77	0.82	0.35	0.17	1.18	0.44	5.68	1.96	3.40	4.16
9	0.25	0.55	1.86	0.34	0.48	0.12	0.09	0.28	0.08	8.61	0.48	1.72	1.96
10	0.66	2.22	2.41	0.30	3.06	0.81	0.20	0.74	0.29	1.69	1.31	8.44	26.39
11	6.63	0.83	2.13	0.48	0.76	0.14	0.04	0.43	3.22	5.29	13.35	1.44	4.46
12	3.83	4.62	11.78	5.16	11.09	4.33	0.69	3.05	0.57	11.48	4.36	2.91	26.36

续表

部门代码	14	15	16	17	18	19	20	21	22	23	24	25	26
13	0.87	0.22	0.47	0.15	0.48	0.24	0.04	0.10	0.06	16.76	0.10	0.57	1.22
14	83.74	39.23	51.25	11.08	30.48	3.24	1.61	4.91	0.68	85.20	1.19	1.74	3.31
15	0.86	2.62	3.29	0.53	1.54	0.47	0.17	0.48	0.15	14.20	0.38	1.21	2.17
16	28.72	8.32	177.24	27.14	19.70	2.91	2.48	10.09	3.62	68.68	4.25	4.98	23.27
17	3.62	1.49	9.89	68.31	0.71	0.30	0.14	14.38	0.78	13.64	33.76	5.26	12.49
18	2.93	1.47	20.96	3.38	21.23	4.90	1.08	1.99	1.54	20.45	1.21	1.86	4.84
19	0.67	0.46	4.66	1.37	2.73	91.27	3.44	0.65	0.31	1.49	1.67	1.64	10.81
20	2.69	0.80	6.80	1.43	4.43	1.67	5.26	1.36	1.25	6.27	0.99	0.54	12.15
21	2.48	2.44	2.50	0.51	1.40	0.58	0.23	6.37	0.48	7.41	2.31	5.93	6.34
22	1.75	0.35	0.72	0.12	0.21	0.07	0.02	0.13	0.25	0.39	0.25	0.36	0.93
23	0.00	0.00	0.00	0.00	0.00	0.00	0.00	0.00	0.00	0.00	0.00	0.00	0.00
24	0.11	0.04	0.11	0.03	0.04	0.02	0.00	0.02	0.05	0.34	0.04	0.10	0.53
25	0.00	0.00	0.00	0.00	0.00	0.00	0.00	0.00	0.00	0.00	0.00	0.00	0.00
26	0.21	0.15	0.51	0.13	0.21	0.14	0.04	0.08	0.04	0.17	0.63	2.59	1.97
中间投入	2407.70	937.77	2343.61	696.55	1080.46	619.74	110.02	409.70	741.77	4707.27	1368.56	2056.46	2777.70
增加值合计	859.62	517.99	186.50	29.17	-2.43	83.89	32.60	128.85	1003.50	2881.08	1278.76	2018.95	6462.34
总投入	3297.92	1454.78	2506.36	723.92	1079.57	728.48	136.12	541.61	1747.35	7588.36	2639.19	4483.71	9241.60

表 A1.3　　1987 年最终使用（投入）表、总产出、增加值及进口总值

部门代码	国产品 居民消费	政府消费	资本形成	出口	合计	其他	进口品 居民消费	政府消费	资本形成	出口	合计	其他	总产出	进口合计
1	6172.78	20.15	611.96	552.22	7357.10	58.06	93.94	0.31	9.31	8.40	111.97	0.88	13597.79	206.94
2	192.12	0.00	-0.39	60.44	252.17	-36.89	1.03	0.00	0.00	0.32	1.35	-0.20	1176.72	6.32
3	0.90	0.00	9.00	263.85	273.76	-23.25	0.00	0.00	0.00	0.00	0.00	0.00	1593.77	0.00
4	0.00	0.00	-1.15	26.12	24.96	-8.83	0.00	0.00	-0.11	2.53	2.41	-0.85	275.26	26.62
5	11.69	0.00	-4.01	40.00	47.69	-10.92	0.81	0.00	-0.28	2.76	3.29	-0.75	543.39	37.50
6	2496.13	105.79	110.12	341.91	3053.96	22.29	108.33	4.59	4.78	14.84	132.54	0.97	4463.29	193.71
7	814.17	13.35	125.03	514.99	1467.55	28.38	29.21	0.48	4.49	18.47	52.64	1.02	3820.70	137.06
8	524.35	20.62	36.57	494.17	1075.72	9.91	110.39	4.34	7.70	104.03	226.46	2.09	1357.66	285.81
9	62.36	0.77	18.57	17.93	99.62	1.15	5.42	0.07	1.61	1.56	8.66	0.10	381.73	33.18
10	121.04	77.89	48.10	282.56	529.59	44.28	11.05	7.11	4.39	25.80	48.36	4.04	1726.17	157.61
11	194.57	0.00	-60.48	235.01	369.09	-26.39	3.42	0.00	-1.06	4.13	6.48	-0.46	3472.60	60.98
12	348.12	22.17	90.01	184.06	644.36	-25.68	32.57	2.07	8.42	17.22	60.28	-2.40	3728.13	348.76
13	24.21	1.88	-12.59	41.31	54.81	-52.42	0.29	0.02	-0.15	0.50	0.67	-0.64	2035.53	24.79
14	0.00	0.00	35.68	121.66	157.33	-30.60	0.00	0.00	3.96	13.51	17.47	-3.40	3267.32	362.76
15	171.90	6.33	97.39	94.92	370.54	0.98	5.66	0.21	3.21	3.13	12.21	0.03	1455.76	47.97
16	166.72	3.99	1039.12	220.58	1430.41	23.75	73.38	1.76	457.39	97.10	629.63	10.45	2530.11	1113.68
17	17.87	0.00	354.49	16.11	388.47	1.80	9.58	0.00	190.14	8.64	208.37	0.96	725.71	389.26
18	269.79	0.12	206.29	30.97	507.17	-1.55	46.37	0.02	35.46	5.32	87.17	-0.27	1078.03	185.28
19	232.58	3.47	116.52	85.72	438.30	-24.85	99.00	1.48	49.60	36.49	186.57	-10.58	703.63	299.51
20	0.00	0.00	38.38	3.09	41.46	6.50	0.00	0.00	22.22	1.79	24.01	3.77	142.62	82.59
21	3.11	0.09	239.56	64.81	307.57	-3.06	0.72	0.02	55.28	14.96	70.98	-0.71	538.55	124.28
22	162.78	0.00	0.00	0.49	163.26	-2.07	1.28	0.00	0.00	0.00	1.29	-0.02	1745.27	13.75
23	0.00	0.00	7588.36	0.00	7588.36	0.00	0.00	0.00	0.00	0.00	0.00	0.00	7588.36	0.00
24	603.42	1.95	122.91	306.31	1034.58	8.13	1.05	0.21	0.00	0.54	1.81	0.01	2647.33	4.63
25	1037.96	366.18	295.83	117.79	1817.75	-408.31	0.00	0.00	0.00	0.00	0.00	0.00	4075.41	0.00
26	2273.29	3865.24	0.00	107.94	6246.46	-1.57	7.61	12.94	0.00	0.36	20.91	-0.01	9240.04	30.93

表 A2.1

1990 年国产品中间使用（投入）表

部门代码	1	2	3	4	5	6	7	8	9	10	11	12	13
1	2816.87	20.54	0.08	4.61	66.66	2866.59	1080.28	201.75	30.56	289.71	0.46	600.96	40.46
2	8.50	12.29	0.94	1.90	8.82	12.35	13.25	1.53	10.75	20.32	126.39	130.63	129.92
3	0.00	0.04	1.84	0.00	0.32	0.07	0.00	0.00	0.00	0.31	1129.02	80.95	1.57
4	0.00	0.00	0.00	33.90	0.00	0.00	0.00	0.00	0.00	0.00	0.00	9.63	0.00
5	4.12	10.28	1.84	1.44	12.88	4.56	2.33	0.97	25.59	9.72	1.82	220.87	75.96
6	517.44	2.04	0.40	0.27	1.92	487.77	4.58	50.00	1.20	5.34	1.10	163.63	4.65
7	23.65	9.20	3.32	2.48	11.56	7.45	1509.05	422.41	29.81	153.79	2.17	157.85	42.32
8	4.46	8.83	2.95	2.12	6.54	1.87	6.17	111.92	6.93	6.54	3.04	15.07	14.13
9	12.03	2.86	0.99	0.46	1.21	1.35	1.29	1.31	54.24	7.65	0.67	5.17	6.73
10	8.25	7.92	1.82	1.00	5.00	51.44	9.97	10.98	8.96	406.98	2.06	64.60	155.70
11	221.83	39.24	31.11	20.87	67.79	20.95	27.86	8.69	37.00	34.90	126.61	338.88	279.20
12	629.32	45.77	14.16	16.60	35.63	34.84	271.85	48.77	37.07	117.13	28.29	1108.58	145.74
13	12.34	32.06	18.13	5.59	21.06	55.91	3.40	1.05	6.53	11.88	11.14	63.59	320.70
14	3.41	22.83	15.72	6.31	6.55	4.97	2.72	2.09	27.14	68.00	6.43	168.95	149.25
15	26.42	52.73	6.53	7.12	18.90	16.05	6.01	13.49	32.70	16.99	6.64	56.64	61.69
16	27.84	49.16	45.14	10.18	20.58	4.23	20.28	1.59	6.21	9.52	10.57	39.07	52.16
17	8.62	3.57	4.71	2.20	6.16	0.47	0.65	0.23	1.17	0.81	1.61	3.34	7.79
18	2.59	21.80	7.65	3.49	6.13	1.77	3.87	0.88	2.81	4.64	3.75	14.81	22.89
19	0.09	1.16	0.95	0.20	0.45	0.08	0.23	0.06	0.15	1.75	0.47	1.27	1.19

续表

部门代码	1	2	3	4	5	6	7	8	9	10	11	12	13
20	0.21	1.50	3.31	0.28	0.73	0.20	0.32	0.03	0.23	0.47	2.45	4.59	2.07
21	20.40	10.36	0.63	3.72	5.10	3.95	6.37	36.27	5.34	16.42	1.72	13.88	27.48
22	112.81	98.97	20.60	35.26	104.46	38.22	72.57	8.99	34.86	80.34	22.88	618.24	268.52
23	0.00	0.00	0.00	0.00	0.00	0.00	0.00	0.00	0.00	0.00	0.00	0.00	0.00
24	269.69	22.55	10.88	7.67	17.88	364.79	111.48	24.37	15.18	53.19	121.56	147.01	98.99
25	121.50	37.37	13.48	10.64	27.93	215.21	281.86	96.82	29.36	103.98	44.22	233.23	109.59
26	249.43	34.98	15.43	11.59	22.42	140.52	136.71	53.94	18.64	70.48	10.17	174.15	108.47

部门代码	14	15	16	17	18	19	20	21	22	23	24	25	26
1	6.85	6.42	9.72	2.16	10.43	0.29	0.36	21.41	1.22	33.38	0.63	276.52	74.88
2	138.79	9.55	25.64	5.70	8.06	1.63	1.10	7.36	416.58	9.14	45.86	13.61	47.84
3	6.96	0.81	1.86	0.22	0.15	0.08	0.01	0.11	92.99	0.05	1.13	0.15	2.70
4	255.45	19.95	6.04	0.27	0.00	0.00	0.00	0.00	0.00	0.00	0.00	0.00	0.45
5	12.35	9.33	8.96	1.91	2.20	0.84	0.51	2.97	13.63	267.54	21.95	7.72	22.19
6	4.94	3.14	4.31	1.16	3.49	0.73	0.54	1.09	2.19	3.83	5.49	239.45	38.14
7	13.76	53.52	30.46	8.38	8.05	3.26	1.79	55.16	6.99	18.72	20.31	60.06	40.88
8	15.57	8.69	18.12	4.37	4.37	2.10	1.38	10.24	4.87	17.17	17.99	13.22	22.84
9	2.46	10.01	25.46	4.90	6.48	1.74	1.82	4.76	1.01	80.22	17.01	17.42	25.72
10	10.86	36.41	29.64	3.83	36.78	10.92	3.70	15.65	7.14	11.57	30.21	74.41	303.84

续表

部门代码	14	15	16	17	18	19	20	21	22	23	24	25	26
11	591.53	67.39	211.28	48.69	72.69	14.72	6.04	52.57	239.84	286.57	1041.21	100.24	261.31
12	66.79	80.61	153.66	70.64	141.26	62.21	13.52	61.91	15.11	83.46	109.27	27.22	290.00
13	157.82	38.50	61.96	20.53	61.94	34.65	8.11	16.83	17.72	1491.98	22.41	55.40	108.94
14	900.90	371.87	427.85	104.01	303.10	45.67	31.10	88.79	7.63	626.52	51.64	16.09	30.41
15	43.20	130.83	122.97	20.79	56.41	19.54	9.48	24.51	11.62	295.90	25.03	32.51	69.86
16	102.34	29.62	472.44	75.89	51.28	8.55	9.98	26.07	19.54	101.98	20.58	9.52	64.21
17	11.12	4.58	22.69	164.48	1.60	0.75	0.48	30.19	3.64	17.45	134.82	8.66	20.83
18	29.02	14.58	155.11	26.26	153.43	39.96	12.05	16.98	23.17	84.32	14.89	9.86	30.33
19	2.52	1.73	13.07	4.02	7.48	281.90	14.57	2.54	1.76	2.33	9.01	3.29	28.16
20	5.13	1.52	9.69	2.14	6.16	2.63	11.33	2.61	3.61	4.98	2.34	0.55	22.73
21	30.60	31.11	23.31	4.99	13.15	6.14	3.33	114.92	5.36	39.51	45.14	39.02	27.43
22	347.81	67.78	152.46	27.60	42.76	17.01	7.06	36.35	66.04	62.75	52.17	55.09	151.30
23	0.00	0.00	0.00	0.00	0.00	0.00	0.00	0.00	0.00	0.00	0.00	0.00	0.00
24	135.74	50.44	101.74	31.36	38.19	15.06	6.80	25.56	82.97	209.61	78.45	84.61	353.27
25	131.10	78.39	167.47	49.48	80.04	59.43	12.24	49.42	51.18	190.00	100.55	158.82	213.56
26	68.60	54.04	157.14	40.76	67.20	49.74	17.86	43.83	12.82	90.54	207.78	883.45	655.59

表 A2.2　1990 年进口品中间使用（投入）、中间投入合计、增加值及总投入表

部门代码	1	2	3	4	5	6	7	8	9	10	11	12	13
1	41.79	0.30	0.00	0.07	0.99	42.53	16.03	2.99	0.45	4.30	0.01	8.92	0.60
2	0.03	0.04	0.00	0.01	0.03	0.04	0.04	0.00	0.03	0.06	0.40	0.41	0.41
3	0.00	0.00	0.03	0.00	0.01	0.00	0.00	0.00	0.00	0.01	20.55	1.47	0.03
4	0.00	0.00	0.00	4.73	0.00	0.00	0.00	0.00	0.00	0.00	0.00	1.34	0.00
5	0.25	0.62	0.11	0.09	0.78	0.28	0.14	0.06	1.55	0.59	0.11	13.35	4.59
6	14.95	0.06	0.01	0.01	0.06	14.09	0.13	1.44	0.03	0.15	0.03	4.73	0.13
7	0.81	0.32	0.11	0.09	0.40	0.26	51.93	14.54	1.03	5.29	0.07	5.43	1.46
8	0.82	1.62	0.54	0.39	1.20	0.34	1.13	20.54	1.27	1.20	0.56	2.77	2.59
9	1.15	0.27	0.09	0.04	0.12	0.13	0.12	0.13	5.18	0.73	0.06	0.49	0.64
10	0.68	0.65	0.15	0.08	0.41	4.25	0.82	0.91	0.74	33.60	0.17	5.33	12.86
11	3.99	0.71	0.56	0.38	1.22	0.38	0.50	0.16	0.67	0.63	2.28	6.09	5.02
12	56.30	4.09	1.27	1.49	3.19	3.12	24.32	4.36	3.32	10.48	2.53	99.18	13.04
13	0.10	0.27	0.15	0.05	0.18	0.47	0.03	0.01	0.06	0.10	0.09	0.54	2.70
14	0.20	1.35	0.93	0.37	0.39	0.29	0.16	0.12	1.60	4.01	0.38	9.97	8.81
15	1.07	2.14	0.27	0.29	0.77	0.65	0.24	0.55	1.33	0.69	0.27	2.30	2.51
16	10.00	17.66	16.22	3.66	7.39	1.52	7.29	0.57	2.23	3.42	3.80	14.04	18.74
17	3.59	1.48	1.96	0.91	2.56	0.20	0.27	0.10	0.48	0.34	0.67	1.39	3.24
18	0.46	3.88	1.36	0.62	1.09	0.31	0.69	0.16	0.50	0.83	0.67	2.63	4.07
19	0.03	0.39	0.32	0.07	0.15	0.03	0.08	0.02	0.05	0.60	0.16	0.43	0.41
20	0.12	0.83	1.85	0.15	0.41	0.11	0.18	0.01	0.13	0.26	1.36	2.56	1.16
21	4.29	2.18	0.13	0.78	1.07	0.83	1.34	7.63	1.12	3.45	0.36	2.92	5.78

续表

部门代码	1	2	3	4	5	6	7	8	9	10	11	12	13
22	0.93	0.81	0.17	0.29	0.86	0.31	0.60	0.07	0.29	0.66	0.19	5.09	2.21
23	0.00	0.00	0.00	0.00	0.00	0.00	0.00	0.00	0.00	0.00	0.00	0.00	0.00
24	1.02	0.09	0.04	0.03	0.07	1.39	0.42	0.09	0.06	0.20	0.46	0.56	0.38
25	0.00	0.00	0.00	0.00	0.00	0.00	0.00	0.00	0.00	0.00	0.00	0.00	0.00
26	1.45	0.20	0.09	0.07	0.13	0.82	0.80	0.31	0.11	0.41	0.06	1.02	0.63
中间投入	5245.86	588.03	248.99	204.54	500.13	4407.97	3680.38	1152.94	444.65	1562.88	1700.49	4628.55	2219.19
增加值合计	10891.59	1150.40	1370.75	127.14	260.36	911.27	314.62	611.30	-3.49	480.78	3108.25	-14.43	653.51
总投入	16209.08	1804.06	1668.14	349.02	803.31	5402.98	4080.31	1753.64	470.08	2082.63	4961.72	4691.91	3053.09

部门代码	14	15	16	17	18	19	20	21	22	23	24	25	26
1	0.10	0.10	0.14	0.03	0.15	0.00	0.01	0.32	0.02	0.50	0.01	4.10	1.11
2	0.44	0.03	0.08	0.02	0.03	0.01	0.00	0.02	1.31	0.03	0.14	0.04	0.15
3	0.13	0.01	0.03	0.00	0.00	0.00	0.00	0.00	1.69	0.00	0.02	0.00	0.05
4	35.63	2.78	0.84	0.04	0.00	0.00	0.00	0.00	0.00	0.00	0.00	0.00	0.06
5	0.75	0.56	0.54	0.12	0.13	0.05	0.03	0.18	0.82	16.17	1.33	0.47	1.34
6	0.14	0.09	0.12	0.03	0.10	0.02	0.02	0.03	0.06	0.11	0.16	6.92	1.10
7	0.47	1.84	1.05	0.29	0.28	0.11	0.06	1.90	0.24	0.64	0.70	2.07	1.41
8	2.86	1.59	3.33	0.80	0.80	0.39	0.25	1.88	0.89	3.15	3.30	2.43	4.19
9	0.23	0.96	2.43	0.47	0.62	0.17	0.17	0.45	0.10	7.67	1.63	1.66	2.46
10	0.90	3.01	2.45	0.32	3.04	0.90	0.31	1.29	0.59	0.96	2.49	6.14	25.09
11	10.64	1.21	3.80	0.88	1.31	0.26	0.11	0.95	4.31	5.15	18.73	1.80	4.70

续表

部门代码	14	15	16	17	18	19	20	21	22	23	24	25	26
12	5.98	7.21	13.75	6.32	12.64	5.57	1.21	5.54	1.35	7.47	9.78	2.44	25.95
13	1.33	0.32	0.52	0.17	0.52	0.29	0.07	0.14	0.15	12.57	0.19	0.47	0.92
14	53.17	21.95	25.25	6.14	17.89	2.70	1.84	5.24	0.45	36.97	3.05	0.95	1.79
15	1.76	5.32	5.00	0.84	2.29	0.79	0.39	1.00	0.47	12.03	1.02	1.32	2.84
16	36.78	10.64	169.76	27.27	18.43	3.07	3.59	9.37	7.02	36.64	7.40	3.42	23.07
17	4.63	1.91	9.44	68.45	0.66	0.31	0.20	12.56	1.51	7.26	56.10	3.60	8.67
18	5.16	2.59	27.59	4.67	27.29	7.11	2.14	3.02	4.12	15.00	2.65	1.75	5.40
19	0.86	0.59	4.44	1.37	2.54	95.79	4.95	0.86	0.60	0.79	3.06	1.12	9.57
20	2.86	0.85	5.41	1.19	3.44	1.47	6.32	1.46	2.02	2.78	1.31	0.31	12.69
21	6.44	6.54	4.90	1.05	2.77	1.29	0.70	24.17	1.13	8.31	9.49	8.21	5.77
22	2.86	0.56	1.26	0.23	0.35	0.14	0.06	0.30	0.54	0.52	0.43	0.45	1.25
23	0.00	0.00	0.00	0.00	0.00	0.00	0.00	0.00	0.00	0.00	0.00	0.00	0.00
24	0.52	0.19	0.39	0.12	0.15	0.06	0.03	0.10	0.32	0.80	0.30	0.32	1.34
25	0.00	0.00	0.00	0.00	0.00	0.00	0.00	0.00	0.00	0.00	0.00	0.00	0.00
26	0.40	0.32	0.92	0.24	0.39	0.29	0.10	0.26	0.07	0.53	1.21	5.15	3.82
中间投入	3267.19	1252.01	2696.52	845.58	1272.53	800.34	197.70	782.88	1138.42	4205.58	2200.38	2242.04	3052.13
增加值合计	465.19	510.46	15.83	18.64	-23.42	83.15	22.78	125.73	1637.35	2114.98	1588.19	2184.92	7413.97
总投入	3817.26	1734.76	2580.40	832.34	1272.24	918.94	231.23	941.74	2858.18	6142.11	3705.28	4966.34	9931.20

表 A2.3　　1990 年最终使用（投入）表、总产出、增加值及进口总值

部门代码	国产品						进口品						总产出	进口合计
	居民消费	政府消费	资本形成	出口	合计	其他	居民消费	政府消费	资本形成	出口	合计	其他		
1	6288.93	32.39	760.63	663.33	7745.28	91.04	93.30	0.48	11.28	9.84	13.78	1.35	16137.45	239.41
2	255.90	0.00	252.13	87.57	595.60	-56.23	0.81	0.00	0.79	0.28	-2.52	-0.18	1738.43	5.47
3	0.77	0.00	16.79	329.24	346.79	44.74	0.01	0.00	0.31	5.99	-26.02	0.81	1619.74	29.48
4	0.00	0.00	4.49	18.85	23.33	52.30	0.00	0.00	0.63	2.63	-45.46	7.29	331.68	46.26
5	14.48	0.00	-11.85	56.23	58.85	47.16	0.88	0.00	-0.72	3.40	-69.72	2.85	760.49	45.98
6	3020.50	130.07	277.28	426.31	3854.15	87.88	87.27	3.76	8.01	12.32	-39.80	2.54	5319.24	153.68
7	569.90	13.23	148.19	652.61	1383.92	134.07	19.61	0.46	5.10	22.46	-127.40	4.61	3995.00	137.49
8	562.71	58.46	122.80	678.15	1422.13	285.64	103.27	10.73	22.54	124.45	-106.70	52.42	1764.23	323.77
9	94.51	2.33	62.83	15.45	175.12	32.41	9.03	0.22	6.00	1.48	-48.61	3.10	441.16	42.16
10	188.02	81.27	55.02	448.68	772.98	180.24	15.52	6.71	4.54	37.04	-114.19	14.88	2043.66	168.73
11	211.68	0.00	175.83	325.20	712.71	61.98	3.81	0.00	3.16	5.85	-81.04	1.11	4808.74	86.48
12	323.83	57.39	165.50	435.78	982.51	394.26	28.97	5.13	14.81	38.99	-305.77	35.27	4614.12	412.80
13	23.12	0.81	218.35	150.62	392.89	-115.55	0.19	0.01	1.84	1.27	-55.54	-0.97	2872.69	24.21
14	0.00	0.00	164.98	162.34	327.32	270.43	0.00	0.00	9.74	9.58	-229.20	15.96	3732.38	220.26
15	198.29	13.76	190.70	147.45	550.21	101.47	8.06	0.56	7.75	5.99	-76.02	4.12	1762.47	71.64
16	125.91	7.74	1039.59	118.63	1291.86	544.71	45.24	2.78	373.56	42.63	-346.76	195.73	2712.35	974.63
17	19.86	0.00	317.39	32.46	369.72	161.44	8.27	0.00	132.08	13.51	-148.57	67.18	864.22	359.63
18	219.76	28.94	229.90	86.60	565.20	116.03	39.09	5.15	40.89	15.40	-138.20	20.64	1249.12	222.18
19	237.81	7.66	114.48	178.55	538.50	173.23	80.80	2.60	38.90	60.67	-144.95	58.86	883.49	300.20
20	0.00	0.00	81.82	57.59	139.41	69.19	0.00	0.00	45.66	32.14	-60.74	38.61	220.48	123.05
21	2.97	2.64	259.84	140.63	406.08	108.59	0.63	0.56	54.65	29.58	-121.79	22.84	908.61	191.10
22	253.86	0.00	0.00	1.42	255.27	-59.33	2.09	0.00	0.00	0.01	-21.17	-0.49	2775.77	22.85
23	0.00	0.00	6142.11	0.00	6142.11	178.45	0.00	0.00	0.00	0.00	0.00	0.00	6320.56	0.00
24	634.26	15.66	115.30	461.01	1226.24	101.12	2.41	0.06	0.44	1.75	-9.74	0.38	3788.57	14.40
25	1543.27	362.22	390.12	3.85	2299.46	57.91	0.00	0.00	0.00	0.00	-654.85	0.00	4426.96	0.00
26	2495.58	3919.36	0.00	119.95	6534.90	595.39	14.55	22.86	0.00	0.70	-22.93	3.47	10466.10	61.04

表 A3.1　　1992 年国产品中间使用（投入）表

部门门代码	1	2	3	4	5	6	7	8	9	10	11	12	13
1	2423.87	5.78	0.05	3.72	26.24	3392.20	1060.73	197.32	34.82	290.73	0.27	434.89	47.57
2	17.94	62.18	1.40	5.44	13.44	37.38	40.72	4.68	7.73	15.29	150.94	102.17	167.18
3	0.00	0.01	29.77	0.09	0.44	0.10	0.00	0.00	0.00	0.74	1335.30	225.25	25.73
4	0.03	0.00	0.00	36.64	0.00	0.00	0.00	0.00	0.00	0.00	0.00	10.69	0.00
5	19.17	28.09	5.56	1.32	42.26	15.02	7.25	2.91	34.43	18.95	3.14	113.77	119.20
6	502.70	0.42	0.18	0.09	0.16	649.05	1.63	63.61	0.42	2.80	0.54	148.96	2.03
7	26.75	3.80	2.53	1.73	13.27	21.44	1746.45	671.67	33.27	227.42	1.33	182.65	52.58
8	1.97	2.92	1.31	1.04	2.16	4.27	5.96	122.42	8.20	7.28	1.07	14.63	13.29
9	16.64	2.03	0.92	0.46	1.19	2.73	1.06	0.55	90.27	9.00	0.46	4.73	10.34
10	16.60	3.63	1.88	0.74	3.01	122.47	24.81	22.57	10.02	476.66	1.05	91.22	163.80
11	233.52	56.07	24.07	17.78	60.43	70.75	45.45	14.06	24.48	26.20	119.33	266.66	317.49
12	828.16	24.61	14.75	16.94	50.34	134.92	409.05	109.08	44.75	152.66	18.75	1732.99	176.51
13	81.30	39.43	26.76	7.94	38.65	67.59	10.55	2.74	8.31	18.71	13.87	99.09	375.81
14	3.05	39.07	25.51	8.03	18.08	12.88	3.71	1.32	34.92	75.09	3.54	56.83	119.78
15	80.99	25.20	8.90	4.79	13.81	60.52	17.16	24.64	39.69	24.04	4.62	89.61	66.94
16	84.98	54.11	49.00	11.18	38.43	37.78	70.28	7.27	7.88	28.55	13.28	90.90	82.21
17	14.25	6.51	5.68	2.49	6.91	4.86	3.39	1.31	1.25	1.63	2.24	10.49	17.90
18	16.70	18.41	9.61	3.27	11.75	13.10	9.94	2.06	2.23	6.27	2.80	24.87	29.55
19	0.11	1.60	1.90	0.22	0.86	2.16	0.72	0.19	0.22	4.22	0.52	2.91	1.34

续表

部门代码	1	2	3	4	5	6	7	8	9	10	11	12	13
20	2.10	3.56	7.60	0.27	1.31	2.89	1.84	0.17	0.16	1.51	3.06	13.70	3.62
21	18.32	23.31	1.67	3.22	6.43	39.02	24.03	58.26	9.58	37.54	2.93	40.44	45.38
22	57.04	138.65	66.36	49.66	142.17	94.80	116.99	6.84	29.99	94.83	29.18	517.97	469.58
23	2.44	1.55	0.16	0.66	5.88	4.20	1.57	0.33	0.15	0.72	0.55	1.92	1.79
24	157.93	27.46	10.40	8.23	25.05	88.75	51.89	28.67	15.29	41.83	57.62	148.10	104.01
25	302.55	61.91	35.52	20.82	50.73	257.87	494.71	254.14	63.65	294.23	130.82	514.41	296.67
26	496.64	67.32	39.18	22.67	43.32	260.65	265.78	114.58	32.28	106.00	25.95	498.64	203.73

部门代码	14	15	16	17	18	19	20	21	22	23	24	25	26
1	0.74	4.27	5.43	1.36	1.28	0.26	0.20	94.33	0.30	35.30	0.48	395.63	80.81
2	190.93	7.23	16.61	5.01	3.47	1.53	0.97	14.02	415.71	7.35	45.54	29.52	65.57
3	53.30	1.43	5.84	1.25	0.76	3.00	0.79	7.49	135.02	0.51	15.09	20.00	28.60
4	226.81	23.50	10.71	0.77	0.00	0.00	0.00	5.39	0.00	10.18	0.04	0.00	0.55
5	49.39	13.11	20.75	4.08	5.23	1.48	0.53	7.62	11.21	265.57	17.59	44.54	71.04
6	0.72	0.45	1.61	1.58	0.38	0.28	0.11	1.64	0.46	1.46	4.19	767.42	90.44
7	7.30	34.09	24.12	9.16	3.78	0.97	1.35	79.38	1.20	26.80	18.86	40.49	50.22
8	8.61	4.02	8.77	4.92	1.29	0.59	0.76	11.98	3.22	18.49	12.44	27.49	31.93
9	1.48	4.75	16.57	4.96	3.53	1.37	1.11	6.23	1.14	120.96	8.49	48.89	48.45

续表

部门代码	14	15	16	17	18	19	20	21	22	23	24	25	26
10	6.21	16.63	27.50	5.29	32.14	12.09	2.96	26.32	7.01	12.74	31.19	149.24	488.52
11	300.05	33.71	121.87	34.45	23.29	10.26	3.20	52.48	233.33	188.83	1323.15	243.70	434.65
12	40.69	53.58	143.10	109.87	142.24	70.25	7.56	106.26	15.74	138.27	105.61	78.40	429.46
13	129.82	29.88	77.70	41.95	67.17	42.61	11.26	33.04	29.67	1647.33	44.50	183.46	306.23
14	1223.98	716.64	845.08	182.46	427.44	46.71	19.56	102.28	9.64	718.33	23.03	133.95	41.03
15	27.54	138.91	131.66	24.52	52.86	23.44	6.62	29.98	13.90	481.57	31.26	45.11	110.61
16	102.82	33.58	733.44	166.34	75.76	19.49	11.41	49.55	43.60	203.46	52.16	30.28	170.50
17	9.39	4.95	29.26	346.12	3.43	1.98	1.07	67.19	6.20	34.48	189.20	103.86	159.87
18	22.09	16.04	231.17	40.89	219.91	64.26	12.40	18.98	22.08	151.91	18.62	32.41	59.46
19	2.85	3.24	17.23	6.33	13.97	296.10	13.15	6.70	3.73	9.10	13.79	12.86	74.11
20	6.86	1.85	14.75	6.11	16.37	5.39	17.87	5.16	10.37	8.56	4.05	3.15	24.64
21	51.58	30.06	48.91	9.84	28.63	7.63	2.74	143.00	8.71	60.01	46.78	277.61	95.71
22	416.96	83.11	178.63	13.18	44.79	23.32	0.91	39.45	78.02	11.35	75.54	58.54	440.44
23	3.28	0.35	3.38	0.76	0.92	0.47	0.14	0.53	3.43	69.63	7.25	111.24	229.87
24	92.94	38.92	96.41	30.92	28.91	17.89	4.42	28.68	76.93	240.80	58.52	1090.43	508.10
25	349.61	182.81	466.67	197.02	193.83	156.98	24.49	141.12	102.80	690.20	200.82	393.29	557.06
26	383.52	82.67	350.17	123.52	155.44	118.60	24.89	77.30	62.81	150.55	193.56	1401.56	1582.13

表 A3.2　　　　　　　　1992 年进口品中间使用（投入）、中间投入合计、增加值及总投入表

部门代码	1	2	3	4	5	6	7	8	9	10	11	12	13
1	28.94	0.07	0.00	0.04	0.31	40.50	12.66	2.36	0.42	3.47	0.00	5.19	0.57
2	0.07	0.24	0.01	0.02	0.05	0.15	0.16	0.02	0.03	0.06	0.59	0.40	0.65
3	0.00	0.00	1.53	0.00	0.02	0.00	0.00	0.00	0.00	0.04	68.74	11.60	1.32
4	0.00	0.00	0.00	5.23	0.00	0.00	0.00	0.00	0.00	0.00	0.00	1.52	0.00
5	0.95	1.39	0.28	0.07	2.09	0.74	0.36	0.14	1.71	0.94	0.16	5.64	5.91
6	14.50	0.01	0.01	0.00	0.00	18.72	0.05	1.83	0.01	0.08	0.02	4.30	0.06
7	2.26	0.32	0.21	0.15	1.12	1.81	147.77	56.83	2.81	19.24	0.11	15.45	4.45
8	0.13	0.19	0.09	0.07	0.14	0.28	0.39	8.08	0.54	0.48	0.07	0.97	0.88
9	1.91	0.23	0.11	0.05	0.14	0.31	0.12	0.06	10.38	1.03	0.05	0.54	1.19
10	1.12	0.24	0.13	0.05	0.20	8.24	1.67	1.52	0.67	32.07	0.07	6.14	11.02
11	8.60	2.06	0.89	0.65	2.23	2.61	1.67	0.52	0.90	0.96	4.39	9.82	11.69
12	95.57	2.84	1.70	1.95	5.81	15.57	47.21	12.59	5.16	17.62	2.16	200.00	20.37
13	1.50	0.73	0.49	0.15	0.71	1.25	0.20	0.05	0.15	0.35	0.26	1.83	6.95
14	0.24	3.11	2.03	0.64	1.44	1.02	0.30	0.10	2.78	5.98	0.28	4.52	9.53
15	4.54	1.41	0.50	0.27	0.77	3.39	0.96	1.38	2.23	1.35	0.26	5.03	3.75
16	33.82	21.53	19.50	4.45	15.29	15.04	27.97	2.89	3.14	11.36	5.29	36.17	32.71
17	7.34	3.35	2.93	1.28	3.56	2.50	1.74	0.68	0.64	0.84	1.15	5.41	9.22
18	3.00	3.31	1.72	0.59	2.11	2.35	1.78	0.37	0.40	1.13	0.50	4.46	5.30
19	0.05	0.76	0.90	0.11	0.41	1.03	0.34	0.09	0.10	2.01	0.25	1.38	0.64
20	0.79	1.35	2.87	0.10	0.49	1.09	0.69	0.07	0.06	0.57	1.16	5.18	1.37
21	1.27	1.62	0.12	0.22	0.45	2.71	1.67	4.05	0.67	2.61	0.20	2.81	3.15

续表

部门代码	1	2	3	4	5	6	7	8	9	10	11	12	13
22	0.76	1.85	0.89	0.66	1.90	1.27	1.56	0.09	0.40	1.27	0.39	6.91	6.27
23	0.00	0.00	0.00	0.00	0.00	0.00	0.00	0.00	0.00	0.00	0.00	0.00	0.00
24	14.13	2.46	0.93	0.74	2.24	7.94	4.64	2.56	1.37	3.74	5.15	13.25	9.30
25	13.04	2.67	1.53	0.90	2.19	11.11	21.32	10.95	2.74	12.68	5.64	22.16	12.78
26	0.39	0.05	0.03	0.02	0.03	0.21	0.21	0.09	0.03	0.08	0.02	0.40	0.16
中间投入	5640.69	749.46	410.04	247.85	660.03	5537.23	4691.10	1818.70	571.31	2082.84	2020.10	5809.56	3073.27
增加值合计	12103.94	1058.49	1732.88	96.80	328.13	1129.39	573.55	756.48	47.95	774.14	2834.27	680.90	845.97
总投入	17824.36	1796.89	2129.97	343.75	983.20	6638.79	5242.11	2555.14	619.25	2847.26	4824.23	6477.77	3893.98

部门代码	14	15	16	17	18	19	20	21	22	23	24	25	26
1	0.01	0.05	0.06	0.02	0.02	0.00	0.00	1.13	0.00	0.42	0.01	4.72	0.96
2	0.74	0.03	0.06	0.02	0.01	0.01	0.00	0.05	1.62	0.03	0.18	0.11	0.26
3	2.74	0.07	0.30	0.06	0.04	0.15	0.04	0.39	6.95	0.03	0.78	1.03	1.47
4	32.36	3.35	1.53	0.11	0.00	0.00	0.00	0.77	0.00	1.45	0.01	0.00	0.08
5	2.45	0.65	1.03	0.20	0.26	0.07	0.03	0.38	0.56	13.16	0.87	2.21	3.52
6	0.02	0.01	0.05	0.05	0.01	0.01	0.00	0.05	0.01	0.04	0.12	22.13	2.61
7	0.62	2.88	2.04	0.77	0.32	0.08	0.11	6.72	0.10	2.27	1.60	3.43	4.25
8	0.57	0.27	0.58	0.32	0.08	0.04	0.05	0.79	0.21	1.22	0.82	1.81	2.11
9	0.17	0.55	1.91	0.57	0.41	0.16	0.13	0.72	0.13	13.92	0.98	5.62	5.57
10	0.42	1.12	1.85	0.36	2.16	0.81	0.20	1.77	0.47	0.86	2.10	10.04	32.87
11	11.05	1.24	4.49	1.27	0.86	0.38	0.12	1.93	8.59	6.95	48.72	8.97	16.00

续表

部门代码	14	15	16	17	18	19	20	21	22	23	24	25	26
12	4.70	6.18	16.51	12.68	16.41	8.11	0.87	12.26	1.82	15.96	12.19	9.05	49.56
13	2.40	0.55	1.44	0.78	1.24	0.79	0.21	0.61	0.55	30.46	0.82	3.39	5.66
14	97.41	57.03	67.25	14.52	34.02	3.72	1.56	8.14	0.77	57.17	1.83	10.66	3.27
15	1.54	7.79	7.38	1.38	2.96	1.31	0.37	1.68	0.78	27.01	1.75	2.53	6.20
16	40.91	13.36	291.86	66.19	30.15	7.75	4.54	19.72	17.35	80.96	20.76	12.05	67.85
17	4.84	2.55	15.07	178.28	1.76	1.02	0.55	34.61	3.19	17.76	97.45	53.49	82.35
18	3.97	2.88	41.49	7.34	39.47	11.53	2.22	3.41	3.96	27.27	3.34	5.82	10.67
19	1.35	1.54	8.19	3.01	6.64	140.76	6.25	3.18	1.77	4.32	6.56	6.11	35.23
20	2.59	0.70	5.58	2.31	6.19	2.04	6.76	1.95	3.92	3.24	1.53	1.19	9.32
21	3.59	2.09	3.40	0.68	1.99	0.53	0.19	9.94	0.61	4.17	3.25	19.30	6.65
22	5.57	1.11	2.38	0.18	0.60	0.31	0.01	0.53	1.04	0.15	1.01	0.78	5.88
23	0.00	0.00	0.00	0.00	0.00	0.00	0.00	0.00	0.00	0.00	0.00	0.00	0.00
24	8.31	3.48	8.62	2.77	2.59	1.60	0.40	2.57	6.88	21.54	5.23	97.54	45.45
25	15.06	7.88	20.11	8.49	8.35	6.76	1.06	6.08	4.43	29.74	8.65	16.95	24.00
26	0.30	0.07	0.28	0.10	0.12	0.09	0.02	0.06	0.05	0.12	0.15	1.11	1.26
中间投入	3953.18	1677.23	4130.79	1675.07	1703.50	1114.99	196.14	1275.54	1361.99	5663.93	2762.47	6023.13	6603.06
增加值合计	798.53	460.37	358.96	151.68	121.02	112.53	42.71	225.12	2182.05	4484.07	1741.70	4203.15	9538.46
总投入	4715.86	2153.58	4475.32	1813.14	1825.83	1220.08	240.74	1501.92	3602.92	10146.12	4476.95	10174.10	16094.16

表 A3.3　　1992 年最终使用（投入）表、总产出、增加值及进口总值

部门代码	国产品						进口品						总产出	进口合计
	居民消费	政府消费	资本形成	出口	合计	其他	居民消费	政府消费	资本形成	出口	合计	其他		
1	8083.02	6.97	707.91	487.90	9285.80	-79.74	96.50	0.08	8.45	5.82	110.86	-0.95	17744.62	211.84
2	175.66	0.00	75.29	115.97	366.93	11.06	0.68	0.00	0.29	0.45	1.43	0.04	1807.95	7.04
3	1.46	0.00	83.10	154.92	239.47	12.95	0.08	0.00	4.28	7.98	12.33	0.67	2142.92	110.32
4	0.00	0.00	1.44	17.00	18.44	0.90	0.00	0.00	0.21	2.43	2.63	0.13	344.65	49.18
5	18.26	0.00	-4.91	46.65	60.00	4.96	0.90	0.00	-0.24	2.31	2.97	0.25	988.16	48.97
6	3574.40	221.66	59.79	539.61	4395.46	27.83	103.08	6.39	1.72	15.56	126.76	0.80	6666.62	192.26
7	702.83	6.94	266.95	982.80	1959.51	22.54	59.47	0.59	22.59	83.16	165.80	1.91	5264.65	445.46
8	654.58	5.35	118.33	1455.87	2234.12	20.04	43.19	0.35	7.81	96.06	147.42	1.32	2575.18	169.92
9	98.50	0.01	-17.05	129.49	210.95	0.01	11.33	0.00	-1.96	14.90	24.27	0.00	619.27	71.24
10	283.47	127.57	138.38	541.53	1090.94	9.71	19.07	8.58	9.31	36.44	73.40	0.65	2856.97	192.23
11	283.14	0.00	3.19	258.66	544.99	30.14	10.43	0.00	0.12	9.52	20.07	1.11	4854.37	178.75
12	639.50	2.04	164.09	517.60	1323.23	12.69	73.80	0.24	18.94	59.73	152.71	1.46	6490.46	749.03
13	134.40	0.07	81.95	242.18	458.61	25.26	2.48	0.00	1.52	4.48	8.48	0.47	3919.24	72.46
14	11.28	0.00	-344.48	157.12	-176.08	35.85	0.90	0.00	-27.41	12.50	-14.01	2.85	4751.71	378.15
15	261.84	0.12	72.99	239.73	574.68	-15.98	14.68	0.01	4.09	13.44	32.23	-0.90	2137.60	119.88
16	147.99	4.49	1728.19	326.42	2207.09	14.43	58.89	1.79	687.70	129.90	878.27	5.74	4489.75	1786.62
17	60.57	0.00	628.71	87.96	777.24	13.61	31.20	0.00	323.83	45.30	400.34	7.01	1826.75	940.91
18	368.27	0.04	185.15	211.60	765.06	-1.32	66.10	0.01	33.23	37.98	137.32	-0.24	1824.51	327.47
19	253.27	2.67	196.07	277.94	729.95	7.44	120.40	1.27	93.21	132.13	347.02	3.54	1227.52	583.56
20	0.00	0.00	57.24	16.58	73.83	-1.89	0.00	0.00	21.64	6.27	27.91	-0.71	238.85	90.29
21	17.91	0.00	330.40	32.31	380.61	-1.26	1.24	0.00	22.97	2.25	26.46	-0.09	1500.66	104.33
22	323.52	0.00	0.00	1.13	324.65	-58.89	4.32	0.00	0.00	0.02	4.33	-0.79	3544.04	47.30
23	0.00	0.00	9692.94	0.00	9692.94	1.88	96.50	0.08	8.45	5.82	110.86	-0.95	10148.00	211.84
24	664.34	7.29	52.55	673.67	1397.85	27.22	0.68	0.00	0.29	0.45	1.43	0.04	4504.17	7.04
25	1842.69	930.51	896.28	69.89	3739.37	52.18	0.08	0.00	4.28	7.98	12.33	0.67	10226.28	110.32
26	2335.55	6646.43	41.01	187.68	9210.68	47.35	0.00	0.00	0.21	2.43	2.63	0.13	16141.51	49.18

表 A4.1

1995 年国产品中间使用（投入）表

部门代码	1	2	3	4	5	6	7	8	9	10	11	12	13
1	3680.26	6.46	0.11	10.37	59.50	4526.81	1277.30	332.16	81.58	397.00	0.56	565.30	78.71
2	14.66	33.86	1.43	4.38	15.62	32.68	31.56	3.83	12.81	10.17	159.32	122.46	196.22
3	0.00	0.01	21.92	0.23	0.97	0.08	0.00	0.00	0.00	0.98	1197.54	268.26	21.56
4	0.07	0.00	0.00	54.52	0.00	0.00	0.00	0.00	0.00	0.00	0.00	16.89	0.00
5	32.99	31.13	11.98	3.78	91.52	12.30	10.34	5.02	78.87	26.55	5.98	218.09	210.37
6	930.97	0.52	0.41	0.28	0.39	1131.79	2.49	118.21	1.10	4.22	1.32	213.73	3.71
7	47.28	4.47	5.59	5.09	27.25	20.72	2342.44	1547.09	82.12	327.21	3.03	369.29	91.67
8	5.67	5.60	4.73	4.98	8.39	6.72	14.22	866.04	18.47	13.27	2.96	31.99	37.76
9	39.31	2.62	2.71	0.98	3.80	3.52	2.14	1.30	194.43	34.28	1.53	8.29	18.21
10	29.15	4.25	4.14	2.15	7.14	117.56	31.39	39.78	19.46	1151.54	2.70	199.43	261.90
11	233.50	19.84	27.09	25.14	38.55	54.07	27.96	18.31	29.66	27.49	101.03	281.25	224.62
12	1067.97	43.44	20.53	33.88	65.07	310.14	630.63	267.57	68.44	203.33	58.05	3466.29	247.48
13	122.96	39.74	50.63	19.94	79.01	55.87	13.23	4.15	17.55	23.03	35.37	116.12	683.97
14	4.60	31.29	33.26	12.16	25.84	17.70	3.76	3.30	36.59	86.43	7.91	142.74	196.54
15	123.85	25.68	17.03	12.16	28.54	50.58	21.76	37.80	84.75	29.92	10.66	106.17	100.96
16	110.01	46.67	79.34	24.03	67.25	26.73	75.44	9.45	14.25	30.08	27.84	91.17	104.97
17	31.11	9.47	15.51	9.04	20.40	5.80	6.13	2.88	3.80	2.90	7.60	17.75	38.54
18	35.07	25.77	25.24	11.41	33.35	15.04	17.31	4.34	6.54	10.72	9.14	40.47	61.22
19	0.27	2.56	5.69	0.89	2.81	2.83	1.42	0.45	0.73	8.24	2.31	5.41	3.18

续表

部门代码	1	2	3	4	5	6	7	8	9	10	11	12	13
20	2.55	2.89	11.58	0.55	2.15	1.92	1.85	0.21	0.26	1.50	6.71	12.92	4.35
21	33.95	13.56	1.84	3.20	12.68	16.54	13.05	27.57	6.40	15.64	4.55	20.63	29.45
22	83.35	103.71	66.19	78.57	144.23	163.97	118.70	23.64	32.61	91.93	93.97	419.55	721.89
23	4.32	1.82	0.35	1.95	14.05	4.06	2.31	0.59	0.38	1.04	1.93	2.63	3.12
24	339.70	39.97	28.56	29.66	73.59	105.58	94.25	62.82	46.44	73.93	218.15	249.09	222.18
25	491.68	62.73	63.49	55.21	104.93	222.82	597.97	379.75	131.06	352.82	337.61	596.18	440.65
26	522.67	39.23	30.08	29.15	60.61	205.64	203.89	147.81	54.91	104.85	33.05	273.47	179.69

部门代码	14	15	16	17	18	19	20	21	22	23	24	25	26
1	1.89	11.72	8.58	2.56	2.44	0.54	0.26	33.68	0.52	60.22	0.54	377.17	102.10
2	221.58	8.71	14.10	4.60	3.21	2.82	0.68	3.91	482.14	6.11	23.94	11.70	36.54
3	131.27	1.69	8.92	1.21	1.39	6.16	1.00	3.34	225.32	0.84	17.34	16.57	30.79
4	394.74	57.04	20.57	1.77	0.00	0.00	0.00	2.31	0.00	21.11	0.06	0.00	0.86
5	29.91	26.86	33.63	7.88	10.20	3.22	0.71	3.71	19.85	464.81	20.40	36.57	83.94
6	2.02	1.00	2.80	3.28	0.79	0.65	0.16	0.69	0.88	2.76	4.12	735.99	124.81
7	26.98	71.72	38.51	14.86	11.03	8.61	1.42	32.35	2.83	48.17	21.95	34.87	61.96
8	37.67	13.78	23.78	15.91	4.19	2.15	1.71	5.59	9.55	54.16	23.92	37.48	60.03
9	6.49	13.35	36.85	9.80	8.27	4.10	2.05	3.10	2.77	290.47	13.36	54.73	70.08

续表

部门代码	14	15	16	17	18	19	20	21	22	23	24	25	26
10	10.61	24.83	45.48	10.42	63.90	26.87	4.06	10.37	12.68	22.75	36.14	123.44	535.15
11	223.91	32.00	84.15	26.18	30.39	12.95	1.71	16.13	159.77	223.62	957.61	134.28	341.80
12	91.86	65.35	314.18	219.98	219.03	143.51	3.59	69.13	20.98	239.11	114.88	63.23	541.36
13	220.84	53.79	110.65	71.20	115.00	81.59	13.30	15.87	46.19	2533.42	44.26	132.34	305.79
14	1718.27	898.77	780.93	275.11	626.99	101.80	18.56	45.40	22.48	1099.98	22.21	95.04	45.35
15	63.96	252.84	189.58	42.08	91.50	45.38	7.91	13.71	21.88	748.80	31.70	33.47	108.51
16	202.15	51.74	894.08	241.65	111.02	31.94	11.54	25.83	58.09	267.82	43.87	18.73	146.10
17	31.15	12.87	60.15	848.04	8.47	5.46	1.82	76.09	13.93	76.54	245.44	105.80	219.65
18	70.48	40.10	457.21	96.37	522.87	170.90	20.34	17.01	47.72	324.44	26.07	32.66	79.76
19	10.39	9.26	38.94	17.04	37.97	899.84	24.65	5.25	9.22	22.20	22.03	14.63	110.66
20	12.69	2.69	16.91	8.35	22.56	8.32	17.00	1.84	13.00	10.60	3.15	1.79	22.08
21	40.88	17.02	24.83	6.89	15.77	4.88	1.23	38.51	7.89	36.14	129.14	99.57	146.78
22	465.58	66.47	197.36	34.05	47.00	23.77	2.71	19.04	115.98	11.91	52.55	29.51	303.98
23	8.82	0.74	5.62	1.50	1.85	1.05	0.19	0.39	6.23	125.17	8.65	93.13	260.39
24	303.33	100.32	198.39	75.08	71.45	49.47	7.65	17.66	170.62	527.85	81.49	1111.90	698.05
25	761.60	320.55	648.92	326.77	322.68	294.66	29.22	64.50	156.36	1040.56	197.65	365.13	634.96
26	151.83	92.80	230.63	94.81	113.60	104.36	15.88	21.28	62.55	170.30	149.97	1599.37	1529.66

表 A4.2　　1995 年进口品中间使用（投入）、中间投入合计、增加值及总投入表

部门代码	1	2	3	4	5	6	7	8	9	10	11	12	13
1	91.21	0.16	0.00	0.26	1.47	112.19	31.65	8.23	2.02	9.84	0.01	14.01	1.95
2	0.13	0.30	0.01	0.04	0.14	0.29	0.28	0.03	0.11	0.09	1.43	1.10	1.76
3	0.00	0.00	2.87	0.03	0.13	0.01	0.00	0.00	0.00	0.13	156.53	35.06	2.82
4	0.02	0.00	0.00	13.44	0.00	0.00	0.00	0.00	0.00	0.00	0.00	4.16	0.00
5	1.15	1.08	0.42	0.13	3.18	0.43	0.36	0.17	2.74	0.92	0.21	7.58	7.31
6	50.46	0.03	0.02	0.02	0.02	61.35	0.14	6.41	0.06	0.23	0.07	11.59	0.20
7	7.16	0.68	0.85	0.77	4.13	3.14	354.77	234.31	12.44	49.56	0.46	55.93	13.88
8	0.24	0.24	0.20	0.22	0.36	0.29	0.61	37.44	0.80	0.57	0.13	1.38	1.63
9	10.07	0.67	0.69	0.25	0.97	0.90	0.55	0.33	49.82	8.78	0.39	2.12	4.67
10	1.12	0.16	0.16	0.08	0.28	4.53	1.21	1.53	0.75	44.38	0.10	7.69	10.09
11	45.98	3.91	5.33	4.95	7.59	10.65	5.51	3.60	5.84	5.41	19.89	55.38	44.23
12	163.60	6.65	3.14	5.19	9.97	47.51	96.61	40.99	10.48	31.15	8.89	531.00	37.91
13	3.45	1.11	1.42	0.56	2.21	1.57	0.37	0.12	0.49	0.65	0.99	3.25	19.17
14	0.59	4.03	4.28	1.57	3.32	2.28	0.48	0.43	4.71	11.12	1.02	18.37	25.29
15	10.17	2.11	1.40	1.00	2.34	4.16	1.79	3.11	6.96	2.46	0.88	8.72	8.29
16	84.68	35.93	61.08	18.50	51.76	20.58	58.07	7.27	10.97	23.15	21.43	70.18	80.80
17	8.24	2.51	4.11	2.39	5.40	1.54	1.62	0.76	1.01	0.77	2.01	4.70	10.20
18	7.61	5.59	5.48	2.48	7.24	3.27	3.76	0.94	1.42	2.33	1.98	8.78	13.29
19	0.16	1.49	3.31	0.52	1.63	1.65	0.83	0.26	0.42	4.79	1.35	3.15	1.85

续表

部门代码	1	2	3	4	5	6	7	8	9	10	11	12	13
20	3.03	3.43	13.77	0.65	2.56	2.29	2.20	0.25	0.31	1.78	7.97	15.36	5.16
21	1.79	0.72	0.10	0.17	0.67	0.87	0.69	1.45	0.34	0.82	0.24	1.09	1.55
22	0.07	0.09	0.05	0.06	0.12	0.14	0.10	0.02	0.03	0.08	0.08	0.35	0.60
23	0.02	0.01	0.00	0.01	0.07	0.02	0.01	0.00	0.00	0.01	0.01	0.01	0.02
24	17.52	2.06	1.47	1.53	3.80	5.45	4.86	3.24	2.40	3.81	11.25	12.85	11.46
25	1.18	0.15	0.15	0.13	0.25	0.53	1.43	0.91	0.31	0.85	0.81	1.43	1.06
26	20.98	1.57	1.21	1.17	2.43	8.26	8.19	5.93	2.20	4.21	1.33	10.98	7.21
中间投入	8518.57	671.97	640.95	489.83	1099.67	7405.34	6117.64	4261.82	1139.87	3236.92	2570.28	8741.80	4495.32
增加值合计	13401.03	1073.85	1622.11	136.68	676.02	2768.06	517.20	1687.18	295.89	959.20	1552.39	1498.56	1386.43
总投入	21905.05	1745.62	2224.68	599.35	1774.17	10153.85	6551.41	5942.52	1384.86	4189.91	4040.35	10086.53	5879.58

部门代码	14	15	16	17	18	19	20	21	22	23	24	25	26
1	0.05	0.29	0.21	0.06	0.06	0.01	0.01	0.83	0.01	1.49	0.01	9.35	2.53
2	1.99	0.08	0.13	0.04	0.03	0.03	0.01	0.04	4.33	0.05	0.21	0.10	0.33
3	17.16	0.22	1.17	0.16	0.18	0.81	0.13	0.44	29.45	0.11	2.27	2.17	4.02
4	97.31	14.06	5.07	0.44	0.00	0.00	0.00	0.57	0.00	5.20	0.01	0.00	0.21
5	1.04	0.93	1.17	0.27	0.35	0.11	0.02	0.13	0.69	16.16	0.71	1.27	2.92
6	0.11	0.05	0.15	0.18	0.04	0.04	0.01	0.04	0.05	0.15	0.22	39.89	6.77
7	4.09	10.86	5.83	2.25	1.67	1.30	0.22	4.90	0.43	7.30	3.32	5.28	9.38
8	1.63	0.60	1.03	0.69	0.18	0.09	0.07	0.24	0.41	2.34	1.03	1.62	2.59
9	1.66	3.42	9.44	2.51	2.12	1.05	0.52	0.79	0.71	74.43	3.42	14.03	17.96

续表

部门代码	14	15	16	17	18	19	20	21	22	23	24	25	26
10	0.41	0.96	1.75	0.40	2.46	1.04	0.16	0.40	0.49	0.88	1.39	4.76	20.62
11	44.09	6.30	16.57	5.16	5.98	2.55	0.34	3.18	31.46	44.03	188.55	26.44	67.30
12	14.07	10.01	48.13	33.70	33.55	21.98	0.55	10.59	3.21	36.63	17.60	9.69	82.93
13	6.19	1.51	3.10	2.00	3.22	2.29	0.37	0.44	1.29	71.00	1.24	3.71	8.57
14	221.11	115.65	100.49	35.40	80.68	13.10	2.39	5.84	2.89	141.55	2.86	12.23	5.84
15	5.25	20.77	15.58	3.46	7.52	3.73	0.65	1.13	1.80	61.52	2.60	2.75	8.91
16	155.61	39.83	688.21	186.01	85.45	24.58	8.88	19.88	44.71	206.15	33.77	14.42	112.46
17	8.25	3.41	15.92	224.52	2.24	1.45	0.48	20.14	3.69	20.26	64.98	28.01	58.15
18	15.30	8.70	99.25	20.92	113.50	37.10	4.41	3.69	10.36	70.43	5.66	7.09	17.31
19	6.04	5.38	22.65	9.91	22.08	523.40	14.34	3.06	5.36	12.91	12.82	8.51	64.37
20	15.08	3.19	20.10	9.92	26.81	9.89	20.21	2.19	15.45	12.60	3.74	2.13	26.24
21	2.16	0.90	1.31	0.36	0.83	0.26	0.06	2.03	0.42	1.91	6.81	5.25	7.74
22	0.38	0.05	0.16	0.03	0.04	0.02	0.00	0.02	0.10	0.01	0.04	0.02	0.25
23	0.04	0.00	0.03	0.01	0.01	0.01	0.00	0.00	0.03	0.63	0.04	0.47	1.30
24	15.64	5.17	10.23	3.87	3.68	2.55	0.39	0.91	8.80	27.22	4.20	57.34	36.00
25	1.83	0.77	1.56	0.78	0.77	0.71	0.07	0.15	0.38	2.50	0.47	0.88	1.52
26	6.10	3.73	9.26	3.81	4.56	4.19	0.64	0.85	2.51	6.84	6.02	64.21	61.41
中间投入合计	5883.45	2504.89	5564.27	3004.25	2861.61	2687.25	244.28	629.19	1858.45	9254.10	2656.48	5680.67	7228.76
增加值合计	865.97	439.41	966.11	441.19	527.40	514.70	60.17	184.41	2393.54	5700.28	3688.43	6407.08	11826.97
总投入	6675.42	2937.94	5874.79	3403.06	3350.63	2951.26	242.85	812.29	4251.98	14954.02	6329.65	12087.67	19027.35

表 A4.3　　　　　　　　1995 年最终使用（投入）表、总产出、增加值及进口总值

部门代码	国产品						进口品						总产出	进口合计
	居民消费	政府消费	资本形成	出口	合计	其他	居民消费	政府消费	资本形成	出口	合计	其他		
1	8090.61	0.00	1820.39	375.71	10286.71	15.73	200.50	0.00	45.11	9.31	254.93	13.64	21919.60	529.22
2	191.27	0.00	-28.03	123.35	286.58	0.13	1.72	0.00	-0.25	1.11	2.57	0.16	1745.81	15.50
3	0.00	0.00	11.72	255.58	267.30	37.44	0.00	0.00	1.53	33.41	34.94	33.50	2263.06	257.28
4	0.00	0.00	12.75	16.69	29.43	26.99	0.00	0.00	3.14	4.11	7.26	25.46	626.50	122.29
5	160.48	0.00	76.84	56.25	293.57	1.42	5.58	0.00	2.67	1.96	10.21	1.75	1775.69	59.92
6	5620.68	0.00	719.67	524.43	6864.79	18.79	304.67	0.00	39.01	28.43	372.10	23.11	10173.40	527.27
7	406.74	0.00	-259.27	1155.44	1302.91	81.56	61.60	0.00	-39.27	175.00	197.33	100.05	6634.84	892.19
8	2570.55	0.00	105.19	1956.07	4631.80	6.04	111.12	0.00	4.55	84.56	200.22	8.21	5949.00	248.67
9	280.59	0.00	39.90	235.84	556.34	50.91	71.90	0.00	10.22	60.43	142.56	56.23	1435.77	298.63
10	567.10	0.00	157.28	668.23	1392.60	5.97	21.85	0.00	6.06	25.75	53.67	5.99	4196.13	155.49
11	273.70	0.00	61.07	352.59	687.36	80.62	53.89	0.00	12.02	69.43	135.34	98.50	4122.68	697.05
12	802.22	0.00	32.24	663.08	1497.54	152.56	122.89	0.00	4.94	101.58	229.41	168.71	10240.36	1376.46
13	610.24	0.00	13.14	250.41	873.79	1.86	17.10	0.00	0.37	7.02	24.49	3.10	5881.75	161.66
14	54.06	0.00	-74.88	343.23	322.41	71.39	6.96	0.00	-9.64	44.17	41.49	81.42	6749.43	777.57
15	216.29	0.00	118.11	302.37	636.77	6.82	17.77	0.00	9.70	24.84	52.31	10.72	2944.30	230.65
16	191.47	0.00	2281.08	590.44	3062.99	650.21	147.39	0.00	1755.85	454.49	2357.72	1088.06	6530.39	3434.03
17	119.53	0.00	1247.67	159.53	1526.72	40.86	31.64	0.00	330.32	42.24	404.20	89.95	3445.45	811.00
18	477.51	0.00	281.17	390.40	1149.07	38.50	103.65	0.00	61.03	84.74	249.43	69.95	3389.00	657.37
19	433.51	0.00	693.92	564.95	1692.38	248.04	252.16	0.00	403.62	328.60	984.39	375.31	3201.95	1341.31
20	0.00	0.00	35.18	17.24	52.42	62.78	0.00	0.00	41.82	20.49	62.30	89.55	304.46	199.08
21	18.83	0.00	0.00	24.85	43.67	1.35	0.99	0.00	0.00	1.31	2.30	1.65	813.60	41.19
22	699.76	0.00	0.00	39.99	739.75	0.03	0.58	0.00	0.00	0.03	0.61	0.00	4251.99	3.51
23	0.00	0.00	14331.37	70.39	14401.76	0.37	0.00	0.00	71.76	0.35	72.11	0.37	14954.39	74.51
24	705.88	0.00	74.20	552.39	1332.47	14.18	36.40	0.00	3.83	28.49	68.72	15.26	6344.91	311.17
25	2394.30	0.00	546.76	146.14	3087.20	-0.02	5.75	0.00	1.31	0.35	7.41	0.07	12087.74	28.94
26	3279.80	8374.43	635.43	515.60	12805.27	27.17	131.68	336.22	25.51	20.70	514.10	28.39	19055.73	735.52

表 A5.1　　　　　　1997 年国产品中间使用（投入）表

部门代码	1	2	3	4	5	6	7	8	9	10	11	12	13
1	3853.17	23.12	0.00	3.37	39.16	5756.97	1126.29	211.84	117.66	192.88	0.03	686.63	25.10
2	23.45	66.27	9.50	5.99	7.13	55.32	36.37	6.00	13.65	30.00	169.31	249.10	385.55
3	9.81	0.04	9.96	0.89	7.17	0.47	0.15	0.00	0.00	0.09	1600.63	220.98	11.97
4	0.00	0.00	0.00	155.72	0.00	0.00	0.00	0.00	0.00	0.00	0.00	34.20	6.81
5	16.88	85.74	1.16	3.85	92.07	9.78	0.27	0.14	64.51	12.54	0.60	191.89	528.59
6	1447.83	0.35	0.67	0.68	0.00	1562.16	1.18	213.29	0.03	0.54	0.00	170.61	6.25
7	42.64	5.95	3.29	2.71	5.33	14.83	2876.54	1564.13	127.50	178.15	1.29	461.79	72.39
8	15.98	11.23	8.40	8.21	5.48	12.11	33.04	600.99	50.80	46.14	6.78	39.99	31.86
9	29.29	7.08	2.82	3.68	2.49	4.96	2.16	1.31	466.98	31.11	1.75	8.63	22.63
10	21.96	2.77	1.97	1.07	1.17	241.19	19.99	31.33	25.82	835.56	1.29	175.02	313.75
11	258.33	38.26	40.58	28.71	81.28	38.51	19.64	11.30	10.78	29.31	198.62	357.42	304.68
12	1375.56	56.93	37.19	52.46	103.83	262.49	570.08	316.61	81.76	303.25	51.94	4187.38	380.41
13	56.45	28.29	16.18	13.20	15.48	84.30	12.14	6.17	17.43	23.84	25.63	135.95	1122.78
14	2.99	95.87	13.31	12.68	4.47	4.32	1.32	1.07	40.51	25.04	8.99	45.37	162.55
15	60.76	38.26	10.13	27.99	14.23	83.43	14.54	23.01	70.85	57.72	7.68	119.00	221.32
16	177.16	67.46	43.91	52.27	73.20	36.63	77.78	10.73	12.64	42.88	45.82	135.50	191.06
17	56.33	11.14	11.91	15.46	31.10	19.78	6.08	3.98	5.58	18.28	10.14	39.81	24.82
18	12.06	43.46	15.76	8.65	7.08	11.84	24.02	4.16	3.07	16.64	16.57	44.68	34.50
19	1.19	3.93	5.15	2.93	2.73	3.06	3.04	1.25	1.19	26.39	3.94	9.69	9.20

续表

部门代码	1	2	3	4	5	6	7	8	9	10	11	12	13
20	0.88	3.85	6.30	3.36	2.27	5.04	2.98	1.52	1.01	4.48	4.38	20.88	10.11
21	81.94	44.58	13.54	12.91	18.68	79.23	60.94	50.33	18.59	148.41	29.65	124.42	113.90
22	202.90	119.43	55.91	109.27	90.30	123.03	87.55	17.28	35.35	120.23	79.58	654.20	433.55
23	48.93	5.46	2.88	2.88	3.94	7.39	6.00	3.41	1.18	4.36	3.89	13.39	6.66
24	330.00	62.69	19.73	76.80	173.27	193.51	142.43	83.99	63.85	87.73	104.52	395.53	415.78
25	448.80	77.92	19.16	41.09	71.08	557.32	464.45	335.60	161.08	268.75	123.52	649.19	504.69
26	650.68	99.25	42.07	40.84	73.27	288.37	155.55	107.91	61.96	106.52	73.15	429.69	233.94

部门代码	14	15	16	17	18	19	20	21	22	23	24	25	26
1	0.30	4.01	3.44	2.07	0.45	0.00	0.00	189.81	0.50	70.04	10.88	567.27	151.76
2	192.12	13.27	40.17	14.28	9.01	2.39	1.13	29.95	736.55	11.18	28.46	17.36	122.18
3	38.24	0.53	3.07	1.62	0.97	1.29	0.02	0.65	82.90	0.00	3.76	0.55	1.69
4	679.61	63.71	38.59	8.59	33.71	1.21	0.32	0.79	5.95	0.00	0.00	0.00	4.03
5	54.70	14.94	8.90	3.80	2.93	2.29	0.46	7.61	1.06	383.49	11.15	1.49	10.23
6	0.00	0.00	0.00	0.00	0.00	0.00	0.34	7.70	0.00	9.83	36.05	856.56	220.61
7	8.14	13.23	49.20	32.53	7.68	1.53	2.76	185.38	1.94	29.07	8.15	62.14	142.05
8	17.43	9.93	24.49	17.38	11.14	3.48	2.80	20.88	11.32	18.98	32.10	101.63	114.30
9	8.21	46.62	24.08	16.12	26.03	6.78	3.25	19.57	3.24	324.83	17.74	93.59	155.33

续表

部门代码	14	15	16	17	18	19	20	21	22	23	24	25	26
10	7.26	27.98	31.25	15.29	89.92	44.49	8.84	79.15	2.04	9.68	62.18	280.74	680.34
11	364.25	44.46	98.54	45.61	49.20	16.63	5.00	35.82	254.27	615.53	690.88	222.32	343.77
12	98.80	120.23	235.65	238.77	556.60	294.63	55.95	206.00	21.87	273.99	81.37	184.12	808.13
13	187.94	86.69	69.51	55.20	158.15	171.02	21.99	40.58	27.45	4231.67	26.44	96.27	229.49
14	1801.13	1260.68	1019.45	392.95	872.61	57.72	42.04	112.55	7.21	865.85	16.73	4.52	14.64
15	70.16	539.64	255.10	104.51	224.94	90.45	26.32	131.71	15.01	871.51	18.20	48.50	149.40
16	182.79	61.28	1118.12	410.50	165.31	22.04	21.72	39.66	115.36	314.13	121.64	132.69	282.50
17	42.06	17.53	56.34	1192.30	10.98	6.93	1.28	89.53	17.26	6.29	267.25	230.07	167.98
18	50.48	22.19	272.27	97.76	500.18	295.89	35.81	21.43	126.43	610.58	160.50	268.03	165.29
19	9.73	6.40	97.67	17.04	124.70	1229.13	76.62	7.26	12.04	15.01	38.78	130.14	364.67
20	9.13	5.34	16.66	13.33	19.12	4.87	32.59	5.85	38.02	63.09	21.46	18.17	79.29
21	375.92	58.84	99.54	41.58	61.25	31.52	16.74	224.27	60.92	95.19	189.88	120.78	356.94
22	457.24	193.04	141.81	62.78	59.24	32.71	8.00	125.73	152.84	137.08	129.77	127.68	320.36
23	6.60	4.38	13.36	4.86	6.35	2.03	0.86	5.60	10.75	10.09	136.22	57.80	658.83
24	318.75	228.37	221.66	116.89	117.35	66.44	23.16	95.16	142.68	715.80	350.00	369.24	1328.79
25	264.32	193.42	265.01	163.15	248.93	215.44	35.19	146.05	207.52	833.94	147.79	1194.85	876.87
26	216.92	313.54	277.73	118.05	206.86	106.99	26.69	101.86	162.80	730.94	428.57	1320.91	2851.32

表 A5.2　　1997 年进口品中间使用（投入）、中间投入合计、增加值及总投入表

部门代码	1	2	3	4	5	6	7	8	9	10	11	12	13
1	55.93	0.34	0.00	0.05	0.57	83.57	16.35	3.08	1.71	2.80	0.00	9.97	0.36
2	0.07	0.19	0.03	0.02	0.02	0.16	0.10	0.02	0.04	0.09	0.49	0.72	1.11
3	2.50	0.01	2.54	0.23	1.83	0.12	0.04	0.00	0.00	0.02	408.21	56.36	3.05
4	0.00	0.00	0.00	21.50	0.00	0.00	0.00	0.00	0.00	0.00	0.00	4.72	0.94
5	0.89	4.53	0.06	0.20	4.86	0.52	0.01	0.01	3.41	0.66	0.03	10.13	27.91
6	61.33	0.01	0.03	0.03	0.00	66.17	0.05	9.03	0.00	0.02	0.00	7.23	0.26
7	4.57	0.64	0.35	0.29	0.57	1.59	308.20	167.59	13.66	19.09	0.14	49.48	7.76
8	1.02	0.72	0.54	0.53	0.35	0.78	2.12	38.49	3.25	2.96	0.43	2.56	2.04
9	1.55	0.38	0.15	0.20	0.13	0.26	0.11	0.07	24.78	1.65	0.09	0.46	1.20
10	2.60	0.33	0.23	0.13	0.14	28.53	2.36	3.71	3.05	98.84	0.15	20.70	37.12
11	35.25	5.22	5.54	3.92	11.09	5.25	2.68	1.54	1.47	4.00	27.10	48.77	41.58
12	213.22	8.82	5.76	8.13	16.09	40.69	88.36	49.07	12.67	47.00	8.05	649.05	58.96
13	0.91	0.46	0.26	0.21	0.25	1.36	0.20	0.10	0.28	0.38	0.41	2.19	18.11
14	0.33	10.68	1.48	1.41	0.50	0.48	0.15	0.12	4.52	2.79	1.00	5.06	18.12
15	5.82	3.67	0.97	2.68	1.36	8.00	1.39	2.21	6.79	5.53	0.74	11.40	21.21
16	58.61	22.32	14.53	17.29	24.22	12.12	25.73	3.55	4.18	14.19	15.16	44.83	63.21
17	8.88	1.76	1.88	2.44	4.90	3.12	0.96	0.63	0.88	2.88	1.60	6.28	3.91
18	1.91	6.88	2.49	1.37	1.12	1.87	3.80	0.66	0.49	2.63	2.62	7.07	5.46
19	0.54	1.77	2.32	1.32	1.23	1.38	1.37	0.56	0.54	11.89	1.77	4.36	4.14
20	0.50	2.19	3.58	1.91	1.29	2.86	1.69	0.86	0.57	2.54	2.49	11.85	5.74
21	3.32	1.81	0.55	0.52	0.76	3.21	2.47	2.04	0.75	6.02	1.20	5.05	4.62

续表

部门代码	1	2	3	4	5	6	7	8	9	10	11	12	13
22	0.01	0.01	0.00	0.01	0.00	0.01	0.00	0.00	0.00	0.01	0.00	0.03	0.02
23	0.14	0.02	0.01	0.01	0.01	0.02	0.02	0.01	0.00	0.01	0.01	0.04	0.02
24	5.14	0.98	0.31	1.20	2.70	3.02	2.22	1.31	1.00	1.37	1.63	6.16	6.48
25	1.46	0.25	0.06	0.13	0.23	1.81	1.51	1.09	0.52	0.87	0.40	2.10	1.64
26	13.56	2.07	0.88	0.85	1.53	6.01	3.24	2.25	1.29	2.22	1.52	8.96	4.88
中间投入	9706.03	1075.34	436.03	754.23	1001.94	9728.94	6209.69	3895.33	1539.65	2841.31	3044.94	10576.47	5914.73
增加值合计	14669.26	1303.05	1701.15	304.78	613.30	2886.86	1994.78	1847.04	546.20	1047.20	1447.74	2477.01	2101.18
总投入	24538.05	2450.48	2210.96	1050.82	1603.70	12379.73	8147.36	5697.76	2084.40	3866.68	4671.17	13191.57	7992.37

部门代码	14	15	16	17	18	19	20	21	22	23	24	25	26
1	0.00	0.06	0.05	0.03	0.01	0.00	0.00	2.76	0.01	1.02	0.16	8.23	2.20
2	0.55	0.04	0.12	0.04	0.03	0.01	0.00	0.09	2.13	0.03	0.08	0.05	0.35
3	9.75	0.14	0.78	0.41	0.25	0.33	0.00	0.17	21.14	0.00	0.96	0.14	0.43
4	93.84	8.80	5.33	1.19	4.66	0.17	0.04	0.11	0.82	0.00	0.00	0.00	0.56
5	2.89	0.79	0.47	0.20	0.15	0.12	0.02	0.40	0.06	20.25	0.59	0.08	0.54
6	0.00	0.00	0.00	0.00	0.00	0.00	0.01	0.33	0.00	0.42	1.53	36.28	9.34
7	0.87	1.42	5.27	3.48	0.82	0.16	0.30	19.86	0.21	3.12	0.87	6.66	15.22
8	1.12	0.64	1.57	1.11	0.71	0.22	0.18	1.34	0.73	1.22	2.06	6.51	7.32
9	0.44	2.47	1.28	0.86	1.38	0.36	0.17	1.04	0.17	17.23	0.94	4.97	8.24
10	0.86	3.31	3.70	1.81	10.64	5.26	1.05	9.36	0.24	1.15	7.36	33.21	80.48
11	49.70	6.07	13.45	6.22	6.71	2.27	0.68	4.89	34.70	83.99	94.27	30.34	46.91

续表

部门代码	14	15	16	17	18	19	20	21	22	23	24	25	26
12	15.31	18.64	36.53	37.01	86.27	45.67	8.67	31.93	3.39	42.47	12.61	28.54	125.26
13	3.03	1.40	1.12	0.89	2.55	2.76	0.35	0.65	0.44	68.26	0.43	1.55	3.70
14	200.74	140.51	113.62	43.79	97.25	6.43	4.69	12.54	0.80	96.50	1.86	0.50	1.63
15	6.72	51.72	24.45	10.02	21.56	8.67	2.52	12.62	1.44	83.52	1.74	4.65	14.32
16	60.47	20.27	369.90	135.80	54.69	7.29	7.19	13.12	38.16	103.92	40.24	43.90	93.46
17	6.63	2.76	8.88	188.01	1.73	1.09	0.20	14.12	2.72	0.99	42.14	36.28	26.49
18	7.99	3.51	43.10	15.48	79.18	46.84	5.67	3.39	20.01	96.65	25.41	42.43	26.16
19	4.38	2.89	44.00	7.68	56.17	553.69	34.51	3.27	5.42	6.76	17.47	58.62	164.27
20	5.18	3.03	9.46	7.56	10.85	2.77	18.49	3.32	21.57	35.80	12.18	10.31	44.99
21	15.24	2.39	4.04	1.69	2.48	1.28	0.68	9.09	2.47	3.86	7.70	4.90	14.47
22	0.02	0.01	0.01	0.00	0.00	0.00	0.00	0.01	0.01	0.01	0.01	0.01	0.02
23	0.02	0.01	0.04	0.01	0.02	0.01	0.00	0.02	0.03	0.03	0.39	0.17	1.90
24	4.97	3.56	3.45	1.82	1.83	1.04	0.36	1.48	2.22	11.16	5.46	5.75	20.71
25	0.86	0.63	0.86	0.53	0.81	0.70	0.11	0.47	0.67	2.70	0.48	3.87	2.84
26	4.52	6.53	5.79	2.46	4.31	2.23	0.56	2.12	3.39	15.23	8.93	27.53	59.43
一间投入	5958.36	3631.85	5178.83	3655.07	4008.66	3397.26	536.34	2079.07	2380.89	11944.11	3321.77	6902.91	11372.04
增加值合计	933.10	785.11	1841.86	879.77	736.28	781.30	172.19	1395.52	2012.64	5484.38	4691.54	6478.06	14449.58
总投入	7026.85	4367.22	7119.85	4556.95	4758.96	4163.53	703.16	3436.32	4591.68	17792.99	8079.56	13361.77	25906.04

表A5.3　1997年最终使用（投入）表、总产出、增加值及进口总值

部门代码	国产品						进口品						总产出	进口合计
	居民消费	政府消费	资本形成	出口	合计	其他	居民消费	政府消费	资本形成	出口	合计	其他		
1	10070.86	0.00	1033.63	396.84	11501.33	-162.77	146.19	0.00	15.00	5.76	166.96	-2.36	24375.28	353.84
2	68.42	0.00	32.79	73.57	174.78	-72.10	0.20	0.00	0.09	0.21	0.50	-0.21	2378.38	6.86
3	9.76	0.00	-37.08	240.84	213.53	-73.78	2.49	0.00	-9.46	61.42	54.46	-18.82	2137.18	545.04
4	0.00	0.00	10.12	7.46	17.58	8.18	0.00	0.00	1.40	1.03	2.43	1.13	1059.00	146.23
5	15.16	0.00	12.47	64.98	92.62	11.55	0.80	0.00	0.66	3.43	4.89	0.61	1615.24	85.29
6	6718.52	0.00	478.05	648.47	7845.03	236.06	284.57	0.00	20.25	27.47	332.29	10.00	12615.80	534.36
7	548.44	0.00	315.31	1383.25	2247.00	57.12	58.76	0.00	33.78	148.20	240.75	6.12	8204.47	879.05
8	2129.78	0.00	382.67	1928.46	4440.91	44.61	136.41	0.00	24.51	123.52	284.44	2.86	5742.37	367.80
9	356.37	0.00	137.45	260.31	754.13	1.45	18.91	0.00	7.29	13.81	40.01	0.08	2085.85	110.67
10	219.31	0.00	93.59	541.74	854.64	21.84	25.94	0.00	11.07	64.09	101.10	2.58	3888.52	459.99
11	158.89	0.00	88.47	220.11	467.46	-178.49	21.68	0.00	12.07	30.03	63.79	-24.35	4492.68	613.04
12	778.14	0.00	316.44	1140.98	2235.56	-138.08	120.61	0.00	49.05	176.86	346.52	-21.40	13053.48	2023.32
13	475.57	0.00	287.21	269.35	1032.13	23.55	7.67	0.00	4.63	4.34	16.65	0.38	8015.91	129.30
14	10.63	0.00	-259.13	388.79	140.30	-135.40	1.19	0.00	-28.88	43.33	15.64	-15.09	6891.45	768.07
15	235.58	0.00	297.07	540.20	1072.85	49.74	22.58	0.00	28.47	51.77	102.82	4.77	4416.96	423.30
16	33.53	0.00	2792.02	339.50	3165.05	-99.15	11.09	0.00	923.67	112.32	1047.08	-32.80	7020.70	2322.63
17	443.97	0.00	1509.41	243.38	2196.77	-22.12	70.01	0.00	238.02	38.38	346.41	-3.49	4534.83	715.10
18	741.21	0.00	455.40	693.01	1889.62	-14.02	117.33	0.00	72.09	109.70	299.13	-2.22	4744.94	751.12
19	431.52	0.00	399.59	1129.54	1960.66	15.04	194.39	0.00	180.01	508.83	883.23	6.77	4178.56	1882.34
20	27.61	0.00	32.71	248.82	309.14	5.37	15.67	0.00	18.56	141.19	175.42	3.05	708.53	402.04
21	456.27	0.00	101.91	347.66	905.84	38.27	18.50	0.00	4.13	14.10	36.73	1.55	3474.59	140.89
22	471.90	0.00	0.00	42.93	514.83	-198.15	0.02	0.00	0.00	0.00	0.03	-0.01	4393.53	0.21
23	0.00	0.00	16740.45	24.45	16764.90	-364.51	0.00	0.00	48.26	0.07	48.33	-1.05	17428.48	50.24
24	1071.11	0.00	106.86	657.48	1835.45	-66.24	16.69	0.00	1.67	10.25	28.61	-1.03	8013.32	124.89
25	2971.40	0.00	582.18	1293.07	4846.65	19.20	9.63	0.00	1.89	4.19	15.71	0.06	13380.97	43.38
26	5543.49	9979.71	213.75	942.72	16679.67	-84.42	115.54	208.00	4.45	19.65	347.64	-1.76	25821.61	538.17

2002年国产品中间使用（投入）表

表A6.1

部门代码	1	2	3	4	5	6	7	8	9	10	11	12	13
1	4531.56	29.83	0.01	7.62	1.69	4756.05	1166.21	292.85	414.04	179.91	4.58	648.01	4.38
2	88.19	100.58	18.55	6.37	4.16	43.07	37.77	5.63	28.09	33.95	275.22	264.44	222.92
3	0.70	0.71	23.96	2.23	4.69	2.02	5.44	0.00	0.00	1.80	2575.62	248.75	8.56
4	0.00	0.00	0.00	79.75	0.00	0.00	0.00	0.00	0.00	0.00	0.00	64.01	8.96
5	7.49	2.59	0.24	0.92	69.13	10.56	0.00	0.00	0.00	0.23	0.00	255.15	281.49
6	1513.44	0.38	1.35	0.60	0.00	1879.32	3.37	234.43	0.17	1.28	0.00	159.97	0.12
7	14.20	1.98	5.46	0.91	1.24	15.81	2572.41	1596.28	37.08	99.01	0.58	61.51	24.25
8	4.06	11.62	11.31	6.41	7.08	9.11	22.87	755.52	51.83	41.49	7.46	65.87	15.54
9	71.80	25.09	3.74	3.02	3.01	14.16	7.14	10.64	889.31	98.27	2.67	41.45	31.60
10	45.46	5.32	6.52	4.25	7.02	280.37	49.92	88.56	50.21	1519.23	7.11	263.26	161.65
11	260.41	41.36	66.56	92.64	46.78	32.51	26.91	16.17	31.96	36.32	292.02	672.74	162.64
12	1647.88	78.66	41.18	61.93	124.52	408.35	811.22	359.11	291.20	652.66	95.33	6932.02	332.10
13	87.07	31.18	11.92	10.50	15.77	80.15	15.98	15.66	21.01	18.25	14.60	117.65	453.57
14	29.09	148.87	53.76	28.28	10.20	23.21	8.88	12.83	63.12	64.17	35.64	155.85	134.23
15	76.42	68.78	23.18	27.16	12.09	91.97	14.75	24.07	72.91	85.19	19.53	152.21	139.44
16	187.20	122.72	68.18	49.65	57.81	42.75	119.51	23.71	32.91	69.64	69.34	209.24	168.45
17	115.90	30.25	25.94	24.77	30.48	35.35	16.88	8.95	16.83	45.60	22.85	55.25	13.54

续表

部门代码	1	2	3	4	5	6	7	8	9	10	11	12	13
18	20.29	66.08	39.20	9.12	11.14	14.33	23.83	10.03	11.72	26.85	31.09	68.33	29.92
19	7.22	7.53	8.37	2.97	2.73	6.82	12.62	9.39	4.27	48.27	11.40	44.97	15.68
20	3.27	6.58	10.23	1.84	1.25	2.91	2.64	3.13	2.20	4.51	3.95	23.66	5.28
21	42.91	20.18	7.63	9.75	12.30	34.23	35.29	24.68	20.66	165.03	19.78	101.46	53.57
22	321.84	267.88	151.55	153.96	77.47	147.79	199.02	45.82	90.10	145.50	148.69	990.93	346.63
23	49.58	8.51	3.25	1.29	0.97	3.92	3.51	3.12	1.30	2.83	2.22	11.88	4.85
24	645.10	205.35	65.85	58.32	150.82	442.33	219.82	232.06	215.74	268.59	319.35	851.25	383.06
25	795.66	143.70	54.94	50.91	67.90	774.98	449.85	402.56	225.17	457.69	221.53	927.91	327.67
26	789.75	185.51	148.18	63.65	64.18	479.47	235.09	319.04	128.80	231.70	160.20	736.48	307.74

部门代码	14	15	16	17	18	19	20	21	22	23	24	25	26
1	0.93	2.67	6.58	1.55	0.67	2.02	0.04	181.19	1.95	2234.40	129.91	1240.52	128.68
2	333.03	12.41	58.01	26.59	9.12	4.47	0.91	19.40	1286.10	22.36	48.70	45.24	216.84
3	29.15	6.50	8.45	4.12	1.07	0.28	0.06	0.04	47.39	0.00	19.49	3.14	5.27
4	1110.68	90.15	40.43	10.49	34.02	2.63	1.34	0.25	3.33	0.00	0.00	0.00	6.53
5	94.73	11.91	8.58	1.76	1.71	2.46	0.40	5.20	1.10	608.47	8.47	0.00	9.60
6	0.00	0.00	0.00	0.00	0.00	0.00	0.03	9.78	0.00	23.69	37.20	1743.29	296.99
7	4.50	14.25	55.70	15.69	3.81	17.09	2.81	147.23	1.01	52.29	20.85	16.95	675.41
8	20.82	9.77	24.72	25.94	10.44	8.18	3.39	7.81	16.83	39.53	45.24	167.33	121.38

续表

部门代码	14	15	16	17	18	19	20	21	22	23	24	25	26
9	8.82	72.87	37.65	21.87	22.70	15.84	3.43	35.16	5.91	859.02	19.61	91.75	487.82
10	17.94	43.05	70.37	23.31	160.65	98.28	16.95	96.17	15.49	23.63	250.79	584.50	1526.38
11	511.77	49.46	89.23	39.24	42.62	30.04	4.41	26.84	310.80	662.07	1678.64	269.32	330.26
12	201.92	165.73	574.45	501.03	735.11	627.41	167.81	154.24	45.03	902.54	142.84	341.40	1611.79
13	267.52	56.73	62.01	53.66	92.36	316.03	38.57	32.23	15.79	2955.09	26.13	38.52	223.05
14	4166.82	1821.79	2043.82	919.37	1262.13	211.88	97.50	115.26	18.27	2913.56	47.42	9.62	66.24
15	132.11	626.71	422.42	147.03	270.87	235.05	58.14	99.40	33.47	1315.90	76.01	60.64	260.85
16	332.58	85.82	1956.21	691.29	266.57	135.61	42.89	25.16	240.42	1048.70	367.26	237.62	454.46
17	101.23	23.31	142.30	2545.84	33.38	34.35	8.20	13.61	56.70	95.58	1002.51	489.27	635.25
18	70.92	26.95	434.26	174.13	557.71	698.91	75.75	14.60	190.47	673.24	345.74	232.22	321.07
19	13.47	9.72	178.66	38.87	156.85	3980.70	219.72	8.27	24.09	53.32	438.47	206.28	791.78
20	9.96	2.98	17.77	13.68	10.92	9.83	31.61	2.14	36.79	98.88	46.53	6.25	91.10
21	632.20	38.84	114.73	37.02	45.67	41.93	8.84	145.31	21.55	167.04	61.39	95.35	218.05
22	801.28	232.99	290.94	120.24	92.69	113.96	15.76	137.09	260.06	384.89	313.96	431.05	669.21
23	9.20	1.81	6.75	8.26	3.13	2.79	0.77	6.83	6.92	33.77	248.72	229.85	1180.42
24	735.92	342.58	570.16	321.27	319.99	312.06	63.94	100.39	345.09	2340.06	1884.88	1068.25	2372.93
25	646.67	255.09	596.77	398.05	374.48	555.62	75.33	151.70	325.92	1403.48	640.98	1294.69	2510.02
26	332.82	182.33	458.17	297.07	261.45	469.46	59.27	95.27	358.98	954.01	1245.02	2583.68	5146.32

表 A6.2　　2002 年进口品中间使用（投入）、中间投入合计、增加值及总投入表

部门代码	1	2	3	4	5	6	7	8	9	10	11	12	13
1	105.26	0.69	0.00	0.18	0.04	110.47	27.09	6.80	9.62	4.18	0.11	15.05	0.10
2	0.54	0.61	0.11	0.04	0.03	0.26	0.23	0.03	0.17	0.21	1.68	1.62	1.36
3	0.24	0.25	8.25	0.77	1.62	0.69	1.87	0.00	0.00	0.62	886.96	85.66	2.95
4	0.00	0.00	0.00	18.12	0.00	0.00	0.00	0.00	0.00	0.00	0.00	14.55	2.04
5	0.88	0.30	0.03	0.11	8.14	1.24	0.00	0.00	0.00	0.03	0.00	30.03	33.13
6	58.30	0.01	0.05	0.02	0.00	72.40	0.13	9.03	0.01	0.05	0.00	6.16	0.00
7	2.64	0.37	1.02	0.17	0.23	2.94	478.20	296.74	6.89	18.41	0.11	11.43	4.51
8	0.45	1.28	1.25	0.71	0.78	1.00	2.52	83.20	5.71	4.57	0.82	7.25	1.71
9	4.01	1.40	0.21	0.17	0.17	0.79	0.40	0.59	49.73	5.49	0.15	2.32	1.77
10	4.17	0.49	0.60	0.39	0.64	25.69	4.58	8.12	4.60	139.23	0.65	24.13	14.81
11	21.06	3.34	5.38	7.49	3.78	2.63	2.18	1.31	2.58	2.94	23.62	54.41	13.15
12	276.99	13.22	6.92	10.41	20.93	68.64	136.36	60.36	48.95	109.71	16.02	1165.21	55.82
13	3.03	1.08	0.41	0.36	0.55	2.78	0.56	0.54	0.73	0.63	0.51	4.09	15.76
14	3.33	17.06	6.16	3.24	1.17	2.66	1.02	1.47	7.23	7.35	4.08	17.86	15.38
15	7.43	6.69	2.25	2.64	1.18	8.94	1.43	2.34	7.09	8.28	1.90	14.80	13.56
16	37.34	24.48	13.60	9.90	11.53	8.53	23.84	4.73	6.56	13.89	13.83	41.73	33.60
17	9.62	2.51	2.15	2.05	2.53	2.93	1.40	0.74	1.40	3.78	1.90	4.58	1.12
18	4.81	15.68	9.30	2.16	2.64	3.40	5.65	2.38	2.78	6.37	7.38	16.21	7.10
19	3.45	3.60	4.00	1.42	1.30	3.26	6.02	4.48	2.04	23.04	5.44	21.47	7.48
20	7.38	14.85	23.09	4.16	2.81	6.58	5.97	7.06	4.97	10.17	8.92	53.39	11.92
21	1.87	0.88	0.33	0.42	0.54	1.49	1.54	1.07	0.90	7.18	0.86	4.42	2.33

续表

部门代码	1	2	3	4	5	6	7	8	9	10	11	12	13
22	0.42	0.35	0.20	0.20	0.10	0.19	0.26	0.06	0.12	0.19	0.20	1.30	0.46
23	0.14	0.02	0.01	0.00	0.00	0.01	0.01	0.01	0.00	0.01	0.01	0.03	0.01
24	14.30	4.55	1.46	1.29	3.34	9.80	4.87	5.14	4.78	5.95	7.08	18.87	8.49
25	0.14	0.03	0.01	0.01	0.01	0.14	0.08	0.07	0.04	0.08	0.04	0.16	0.06
26	23.98	5.63	4.50	1.93	1.95	14.56	7.14	9.69	3.91	7.04	4.86	22.37	9.35
中间投入	11948.28	1730.64	942.35	827.17	850.43	9983.60	6774.28	5000.19	2871.45	4677.37	5327.88	15763.35	3895.81
劳动者报酬	13315.97	1419.81	449.79	283.70	416.20	1204.18	1060.33	785.61	474.38	996.81	342.21	2040.62	988.01
固定资产折旧	764.91	12.12	516.40	85.04	98.04	641.94	346.88	154.17	142.31	416.78	229.54	1037.69	369.10
增加值合计	16630.47	2280.27	2320.96	625.31	740.06	4497.19	2231.27	1629.69	1077.49	2372.81	1120.51	5809.27	1908.73
总投入	27899.82	3740.62	3156.88	1486.26	1549.74	13961.91	8882.35	6424.24	4036.75	6871.32	6314.95	21591.14	5887.13

部门代码	14	15	16	17	18	19	20	21	22	23	24	25	26
1	0.02	0.06	0.15	0.04	0.02	0.05	0.00	4.21	0.05	51.90	3.02	28.81	2.99
2	2.04	0.08	0.35	0.16	0.06	0.03	0.01	0.12	7.86	0.14	0.30	0.28	1.33
3	10.04	2.24	2.91	1.42	0.37	0.10	0.02	0.01	16.32	0.00	6.71	1.08	1.82
4	252.39	20.48	9.19	2.38	7.73	0.60	0.31	0.06	0.76	0.00	0.00	0.00	1.48
5	11.15	1.40	1.01	0.21	0.20	0.29	0.05	0.61	0.13	71.61	1.00	0.00	1.13
6	0.00	0.00	0.00	0.00	0.00	0.00	0.00	0.38	0.00	0.91	1.43	67.16	11.44
7	0.84	2.65	10.35	2.92	0.71	3.18	0.52	27.37	0.19	9.72	3.88	3.15	125.55
8	2.29	1.08	2.72	2.86	1.15	0.90	0.37	0.86	1.85	4.35	4.98	18.43	13.37
9	0.49	4.07	2.11	1.22	1.27	0.89	0.19	1.97	0.33	48.03	1.10	5.13	27.28
10	1.64	3.95	6.45	2.14	14.72	9.01	1.55	8.81	1.42	2.17	22.98	53.57	139.88

续表

部门代码	14	15	16	17	18	19	20	21	22	23	24	25	26
11	41.39	4.00	7.22	3.17	3.45	2.43	0.36	2.17	25.14	53.54	135.76	21.78	26.71
12	33.94	27.86	96.56	84.22	123.56	105.46	28.21	25.93	7.57	151.71	24.01	57.39	270.93
13	9.29	1.97	2.15	1.86	3.21	10.98	1.34	1.12	0.55	102.67	0.91	1.34	7.75
14	477.45	208.75	234.19	105.34	144.62	24.28	11.17	13.21	2.09	333.85	5.43	1.10	7.59
15	12.85	60.94	41.08	14.30	26.34	22.86	5.65	9.67	3.26	127.96	7.39	5.90	25.37
16	66.33	17.12	390.18	137.88	53.17	27.05	8.55	5.02	47.95	209.17	73.25	47.40	90.65
17	8.40	1.93	11.81	211.22	2.77	2.85	0.68	1.13	4.70	7.93	83.18	40.59	52.71
18	16.83	6.39	103.04	41.32	132.33	165.83	17.97	3.46	45.19	159.74	82.03	55.10	76.18
19	6.43	4.64	85.29	18.55	74.87	1900.29	104.89	3.95	11.50	25.45	209.32	98.47	377.98
20	22.48	6.73	40.11	30.88	24.64	22.19	71.34	4.83	83.02	223.15	105.02	14.11	205.60
21	27.51	1.69	4.99	1.61	1.99	1.82	0.38	6.32	0.94	7.27	2.67	4.15	9.49
22	1.05	0.31	0.38	0.16	0.12	0.15	0.02	0.18	0.34	0.51	0.41	0.57	0.88
23	0.03	0.00	0.02	0.02	0.01	0.01	0.00	0.02	0.02	0.09	0.68	0.63	3.24
24	16.31	7.59	12.64	7.12	7.09	6.92	1.42	2.23	7.65	51.86	41.78	23.68	52.59
25	0.11	0.05	0.11	0.07	0.07	0.10	0.01	0.03	0.06	0.25	0.11	0.23	0.44
26	10.11	5.54	13.91	9.02	7.94	14.26	1.80	2.89	10.90	28.97	37.81	78.46	156.28
中间投入	11618.38	4577.95	9348.05	7117.48	5402.50	10249.40	1254.69	1757.10	3949.24	21538.49	10001.90	12115.26	22048.35
劳动者报酬	1647.15	634.82	1762.10	1009.35	668.80	924.89	221.43	435.27	854.75	3898.60	3778.11	4922.72	14414.91
固定资产折旧	679.16	184.08	548.13	341.00	228.58	341.55	44.67	167.75	1085.62	702.10	2951.98	1002.08	5648.95
增加值合计	3749.31	1419.69	3649.26	2529.22	1719.13	2727.97	434.59	1701.88	3962.45	6594.19	10118.08	12175.74	27833.37
总投入	14931.03	6229.71	13355.43	9637.12	7219.01	13265.46	1796.26	3403.94	8128.76	29141.67	19871.40	24378.36	51230.41

表 A6.3　2002 年最终使用（投入）表、总产出、增加值及进口总值

部门代码	国产品						进口品						总产出	进口合计
	居民消费	政府消费	资本形成	出口	合计	其他	居民消费	政府消费	资本形成	出口	合计	其他		
1	10226.46	160.43	1079.61	465.48	11931.98	697.90	237.54	3.73	25.09	8.72	275.08	16.21	28597.72	662.18
2	214.05	0.00	162.56	151.90	528.50	269.81	1.31	0.00	0.99	5.71	8.01	1.65	4010.43	29.29
3	33.31	0.00	7.51	116.61	157.42	112.14	11.47	0.00	2.59	4.38	18.44	38.62	3269.02	1089.97
4	0.00	0.00	15.69	18.00	33.69	-1.25	0.00	0.00	3.57	0.68	4.24	-0.28	1485.02	334.04
5	22.40	0.00	-0.53	145.68	167.55	42.90	2.64	0.00	-0.06	5.47	8.05	5.05	1592.65	175.76
6	6907.45	0.00	259.84	889.21	8056.49	518.13	266.09	0.00	10.01	4.28	280.39	19.96	14480.04	527.84
7	723.82	0.00	-5.43	2705.64	3424.03	137.58	134.55	0.00	-1.01	14.29	147.83	25.58	9019.92	1188.08
8	2137.25	0.00	17.14	2758.31	4912.70	191.93	235.35	0.00	1.89	16.86	254.10	21.13	6616.17	441.69
9	378.54	0.00	109.11	664.75	1152.40	-82.38	21.17	0.00	6.16	1.62	28.94	-4.61	3954.37	185.61
10	388.14	0.00	91.99	974.79	1454.92	177.06	35.57	0.00	8.43	12.29	56.29	16.23	7048.39	568.90
11	270.08	0.00	-32.35	253.48	491.21	142.96	21.84	0.00	-2.62	9.52	28.75	10.76	6457.91	510.49
12	1239.60	0.00	208.35	2135.75	3583.71	221.50	208.37	0.00	35.02	40.64	284.03	37.23	21812.64	3348.15
13	541.01	0.00	-141.60	416.74	816.14	-73.19	18.80	0.00	-4.92	0.99	14.87	-2.54	5813.94	188.51
14	21.01	0.00	-8.02	456.20	469.19	447.99	2.41	0.00	-0.92	5.01	6.50	51.33	15379.02	1714.93
15	336.91	0.00	292.27	1054.22	1683.40	-193.60	32.76	0.00	34.62	11.57	78.96	-18.83	6036.10	502.23
16	58.64	0.00	4912.72	1278.36	6249.71	-133.69	11.70	0.00	1479.36	28.91	1519.96	-26.67	13221.74	2910.59
17	626.95	0.00	2756.02	630.05	4013.01	209.21	52.02	0.00	244.45	23.41	319.88	17.36	9846.33	803.86
18	726.14	0.00	327.08	1987.90	3041.11	6.17	172.29	0.00	351.20	44.96	568.45	1.47	7225.19	1561.22
19	826.55	0.00	1278.64	4857.85	6963.04	42.70	394.57	0.00	1702.88	109.86	2207.31	20.39	13308.16	5236.33
20	25.65	0.00	-130.02	1450.73	1346.36	-1.64	57.89	0.00	403.64	32.81	494.34	-3.70	1794.62	1505.99
21	622.93	0.00	178.84	426.80	1228.57	52.74	27.11	0.00	7.78	0.00	34.89	5.69	3456.69	135.24
22	1126.18	0.00	0.00	51.28	1177.46	-216.79	1.48	0.00	0.00	0.00	1.48	0.49	7911.97	11.10
23	0.00	0.00	27200.64	104.59	27305.23	-1006.23	0.00	0.00	74.72	0.00	74.72	-0.16	28135.45	79.61
24	2671.41	299.53	484.03	1581.27	5036.24	243.19	59.21	6.64	10.73	0.00	76.57	26.77	20114.59	432.15
25	6268.07	0.00	1093.14	2887.88	10249.08	-87.33	1.11	0.00	0.19	0.00	1.30	-0.25	24291.02	3.54
26	13753.87	18099.91	984.11	2098.87	34936.77	-1308.95	417.68	549.66	29.89	0.00	997.23	-271.12	49921.46	1220.92

表 A7.1

2003 年国内产品中间使用（投入）表

部门代码	1	2	3	4	5	6	7	8	9	10	11	12	13
1	5052.71	25.41	0.01	7.25	1.75	5020.15	1246.20	316.23	379.33	183.85	0.97	671.53	5.68
2	56.31	66.29	16.97	4.69	3.33	35.17	31.22	4.70	19.91	26.84	172.23	211.99	223.59
3	0.69	0.56	26.12	1.96	4.48	1.96	5.36	0.00	0.00	1.70	2791.68	237.70	10.23
4	0.00	0.00	0.00	56.83	0.00	0.00	0.00	0.00	0.00	0.00	0.00	49.67	8.70
5	4.05	1.47	0.19	0.58	47.70	7.43	0.00	0.00	0.00	0.15	0.00	176.21	243.24
6	2116.52	0.37	1.85	0.66	0.00	2300.66	4.17	293.60	0.18	1.52	0.00	192.26	0.17
7	12.41	1.56	5.98	0.80	1.19	15.44	2543.51	1594.98	31.43	93.62	0.58	58.98	29.10
8	3.06	8.53	11.53	5.26	6.32	8.28	21.06	703.12	40.93	36.54	5.53	58.83	17.36
9	25.45	12.51	2.59	1.68	1.82	8.75	4.47	6.72	476.72	58.76	1.60	25.14	23.97
10	38.46	4.14	7.04	3.70	6.64	270.24	48.71	87.33	42.01	1417.66	6.56	249.12	191.39
11	330.71	40.37	86.27	99.21	54.59	32.66	30.55	19.12	32.81	40.97	321.31	786.60	231.05
12	1634.61	65.78	47.78	57.85	126.53	423.08	850.88	380.63	261.87	654.66	106.84	7051.16	422.66
13	113.05	28.42	15.08	10.69	17.47	90.54	18.27	18.10	20.60	19.95	17.40	130.47	629.35
14	46.62	153.95	77.16	32.67	12.82	29.74	11.52	16.82	70.19	79.60	49.80	196.05	211.27
15	39.58	41.12	19.23	18.14	8.78	68.12	11.06	18.24	46.87	61.09	14.46	110.69	126.87
16	142.19	88.40	68.15	39.96	50.60	38.16	107.98	21.65	25.49	60.17	61.29	183.34	184.67
17	202.60	34.57	41.14	31.62	42.33	50.05	24.19	12.96	20.69	62.51	26.69	76.80	23.55

续表

部门代码	1	2	3	4	5	6	7	8	9	10	11	12	13
18	35.57	72.63	59.80	11.20	14.89	19.52	32.86	13.98	13.86	35.40	45.63	91.36	50.06
19	12.97	8.27	12.75	3.65	3.64	9.27	17.37	13.05	5.03	63.53	16.31	60.02	26.18
20	8.62	7.92	17.08	2.48	1.82	4.34	3.99	4.77	2.85	6.50	5.93	34.61	9.67
21	12.31	8.81	5.77	5.38	6.85	20.56	19.76	12.59	9.92	74.07	13.45	61.44	34.00
22	340.55	231.75	185.71	150.58	82.33	164.79	218.26	51.10	84.55	152.49	161.79	1054.83	466.62
23	30.00	5.57	2.95	0.94	0.77	3.18	2.88	2.58	0.91	2.22	1.83	9.46	4.84
24	253.80	105.52	46.96	33.48	94.18	281.62	141.69	151.15	119.22	165.56	207.76	532.09	299.59
25	1063.66	145.69	77.29	57.66	83.66	973.51	572.07	517.34	245.51	556.62	270.04	1144.37	505.62
26	1186.14	188.55	209.01	72.28	79.27	603.79	299.71	411.02	140.78	282.48	201.81	910.54	476.04

部门代码	14	15	16	17	18	19	20	21	22	23	24	25	26
1	1.23	2.30	6.52	1.73	0.78	2.43	0.04	135.56	6.65	2785.15	93.33	1341.63	149.01
2	340.19	8.28	44.51	22.95	8.28	4.15	0.71	11.57	1236.50	21.57	27.06	37.84	194.24
3	35.49	5.17	7.73	4.23	1.15	0.31	0.06	0.03	63.49	0.00	12.91	3.13	5.63
4	1098.15	58.18	30.02	8.76	29.91	2.37	1.01	0.14	2.90	0.00	0.00	0.00	5.67
5	83.36	6.84	5.67	1.31	1.34	1.97	0.27	2.63	0.85	505.47	4.06	0.00	7.41
6	0.00	0.00	0.00	0.00	0.00	0.00	0.04	8.49	0.00	34.25	30.99	2186.65	398.87
7	5.50	11.37	51.12	16.20	4.14	19.00	2.61	101.96	1.14	60.31	13.86	16.96	723.68
8	23.69	7.26	21.13	24.93	10.56	8.47	2.93	5.66	18.92	42.46	28.01	155.96	121.13

续表

部门代码	14	15	16	17	18	19	20	21	22	23	24	25	26
9	6.81	36.75	21.85	14.27	15.60	11.13	2.01	15.60	4.27	626.50	8.24	58.06	330.52
10	21.63	33.88	63.74	23.74	172.24	107.79	15.53	66.46	17.56	26.90	164.52	577.24	1614.00
11	752.55	47.96	96.82	44.80	50.21	36.66	4.24	20.10	454.67	941.98	1368.69	302.18	402.01
12	261.71	140.23	559.29	548.51	847.21	739.68	165.23	120.82	55.06	1104.27	100.72	362.42	1832.02
13	378.03	52.33	65.82	64.05	116.05	406.19	41.40	26.48	20.71	3941.86	20.08	44.59	276.40
14	6679.08	1906.28	2460.83	1244.70	1798.87	308.91	118.71	105.16	27.08	4408.49	41.35	12.64	93.11
15	122.42	379.10	294.02	115.07	223.18	198.11	40.92	56.34	29.05	1151.03	38.32	46.02	211.97
16	371.32	62.55	1640.60	651.91	264.64	137.71	36.38	20.11	244.52	1105.26	223.08	217.29	444.97
17	179.33	26.95	189.34	3809.01	52.57	55.35	11.04	17.24	97.94	159.82	966.11	709.83	986.80
18	120.83	29.97	555.77	250.59	844.92	1083.12	98.04	15.67	287.87	1082.79	320.47	324.05	479.71
19	22.92	10.79	228.25	55.83	237.20	6158.03	283.87	8.88	37.13	85.61	405.71	287.34	1180.92
20	18.57	3.63	24.89	21.54	18.10	16.67	44.77	2.69	61.12	174.01	47.20	9.55	148.94
21	346.70	16.62	51.23	22.61	25.50	25.44	4.75	60.58	22.86	101.64	29.37	69.30	155.43
22	1095.64	204.80	297.47	141.32	117.36	143.47	16.85	148.09	355.52	491.18	242.35	503.73	821.70
23	9.33	1.20	5.14	7.08	2.82	2.58	0.59	4.17	6.37	32.33	137.26	190.96	1050.05
24	586.16	178.13	341.12	216.13	226.63	226.08	38.69	49.73	261.80	1759.42	816.77	696.88	1657.45
25	1016.23	261.69	704.44	528.35	523.27	794.19	89.92	142.30	492.33	2081.96	548.00	1666.38	3459.05
26	524.32	187.51	542.18	395.29	366.25	672.71	70.93	98.85	522.22	1418.73	1067.07	3333.68	7109.77

表 A7.2　　　　　2003 年进口品中间使用（投入）、中间投入合计、增加值及总投入表

部门代码	1	2	3	4	5	6	7	8	9	10	11	12	13
1	151.68	0.76	0.00	0.22	0.05	150.70	37.41	9.49	11.39	5.52	0.03	20.16	0.17
2	0.42	0.49	0.13	0.03	0.02	0.26	0.23	0.03	0.15	0.20	1.28	1.57	1.66
3	0.29	0.24	11.08	0.83	1.90	0.83	2.27	0.00	0.00	0.72	1184.04	100.81	4.34
4	0.00	0.00	0.00	18.75	0.00	0.00	0.00	0.00	0.00	0.00	0.00	16.39	2.87
5	0.82	0.30	0.04	0.12	9.61	1.50	0.00	0.00	0.00	0.03	0.00	35.50	49.00
6	85.35	0.02	0.07	0.03	0.00	92.77	0.17	11.84	0.01	0.06	0.12	7.75	0.01
7	2.52	0.32	1.21	0.16	0.24	3.14	516.66	323.98	6.39	19.02	0.12	11.98	5.91
8	0.35	0.98	1.32	0.60	0.72	0.95	2.41	80.50	4.69	4.18	0.63	6.74	1.99
9	2.24	1.10	0.23	0.15	0.16	0.77	0.39	0.59	41.93	5.17	0.14	2.21	2.11
10	3.99	0.43	0.73	0.38	0.69	28.01	5.05	9.05	4.35	146.93	0.68	25.82	19.84
11	29.44	3.59	7.68	8.83	4.86	2.91	2.72	1.70	2.92	3.65	28.60	70.01	20.56
12	305.18	12.28	8.92	10.80	23.62	78.99	158.86	71.06	48.89	122.22	19.95	1316.43	78.91
13	3.40	0.85	0.45	0.32	0.53	2.72	0.55	0.54	0.62	0.60	0.52	3.92	18.93
14	5.68	18.75	9.40	3.98	1.56	3.62	1.40	2.05	8.55	9.69	6.06	23.87	25.73
15	4.47	4.65	2.17	2.05	0.99	7.70	1.25	2.06	5.30	6.90	1.63	12.51	14.34
16	33.53	20.84	16.07	9.42	11.93	9.00	25.46	5.10	6.01	14.19	14.45	43.23	43.55
17	12.77	2.18	2.59	1.99	2.67	3.16	1.53	0.82	1.30	3.94	1.68	4.84	1.48
18	7.71	15.74	12.96	2.43	3.23	4.23	7.12	3.03	3.00	7.67	9.89	19.80	10.85
19	6.50	4.14	6.39	1.83	1.82	4.64	8.70	6.54	2.52	31.82	8.17	30.06	13.11

续表

部门代码	1	2	3	4	5	6	7	8	9	10	11	12	13
20	26.10	23.97	51.72	7.50	5.51	13.15	12.08	14.44	8.63	19.69	17.97	104.82	29.28
21	0.07	0.05	0.03	0.03	0.04	0.12	0.11	0.07	0.06	0.43	0.08	0.36	0.20
22	0.47	0.32	0.26	0.21	0.11	0.23	0.30	0.07	0.12	0.21	0.22	1.46	0.65
23	0.08	0.02	0.01	0.00	0.00	0.01	0.01	0.01	0.00	0.01	0.01	0.03	0.01
24	10.04	4.18	1.86	1.32	3.73	11.14	5.61	5.98	4.72	6.55	8.22	21.05	11.85
25	0.15	0.02	0.01	0.01	0.01	0.14	0.08	0.07	0.04	0.08	0.04	0.16	0.07
26	34.28	5.45	6.04	2.09	2.29	17.45	8.66	11.88	4.07	8.16	5.83	26.31	13.76
中间投入	13490.18	1469.80	1185.76	785.29	830.07	10919.15	7066.78	5232.72	2257.32	4556.12	5811.76	16273.06	4826.65
增加值合计	16192.24	1942.06	2159.37	564.56	447.38	5307.53	2384.72	1924.66	936.22	2396.12	1195.65	6472.27	2690.20
总投入	29729.46	3411.67	3384.49	1391.96	1285.82	16265.82	9498.55	7166.79	3193.48	6970.37	7024.48	23112.29	7529.47

部门代码	14	15	16	17	18	19	20	21	22	23	24	25	26
1	0.04	0.07	0.20	0.05	0.02	0.07	0.00	4.07	0.20	83.61	2.80	40.28	4.47
2	2.53	0.06	0.33	0.17	0.06	0.03	0.01	0.09	9.18	0.16	0.20	0.28	1.44
3	15.05	2.19	3.28	1.80	0.49	0.13	0.02	0.01	26.93	0.00	5.48	1.33	2.39
4	362.28	19.19	9.90	2.89	9.87	0.78	0.33	0.05	0.96	0.00	0.00	0.00	1.87
5	16.79	1.38	1.14	0.26	0.27	0.40	0.05	0.53	0.17	101.83	0.82	0.00	1.49
6	0.00	0.00	0.00	0.00	0.00	0.00	0.00	0.34	0.00	1.38	1.25	88.18	16.08
7	1.12	2.31	10.38	3.29	0.84	3.86	0.53	20.71	0.23	12.25	2.81	3.44	147.00
8	2.71	0.83	2.42	2.85	1.21	0.97	0.34	0.65	2.17	4.86	3.21	17.86	13.87
9	0.60	3.23	1.92	1.26	1.37	0.98	0.18	1.37	0.38	55.11	0.73	5.11	29.07

续表

部门代码	14	15	16	17	18	19	20	21	22	23	24	25	26
10	2.24	3.51	6.61	2.46	17.85	11.17	1.61	6.89	1.82	2.79	17.05	59.83	167.28
11	66.98	4.27	8.62	3.99	4.47	3.26	0.38	1.79	40.47	83.84	121.82	26.90	35.78
12	48.86	26.18	104.42	102.40	158.17	138.10	30.85	22.56	10.28	206.16	18.80	67.66	342.03
13	11.37	1.57	1.98	1.93	3.49	12.22	1.25	0.80	0.62	118.55	0.60	1.34	8.31
14	813.34	232.13	299.67	151.57	219.06	37.62	14.46	12.81	3.30	536.84	5.04	1.54	11.34
15	13.83	42.84	33.23	13.00	25.22	22.39	4.62	6.37	3.28	130.07	4.33	5.20	23.95
16	87.56	14.75	386.87	153.72	62.40	32.47	8.58	4.74	57.66	260.63	52.60	51.24	104.93
17	11.30	1.70	11.94	240.12	3.31	3.49	0.70	1.09	6.17	10.07	60.90	44.75	62.21
18	26.19	6.50	120.47	54.32	183.14	234.77	21.25	3.40	62.40	234.70	69.46	70.24	103.98
19	11.48	5.41	114.33	27.97	118.81	3084.49	142.19	4.45	18.60	42.88	203.22	143.92	591.51
20	56.25	10.99	75.37	65.24	54.82	50.49	135.59	8.14	185.11	527.00	142.94	28.91	451.07
21	2.02	0.10	0.30	0.13	0.15	0.15	0.03	0.35	0.13	0.59	0.17	0.40	0.90
22	1.52	0.28	0.41	0.20	0.16	0.20	0.02	0.21	0.49	0.68	0.34	0.70	1.14
23	0.03	0.00	0.01	0.02	0.01	0.01	0.00	0.01	0.02	0.09	0.38	0.54	2.94
24	23.19	7.05	13.50	8.55	8.97	8.95	1.53	1.97	10.36	69.61	32.32	27.57	65.58
25	0.15	0.04	0.10	0.08	0.08	0.11	0.01	0.02	0.07	0.30	0.08	0.24	0.50
26	15.15	5.42	15.67	11.42	10.58	19.44	2.05	2.86	15.09	41.00	30.84	96.34	205.47
中间投入	15693.78	4071.79	9532.59	9084.61	6843.58	14829.05	1458.08	1351.56	4784.65	26668.01	7533.71	13938.09	26257.07
增加值合计	4884.96	1533.04	4209.36	3640.49	3052.62	4113.80	559.22	1209.35	4606.50	6625.89	7689.09	15633.68	31264.39
总投入	20718.08	5638.88	14089.23	13073.37	10116.15	19637.38	2276.31	2560.39	9387.80	33293.25	15218.64	29563.96	57512.19

表 A7.3　　　　　2003 年最终使用（投入）表、总产出、增加值及进口总值

部门代码	国产品						进口品						总产出	进口合计
	居民消费	政府消费	资本形成	出口	合计	其他	居民消费	政府消费	资本形成	出口	合计	其他		
1	10302.43	164.00	1271.22	554.38	12292.04	-7.60	309.28	4.92	38.16	9.16	361.52	0.00	29682.42	884.99
2	222.01	0.00	200.06	158.52	580.59	-1.20	1.65	0.00	1.49	6.90	10.04	0.00	3411.87	31.05
3	29.48	0.00	7.62	125.61	162.71	-1.93	12.50	0.00	3.23	4.46	20.20	0.00	3345.13	1386.66
4	0.00	0.00	16.44	23.22	39.65	-0.79	0.00	0.00	5.42	0.78	6.21	0.00	1349.84	452.33
5	22.42	0.00	-0.62	161.80	183.61	-0.57	4.52	0.00	-0.12	6.38	10.77	0.00	1277.45	232.83
6	7353.05	0.00	328.56	1012.94	8694.55	-3.33	296.51	0.00	13.25	3.34	313.09	0.00	16226.68	618.40
7	754.49	0.00	-6.71	3333.33	4081.12	-2.76	153.26	0.00	-1.36	21.76	173.66	0.00	9451.50	1274.09
8	2326.26	0.00	21.72	3421.35	5769.33	-0.66	266.32	0.00	2.49	23.90	292.71	0.00	7157.38	452.69
9	401.87	0.00	129.55	860.27	1391.69	-0.83	35.35	0.00	11.44	2.30	49.09	0.00	3193.54	207.58
10	423.94	0.00	117.20	1151.02	1692.16	-2.47	43.94	0.00	12.15	17.42	73.50	0.00	6952.25	620.56
11	116.99	0.00	-44.57	322.97	395.39	-3.06	10.41	0.00	-3.97	11.24	17.69	0.00	7007.40	607.71
12	1282.39	0.00	255.95	2652.45	4190.79	-9.58	239.42	0.00	47.79	52.84	340.04	0.00	22745.32	3872.62
13	596.35	0.00	-182.13	531.84	946.06	-2.87	17.94	0.00	-5.48	0.95	13.40	0.00	7516.85	211.40
14	20.64	0.00	-9.33	513.31	524.63	-9.59	2.51	0.00	-1.14	7.46	8.84	0.00	20578.74	2467.87
15	357.85	0.00	350.22	1441.01	2149.08	-1.66	40.44	0.00	43.74	20.89	105.07	0.00	5604.84	499.44
16	61.61	0.00	5753.39	1781.84	7596.85	-3.45	14.53	0.00	1915.63	40.58	1970.74	0.00	13741.95	3501.70
17	698.59	0.00	3500.17	963.57	5162.33	-3.58	44.04	0.00	233.52	20.33	297.89	0.00	12725.10	796.60
18	838.09	0.00	396.32	2891.19	4125.60	-3.17	181.66	0.00	419.99	66.32	667.97	0.00	9896.19	1966.47
19	918.53	0.00	1539.82	7924.53	10382.87	-5.85	460.08	0.00	2241.81	204.89	2906.78	0.00	18942.85	7542.26
20	21.33	0.00	-283.98	1836.74	1574.08	-1.23	64.60	0.00	588.72	43.18	696.50	0.00	2017.30	2823.28
21	667.19	0.00	216.60	459.66	1343.46	-0.52	3.88	0.00	1.26	0.00	5.14	0.00	2560.91	12.21
22	1395.92	0.00	10.91	56.18	1463.01	-3.35	1.94	0.00	0.02	0.00	1.95	0.00	9391.15	12.96
23	0.00	0.00	31672.43	102.79	31775.22	-0.64	0.00	0.00	88.76	0.00	88.76	0.00	33293.89	93.01
24	2772.63	307.20	566.55	2084.65	5731.03	-4.16	109.70	12.15	22.42	0.00	144.27	0.00	15222.80	519.65
25	7088.79	0.00	1397.22	2556.78	11042.80	-7.81	1.02	0.00	0.20	0.00	1.22	0.00	29571.77	3.88
26	14151.32	18560.28	1147.43	2282.24	36141.27	-9.27	408.98	536.40	33.16	0.00	978.53	0.00	57521.46	1596.16

表 A8.1　　　　　2004 年国产品中间使用（投入）表

部门代码	1	2	3	4	5	6	7	8	9	10	11	12	13
1	4751.19	10.67	0.01	0.28	0.03	4536.14	1161.66	313.26	124.67	45.38	0.07	253.44	62.53
2	92.52	90.82	17.88	4.59	2.86	46.07	38.96	5.74	26.39	29.89	117.16	239.34	273.63
3	1.28	1.12	40.17	2.80	5.62	3.75	9.76	0.00	0.00	2.76	2770.54	391.50	18.27
4	0.00	0.00	0.00	67.10	0.00	0.00	0.00	0.00	0.00	0.00	0.00	67.69	12.85
5	5.47	1.63	0.16	0.46	33.13	7.87	0.00	0.00	0.00	0.14	0.00	160.86	240.69
6	2014.38	0.43	1.65	0.54	0.00	2550.17	4.41	303.07	0.20	1.43	0.00	183.69	0.18
7	17.75	2.13	6.27	0.78	1.02	20.14	3161.73	1937.91	41.49	103.85	0.40	66.32	35.47
8	2.40	5.92	6.15	2.60	2.75	5.49	13.31	434.23	27.46	20.60	1.90	33.63	10.76
9	50.38	15.16	2.41	1.45	1.38	10.13	4.93	7.25	558.71	57.86	0.96	25.10	25.94
10	52.76	5.32	6.95	3.39	5.34	331.72	56.97	99.83	52.17	1479.45	4.18	263.57	219.50
11	388.64	53.25	87.54	93.43	45.16	41.19	36.70	22.45	41.87	43.93	210.45	855.03	272.23
12	2173.58	89.30	49.90	56.07	107.72	549.13	1052.21	460.07	343.88	722.39	72.02	7888.29	512.53
13	160.58	49.49	20.19	13.29	19.08	150.70	28.98	28.05	34.69	28.24	15.04	187.18	978.70
14	41.31	181.96	70.15	27.57	9.50	33.61	12.40	17.70	80.25	76.47	29.23	190.95	223.04
15	62.05	48.07	17.29	15.14	6.44	76.14	11.78	18.99	53.00	58.05	8.39	106.63	132.48
16	216.31	122.04	72.38	39.38	43.81	50.36	135.80	26.61	34.05	67.52	42.02	208.59	227.73
17	222.67	50.02	45.79	32.66	38.40	69.24	31.88	16.70	28.95	73.51	19.17	91.56	30.44

续表

部门代码	1	2	3	4	5	6	7	8	9	10	11	12	13
18	44.02	123.40	78.16	13.58	15.86	31.70	50.85	21.15	22.77	48.88	38.49	127.91	75.97
19	13.14	11.79	13.99	3.71	3.25	12.65	22.57	16.58	6.95	73.67	11.56	70.56	33.36
20	4.65	8.06	13.37	1.80	1.16	4.23	3.70	4.32	2.81	5.38	3.00	29.03	8.79
21	29.04	11.95	5.45	4.92	5.69	25.40	24.17	15.83	12.88	88.22	7.97	64.66	42.14
22	735.10	525.26	323.80	243.65	117.01	357.09	450.60	103.11	185.36	280.92	182.07	1970.12	944.66
23	95.25	14.07	5.74	1.70	1.22	7.68	6.63	5.81	2.23	4.57	2.29	19.70	10.91
24	377.04	103.30	35.36	23.40	57.81	263.57	126.34	131.74	112.89	131.73	100.98	429.23	261.96
25	1212.51	188.48	76.92	53.25	67.87	1204.05	674.12	595.86	307.21	585.29	173.46	1219.94	584.26
26	1554.52	314.28	268.00	86.01	82.86	962.18	455.05	609.97	226.98	382.71	167.02	1250.67	708.75

部门代码	14	15	16	17	18	19	20	21	22	23	24	25	26
1	0.21	0.12	2.34	3.34	3.68	3.81	0.01	30.91	1701.16	5412.92	0.55	522.49	73.03
2	279.11	9.20	51.81	27.37	10.27	4.76	0.80	16.82	1892.34	23.29	29.61	42.51	202.21
3	42.48	8.38	13.13	7.37	2.09	0.52	0.10	0.06	141.76	0.00	20.61	5.13	8.55
4	1087.60	78.07	42.19	12.61	44.79	3.28	1.39	0.25	5.37	0.00	0.00	0.00	7.12
5	55.30	6.15	5.34	1.26	1.34	1.83	0.25	3.17	1.06	441.34	3.59	0.00	6.23
6	0.00	0.00	0.00	0.00	0.00	0.00	0.04	10.99	0.00	31.30	28.70	2078.60	351.38
7	4.50	12.59	59.27	19.24	5.11	21.70	2.96	155.23	1.73	64.87	15.10	18.97	750.40
8	9.84	4.08	12.45	15.06	6.63	4.92	1.69	3.58	14.66	23.21	15.52	88.70	63.84

续表

部门代码	14	15	16	17	18	19	20	21	22	23	24	25	26
9	4.94	36.13	22.49	15.05	17.11	11.29	2.03	20.62	5.78	598.29	7.98	57.68	304.28
10	16.63	35.29	69.52	26.54	200.21	115.87	16.57	93.44	25.19	27.22	168.69	607.65	1574.57
11	594.44	51.32	108.49	51.45	59.96	40.49	4.65	28.23	669.93	979.34	1441.88	326.81	402.93
12	212.76	154.45	645.04	648.35	1041.29	840.73	186.48	164.06	83.50	1181.58	109.20	403.40	1889.80
13	394.12	73.91	97.35	97.09	182.92	592.07	59.92	49.27	40.27	5409.00	27.93	63.64	365.64
14	4727.14	1827.82	2470.86	1280.86	1924.86	305.68	116.64	137.69	35.76	4106.71	39.04	12.24	83.62
15	85.70	359.53	292.00	117.12	236.20	193.89	39.77	64.50	37.93	1060.53	35.77	44.11	188.28
16	306.99	70.06	1924.26	783.64	330.78	159.18	41.75	20.24	377.10	1202.72	245.97	245.97	466.79
17	155.37	31.64	232.72	4798.25	68.86	67.05	13.28	18.23	158.28	182.25	1116.35	842.04	1084.84
18	122.93	41.31	802.17	370.69	1299.62	1540.67	138.47	24.75	546.32	1449.96	434.84	451.40	619.28
19	19.58	12.49	276.63	69.35	306.37	7355.36	336.67	11.73	59.18	96.26	462.26	336.10	1280.14
20	11.32	3.00	21.52	19.09	16.68	14.21	37.89	2.24	69.50	139.61	38.37	7.97	115.20
21	313.25	18.58	62.97	25.89	32.49	29.10	5.25	75.14	28.76	111.30	28.32	68.35	147.42
22	1487.03	376.58	572.78	278.87	240.81	272.24	31.75	203.61	900.06	877.44	438.68	936.07	1415.09
23	14.12	2.46	11.04	15.58	6.45	5.45	1.24	10.62	17.98	64.40	276.99	395.63	2016.09
24	343.60	141.46	283.68	184.21	200.85	185.29	31.48	46.29	286.26	1357.48	638.55	559.31	1232.82
25	787.25	274.64	774.19	595.11	612.86	860.18	96.71	188.11	711.43	2122.82	566.18	1767.47	3400.12
26	523.34	253.56	767.75	573.66	552.68	938.77	98.28	141.15	972.29	1863.84	1420.48	4555.87	9004.53

表 A8.2　　2004 年进口品中间使用（投入）、中间投入合计、增加值及总投入表

部门代码	1	2	3	4	5	6	7	8	9	10	11	12	13
1	164.84	0.37	0.00	0.01	0.00	157.38	40.30	10.87	4.33	1.57	0.00	8.79	2.17
2	1.16	1.14	0.22	0.06	0.04	0.58	0.49	0.07	0.33	0.37	1.46	2.99	3.42
3	0.67	0.58	20.90	1.46	2.92	1.95	5.08	0.00	0.00	1.44	1441.89	203.75	9.51
4	0.00	0.00	0.00	27.67	0.00	0.00	0.00	0.00	0.00	0.00	0.00	27.92	5.30
5	1.53	0.46	0.04	0.13	9.28	2.21	0.00	0.00	0.01	0.04	0.00	45.07	67.43
6	85.17	0.02	0.07	0.02	0.00	107.83	0.19	12.81	7.86	0.06	0.00	7.77	0.01
7	3.36	0.40	1.19	0.15	0.19	3.82	599.00	367.15	3.63	19.67	0.08	12.57	6.72
8	0.32	0.78	0.81	0.34	0.36	0.73	1.76	57.44	49.30	2.72	0.25	4.45	1.42
9	4.45	1.34	0.21	0.13	0.12	0.89	0.43	0.64	5.46	5.11	0.08	2.21	2.29
10	5.52	0.56	0.73	0.35	0.56	34.71	5.96	10.45	4.53	154.81	0.44	27.58	22.97
11	42.07	5.76	9.48	10.11	4.89	4.46	3.97	2.43	62.96	4.76	22.78	92.56	29.47
12	397.95	16.35	9.14	10.27	19.72	100.54	192.64	84.23	0.90	132.26	13.18	1444.21	93.84
13	4.14	1.28	0.52	0.34	0.49	3.89	0.75	0.72	10.56	0.73	0.39	4.83	25.26
14	5.44	23.95	9.23	3.63	1.25	4.42	1.63	2.33	6.12	10.06	3.85	25.13	29.35
15	7.16	5.55	2.00	1.75	0.74	8.79	1.36	2.19	8.04	6.70	0.97	12.30	15.29
16	51.10	28.83	17.10	9.30	10.35	11.90	32.08	6.29	2.23	15.95	9.93	49.28	53.80
17	17.15	3.85	3.53	2.52	2.96	5.33	2.46	1.29	4.67	5.66	1.48	7.05	2.34
18	9.02	25.28	16.01	2.78	3.25	6.49	10.42	4.33	3.84	10.01	7.89	26.20	15.56
19	7.25	6.51	7.73	2.05	1.80	6.98	12.46	9.16	10.79	40.68	6.38	38.97	18.42
20	17.90	30.98	51.43	6.92	4.47	16.25	14.23	16.62	0.70	20.68	11.53	111.64	33.81
21	1.59	0.65	0.30	0.27	0.31	1.39	1.32	0.86	0.70	4.82	0.44	3.53	2.30

续表

部门代码	1	2	3	4	5	6	7	8	9	10	11	12	13
22	0.67	0.48	0.29	0.22	0.11	0.32	0.41	0.09	0.17	0.26	0.17	1.79	0.86
23	0.24	0.04	0.01	0.00	0.00	0.02	0.02	0.01	0.01	0.01	0.01	0.05	0.03
24	17.68	4.84	1.66	1.10	2.71	12.36	5.93	6.18	5.29	6.18	4.74	20.13	12.29
25	0.20	0.03	0.01	0.01	0.01	0.20	0.11	0.10	0.05	0.10	0.03	0.20	0.10
26	50.33	10.18	8.68	2.78	2.68	31.15	14.73	19.75	7.35	12.39	5.41	40.49	22.95
中间投入	15215.45	2198.12	1426.99	877.92	744.22	11874.98	8523.22	5812.23	2526.99	4869.87	5511.73	18616.66	6424.66
增加值合计	16818.81	2018.08	2112.40	527.17	404.23	6045.10	2719.32	2113.35	1000.82	2559.49	1832.74	7385.90	3669.78
总投入	32122.76	4220.72	3610.86	1486.79	1162.25	17992.65	11313.93	7939.74	3529.76	7461.09	7380.38	26561.50	10121.81

部门代码	14	15	16	17	18	19	20	21	22	23	24	25	26
1	0.01	0.00	0.08	0.12	0.13	0.13	0.00	1.07	59.02	187.79	0.02	18.13	2.53
2	3.49	0.12	0.65	0.34	0.13	0.06	0.01	0.21	23.66	0.29	0.37	0.53	2.53
3	22.11	4.36	6.83	3.83	1.09	0.27	0.05	0.03	73.77	0.00	10.73	2.67	4.45
4	448.51	32.19	17.40	5.20	18.47	1.35	0.57	0.10	2.21	0.00	0.00	0.00	2.94
5	15.49	1.72	1.50	0.35	0.38	0.51	0.07	0.89	0.30	123.64	1.01	0.00	1.75
6	0.00	0.00	0.00	0.00	0.00	0.00	0.00	0.46	0.00	1.32	1.21	87.89	14.86
7	0.85	2.38	11.23	3.65	0.97	4.11	0.56	29.41	0.33	12.29	2.86	3.59	142.17
8	1.30	0.54	1.65	1.99	0.88	0.65	0.22	0.47	1.94	3.07	2.05	11.73	8.45
9	0.44	3.19	1.98	1.33	1.51	1.00	0.18	1.82	0.51	52.79	0.70	5.09	26.85
10	1.74	3.69	7.27	2.78	20.95	12.13	1.73	9.78	2.64	2.85	17.65	63.59	164.77

续表

部门代码	14	15	16	17	18	19	20	21	22	23	24	25	26
11	64.35	5.56	11.75	5.57	6.49	4.38	0.50	3.06	72.53	106.02	156.10	35.38	43.62
12	38.95	28.28	118.10	118.70	190.64	153.92	34.14	30.04	15.29	216.33	19.99	73.86	345.99
13	10.17	1.91	2.51	2.51	4.72	15.28	1.55	1.27	1.04	139.59	0.72	1.64	9.44
14	622.14	240.56	325.19	168.57	253.33	40.23	15.35	18.12	4.71	540.49	5.14	1.61	11.01
15	9.89	41.49	33.69	13.52	27.26	22.37	4.59	7.44	4.38	122.38	4.13	5.09	21.73
16	72.53	16.55	454.62	185.14	78.15	37.61	9.86	4.78	89.09	284.15	58.11	58.11	110.28
17	11.97	2.44	17.93	369.65	5.30	5.17	1.02	1.40	12.19	14.04	86.00	64.87	83.57
18	25.18	8.46	164.34	75.94	266.25	315.63	28.37	5.07	111.92	297.05	89.08	92.48	126.87
19	10.81	6.90	152.77	38.30	169.19	4061.92	185.92	6.48	32.68	53.16	255.28	185.61	706.94
20	43.54	11.52	82.76	73.42	64.15	54.64	145.69	8.63	267.25	536.88	147.55	30.64	443.00
21	17.11	1.01	3.44	1.41	1.77	1.59	0.29	4.10	1.57	6.08	1.55	3.73	8.05
22	1.35	0.34	0.52	0.25	0.22	0.25	0.03	0.18	0.82	0.80	0.40	0.85	1.28
23	0.04	0.01	0.03	0.04	0.02	0.01	0.00	0.03	0.05	0.16	0.70	1.00	5.08
24	16.12	6.63	13.31	8.64	9.42	8.69	1.48	2.17	13.43	63.67	29.95	26.23	57.82
25	0.13	0.05	0.13	0.10	0.10	0.14	0.02	0.03	0.12	0.35	0.09	0.29	0.56
26	16.94	8.21	24.86	18.57	17.89	30.40	3.18	4.57	31.48	60.35	45.99	147.51	291.55
中间投入	13054.69	4310.93	11076.53	11137.01	8544.31	18340.78	1701.44	1662.55	9606.50	31653.18	8548.55	15360.23	29692.29
增加值合计	5827.20	1720.03	5145.69	4393.60	5275.19	5516.07	582.65	957.84	6197.68	8555.93	8126.64	15849.52	38700.34
总投入	19061.35	6077.79	16748.99	15874.08	14200.68	24986.85	2638.41	2621.28	15813.64	40211.09	16680.42	31222.63	68412.03

表 A8.3　　2004 年最终使用（投入）表、总产出、增加值及进口总值

部门代码	国产品						进口品						总产出	进口合计
	居民消费	政府消费	资本形成	出口	合计	其他	居民消费	政府消费	资本形成	出口	合计	其他		
1	10982.63	162.08	1505.36	458.80	13108.87	12.95	381.03	5.62	52.23	7.69	446.57	0.00	32034.26	1106.24
2	180.20	0.00	279.17	185.40	644.76	2.37	2.25	0.00	3.49	10.33	16.07	0.00	4216.20	60.79
3	21.40	0.00	9.53	82.21	113.14	3.57	11.14	0.00	4.96	4.18	20.28	0.00	3539.39	1840.61
4	0.00	0.00	17.11	39.37	56.48	1.56	0.00	0.00	7.05	1.21	8.27	0.00	1405.08	598.10
5	18.55	0.00	-0.88	167.31	184.98	0.85	5.20	0.00	-0.25	9.01	13.96	0.00	1148.45	287.74
6	8733.99	0.00	512.36	1185.14	10431.49	5.18	369.29	0.00	21.66	3.70	394.66	0.00	17920.08	714.36
7	973.80	0.00	-10.66	3823.85	4786.99	5.09	184.49	0.00	-2.02	23.01	205.48	0.00	11242.54	1442.04
8	2970.31	0.00	34.58	4103.46	7108.35	0.62	392.92	0.00	4.57	27.62	425.11	0.00	7925.57	535.09
9	371.96	0.00	150.26	1142.19	1664.41	1.35	32.82	0.00	13.30	2.60	48.72	0.00	3527.81	213.30
10	397.42	0.00	189.12	1316.00	1902.54	4.07	41.59	0.00	19.79	26.62	88.00	0.00	7429.36	669.66
11	97.81	0.00	-64.08	394.86	428.59	5.08	10.59	0.00	-6.94	21.53	25.18	0.00	7344.48	777.77
12	1146.02	0.00	393.21	3384.53	4923.76	17.31	209.82	0.00	71.99	57.53	339.34	0.00	26002.56	4300.84
13	551.47	0.00	-289.92	692.93	954.48	6.17	14.23	0.00	-7.48	1.03	7.78	0.00	10094.44	244.36
14	16.27	0.00	-12.64	994.69	998.31	13.53	2.14	0.00	-1.66	19.77	20.25	0.00	18881.89	2397.53
15	313.22	0.00	390.58	2004.21	2708.01	2.52	36.14	0.00	53.26	39.83	129.24	0.00	6030.95	518.08
16	56.34	0.00	6704.19	2526.41	9286.94	6.25	13.31	0.00	2302.19	63.67	2379.17	0.00	16222.22	4142.12
17	663.96	0.00	4369.16	1320.84	6353.95	6.82	51.15	0.00	350.32	25.76	427.24	0.00	15530.61	1160.65
18	837.11	0.00	422.95	4405.46	5665.53	7.01	171.49	0.00	567.41	113.78	852.69	0.00	13819.50	2601.24
19	854.45	0.00	1694.48	11522.02	14070.95	11.12	471.86	0.00	3140.19	354.88	3966.93	0.00	23856.85	9995.13
20	15.06	0.00	-374.66	2411.11	2051.51	2.04	57.91	0.00	691.29	62.21	811.41	0.00	2284.10	3068.35
21	548.17	0.00	249.13	538.84	1336.13	0.89	29.94	0.00	13.60	0.00	43.54	0.00	2620.39	113.72
22	1297.51	0.00	17.46	48.93	1363.90	9.46	1.18	15.00	0.02	0.00	1.19	0.00	15804.18	14.31
23	0.00	37082.86		112.35	37195.22	1.98	0.00	0.00	93.49	0.00	93.49	0.00	40209.11	101.09
24	5212.94	319.81	658.23	2842.80	9033.79	5.24	244.49	0.00	30.87	0.00	290.36	0.00	16675.19	649.00
25	6317.84	0.00	1665.73	3538.79	11522.37	12.89	1.05	0.00	0.28	0.00	1.32	0.00	31209.75	4.58
26	13796.51	21372.53	1430.63	3077.17	39676.84	19.40	446.70	692.00	46.32	0.00	1185.02	0.00	68392.63	2115.41

表 A9.1　　　　　　　　　　2005 年国产品中间使用（投入）表

部门代码	1	2	3	4	5	6	7	8	9	10	11	12	13
1	4646.51	56.09	0.01	15.49	2.42	7661.91	2210.63	350.84	560.36	307.17	0.92	1232.12	11.40
2	84.96	150.99	25.55	11.80	5.09	56.48	51.74	8.27	33.50	47.87	319.60	362.55	367.57
3	0.53	1.36	26.34	4.68	6.91	3.10	7.91	0.00	0.00	2.74	2770.48	254.17	20.24
4	0.00	0.00	0.00	105.03	0.00	0.00	0.00	0.00	0.00	0.00	0.00	75.51	15.24
5	8.20	4.62	0.34	1.75	103.49	13.89	5.58	446.51	0.00	0.30	0.00	431.02	643.44
6	2882.55	0.84	2.37	1.28	0.00	3826.79	4471.02	2834.32	0.23	2.42	0.00	322.56	0.33
7	22.01	4.25	9.29	2.07	2.07	28.02	42.48	-1736.82	62.35	171.34	0.72	109.32	67.94
8	5.76	25.42	19.57	14.46	12.31	16.65	11.66	17.55	107.57	78.31	7.65	125.15	42.19
9	78.12	49.84	5.88	6.28	4.56	22.47	81.14	142.29	1367.95	155.20	2.91	68.65	78.42
10	49.18	10.52	10.22	9.13	11.03	446.86	32.76	20.70	71.53	2567.71	7.55	449.96	388.61
11	213.57	65.24	79.10	146.86	62.21	34.62	1387.82	548.70	36.86	45.63	536.91	566.79	307.91
12	2210.33	155.83	66.98	132.23	209.18	640.85	32.00	31.64	436.90	1124.48	292.96	12277.07	890.82
13	115.41	77.82	23.11	27.69	31.43	167.47	13.63	19.71	37.60	34.26	24.28	253.36	1911.96
14	23.92	273.19	78.73	54.81	14.77	35.76	23.75	38.25	90.49	90.41	91.23	241.79	323.26
15	81.44	136.16	36.31	57.94	18.78	150.37	184.15	37.94	105.15	132.21	22.66	254.37	345.85
16	226.76	225.89	104.26	101.14	93.94	64.91	28.64	15.42	44.43	104.28	118.60	338.51	358.31
17	121.09	63.30	42.92	59.32	52.23	57.57	28.64	15.42	24.87	76.12	22.49	96.82	34.95

续表

部门代码	1	2	3	4	5	6	7	8	9	10	11	12	13
18	27.81	195.26	90.36	27.62	25.30	32.95	55.92	23.42	23.69	60.18	57.17	165.92	110.03
19	5.94	13.24	11.66	5.72	3.77	9.67	18.29	13.26	5.24	68.05	11.90	65.55	34.88
20	2.31	8.82	10.98	2.48	1.26	3.00	2.79	3.33	2.03	4.58	2.95	27.68	8.57
21	30.79	24.85	4.88	10.85	11.43	29.64	34.72	27.91	17.89	225.47	8.09	85.70	99.66
22	489.18	813.62	338.43	446.03	174.53	329.29	462.08	108.30	174.20	350.51	431.84	3144.71	1480.65
23	43.89	14.62	4.48	2.40	1.30	5.55	4.99	4.53	1.58	3.91	2.16	17.89	10.23
24	759.78	384.30	104.27	121.62	253.61	678.44	339.50	368.90	300.50	412.33	475.28	1349.03	833.66
25	494.64	205.75	63.03	79.82	82.54	725.86	398.33	335.99	206.85	484.33	539.66	958.87	534.13
26	895.86	423.50	239.16	146.95	98.51	899.24	387.83	720.80	183.89	364.84	196.40	1409.90	703.70

部门代码	14	15	16	17	18	19	20	21	22	23	24	25	26
1	1.59	3.80	10.84	2.27	1.30	4.81	0.08	350.89	10.11	3066.75	281.75	1320.24	221.08
2	461.57	16.27	89.98	46.21	16.52	10.02	1.79	31.98	2945.58	23.15	52.05	48.10	270.59
3	27.38	8.66	13.82	7.11	2.11	0.68	0.13	0.06	62.57	0.00	32.71	4.88	7.41
4	1253.15	81.35	46.38	13.88	44.48	4.21	1.87	0.34	5.75	0.00	0.00	0.00	7.29
5	148.33	15.84	13.82	3.09	3.17	5.55	0.80	5.85	3.01	505.32	3.28	0.00	13.24
6	0.00	0.00	0.00	0.00	0.00	0.00	0.08	25.05	0.00	30.71	74.09	2795.38	488.24
7	8.89	22.95	101.16	33.79	8.56	45.61	6.68	263.37	3.24	67.06	44.16	23.08	987.96
8	39.65	16.09	48.30	61.73	23.96	21.77	8.42	11.97	58.30	51.63	83.35	150.78	213.02

中国对外贸易的环境成本——基于能耗视角的分析

续表

部门代码	14	15	16	17	18	19	20	21	22	23	24	25	26
9	15.50	108.31	66.94	37.06	47.02	35.20	7.56	50.23	18.27	891.60	32.22	72.19	635.68
10	32.15	64.05	124.45	46.41	331.77	214.24	37.58	127.61	48.37	27.98	390.13	407.41	2324.17
11	576.41	53.88	119.26	51.87	63.11	53.48	6.70	30.27	860.11	351.84	2072.75	150.83	357.92
12	377.00	253.02	1087.24	906.53	1544.32	1167.65	357.96	244.39	168.50	1012.50	274.70	290.37	3571.46
13	632.52	104.67	135.78	112.63	247.18	1174.07	103.00	64.43	59.61	7814.98	51.20	47.26	375.08
14	6830.76	2559.29	3855.94	1612.48	2427.71	428.23	196.45	157.65	50.47	1926.79	62.49	6.35	101.14
15	229.53	985.73	805.16	277.67	565.21	464.37	125.59	128.23	124.85	1349.75	127.12	49.47	452.65
16	540.13	123.59	3033.43	1115.42	506.59	240.14	87.54	20.85	734.97	933.20	494.87	163.25	968.75
17	181.97	36.54	262.29	4979.97	73.03	84.64	19.14	12.02	195.81	117.09	1877.15	330.30	997.83
18	176.35	57.26	1154.74	420.03	1953.32	1908.74	241.31	31.09	1574.63	1106.56	1090.87	272.46	947.03
19	20.39	12.86	302.21	61.14	318.60	8915.62	460.20	11.16	64.78	46.55	773.70	94.61	1959.13
20	11.22	2.90	21.47	14.42	15.28	15.83	46.72	1.69	95.99	93.76	70.27	2.79	88.54
21	1038.59	39.72	165.14	39.75	66.47	70.62	11.48	150.29	13.04	117.43	33.49	39.49	159.26
22	2222.43	508.22	785.74	321.59	288.62	403.06	51.56	90.99	1703.58	690.81	848.50	732.98	1680.09
23	13.76	2.37	10.60	12.44	5.78	6.14	1.49	11.05	17.92	33.43	301.70	210.88	1222.24
24	1143.60	485.53	990.43	559.63	657.06	682.44	141.17	130.06	788.78	2451.17	3115.80	856.87	3220.93
25	688.64	254.13	743.72	422.77	535.76	553.40	114.36	136.16	625.66	734.76	857.40	945.86	4368.71
26	596.56	303.58	843.73	649.01	618.88	1171.02	131.10	113.17	1208.49	1527.11	2133.38	2151.92	7411.84

表 A9.2　　2005 年进口品中间使用（投入）、中间投入合计、增加值及总投入表

部门代码	1	2	3	4	5	6	7	8	9	10	11	12	13
1	176.09	2.13	0.00	0.59	0.09	290.37	83.78	13.30	21.24	11.64	0.03	46.69	0.43
2	1.03	1.83	0.31	0.14	0.06	0.68	0.63	0.10	0.41	0.58	3.87	4.40	4.46
3	0.07	0.17	3.26	0.58	0.86	0.38	0.98	0.00	0.00	0.34	343.19	31.48	2.51
4	0.00	0.00	0.00	36.99	0.00	0.00	0.00	0.00	0.00	0.00	0.00	26.59	5.37
5	1.10	0.62	0.04	0.24	13.87	1.86	0.00	0.00	0.00	0.04	0.00	57.78	86.26
6	88.96	0.03	0.07	0.04	0.00	118.09	0.17	13.78	0.01	0.07	0.00	9.95	0.01
7	2.61	0.50	1.10	0.25	0.25	3.32	529.89	335.92	7.39	20.31	0.09	12.96	8.05
8	0.34	1.50	1.15	0.85	0.73	0.98	2.51	102.41	6.34	4.62	0.45	7.38	2.49
9	3.74	2.38	0.28	0.30	0.22	1.07	0.56	0.84	65.44	7.42	0.14	3.28	3.75
10	4.11	0.88	0.85	0.76	0.92	37.33	6.78	11.89	5.97	214.48	0.63	37.58	32.46
11	59.30	18.11	21.96	40.78	17.27	9.61	9.10	5.75	10.23	12.67	149.07	157.37	85.49
12	318.15	22.43	9.64	19.03	30.11	92.24	199.76	78.98	62.89	161.86	42.17	1767.15	128.22
13	1.75	1.18	0.35	0.42	0.48	2.53	0.48	0.48	0.57	0.52	0.37	3.83	28.92
14	1.90	21.75	6.27	4.36	1.18	2.85	1.09	1.57	7.20	7.20	7.26	19.25	25.74
15	6.70	11.20	2.99	4.77	1.54	12.37	1.95	3.15	8.65	10.87	1.86	20.92	28.44
16	34.19	34.06	15.72	15.25	14.17	9.79	27.77	5.72	6.70	15.72	17.88	51.05	54.03
17	8.65	4.52	3.07	4.24	3.73	4.11	2.05	1.10	1.78	5.44	1.61	6.92	2.50
18	3.69	25.91	11.99	3.67	3.36	4.37	7.42	3.11	3.14	7.99	7.59	22.02	14.60
19	3.89	8.68	7.64	3.75	2.47	6.34	11.98	8.69	3.43	44.60	7.80	42.96	22.86
20	8.47	32.36	40.28	9.09	4.61	11.00	10.22	12.20	7.45	16.79	10.84	101.55	31.43
21	5.51	4.44	0.87	1.94	2.04	5.30	6.21	4.99	3.20	40.32	1.45	15.32	17.82

续表

部门代码	1	2	3	4	5	6	7	8	9	10	11	12	13
22	0.47	0.79	0.33	0.43	0.17	0.32	0.45	0.10	0.17	0.34	0.42	3.04	1.43
23	0.14	0.05	0.01	0.01	0.00	0.02	0.02	0.01	0.01	0.01	0.01	0.06	0.03
24	53.36	26.99	7.32	8.54	17.81	47.65	23.84	25.91	21.10	28.96	33.38	94.75	58.55
25	18.75	7.80	2.39	3.03	3.13	27.52	15.10	12.74	7.84	18.36	20.46	36.35	20.25
26	29.87	14.12	7.97	4.90	3.28	29.98	12.93	24.03	6.13	12.16	6.55	47.00	23.46
中间投入	14353.38	3629.74	1544.11	1760.37	1405.05	16661.46	11245.01	8522.15	4152.96	7557.99	6601.51	27312.62	10313.53
增加值合计	18708.49	1251.49	1673.29	369.42	577.63	8081.87	3677.80	3512.14	1620.23	3302.53	1696.18	9596.69	5089.75
总投入	32949.45	4803.62	3319.94	2123.35	2010.92	24522.73	14829.66	12071.02	5767.85	10838.45	7997.53	36282.52	15248.54

部门代码	14	15	16	17	18	19	20	21	22	23	24	25	26
1	0.06	0.14	0.41	0.09	0.05	0.18	0.00	13.30	0.38	116.22	10.68	50.03	8.38
2	5.60	0.20	1.09	0.56	0.20	0.12	0.02	0.39	35.71	0.28	0.63	0.58	3.28
3	3.39	1.07	1.71	0.88	0.26	0.08	0.02	0.01	7.75	0.00	4.05	0.60	0.92
4	441.31	28.65	16.33	4.89	15.66	1.48	0.66	0.12	2.03	0.00	0.00	0.00	2.57
5	19.89	2.12	1.85	0.41	0.42	0.74	0.11	0.78	0.40	67.74	0.44	0.00	1.77
6	0.00	0.00	0.00	0.00	0.00	0.00	0.00	0.77	0.00	0.95	2.29	86.27	15.07
7	1.05	2.72	11.99	4.00	1.01	5.41	0.79	31.21	0.38	7.95	5.23	2.74	117.09
8	2.34	0.95	2.85	3.64	1.41	1.28	0.50	0.71	3.44	3.04	4.91	8.89	12.56
9	0.74	5.18	3.20	1.77	2.25	1.68	0.36	2.40	0.87	42.65	1.54	3.45	30.41
10	2.69	5.35	10.40	3.88	27.71	17.90	3.14	10.66	4.04	2.34	32.59	34.03	194.13

续表

部门代码	14	15	16	17	18	19	20	21	22	23	24	25	26
11	160.04	14.96	33.11	14.40	17.52	14.85	1.86	8.40	238.81	97.69	575.50	41.88	99.38
12	54.27	36.42	156.50	130.49	222.29	168.07	51.52	35.18	24.25	145.74	39.54	41.80	514.07
13	9.57	1.58	2.05	1.70	3.74	17.76	1.56	0.97	0.90	118.19	0.77	0.71	5.67
14	543.85	203.76	307.00	128.38	193.29	34.09	15.64	12.55	4.02	153.41	4.97	0.51	8.05
15	18.88	81.07	66.22	22.84	46.49	38.19	10.33	10.55	10.27	111.01	10.45	4.07	37.23
16	81.45	18.64	457.42	168.20	76.39	36.21	13.20	3.14	110.83	140.72	74.62	24.62	146.08
17	13.01	2.61	18.75	355.93	5.22	6.05	1.37	0.86	13.99	8.37	134.16	23.61	71.32
18	23.40	7.60	153.25	55.74	259.23	253.31	32.02	4.13	208.97	146.85	144.77	36.16	125.68
19	13.36	8.43	198.08	40.07	208.82	5843.55	301.63	7.31	42.46	30.51	507.10	62.01	1284.07
20	41.16	10.63	78.76	52.90	56.06	58.08	171.38	6.18	352.10	343.92	257.75	10.25	324.78
21	185.73	7.10	29.53	7.11	11.89	12.63	2.05	26.88	2.33	21.00	5.99	7.06	28.48
22	2.15	0.49	0.76	0.31	0.28	0.39	0.05	0.09	1.65	0.67	0.82	0.71	1.63
23	0.04	0.01	0.03	0.04	0.02	0.02	0.00	0.04	0.06	0.11	0.96	0.67	3.88
24	80.32	34.10	69.56	39.30	46.15	47.93	9.91	9.13	55.40	172.15	218.83	60.18	226.21
25	26.11	9.63	28.20	16.03	20.31	20.98	4.34	5.16	23.72	27.86	32.51	35.86	165.64
26	19.89	10.12	28.13	21.64	20.63	39.04	4.37	3.77	40.29	50.91	71.12	71.74	247.10
中间投入	19018.34	6614.13	16509.73	12884.10	11603.11	24301.59	2787.61	2395.53	12627.45	26782.21	17321.21	11776.16	36726.71
增加值合计	4035.69	2846.58	8210.04	5935.29	8368.75	7165.53	1109.46	1672.94	7799.88	8000.59	14966.75	18726.33	35149.96
总投入	22888.29	9523.35	25078.65	18736.53	20116.98	31480.17	3955.35	4082.93	20952.20	36545.91	32465.30	30806.68	71204.80

表 A9.3　　2005 年最终使用（投入）表、总产出、增加值及进口总值

部门代码	国产品						进口品						总产出	进口合计
	居民消费	政府消费	资本形成	出口	其他	合计	居民消费	政府消费	资本形成	出口	其他	合计		
1	8387.77	226.33	1507.07	496.91	108.31	10618.08	317.88	8.58	57.15	4.23	4.10	387.83	33057.76	1238.24
2	127.19	0.00	-1020.87	157.52	76.67	-736.17	1.54	0.00	-12.38	15.90	0.93	5.06	4880.29	73.15
3	0.00	0.00	12.05	41.90	-91.24	53.95	0.00	0.00	1.49	10.77	-11.30	12.26	3228.70	405.54
4	0.00	0.00	416.28	52.57	4.76	468.85	0.00	0.00	146.60	4.12	1.68	150.71	2128.12	735.04
5	15.82	0.00	-138.27	205.04	-24.90	82.59	2.12	0.00	-18.54	18.02	-3.34	1.61	1986.02	256.78
6	8841.45	0.00	3305.61	1470.65	214.01	13617.71	272.85	0.00	102.01	3.52	6.60	378.38	24736.73	721.51
7	782.44	0.00	-295.57	4941.57	83.28	5428.44	92.73	0.00	-35.03	36.21	9.87	93.91	14912.94	1217.99
8	3576.71	0.00	1009.90	4461.09	-34.68	9047.70	210.90	0.00	59.55	38.30	-2.05	308.75	12036.34	484.98
9	398.74	0.00	-46.36	1528.22	5.10	1880.60	19.07	0.00	-2.18	3.15	0.24	20.05	5772.95	206.24
10	440.73	0.00	92.39	1883.28	20.37	2416.39	36.81	0.00	7.72	48.72	1.70	93.25	10858.82	798.43
11	122.13	0.00	477.16	500.65	234.94	1099.94	33.91	0.00	132.48	30.89	65.23	197.28	8232.47	2177.62
12	1290.27	0.00	-1006.29	4368.76	547.92	4652.74	185.72	0.00	-144.85	80.08	78.87	120.95	36830.44	4752.59
13	570.07	0.00	117.59	870.44	152.44	1558.10	8.62	0.00	1.78	1.63	2.31	12.03	15400.98	221.39
14	15.90	0.00	-19.04	1323.99	153.52	1320.85	1.27	0.00	-1.52	27.41	12.22	27.16	23041.81	1756.53
15	348.86	0.00	-460.67	2546.58	-57.88	2434.77	28.69	0.00	-27.99	48.17	-4.76	48.86	9465.47	627.10
16	94.55	0.00	10841.25	3176.98	-311.86	14112.78	14.26	0.00	2151.57	76.33	-47.03	2242.16	24766.79	3848.70
17	1044.62	0.00	6051.59	1776.83	77.34	8873.04	74.66	0.00	439.31	34.22	5.53	548.18	18813.87	1258.68
18	1957.92	0.00	1518.47	4810.58	-128.12	8286.96	259.84	0.00	628.80	134.25	-17.00	1022.89	19988.86	2575.87
19	948.53	0.00	1490.60	15732.94	-7.88	18172.06	621.69	0.00	3302.49	428.19	-5.16	4352.37	31472.29	13069.72
20	21.00	0.00	-153.21	3525.89	-12.48	3393.68	77.01	0.00	1484.27	89.33	-45.80	1650.61	3942.86	3665.07
21	656.46	0.00	277.44	592.39	-12.27	1526.29	117.39	0.00	49.61	0.00	-2.19	167.00	4070.66	622.00
22	1829.31	0.00	0.00	51.34	-524.36	1880.65	1.77	0.00	0.00	0.00	-0.51	1.77	20427.84	19.71
23	0.00	0.00	34393.62	184.96	-1757.52	34578.58	0.00	0.00	109.26	0.00	-5.58	109.26	34788.39	109.93
24	5240.72	513.16	2007.93	3098.78	-165.55	10860.60	368.07	36.04	141.02	0.00	-11.63	545.13	32299.75	2050.85
25	7820.30	0.00	1795.06	5100.22	-293.08	14715.58	296.50	0.00	68.06	0.00	-11.11	364.56	30513.60	963.52
26	17700.85	22529.31	3134.71	2309.59	650.20	45674.45	590.11	751.08	104.51	0.00	21.68	1445.70	71855.00	2318.51

表 A10.1

2006 年国产品中间使用（投入）表

部门代码	1	2	3	4	5	6	7	8	9	10	11	12	13
1	5270.38	19.13	0.01	4.55	0.49	6502.46	1583.83	427.06	345.68	123.17	1.71	738.06	6.57
2	51.30	48.57	10.98	2.95	1.33	28.60	25.56	3.92	15.43	16.32	180.16	165.92	165.05
3	0.53	0.44	18.25	1.33	1.93	1.72	4.74	0.00	0.00	1.11	3154.32	200.95	8.16
4	0.00	0.00	0.00	44.13	0.00	0.00	0.00	0.00	0.00	0.00	0.00	47.93	7.92
5	2.67	0.77	0.09	0.26	13.52	4.30	0.00	0.00	0.00	0.07	0.00	98.21	127.85
6	3384.56	0.70	3.07	1.06	0.00	4797.38	8.76	628.15	0.36	2.37	0.00	385.92	0.33
7	17.31	2.00	6.77	0.88	0.83	21.99	3648.60	2331.47	42.68	99.74	1.07	80.88	37.64
8	1.50	3.56	4.25	1.89	1.43	3.84	9.82	334.18	18.07	12.66	3.30	26.23	7.30
9	32.72	9.50	1.73	1.10	0.75	7.37	3.79	5.81	382.69	37.01	1.73	20.38	18.33
10	38.63	3.75	5.63	2.88	3.27	271.94	49.36	90.17	40.29	1066.79	8.50	241.32	174.85
11	402.95	53.26	100.47	112.51	39.14	47.81	45.03	28.72	45.78	44.86	605.17	1108.50	307.07
12	2279.96	90.36	57.94	68.31	94.46	644.92	1305.96	595.32	380.43	746.22	209.51	10346.31	584.89
13	101.87	30.28	14.18	9.79	10.12	107.03	21.75	21.95	23.21	17.64	26.47	148.48	675.45
14	40.38	171.60	75.92	31.30	7.77	36.79	14.35	21.34	82.74	73.63	79.25	233.42	237.22
15	55.67	41.60	17.17	15.78	4.83	76.48	12.50	21.01	50.15	51.28	20.89	119.62	129.31
16	148.98	81.09	55.18	31.50	25.22	38.84	110.67	22.61	24.73	45.80	80.26	179.63	170.64
17	234.25	50.77	53.32	39.91	33.78	81.55	39.69	21.67	32.12	76.16	55.94	120.45	34.84

续表

部门代码	1	2	3	4	5	6	7	8	9	10	11	12	13
18	52.77	142.73	103.73	18.91	15.90	42.55	72.14	31.28	28.79	57.72	128.00	191.76	99.09
19	15.58	13.49	18.37	5.11	3.23	16.79	31.67	24.26	8.69	86.04	38.01	104.63	43.04
20	2.05	3.43	6.53	0.92	0.43	2.09	1.93	2.35	1.31	2.34	3.67	16.01	4.22
21	14.90	6.16	4.12	3.53	2.70	17.22	15.73	9.37	7.47	37.42	16.09	50.38	23.10
22	740.43	510.37	361.02	285.06	98.53	402.70	537.04	128.12	196.90	278.65	508.64	2481.31	1035.18
23	147.93	21.08	9.87	3.07	1.58	13.36	12.18	11.14	3.66	6.99	9.88	38.25	18.44
24	290.50	76.78	30.16	20.94	37.24	227.37	115.18	125.21	91.73	99.95	215.80	413.52	219.58
25	1096.81	164.47	77.02	55.95	51.32	1219.45	721.54	664.90	293.08	521.39	435.18	1379.86	574.98
26	1637.67	319.39	312.53	105.24	72.97	1134.91	567.24	792.70	252.19	397.04	488.02	1647.49	812.32

部门代码	14	15	16	17	18	19	20	21	22	23	24	25	26
1	1.99	2.09	6.81	2.33	1.62	3.77	0.04	71.62	31.47	5737.33	57.21	1119.85	152.71
2	302.42	6.79	36.02	19.22	8.68	3.73	0.59	7.55	2006.00	21.45	18.99	24.91	137.19
3	34.08	4.58	6.76	3.83	1.31	0.30	0.05	0.02	111.26	0.00	9.78	2.23	4.29
4	1203.56	58.88	29.96	9.04	38.65	2.62	1.03	0.11	5.81	0.00	0.00	0.00	4.93
5	52.77	4.00	3.27	0.78	1.00	1.26	0.16	1.23	0.99	358.05	2.03	0.00	3.72
6	0.00	0.00	0.00	0.00	0.00	0.00	0.08	14.47	0.00	87.38	55.76	3691.79	722.44
7	8.57	16.35	72.49	23.77	7.60	29.89	3.79	118.72	3.23	105.12	17.03	19.56	895.54
8	12.00	3.39	9.74	11.90	6.31	4.33	1.39	2.00	17.48	24.06	11.19	58.49	48.74

续表

部门代码	14	15	16	17	18	19	20	21	22	23	24	25	26
9	6.27	31.25	18.32	12.38	16.94	10.35	1.73	10.65	7.18	645.63	5.99	39.60	241.82
10	23.80	34.42	63.84	24.60	223.44	119.79	15.96	54.29	35.26	33.12	142.83	470.32	1410.78
11	1204.54	70.88	141.07	67.56	94.76	59.28	6.34	23.64	1328.10	1687.18	1728.70	358.19	511.21
12	436.17	215.79	848.56	861.22	1664.78	1245.17	257.28	144.71	167.47	2059.40	132.46	447.30	2425.67
13	488.63	62.45	77.45	78.00	176.86	530.32	50.00	25.19	48.85	5701.43	20.49	42.68	283.83
14	9031.95	2380.23	3029.46	1585.73	2868.16	421.95	149.99	106.03	66.84	6671.01	44.13	12.65	100.04
15	150.26	429.65	328.54	133.07	322.98	245.61	46.93	49.34	65.07	1580.93	37.11	41.83	206.70
16	413.22	64.28	1662.10	683.47	347.24	154.80	37.82	14.57	496.59	1376.38	195.89	179.08	393.40
17	319.45	44.34	307.05	6392.43	110.41	99.60	18.37	20.00	318.39	318.58	1358.05	936.42	1396.56
18	288.05	65.98	1206.19	562.82	2374.95	2608.17	218.37	26.19	1252.40	2888.58	602.87	572.11	908.57
19	45.38	19.73	411.44	104.15	553.77	12316.26	525.16	12.31	134.18	189.68	633.91	421.33	1857.69
20	9.76	1.76	11.90	10.66	11.21	8.85	21.97	0.95	58.59	102.29	19.56	3.71	62.16
21	240.62	12.71	35.34	19.01	23.99	21.58	3.90	34.24	45.33	92.87	23.25	51.71	118.67
22	2927.30	505.25	723.54	355.71	369.69	387.18	42.06	245.41	1733.42	1468.52	510.94	996.68	1744.16
23	42.86	5.09	21.50	30.64	15.26	11.95	2.54	13.81	53.38	166.18	497.43	649.49	3831.32
24	517.40	145.18	274.12	179.74	235.86	201.57	31.91	31.01	421.71	1737.87	568.90	455.54	1162.32
25	1391.77	330.92	878.29	681.70	844.96	1098.65	115.07	141.11	1230.49	3190.67	592.23	1690.07	3763.60
26	1077.52	355.82	1014.35	765.31	887.44	1396.40	136.18	138.70	1958.50	3262.59	1730.41	5073.50	11607.93

表 A10.2　　2006 年进口品中间使用（投入）、中间投入合计、增加值及总投入表

部门代码	1	2	3	4	5	6	7	8	9	10	11	12	13
1	161.95	0.59	0.00	0.14	0.02	199.80	48.67	13.12	10.62	3.78	0.05	22.68	0.20
2	0.87	0.82	0.19	0.05	0.02	0.48	0.43	0.07	0.26	0.28	3.05	2.81	2.80
3	0.28	0.24	9.71	0.71	1.03	0.92	2.52	0.00	0.00	0.59	1678.34	106.92	4.34
4	0.00	0.00	0.00	28.00	0.00	0.00	0.00	0.00	0.00	0.00	0.00	30.40	5.02
5	1.02	0.29	0.03	0.10	5.15	1.64	0.00	0.00	0.00	0.03	0.00	37.39	48.68
6	96.45	0.02	0.09	0.03	0.00	136.71	0.25	17.90	0.01	0.07	0.00	11.00	0.01
7	2.59	0.30	1.01	0.13	0.12	3.29	545.88	348.82	6.39	14.92	0.16	12.10	5.63
8	0.16	0.37	0.45	0.20	0.15	0.40	1.03	35.09	1.90	1.33	0.35	2.75	0.77
9	3.14	0.91	0.17	0.11	0.07	0.71	0.36	0.56	36.68	3.55	0.17	1.95	1.76
10	4.30	0.42	0.63	0.32	0.36	30.28	5.50	10.04	4.49	118.80	0.95	26.87	19.47
11	25.65	3.39	6.40	7.16	2.49	3.04	2.87	1.83	2.91	2.86	38.52	70.56	19.55
12	343.86	13.63	8.74	10.30	14.25	97.26	196.96	89.78	57.37	112.54	31.60	1560.39	88.21
13	2.88	0.86	0.40	0.28	0.29	3.03	0.62	0.62	0.66	0.50	0.75	4.20	19.10
14	2.84	12.07	5.34	2.20	0.55	2.59	1.01	1.50	5.82	5.18	5.57	16.42	16.69
15	6.37	4.76	1.96	1.80	0.55	8.75	1.43	2.40	5.73	5.86	2.39	13.68	14.79
16	32.03	17.43	11.87	6.77	5.42	8.35	23.79	4.86	5.32	9.85	17.26	38.62	36.69
17	24.26	5.26	5.52	4.13	3.50	8.45	4.11	2.24	3.33	7.89	5.79	12.48	3.61
18	10.18	27.54	20.01	3.65	3.07	8.21	13.92	6.03	5.56	11.14	24.70	37.00	19.12
19	8.54	7.39	10.07	2.80	1.77	9.20	17.35	13.29	4.76	47.14	20.83	57.33	23.59

续表

部门代码	1	2	3	4	5	6	7	8	9	10	11	12	13
20	17.90	29.89	56.93	8.04	3.74	18.20	16.83	20.50	11.38	20.37	31.99	139.61	36.78
21	1.10	0.45	0.30	0.26	0.20	1.27	1.16	0.69	0.55	2.75	1.18	3.71	1.70
22	0.73	0.50	0.35	0.28	0.10	0.40	0.53	0.13	0.19	0.27	0.50	2.44	1.02
23	0.38	0.05	0.03	0.01	0.00	0.03	0.03	0.03	0.01	0.02	0.03	0.10	0.05
24	14.98	3.96	1.56	1.08	1.92	11.73	5.94	6.46	4.73	5.15	11.13	21.33	11.32
25	0.18	0.03	0.01	0.01	0.01	0.20	0.12	0.11	0.05	0.08	0.07	0.22	0.09
26	54.02	10.54	10.31	3.47	2.41	37.44	18.71	26.15	8.32	13.10	16.10	54.34	26.79
中间投入	16878.94	2007.00	1500.39	950.93	569.94	16341.82	9869.07	6944.93	2545.21	4290.39	8163.03	22872.72	5931.13
增加值合计	19670.32	1721.11	1905.25	395.73	304.85	9242.73	3978.53	3423.90	1353.48	2775.12	2081.34	10560.42	4113.12
总投入	37216.97	3816.98	3688.88	1508.44	924.37	26065.64	14208.69	10411.19	3945.58	7238.26	10575.58	35042.09	10296.24

部门代码	14	15	16	17	18	19	20	21	22	23	24	25	26
1	0.06	0.06	0.21	0.07	0.05	0.12	0.00	2.20	0.97	176.29	1.76	34.41	4.69
2	5.13	0.12	0.61	0.33	0.15	0.06	0.01	0.13	34.01	0.36	0.32	0.42	2.33
3	18.13	2.44	3.60	2.04	0.70	0.16	0.03	0.01	59.20	0.00	5.21	1.18	2.28
4	763.53	37.35	19.00	5.74	24.52	1.66	0.66	0.07	3.68	0.00	0.00	0.00	3.13
5	20.09	1.52	1.24	0.30	0.38	0.48	0.06	0.47	0.38	136.32	0.77	0.00	1.42
6	0.00	0.00	0.00	0.00	0.00	0.00	0.00	0.41	0.00	2.49	1.59	105.20	20.59
7	1.28	2.45	10.85	3.56	1.14	4.47	0.57	17.76	0.48	15.73	2.55	2.93	133.99
8	1.26	0.36	1.02	1.25	0.66	0.45	0.15	0.21	1.84	2.53	1.18	6.14	5.12
9	0.60	3.00	1.76	1.19	1.62	0.99	0.17	1.02	0.69	61.88	0.57	3.80	23.18

续表

部门代码	14	15	16	17	18	19	20	21	22	23	24	25	26
10	2.65	3.83	7.11	2.74	24.88	13.34	1.78	6.05	3.93	3.69	15.91	52.38	157.11
11	76.67	4.51	8.98	4.30	6.03	3.77	0.40	1.50	84.54	107.39	110.04	22.80	32.54
12	65.78	32.55	127.98	129.89	251.08	187.79	38.80	21.82	25.26	310.59	19.98	67.46	365.83
13	13.82	1.77	2.19	2.21	5.00	15.00	1.41	0.71	1.38	161.26	0.58	1.21	8.03
14	635.35	167.44	213.11	111.55	201.76	29.68	10.55	7.46	4.70	469.27	3.10	0.89	7.04
15	17.18	49.13	37.57	15.22	36.93	28.09	5.37	5.64	7.44	180.79	4.24	4.78	23.64
16	88.85	13.82	357.37	146.95	74.66	33.28	8.13	3.13	106.77	295.94	42.12	38.50	84.59
17	33.09	4.59	31.80	662.08	11.44	10.32	1.90	2.07	32.98	33.00	140.66	96.99	144.64
18	55.58	12.73	232.73	108.60	458.25	503.25	42.14	5.05	241.65	557.35	116.32	110.39	175.31
19	24.86	10.81	225.45	57.07	303.44	6748.69	287.76	6.74	73.53	103.93	347.35	230.87	1017.92
20	85.10	15.35	103.80	92.98	97.78	77.16	191.64	8.29	511.03	892.12	170.63	32.39	542.12
21	17.70	0.94	2.60	1.40	1.76	1.59	0.29	2.52	3.33	6.83	1.71	3.80	8.73
22	2.87	0.50	0.71	0.35	0.36	0.38	0.04	0.24	1.70	1.44	0.50	0.98	1.71
23	0.11	0.01	0.06	0.08	0.04	0.03	0.01	0.04	0.14	0.43	1.29	1.68	9.93
24	26.68	7.49	14.14	9.27	12.16	10.40	1.65	1.60	21.75	89.63	29.34	23.49	59.94
25	0.22	0.05	0.14	0.11	0.14	0.18	0.02	0.02	0.20	0.51	0.10	0.27	0.61
26	35.54	11.74	33.46	25.24	29.27	46.06	4.49	4.58	64.60	107.62	57.08	167.35	382.90
中间投入合计	22222.47	5256.38	12655.62	14003.54	12752.06	28700.78	2286.74	1407.60	12884.19	43223.69	10092.02	18369.36	37215.26
增加值合计	6320.81	2788.96	7283.94	7061.26	10611.44	8359.74	634.61	1163.51	7828.93	8793.99	10155.85	18265.93	50949.39
总投入	29554.62	8261.29	20998.64	21516.10	24706.27	40210.68	3715.33	2596.12	21198.35	52157.69	20454.31	37210.08	89135.36

表 A10.3　　2006年最终使用（投入）表、总产出、增加值及进口总值

部门代码	国产品						进口品						总产出	进口合计
	居民消费	政府消费	资本形成	出口	合计	其他	居民消费	政府消费	资本形成	出口	合计	其他		
1	12449.71	207.66	1816.68	530.98	15005.03	568.90	382.55	6.38	55.82	6.43	451.19	0.00	36549.26	1133.70
2	178.16	0.00	209.86	119.35	507.37	83.25	3.02	0.00	3.56	22.79	29.37	0.00	3728.11	85.48
3	16.56	0.00	5.60	94.74	116.90	144.56	8.81	0.00	2.98	11.81	23.60	0.00	3405.63	1924.17
4	0.00	0.00	11.19	42.67	53.87	69.11	0.00	0.00	7.10	5.09	12.19	0.00	1346.65	934.97
5	19.50	0.00	-0.70	228.57	247.37	24.17	7.43	0.00	-0.27	35.87	43.03	0.00	874.79	300.78
6	10181.74	0.00	499.13	1600.18	12281.05	352.95	290.15	0.00	14.22	7.38	311.75	0.00	25584.55	704.56
7	1307.13	0.00	-10.42	5298.43	6595.14	218.68	195.57	0.00	-1.56	42.11	236.11	0.00	13847.60	1375.21
8	3973.70	0.00	33.43	5765.02	9772.14	17.92	417.22	0.00	3.51	46.29	467.02	0.00	10368.84	534.11
9	452.52	0.00	201.76	1720.27	2374.55	43.76	43.37	0.00	19.37	3.51	66.25	0.00	3898.70	216.82
10	491.63	0.00	177.74	1919.07	2588.43	131.80	54.75	0.00	19.79	58.88	133.43	0.00	7065.51	651.24
11	93.40	0.00	-46.52	305.97	352.86	274.29	5.95	0.00	-2.96	36.24	39.23	0.00	10244.37	689.92
12	1403.18	0.00	366.08	4962.27	6731.52	846.37	211.62	0.00	55.21	93.50	360.33	0.00	33433.14	4630.02
13	690.27	0.00	-275.70	1087.27	1501.84	225.23	19.52	0.00	-7.80	2.04	13.77	0.00	10044.25	262.51
14	19.61	0.00	-11.59	1972.72	1980.75	744.64	1.38	0.00	-0.82	52.36	52.92	0.00	28543.28	1992.59
15	381.25	0.00	508.07	3117.67	4006.99	120.76	43.60	0.00	68.86	86.57	199.03	0.00	8045.34	685.53
16	72.35	0.00	9610.18	4282.12	13964.65	217.62	15.56	0.00	2590.27	104.13	2709.96	0.00	19939.56	4222.34
17	839.82	0.00	5791.57	2370.63	9002.02	349.97	86.98	0.00	606.12	42.57	735.67	0.00	21064.80	2031.78
18	1178.32	0.00	856.64	8110.69	10145.66	449.01	227.36	0.00	671.33	187.79	1086.48	0.00	23363.50	3895.95
19	1141.06	0.00	2851.44	18584.30	22576.80	668.11	625.24	0.00	3831.34	550.19	5006.77	0.00	37060.52	14669.25
20	10.12	0.00	-356.68	3691.26	3344.69	87.43	88.27	0.00	867.25	104.53	1060.05	0.00	2921.35	4292.60
21	639.11	0.00	282.07	743.52	1664.69	25.01	47.01	0.00	20.75	0.00	67.76	0.00	2571.11	136.27
22	1556.42	0.00	15.91	52.19	1624.52	485.23	1.53	0.00	0.02	0.00	1.54	0.00	20713.11	20.75
23	0.00	0.00	46335.43	183.38	46518.82	140.01	0.00	0.00	120.06	0.00	120.06	0.00	52017.67	134.68
24	6843.79	390.36	821.92	4471.16	12527.23	206.44	352.95	20.13	42.39	0.00	415.47	0.00	20247.86	824.29
25	7677.77	0.00	2071.97	4254.86	14004.60	574.79	1.24	0.00	0.33	0.00	1.57	0.00	36635.29	5.31
26	17525.22	27619.58	1958.38	4087.82	51191.00	970.71	578.08	911.05	64.60	0.00	1553.73	0.00	88164.65	2805.36

表 A11.1

2007 年国产品中间使用（投入）表

部门代码	1	2	3	4	5	6	7	8	9	10	11	12	13
1	4579.27	46.67	0.11	4.56	0.68	10617.98	2408.89	527.06	879.17	369.95	0.33	1110.32	5.78
2	16.25	587.46	13.62	15.52	5.35	55.58	62.13	25.80	33.70	47.52	678.15	482.79	689.52
3	0.38	2.54	36.06	19.58	13.23	12.51	6.96	4.61	1.03	2.06	3343.31	402.33	41.90
4	0.00	0.00	0.00	186.95	0.00	0.00	0.00	0.00	0.00	0.00	0.00	63.80	12.58
5	3.76	3.00	3.75	4.89	197.31	10.45	0.00	0.00	0.00	0.00	1.88	781.52	1193.92
6	4074.93	16.95	16.27	13.02	9.70	6895.11	154.55	781.68	45.88	48.09	106.66	793.82	66.63
7	6.07	2.65	6.95	3.31	2.00	18.90	8479.78	5198.64	100.49	241.52	1.16	392.00	43.41
8	18.60	35.71	33.82	24.76	15.53	49.07	386.88	2582.59	196.37	102.79	10.29	130.84	53.92
9	44.69	74.58	35.54	18.13	6.58	40.27	18.73	28.36	2892.14	287.21	7.43	84.35	132.42
10	39.81	12.09	20.60	11.86	8.16	817.79	217.67	233.10	153.76	3961.98	13.60	758.18	485.64
11	201.32	69.23	183.61	192.43	79.58	66.37	45.02	54.54	30.52	39.68	620.06	2010.01	354.25
12	2820.04	129.58	188.74	217.77	308.99	930.38	2293.07	788.54	734.85	1565.39	297.63	19523.93	1313.20
13	64.04	91.69	75.53	47.59	137.26	261.36	53.96	21.10	91.98	38.04	79.65	394.79	3497.35
14	6.86	275.09	285.30	52.11	16.60	26.77	9.92	14.29	155.27	110.46	9.97	338.58	322.57
15	112.88	185.83	66.42	120.91	29.82	165.08	39.23	65.11	231.52	191.00	71.91	432.11	537.50
16	256.61	476.20	470.51	357.70	182.29	117.67	254.61	98.01	134.64	165.36	284.27	776.54	540.65
17	173.54	83.67	69.43	69.31	52.32	53.33	50.61	27.57	50.85	117.92	59.36	195.42	123.15

续表

部门代码	1	2	3	4	5	6	7	8	9	10	11	12	13
18	17.25	208.96	113.36	106.13	47.95	73.07	69.21	40.00	43.30	120.22	35.82	192.05	108.86
19	4.88	15.89	11.70	8.67	4.38	14.58	18.93	18.92	4.02	109.96	3.09	31.93	12.14
20	6.54	26.60	53.61	10.30	4.23	12.49	7.67	3.68	3.45	13.88	16.13	101.67	19.83
21	35.58	25.90	8.89	20.76	36.46	62.37	65.53	47.46	45.69	548.45	10.83	259.82	277.55
22	414.74	546.99	611.80	768.72	245.28	444.30	537.46	111.14	231.71	341.91	470.22	2800.85	1320.14
23	9.09	10.30	8.58	1.79	1.02	8.64	4.14	3.76	2.04	2.52	9.46	16.62	5.40
24	791.91	429.59	157.43	247.85	210.06	969.69	388.47	375.37	307.43	300.99	491.17	1430.38	771.29
25	761.27	205.03	155.62	126.33	95.84	1095.21	415.70	320.64	246.80	347.31	310.54	1197.90	559.34
26	1017.60	430.34	254.55	181.08	133.91	1066.86	525.00	605.64	270.23	395.80	287.17	1821.11	743.81

部门代码	14	15	16	17	18	19	20	21	22	23	24	25	26
1	2.78	2.07	2.27	0.93	0.22	0.00	0.08	438.32	0.38	172.66	252.86	1188.35	256.78
2	713.00	30.14	79.83	16.85	8.93	3.18	4.84	23.83	2043.15	34.49	41.18	10.79	102.61
3	49.74	7.34	10.34	6.88	4.08	3.83	0.13	1.19	257.50	0.00	21.32	10.52	3.88
4	2583.54	43.82	28.73	3.06	7.22	0.22	1.25	2.30	0.24	0.00	0.00	0.00	4.49
5	123.01	42.66	17.43	4.50	6.79	0.17	0.30	11.91	5.79	638.42	5.92	0.00	18.81
6	169.55	46.07	105.10	83.87	80.93	114.65	13.07	71.09	87.49	212.21	229.68	3981.66	901.01
7	5.33	22.58	42.06	48.57	42.25	8.32	5.38	483.13	1.75	38.91	34.08	109.47	460.09
8	121.86	45.83	73.50	297.95	49.25	61.31	12.47	83.90	109.57	205.64	205.57	330.28	733.44

续表

部门代码	1	2	3	4	5	6	7	8	9	10	11	12	13
9	36.09	240.59	108.63	273.01	57.13	52.61	11.24	165.86	19.79	995.00	40.89	132.84	897.82
10	53.71	149.15	151.85	102.33	261.79	315.68	50.21	119.50	60.06	96.31	302.83	534.24	3375.08
11	1436.26	87.48	202.00	73.11	64.23	53.50	7.70	26.80	668.35	646.96	3037.45	111.54	789.37
12	601.58	528.14	1016.90	1335.05	1739.61	1950.56	373.77	516.56	122.57	1856.37	347.49	346.01	4711.11
13	768.82	169.14	199.51	198.58	403.84	607.87	148.67	122.68	62.23	12325.12	51.51	32.31	324.78
14	11974.53	3668.98	4882.03	2202.49	4446.90	685.79	96.61	397.11	18.91	5714.45	67.99	11.10	62.93
15	532.68	1867.17	1404.53	454.41	1046.72	887.08	160.24	264.54	157.27	1912.72	107.03	32.29	576.26
16	1592.42	689.52	6982.92	2521.08	1032.30	377.99	109.41	22.87	272.13	1508.10	601.07	87.72	763.12
17	355.53	153.40	575.41	10456.89	69.52	133.51	26.79	80.62	373.53	280.78	2150.02	520.39	1572.87
18	242.15	168.11	2368.76	1335.94	4369.92	1437.07	322.41	55.73	1865.35	2937.84	828.35	450.64	1813.06
19	13.27	16.61	665.66	268.88	1196.00	15493.83	898.36	12.71	17.61	130.11	521.87	132.96	1368.74
20	62.56	11.16	83.18	132.84	56.86	82.35	200.55	5.76	242.06	83.24	78.60	5.68	395.12
21	1772.14	135.43	479.03	73.28	237.23	102.37	32.74	592.32	16.11	123.72	25.74	25.82	184.96
22	2656.35	752.85	844.52	356.13	276.55	400.44	41.77	129.34	10368.95	757.71	584.54	828.73	1381.82
23	14.29	2.24	9.36	7.07	4.64	5.02	0.90	1.15	9.36	480.17	109.95	102.45	775.83
24	1496.77	325.23	857.44	496.38	506.10	703.80	85.85	164.72	478.10	4630.73	2520.30	2603.89	3250.99
25	1024.94	467.05	1051.53	958.99	705.17	1134.89	129.13	165.34	313.15	1807.96	1082.53	1257.99	4817.38
26	1098.07	338.87	1015.53	879.13	849.02	1413.82	125.52	167.30	1689.77	1378.03	2836.47	4301.44	9195.25

表 A11.2　2007 年进口品中间使用（投入）、中间投入合计、增加值及总投入表

部门代码	1	2	3	4	5	6	7	8	9	10	11	12	13
1	185.44	1.89	0.00	0.18	0.03	429.97	97.55	21.34	35.60	14.98	0.01	44.96	0.23
2	0.23	8.29	0.19	0.22	0.08	0.78	0.88	0.36	0.48	0.67	9.56	6.81	9.73
3	0.17	1.14	16.18	8.79	5.94	5.61	3.12	2.07	0.46	0.92	1500.40	180.56	18.81
4	0.00	0.00	0.00	74.46	0.00	0.00	0.00	0.00	0.00	0.00	0.00	25.41	5.01
5	0.23	0.18	0.22	0.29	11.82	0.63	0.00	0.00	0.00	0.00	0.11	46.82	71.52
6	98.52	0.41	0.39	0.31	0.23	166.71	3.74	18.90	1.11	1.16	2.58	19.19	1.61
7	0.22	0.09	0.25	0.12	0.07	0.67	300.87	184.45	3.57	8.57	0.04	13.91	1.54
8	0.61	1.18	1.12	0.82	0.51	1.62	12.77	85.26	6.48	3.39	0.34	4.32	1.78
9	0.79	1.32	0.63	0.32	0.12	0.71	0.33	0.50	51.32	5.10	0.13	1.50	2.35
10	1.53	0.47	0.79	0.46	0.31	31.47	8.38	8.97	5.92	152.47	0.52	29.18	18.69
11	8.31	2.86	7.58	7.95	3.29	2.74	1.86	2.25	1.26	1.64	25.61	83.02	14.63
12	274.69	12.62	18.38	21.21	30.10	90.63	223.36	76.81	71.58	152.48	28.99	1901.78	127.92
13	0.79	1.13	0.93	0.59	1.69	3.22	0.66	0.26	1.13	0.47	0.98	4.86	43.04
14	0.31	12.56	13.03	2.38	0.76	1.22	0.45	0.65	7.09	5.04	0.46	15.46	14.73
15	1.96	3.23	1.15	2.10	0.52	2.87	0.68	1.13	4.02	3.32	1.25	7.51	9.34
16	32.16	59.67	58.96	44.82	22.84	14.75	31.91	12.28	16.87	20.72	35.62	97.31	67.75
17	13.85	6.68	5.54	5.53	4.18	4.26	4.04	2.20	4.06	9.41	4.74	15.60	9.83
18	1.45	17.56	9.52	8.92	4.03	6.14	5.81	3.36	3.64	10.10	3.01	16.13	9.15
19	2.36	7.69	5.66	4.20	2.12	7.06	9.17	9.16	1.95	53.24	1.50	15.46	5.88

续表

部门代码	1	2	3	4	5	6	7	8	9	10	11	12	13
20	7.51	30.53	61.53	11.83	4.85	14.34	8.81	4.23	3.96	15.93	18.52	116.70	22.76
21	5.69	4.14	1.42	3.32	5.83	9.97	10.47	7.59	7.30	87.66	1.73	41.53	44.36
22	0.21	0.28	0.32	0.40	0.13	0.23	0.28	0.06	0.12	0.18	0.24	1.44	0.68
23	0.03	0.04	0.03	0.01	0.00	0.03	0.01	0.01	0.01	0.01	0.03	0.06	0.02
24	31.59	17.14	6.28	9.89	8.38	38.69	15.50	14.98	12.26	12.01	19.60	57.07	30.77
25	10.44	2.81	2.13	1.73	1.31	15.01	5.70	4.40	3.38	4.76	4.26	16.42	7.67
26	38.13	16.12	9.54	6.78	5.02	39.97	19.67	22.69	10.13	14.83	10.76	68.23	27.87
中间投入	16195.13	4202.59	3103.57	3049.64	1958.67	24775.11	17280.13	12461.51	7140.56	10049.08	8891.05	39354.87	13800.44
增加值合计	18011.19	1727.26	1193.23	-19.33	1198.80	12903.87	5728.35	4884.79	3077.28	4644.90	2527.05	14957.51	7637.95
总投入	32344.53	6049.85	4345.39	3009.80	3177.89	36101.49	23720.22	16647.74	10495.77	14941.59	11833.20	54782.62	21970.20

部门代码	14	15	16	17	18	19	20	21	22	23	24	25	26
1	0.11	0.08	0.09	0.04	0.01	0.00	0.00	17.75	0.02	6.99	10.24	48.12	10.40
2	10.06	0.43	1.13	0.24	0.13	0.04	0.07	0.34	28.82	0.49	0.58	0.15	1.45
3	22.32	3.29	4.64	3.09	1.83	1.72	0.06	0.53	115.56	0.00	9.57	4.72	1.74
4	1029.03	17.45	11.44	1.22	2.88	0.09	0.50	0.91	0.10	0.00	0.00	0.00	1.79
5	7.37	2.56	1.04	0.27	0.41	0.01	0.02	0.71	0.35	38.25	0.35	0.00	1.13
6	4.10	1.11	2.54	2.03	1.96	2.77	0.32	1.72	2.12	5.13	5.55	96.27	21.78
7	0.19	0.80	1.49	1.72	1.50	0.30	0.19	17.14	0.06	1.38	1.21	3.88	16.32
8	4.02	1.51	2.43	9.84	1.63	2.02	0.41	2.77	3.62	6.79	6.79	10.90	24.21
9	0.64	4.27	1.93	4.84	1.01	0.93	0.20	2.94	0.35	17.66	0.73	2.36	15.93

续表

部门代码	14	15	16	17	18	19	20	21	22	23	24	25	26
10	2.07	5.74	5.84	3.94	10.07	12.15	1.93	4.60	2.31	3.71	11.65	20.56	129.88
11	59.32	3.61	8.34	3.02	2.65	2.21	0.32	1.11	27.60	26.72	125.45	4.61	32.60
12	58.60	51.45	99.05	130.04	169.45	190.00	36.41	50.32	11.94	180.82	33.85	33.70	458.90
13	9.46	2.08	2.46	2.44	4.97	7.48	1.83	1.51	0.77	151.68	0.63	0.40	4.00
14	546.69	167.50	222.89	100.55	203.02	31.31	4.41	18.13	0.86	260.89	3.10	0.51	2.87
15	9.26	32.45	24.41	7.90	18.19	15.42	2.79	4.60	2.73	33.24	1.86	0.56	10.02
16	199.55	86.40	875.04	315.92	129.36	47.37	13.71	2.87	34.10	188.98	75.32	10.99	95.63
17	28.37	12.24	45.92	834.49	5.55	10.65	2.14	6.43	29.81	22.41	171.58	41.53	125.52
18	20.34	14.12	199.01	112.24	367.13	120.73	27.09	4.68	156.71	246.82	69.59	37.86	152.32
19	6.43	8.04	322.32	130.20	579.12	7502.35	435.00	6.15	8.53	63.00	252.70	64.38	662.76
20	71.81	12.81	95.48	152.48	65.27	94.52	230.20	6.61	277.84	95.54	90.22	6.52	453.54
21	283.25	21.65	76.57	11.71	37.92	16.36	5.23	94.67	2.57	19.77	4.11	4.13	29.56
22	1.37	0.39	0.44	0.18	0.14	0.21	0.02	0.07	5.34	0.39	0.30	0.43	0.71
23	0.05	0.01	0.03	0.03	0.02	0.02	0.00	0.00	0.03	1.73	0.40	0.37	2.79
24	59.71	12.98	34.21	19.80	20.19	28.08	3.42	6.57	19.07	184.75	100.55	103.88	129.70
25	14.05	6.40	14.42	13.15	9.67	15.56	1.77	2.27	4.29	24.78	14.84	17.25	66.04
26	41.14	12.70	38.05	32.94	31.81	52.97	4.70	6.27	63.31	51.63	106.28	161.17	344.54
中间投入合计	31990.26	10493.70	25349.27	24482.49	19189.11	34185.14	3632.12	4388.26	20060.01	40601.18	17182.67	17824.38	41533.75
增加值合计	6034.64	4796.30	12891.39	10445.06	15459.25	12954.24	952.14	3733.05	9807.09	9940.18	18836.31	21724.00	46497.75
总投入	39240.23	15819.13	38800.70	33466.26	34982.37	46624.49	4623.98	7747.62	30936.27	49932.41	35753.58	38888.93	87400.99

表 A11.3　2007 年最终使用（投入）表、总产出、增加值及进口总值

部门代码	国产品						进口品						总产出	进口合计
	居民消费	政府消费	资本形成	出口	合计	其他	居民消费	政府消费	资本形成	出口	合计	其他		
1	7428.44	227.48	1359.46	460.67	9476.04	1789.33	300.81	9.21	55.05	2.98	368.05	72.46	34133.86	1366.56
2	89.52	0.00	19.51	114.60	223.64	-118.33	1.26	0.00	0.28	29.64	31.18	-1.67	5931.52	111.68
3	0.00	0.00	21.96	60.18	82.14	-33.54	0.00	0.00	9.85	12.52	22.37	-15.05	4311.85	1920.57
4	0.00	0.00	39.48	32.13	71.61	14.66	0.00	0.00	15.73	4.90	20.63	5.84	3024.47	1196.76
5	0.00	0.00	3.71	97.99	101.70	-19.26	0.00	0.00	0.22	22.25	22.48	-1.15	3158.63	205.61
6	14461.48	0.00	821.61	1698.75	16981.83	1540.25	349.65	0.00	19.86	10.35	379.86	37.24	37641.74	879.38
7	388.53	0.00	126.59	7406.30	7921.43	-687.35	13.79	0.00	4.49	71.46	89.74	-24.39	23032.87	625.91
8	5210.25	0.00	99.55	5366.21	10676.01	676.23	172.02	0.00	3.29	53.16	228.47	22.33	17323.97	447.95
9	469.50	0.00	1124.65	2199.69	3793.84	-273.08	8.33	0.00	20.07	39.94	68.33	-4.85	10222.69	182.42
10	391.52	0.00	80.93	2162.16	2634.61	-238.44	15.07	0.00	3.11	40.98	59.16	-9.18	14703.15	523.59
11	380.92	0.00	-29.84	330.74	681.82	-398.63	15.73	0.00	-1.23	61.01	75.51	-16.46	11434.57	519.61
12	1777.89	0.00	372.26	6074.65	8224.80	-428.50	173.18	0.00	36.26	118.29	327.73	-41.74	54354.13	4821.08
13	258.48	0.00	50.04	1392.30	1700.82	-525.35	3.18	0.00	0.62	1.09	4.89	-6.47	21444.85	247.87
14	0.00	0.00	3373.40	3013.23	3386.63	-1162.27	0.00	0.00	17.05	128.03	145.08	-53.06	38077.97	1728.89
15	345.83	0.00	915.42	2905.62	4166.87	-520.10	6.01	0.00	19.13	122.35	147.49	-9.04	15299.03	340.97
16	53.35	0.00	12830.84	5240.79	18124.98	-497.67	6.69	0.00	2091.87	141.24	2239.80	-62.36	38303.02	4768.33
17	2359.92	0.00	9835.65	3394.94	15590.51	1353.30	188.33	0.00	796.66	57.06	1042.04	108.00	34819.56	2576.57
18	2162.09	0.00	5167.74	8281.01	15610.84	-308.12	181.64	0.00	696.91	192.48	1071.03	-25.89	34674.25	2672.60
19	1391.36	0.00	1901.88	22335.56	25628.80	346.91	673.72	0.00	2800.61	673.99	4148.31	167.98	46971.40	14482.73
20	71.88	0.00	214.11	2617.96	2903.95	-18.50	82.51	0.00	778.87	86.41	947.79	-21.23	4605.49	2900.90
21	896.85	0.00	571.89	1032.69	2501.44	322.19	143.35	0.00	91.41	0.00	234.76	51.50	8069.81	1124.77
22	2649.07	0.00	4.66	57.58	2711.32	-1068.62	1.36	0.00	0.00	0.00	1.37	-0.55	29867.65	15.36
23	748.22	0.00	47248.92	329.47	48326.61	606.77	2.69	0.00	169.83	0.00	172.52	2.18	50539.18	180.48
24	4397.64	1322.70	1242.69	3798.65	10761.67	255.21	175.45	52.77	49.58	0.00	277.79	10.18	36008.79	1285.04
25	12062.76	0.00	1774.08	4298.50	18135.35	650.53	165.37	0.00	24.32	0.00	189.69	8.92	39539.47	483.11
26	21525.78	26529.57	2973.90	3350.44	54379.69	607.74	806.55	994.03	111.43	0.00	1912.01	22.77	88008.72	3172.06

附录 B 行业出口的能源环境影响

表 B1　　　　　　行业出口对能源消耗的影响

部门	1987 年		1990 年		1992 年	
	出口含能量	份额	出口含能量	份额	出口含能量	份额
农业	4.88	5.06	5.19	4.14	3.81	2.25
煤炭开采和洗选业	1.38	1.43	2.15	1.71	2.85	1.69
石油和天然气开采业	4.54	4.71	2.89	2.30	1.86	1.10
金属矿采选业	0.68	0.71	0.68	0.54	0.61	0.36
非金属矿采选业	1.10	1.14	1.19	0.95	0.99	0.59
食品制造及烟草加工业	5.71	5.93	6.30	5.02	7.97	4.71
纺织业	10.56	10.96	14.16	11.29	21.33	12.62
服装皮革羽绒及其制品业	7.41	7.69	9.43	7.52	20.24	11.97
木材加工及家具制造业	0.66	0.68	0.41	0.33	3.41	2.02
造纸印刷及文教用品制造业	6.86	7.12	9.39	7.49	11.34	6.71
石油加工、炼焦、核燃料及煤气加工业	2.57	2.67	4.56	3.64	2.65	1.57
化学工业	11.70	12.14	20.01	15.96	23.77	14.06
非金属矿物制品业	2.34	2.43	6.48	5.17	10.42	6.16
金属冶炼及压延加工业	7.71	8.00	8.70	6.94	8.42	4.98
金属制品业	2.68	2.78	4.46	3.56	7.25	4.29
通用、专用设备制造业	8.00	8.30	3.55	2.83	9.78	5.78
交通运输设备制造业	0.58	0.60	0.91	0.73	2.46	1.46
电气、机械及器材制造业	1.36	1.41	2.66	2.12	6.50	3.84
通信设备、计算机及其他电子设备制造业	2.40	2.49	3.73	2.97	5.80	3.43
仪器仪表及文化办公用机械制造业	0.09	0.09	1.44	1.15	0.42	0.25
其他工业	3.89	4.04	4.36	3.48	1.00	0.59

续表

部　门	1987 年		1990 年		1992 年	
	出口含能量	份额	出口含能量	份额	出口含能量	份额
电力、热力的生产和供应业	0.01	0.01	0.02	0.02	0.02	0.01
建筑业	0.00	0.00	0.00	0.00	0.00	0.00
交通运输仓储及邮电业	7.10	7.37	11.48	9.16	13.49	7.98
批发和零售贸易/住宿和餐饮业	1.09	1.13	0.04	0.03	0.79	0.47
非物质生产部门	1.07	1.11	1.20	0.96	1.89	1.12

部　门	1995 年		1997 年		2002 年	
	出口含能量	份额	出口含能量	份额	出口含能量	份额
农业	3.09	1.38	2.95	1.21	2.80	0.93
煤炭开采和洗选业	3.40	1.52	1.67	0.69	2.17	0.72
石油和天然气开采业	4.42	1.97	4.25	1.74	1.70	0.57
金属矿采选业	0.50	0.22	0.16	0.07	0.22	0.07
非金属矿采选业	0.96	0.43	1.02	0.42	1.67	0.56
食品制造及烟草加工业	6.56	2.92	6.98	2.87	6.83	2.28
纺织业	24.52	10.93	18.77	7.71	27.39	9.13
服装皮革羽绒及其制品业	25.01	11.14	18.08	7.42	20.33	6.78
木材加工及家具制造业	4.55	2.03	3.58	1.47	5.07	1.69
造纸印刷及文教用品制造业	13.41	5.98	9.52	3.91	10.27	3.42
石油加工、炼焦、核燃料及煤气加工业	7.97	3.55	5.30	2.18	5.64	1.88
化学工业	27.59	12.29	35.36	14.52	37.54	12.51
非金属矿物制品业	10.00	4.46	8.45	3.47	11.24	3.75
金属冶炼及压延加工业	22.85	10.18	24.61	10.10	13.31	4.44
金属制品业	10.17	4.53	16.43	6.74	16.29	5.43
通用、专用设备制造业	16.64	7.41	7.62	3.13	14.40	4.80
交通运输设备制造业	3.92	1.75	5.27	2.16	6.73	2.24
电气、机械及器材制造业	10.82	4.82	17.72	7.27	23.81	7.94
通信设备、计算机及其他电子设备制造业	9.07	4.04	15.49	6.36	31.40	10.47
仪器仪表及文化办公用机械制造业	0.44	0.20	4.20	1.72	11.77	3.92
其他工业	0.97	0.43	5.83	2.39	4.59	1.53
电力、热力的生产和供应业	0.72	0.32	1.02	0.42	0.71	0.24
建筑业	1.35	0.60	0.43	0.18	1.17	0.39

续表

部　　门	1995 年		1997 年		2002 年	
	出口含能量	份额	出口含能量	份额	出口含能量	份额
交通运输仓储及邮电业	9.50	4.23	10.51	4.31	17.14	5.71
批发和零售贸易/住宿和餐饮业	1.25	0.56	10.65	4.37	15.41	5.14
非物质生产部门	4.73	2.11	7.73	3.17	10.37	3.46

部　　门	2005 年		2007 年	
	出口含能量	份额	出口含能量	份额
农业	2.96	0.49	2.83	0.41
煤炭开采和洗选业	3.14	0.52	1.91	0.28
石油和天然气开采业	0.65	0.11	0.90	0.13
金属矿采选业	0.91	0.15	0.53	0.08
非金属矿采选业	2.52	0.41	0.90	0.13
食品制造及烟草加工业	9.29	1.53	9.62	1.40
纺织业	49.49	8.13	62.96	9.15
服装皮革羽绒及其制品业	28.60	4.70	33.57	4.88
木材加工及家具制造业	12.40	2.04	13.71	1.99
造纸印刷及文教用品制造业	19.34	3.18	17.71	2.57
石油加工、炼焦、核燃料及煤气加工业	11.96	1.96	5.84	0.85
化学工业	71.24	11.70	81.53	11.84
非金属矿物制品业	17.51	2.88	21.75	3.16
金属冶炼及压延加工业	47.23	7.76	83.41	12.12
金属制品业	41.84	6.87	34.86	5.06
通用、专用设备制造业	36.94	6.07	44.35	6.44
交通运输设备制造业	17.36	2.85	24.55	3.57
电气、机械及器材制造业	44.80	7.36	58.32	8.47
通信设备、计算机及其他电子设备制造业	88.60	14.56	90.68	13.17
仪器仪表及文化办公用机械制造业	26.22	4.31	14.75	2.14
其他工业	6.63	1.09	8.49	1.23
电力、热力的生产和供应业	0.61	0.10	0.56	0.08
建筑业	2.07	0.34	3.79	0.55
交通运输仓储及邮电业	31.44	5.17	37.09	5.39
批发和零售贸易/住宿和餐饮业	22.35	3.67	18.81	2.73
非物质生产部门	12.59	2.07	14.90	2.16

　　注：作者计算结果。表中出口含能量的单位为"MTCE"；"份额"是行业出口含污量与相应总出口含污量的比值，单位为"%"。

表 B2　　　　　　　　　行业出口对碳排放的影响

部　门	1987 年		1990 年		1992 年	
	出口含碳量	份额	出口含碳量	份额	出口含碳量	份额
农业	3.33	5.02	3.64	3.76	2.64	2.22
煤炭开采和洗选业	0.99	1.49	1.34	1.38	2.06	1.73
石油和天然气开采业	2.77	4.18	2.58	2.66	1.21	1.02
金属矿采选业	0.48	0.72	0.38	0.39	0.44	0.37
非金属矿采选业	0.77	1.16	1.04	1.08	0.70	0.59
食品制造及烟草加工业	4.00	6.03	4.37	4.50	5.66	4.77
纺织业	7.35	11.08	9.95	10.25	15.12	12.75
服装皮革羽绒及其制品业	5.18	7.81	7.21	7.43	14.25	12.02
木材加工及家具制造业	0.46	0.69	0.35	0.36	2.42	2.04
造纸印刷及文教用品制造业	4.84	7.30	7.75	7.99	8.08	6.81
石油加工、炼焦、核燃料及煤气加工业	1.61	2.43	1.85	1.91	1.72	1.45
化学工业	7.88	11.88	16.52	17.03	16.52	13.93
非金属矿物制品业	1.68	2.53	4.97	5.13	7.50	6.32
金属冶炼及压延加工业	5.48	8.26	7.77	8.00	6.00	5.06
金属制品业	1.89	2.85	3.17	3.26	5.15	4.35
通用、专用设备制造业	5.62	8.47	3.32	3.43	6.92	5.84
交通运输设备制造业	0.41	0.62	0.89	0.92	1.74	1.46
电气、机械及器材制造业	0.95	1.43	2.62	2.70	4.60	3.88
通信设备、计算机及其他电子设备制造业	1.67	2.52	3.53	3.64	4.09	3.45
仪器仪表及文化办公用机械制造业	0.07	0.11	1.28	1.32	0.29	0.25
其他工业	2.73	4.12	4.82	4.96	0.71	0.60
电力、热力的生产和供应业	0.01	0.02	0.01	0.02	0.01	0.01
建筑业	0.00	0.00	0.00	0.00	0.00	0.00
交通运输仓储及邮电业	4.67	7.04	6.80	7.00	8.91	7.52
批发和零售贸易/住宿和餐饮业	0.76	1.15	0.02	0.03	0.55	0.46
非物质生产部门	0.73	1.10	0.82	0.84	1.30	1.10

　　注：作者计算结果。表中出口含碳量的单位为"MTC"；"份额"是行业出口含污量与相应总出口含污量的比值，单位为"%"。

续表

部　门	1993 年		1994 年		1995 年	
	出口含碳量	份额	出口含碳量	份额	出口含碳量	份额
农业	2.14	1.37	2.03	1.20	1.90	0.92
煤炭开采和洗选业	2.45	1.57	1.20	0.71	1.54	0.75
石油和天然气开采业	2.89	1.85	2.75	1.62	1.08	0.52
金属矿采选业	0.35	0.22	0.11	0.07	0.15	0.07
非金属矿采选业	0.67	0.43	0.71	0.42	1.16	0.56
食品制造及烟草加工业	4.63	2.96	4.89	2.90	4.74	2.30
纺织业	17.30	11.06	13.23	7.82	19.13	9.29
服装皮革羽绒及其制品业	17.56	11.23	12.64	7.48	14.04	6.81
木材加工及家具制造业	3.19	2.04	2.51	1.48	3.49	1.69
造纸印刷及文教用品制造业	9.51	6.08	6.74	3.98	7.19	3.49
石油加工、炼焦、核燃料及煤气加工业	5.20	3.33	3.40	2.01	3.59	1.74
化学工业	19.28	12.33	24.59	14.54	25.65	12.45
非金属矿物制品业	7.16	4.58	6.03	3.56	7.98	3.87
金属冶炼及压延加工业	15.94	10.20	17.21	10.18	9.27	4.50
金属制品业	7.11	4.55	11.48	6.79	11.33	5.50
通用、专用设备制造业	11.59	7.41	5.33	3.15	9.99	4.85
交通运输设备制造业	2.75	1.76	3.69	2.18	4.67	2.27
电气、机械及器材制造业	7.56	4.84	12.36	7.31	16.45	7.99
通信设备、计算机及其他电子设备制造业	6.32	4.04	10.78	6.37	21.61	10.49
仪器仪表及文化办公用机械制造业	0.31	0.20	2.93	1.74	8.13	3.95
其他工业	0.69	0.44	4.10	2.42	3.22	1.56
电力、热力的生产和供应业	0.51	0.33	0.73	0.43	0.50	0.24
建筑业	0.95	0.61	0.30	0.18	0.81	0.39
交通运输仓储及邮电业	6.19	3.96	6.80	4.02	10.91	5.30
批发和零售贸易/住宿和餐饮业	0.86	0.55	7.32	4.33	10.47	5.08
非物质生产部门	3.24	2.07	5.23	3.09	6.99	3.39

　　注：作者计算结果。表中出口含碳量的单位为"MTC"；"份额"是行业出口含污量与相应总出口含污量的比值，单位为"%"。

续表

部　门	2005 年		2007 年	
	出口含碳量	份额	出口含碳量	份额
农业	2.02	0.48	1.92	0.40
煤炭开采和洗选业	2.24	0.53	1.37	0.29
石油和天然气开采业	0.43	0.10	0.59	0.12
金属矿采选业	0.64	0.15	0.37	0.08
非金属矿采选业	1.75	0.41	0.63	0.13
食品制造及烟草加工业	6.46	1.53	6.66	1.39
纺织业	34.87	8.26	44.35	9.29
服装皮革羽绒及其制品业	19.91	4.72	23.40	4.90
木材加工及家具制造业	8.61	2.04	9.54	2.00
造纸印刷及文教用品制造业	13.61	3.22	12.48	2.61
石油加工、炼焦、核燃料及煤气加工业	7.63	1.81	3.73	0.78
化学工业	49.29	11.68	56.09	11.74
非金属矿物制品业	12.42	2.94	15.44	3.23
金属冶炼及压延加工业	33.23	7.87	58.88	12.33
金属制品业	29.38	6.96	24.57	5.14
通用、专用设备制造业	25.84	6.12	31.10	6.51
交通运输设备制造业	12.12	2.87	17.16	3.59
电气、机械及器材制造业	31.26	7.41	40.87	8.56
通信设备、计算机及其他电子设备制造业	61.67	14.61	63.02	13.20
仪器仪表及文化办公用机械制造业	18.26	4.33	10.28	2.15
其他工业	4.69	1.11	5.99	1.25
电力、热力的生产和供应业	0.43	0.10	0.40	0.08
建筑业	1.43	0.34	2.63	0.55
交通运输仓储及邮电业	19.99	4.74	23.27	4.87
批发和零售贸易/住宿和餐饮业	15.25	3.61	12.69	2.66
非物质生产部门	8.60	2.04	10.15	2.13

注：作者计算结果。表中出口含碳量的单位为"MTC"；"份额"是行业出口含污量与相应总出口含污量的比值，单位为"%"。

表 B3   行业出口对硫排放的影响

部 门	1987 年		1990 年		1992 年	
	出口含硫量	份额	出口含硫量	份额	出口含硫量	份额
农业	7.61	6.09	8.14	4.33	6.07	2.45
煤炭开采和洗选业	3.08	2.46	4.01	2.13	5.80	2.34
石油和天然气开采业	1.69	1.35	2.76	1.47	1.47	0.59
金属矿采选业	0.90	0.72	0.66	0.35	0.78	0.31
非金属矿采选业	1.61	1.29	2.29	1.22	2.06	0.83
食品制造及烟草加工业	9.71	7.77	10.48	5.58	13.38	5.40
纺织业	17.61	14.09	24.42	12.99	34.83	14.07
服装皮革羽绒及其制品业	8.96	7.17	13.18	7.01	29.85	12.06
木材加工及家具制造业	0.89	0.71	0.71	0.38	5.61	2.27
造纸印刷及文教用品制造业	11.03	8.82	18.00	9.58	19.32	7.81
石油加工、炼焦、核燃料及煤气加工业	2.64	2.11	3.41	1.81	3.33	1.35
化学工业	12.15	9.72	30.94	16.46	28.16	11.38
非金属矿物制品业	3.51	2.81	10.12	5.38	15.77	6.37
金属冶炼及压延加工业	7.78	6.22	11.00	5.85	10.41	4.20
金属制品业	3.04	2.43	5.25	2.79	9.54	3.86
通用、专用设备制造业	10.27	8.22	6.25	3.32	13.59	5.49
交通运输设备制造业	0.80	0.64	1.72	0.91	3.13	1.26
电气、机械及器材制造业	1.54	1.23	4.41	2.35	8.98	3.63
通信设备、计算机及其他电子设备制造业	2.62	2.10	5.94	3.16	8.17	3.30
仪器仪表及文化办公用机械制造业	0.11	0.09	2.24	1.19	0.51	0.21
其他工业	3.15	2.52	6.33	3.37	1.45	0.58
电力、热力的生产和供应业	0.06	0.05	0.15	0.08	0.11	0.05
建筑业	0.00	0.00	0.00	0.00	0.00	0.00
交通运输仓储及邮电业	10.51	8.41	14.12	7.51	20.93	8.45
批发和零售贸易/住宿和餐饮业	2.47	1.98	0.08	0.04	1.57	0.63
非物质生产部门	1.25	1.00	1.39	0.74	2.69	1.09

注：作者计算结果。表中出口含硫量的单位为"万吨"；"份额"是行业出口含污量与相应总出口含污量的比值，单位为"%"。

续表

部　门	1993 年		1994 年		1995 年	
	出口含硫量	份额	出口含硫量	份额	出口含硫量	份额
农业	4.49	1.30	5.21	1.32	3.39	0.97
煤炭开采和洗选业	4.69	1.36	2.35	0.60	2.60	0.74
石油和天然气开采业	4.55	1.32	3.06	0.77	1.00	0.29
金属矿采选业	1.27	0.37	0.45	0.11	0.40	0.11
非金属矿采选业	2.42	0.70	2.05	0.52	2.19	0.62
食品制造及烟草加工业	10.89	3.16	12.35	3.13	8.91	2.54
纺织业	37.11	10.77	31.12	7.88	24.98	7.11
服装皮革羽绒及其制品业	36.53	10.60	29.66	7.51	31.89	9.08
木材加工及家具制造业	7.92	2.30	6.59	1.67	7.36	2.10
造纸印刷及文教用品制造业	26.47	7.68	21.49	5.44	15.19	4.33
石油加工、炼焦、核燃料及煤气加工业	11.58	3.36	6.73	1.70	2.36	0.67
化学工业	35.67	10.35	53.72	13.60	43.28	12.32
非金属矿物制品业	23.04	6.68	16.91	4.28	5.73	1.63
金属冶炼及压延加工业	28.33	8.22	32.30	8.18	14.05	4.00
金属制品业	14.31	4.15	27.50	6.96	30.73	8.75
通用、专用设备制造业	25.19	7.31	11.35	2.87	16.86	4.80
交通运输设备制造业	5.39	1.56	7.61	1.93	7.21	2.05
电气、机械及器材制造业	15.58	4.52	26.86	6.80	28.01	7.97
通信设备、计算机及其他电子设备制造业	14.31	4.15	25.43	6.44	36.01	10.25
仪器仪表及文化办公用机械制造业	0.65	0.19	7.11	1.80	13.87	3.95
其他工业	0.80	0.23	9.30	2.35	4.41	1.26
电力、热力的生产和供应业	10.64	3.09	11.11	2.81	5.17	1.47
建筑业	2.34	0.68	0.78	0.20	1.25	0.36
交通运输仓储及邮电业	10.53	3.06	11.23	2.84	12.00	3.42
批发和零售贸易/住宿和餐饮业	1.95	0.57	19.59	4.96	20.56	5.85
非物质生产部门	8.01	2.32	13.17	3.33	11.82	3.37

注：作者计算结果。表中出口含硫量的单位为"万吨"；"份额"是行业出口含污量与相应总出口含污量的比值，单位为"%"。

续表

部 门	2005 年		2007 年	
	出口含硫量	份额	出口含硫量	份额
农业	3.84	0.52	3.11	0.41
煤炭开采和洗选业	4.02	0.55	1.94	0.25
石油和天然气开采业	0.55	0.08	1.07	0.14
金属矿采选业	1.61	0.22	1.22	0.16
非金属矿采选业	3.60	0.49	1.41	0.18
食品制造及烟草加工业	12.50	1.70	12.46	1.63
纺织业	62.77	8.56	71.71	9.39
服装皮革羽绒及其制品业	35.87	4.89	37.77	4.95
木材加工及家具制造业	17.11	2.33	17.99	2.36
造纸印刷及文教用品制造业	29.29	3.99	27.90	3.65
石油加工、炼焦、核燃料及煤气加工业	12.06	1.64	6.17	0.81
化学工业	92.30	12.59	92.61	12.13
非金属矿物制品业	26.43	3.60	32.30	4.23
金属冶炼及压延加工业	44.66	6.09	79.34	10.39
金属制品业	45.90	6.26	40.92	5.36
通用、专用设备制造业	41.69	5.69	48.71	6.38
交通运输设备制造业	19.05	2.60	26.24	3.44
电气、机械器材制造业	50.24	6.85	61.06	8.00
通信设备、计算机及其他电子设备制造业	114.00	15.55	105.18	13.77
仪器仪表及文化办公用机械制造业	32.54	4.44	16.83	2.20
其他工业	5.57	0.76	8.86	1.16
电力、热力的生产和供应业	3.87	0.53	4.28	0.56
建筑业	2.71	0.37	4.53	0.59
交通运输仓储及邮电业	24.54	3.35	21.72	2.84
批发和零售贸易/住宿和餐饮业	30.31	4.13	21.45	2.81
非物质生产部门	16.21	2.21	16.88	2.21

注：作者计算结果。表中出口含硫量的单位为"万吨"；"份额"是行业出口含污量与相应总出口含污量的比值，单位为"％"。

附录 C 历年各类最终使用产品或服务的生态效率

表 C1 1987 年各类最终使用产品或服务的完全生态效率和直接生态效率

产品或服务	基于能源消费（万元/TCE）		基于二氧化碳排放（万元/TC）		基于二氧化硫排放（万元/吨）	
	完全	直接	完全	直接	完全	直接
农业产品	1.13	3.20	1.66	4.64	72.60	172.25
煤炭开采和洗选业产品	0.44	0.63	0.61	0.87	19.60	27.44
石油和天然气	0.58	0.70	0.95	1.19	155.67	675.22
金属矿采选业产品	0.38	0.70	0.54	0.98	29.01	93.93
非金属矿采选业产品	0.36	0.57	0.52	0.81	24.87	52.93
食品制造及烟草加工产品	0.60	1.75	0.85	2.41	35.21	94.49
纺织业产品	0.49	2.03	0.70	2.82	29.24	102.72
服装皮革羽绒及其制品	0.67	2.85	0.95	3.93	55.14	1116.66
木材加工及家具	0.27	1.19	0.39	1.64	20.21	121.65
造纸印刷及文教用品	0.41	1.21	0.58	1.67	25.62	70.64
石油加工、炼焦、核燃料及煤气加工产品	0.91	2.46	1.46	4.02	88.99	177.12
化学工业产品	0.16	0.27	0.23	0.41	15.14	36.46
非金属矿物制品	0.18	0.27	0.25	0.37	11.77	20.86
金属冶炼及压延加工产品	0.16	0.26	0.22	0.36	15.64	34.55
金属制品	0.35	2.73	0.50	3.81	31.19	648.46
通用、专用设备	0.28	1.56	0.39	2.19	21.48	125.56
交通运输设备	0.28	1.54	0.40	2.17	20.10	84.01
电气、机械及器材	0.23	1.64	0.33	2.30	20.08	221.69
通信设备、计算机及其他电子设备	0.36	1.60	0.51	2.32	32.71	260.28
仪器仪表及文化办公用机械	0.33	1.50	0.47	2.11	27.10	145.38
其他工业产品	0.17	0.27	0.24	0.38	20.55	53.93
电力、热力	0.60	1.17	0.85	1.62	7.95	9.03
建筑业产品	0.38	6.28	0.55	9.78	20.70	63.22
交通运输仓储及邮电服务	0.43	0.67	0.66	1.02	29.16	42.76
批发和零售贸易/住宿和餐饮服务	1.08	5.25	1.55	7.30	47.68	101.90
非物质生产部门提供的服务	1.01	3.54	1.48	5.21	86.38	893.53

表 C2 1990 年各类最终使用产品或服务的完全生态效率和直接生态效率

产品或服务	基于能源消费 (万元/TCE)		基于二氧化碳 排放 (万元/TC)		基于二氧化硫 排放 (万元/吨)	
	完全	直接	完全	直接	完全	直接
农业产品	1.26	3.53	1.82	5.14	81.45	225.78
煤炭开采和洗选业产品	0.47	0.77	0.65	1.06	21.86	33.16
石油和天然气	0.84	1.26	1.28	2.00	119.23	469.87
金属矿采选业产品	0.35	0.69	0.49	0.96	28.52	119.63
非金属矿采选业产品	0.38	0.73	0.54	1.02	24.54	79.52
食品制造及烟草加工产品	0.69	1.87	0.98	2.57	40.67	101.69
纺织业产品	0.46	1.86	0.66	2.58	26.72	99.37
服装皮革羽绒及其制品	0.66	3.13	0.94	4.31	51.45	1306.36
木材加工及家具	0.31	1.23	0.44	1.75	21.88	143.85
造纸印刷及文教用品	0.41	1.29	0.58	1.77	24.92	78.15
石油加工、炼焦、核燃料及煤气加工产品	1.14	2.62	1.76	4.22	95.33	211.32
化学工业产品	0.18	0.35	0.26	0.50	14.08	40.05
非金属矿物制品	0.22	0.38	0.30	0.52	14.88	30.62
金属冶炼及压延加工产品	0.15	0.26	0.21	0.36	14.75	36.65
金属制品	0.33	2.75	0.47	3.83	28.08	803.99
通用、专用设备	0.25	1.46	0.36	2.06	18.98	134.41
交通运输设备	0.25	1.35	0.36	1.94	18.91	100.43
电气、机械及器材	0.23	1.84	0.33	2.58	19.62	271.63
通信设备、计算机及其他电子设备	0.36	2.04	0.51	2.86	30.05	341.38
仪器仪表及文化办公用机械	0.32	2.04	0.45	2.94	25.74	256.77
其他工业产品	0.21	0.45	0.29	0.62	22.20	91.81
电力、热力	0.68	1.36	0.96	1.93	9.64	11.17
建筑业产品	0.37	5.32	0.52	8.25	18.95	53.81
交通运输仓储及邮电服务	0.45	0.86	0.68	1.33	32.66	62.98
批发和零售贸易/住宿和餐饮服务	1.11	4.26	1.58	5.94	45.80	86.22
非物质生产部门提供的服务	1.01	3.03	1.46	4.47	86.29	848.43

表 C3　1992 年各类最终使用产品或服务的完全生态效率和直接生态效率

产品或服务	基于能源消费（万元/TCE）		基于二氧化碳排放（万元/TC）		基于二氧化硫排放（万元/吨）	
	完全	直接	完全	直接	完全	直接
农业产品	1.28	3.74	1.85	5.45	80.29	201.97
煤炭开采和洗选业产品	0.41	0.63	0.56	0.87	20.01	32.57
石油和天然气	1.14	1.71	1.76	2.75	144.44	928.64
金属矿采选业产品	0.28	0.49	0.39	0.68	21.90	81.07
非金属矿采选业产品	0.47	1.32	0.67	1.86	22.60	78.55
食品制造及烟草加工产品	0.68	1.98	0.95	2.71	40.34	117.83
纺织业产品	0.46	1.69	0.65	2.32	28.22	105.09
服装皮革羽绒及其制品	0.72	8.06	1.02	11.26	48.78	1705.71
木材加工及家具	0.38	1.75	0.54	2.41	23.08	114.57
造纸印刷及文教用品	0.48	1.46	0.67	2.00	28.02	87.30
石油加工、炼焦、核燃料及煤气加工产品	0.71	1.57	1.10	2.50	56.68	122.56
化学工业产品	0.22	0.41	0.31	0.59	18.38	51.33
非金属矿物制品	0.23	0.39	0.32	0.54	15.36	33.99
金属冶炼及压延加工产品	0.19	0.34	0.26	0.47	15.10	37.38
金属制品	0.33	2.61	0.47	3.61	25.12	460.08
通用、专用设备	0.33	1.78	0.47	2.49	24.01	181.93
交通运输设备	0.36	1.60	0.51	2.25	28.12	170.74
电气、机械及器材	0.33	3.56	0.46	4.97	23.55	304.24
通信设备、计算机及其他电子设备	0.48	3.18	0.68	4.48	34.01	353.74
仪器仪表及文化办公用机械	0.40	1.55	0.56	2.16	32.36	208.64
其他工业产品	0.32	0.88	0.45	1.22	22.33	66.19
电力、热力	0.71	1.40	1.00	1.93	10.01	11.52
建筑业产品	0.55	7.64	0.77	11.74	26.35	76.43
交通运输仓储及邮电服务	0.40	0.75	0.61	1.17	25.87	47.55
批发和零售贸易/住宿和餐饮服务	0.97	8.39	1.40	11.84	48.88	161.49
非物质生产部门提供的服务	1.00	3.91	1.44	5.88	70.04	985.68

表 C4　1995 年各类最终使用产品或服务的完全生态效率和直接生态效率

产品或服务	基于能源消费（万元/TCE）		基于二氧化碳排放（万元/TC）		基于二氧化硫排放（万元/吨）	
	完全	直接	完全	直接	完全	直接
农业产品	1.22	4.12	1.76	6.02	83.63	377.29
煤炭开采和洗选业产品	0.36	0.53	0.50	0.72	26.30	92.29
石油和天然气	0.58	0.89	0.88	1.41	56.19	775.75
金属矿采选业产品	0.33	0.77	0.47	1.07	13.15	60.67
非金属矿采选业产品	0.59	2.27	0.84	3.19	23.23	290.03
食品制造及烟草加工产品	0.80	2.44	1.13	3.36	48.18	231.78
纺织业产品	0.47	1.91	0.67	2.64	31.13	218.17
服装皮革羽绒及其制品	0.78	9.97	1.11	13.88	53.54	2090.82
木材加工及家具	0.52	2.93	0.74	4.04	29.78	298.14
造纸印刷及文教用品	0.50	1.79	0.70	2.45	25.25	93.64
石油加工、炼焦、核燃料及煤气加工产品	0.44	0.83	0.68	1.31	30.46	70.46
化学工业产品	0.24	0.52	0.34	0.74	18.59	76.71
非金属矿物制品	0.25	0.46	0.35	0.63	10.87	31.06
金属冶炼及压延加工产品	0.15	0.26	0.22	0.37	12.11	38.75
金属制品	0.30	3.08	0.43	4.27	21.14	1023.85
通用、专用设备	0.35	2.17	0.51	3.12	23.44	636.24
交通运输设备	0.41	2.55	0.58	3.57	29.62	398.79
电气、机械及器材	0.36	5.49	0.52	7.79	25.06	1520.57
通信设备、计算机及其他电子设备	0.62	9.65	0.89	13.84	39.47	1341.78
仪器仪表及文化办公用机械	0.39	1.77	0.56	2.47	26.56	202.55
其他工业产品	0.26	0.49	0.36	0.68	31.19	873.68
电力、热力	0.55	1.09	0.78	1.51	3.76	4.05
建筑业产品	0.52	11.78	0.74	17.12	30.09	800.03
交通运输仓储及邮电服务	0.58	1.13	0.89	1.81	52.48	188.58
批发和零售贸易/住宿和餐饮服务	1.17	6.22	1.70	9.02	75.07	405.23
非物质生产部门提供的服务	1.09	4.30	1.59	6.54	64.41	873.32

表 C5　1997 年各类最终使用产品或服务的完全生态效率和直接生态效率

产品或服务	基于能源消费（万元/TCE）		基于二氧化碳排放（万元/TC）		基于二氧化硫排放（万元/吨）	
	完全	直接	完全	直接	完全	直接
农业产品	1.34	4.37	1.95	6.38	76.20	330.99
煤炭开采和洗选业产品	0.44	0.75	0.61	1.03	31.28	146.93
石油和天然气	0.57	0.73	0.88	1.15	78.75	809.79
金属矿采选业产品	0.47	1.40	0.67	1.96	16.48	80.74
非金属矿采选业产品	0.63	2.10	0.91	2.94	31.73	382.87
食品制造及烟草加工产品	0.93	3.35	1.32	4.63	52.49	292.42
纺织业产品	0.74	2.77	1.05	3.83	44.45	252.99
服装皮革羽绒及其制品	1.07	13.77	1.53	19.32	65.02	1714.95
木材加工及家具	0.73	4.36	1.04	6.01	39.52	405.32
造纸印刷及文教用品	0.57	1.81	0.80	2.49	25.21	88.92
石油加工、炼焦、核燃料及煤气加工产品	0.42	0.72	0.65	1.15	32.71	60.92
化学工业产品	0.32	0.69	0.46	0.99	21.24	93.30
非金属矿物制品	0.32	0.65	0.45	0.89	15.93	41.69
金属冶炼及压延加工产品	0.16	0.27	0.23	0.39	12.04	34.87
金属制品	0.33	4.45	0.47	6.20	19.65	1268.43
通用、专用设备	0.45	3.00	0.64	4.21	29.92	665.97
交通运输设备	0.46	3.19	0.66	4.48	31.98	748.81
电气、机械及器材	0.39	7.76	0.56	11.06	25.80	3364.44
通信设备、计算机及其他电子设备	0.73	9.19	1.05	13.45	44.41	2833.66
仪器仪表及文化办公用机械	0.59	6.03	0.85	8.43	34.98	384.00
其他工业产品	0.60	1.99	0.85	2.77	37.40	2848.99
电力、热力	0.42	0.71	0.59	0.98	3.86	4.21
建筑业产品	0.57	15.80	0.81	23.45	31.43	914.04
交通运输仓储及邮电服务	0.63	1.12	0.97	1.80	58.54	310.34
批发和零售贸易/住宿和餐饮服务	1.21	5.86	1.77	8.61	66.02	434.38
非物质生产部门提供的服务	1.22	5.75	1.80	9.04	71.59	1140.59

表 C6　2002 年各类最终使用产品或服务的完全生态效率和直接生态效率

产品或服务	基于能源消费 (万元/TCE)		基于二氧化碳 排放 (万元/TC)		基于二氧化硫 排放 (万元/吨)	
	完全	直接	完全	直接	完全	直接
农业产品	1.66	4.42	2.45	6.53	137.17	472.14
煤炭开采和洗选业产品	0.70	1.16	0.98	1.59	58.41	201.15
石油和天然气	0.69	0.90	1.08	1.45	116.26	952.73
金属矿采选业产品	0.82	1.93	1.18	2.68	45.51	171.01
非金属矿采选业产品	0.87	1.96	1.26	2.75	66.67	228.88
食品制造及烟草加工产品	1.30	4.22	1.88	5.87	99.76	352.94
纺织业产品	0.99	3.10	1.41	4.31	108.30	6271.07
服装皮革羽绒及其制品	1.36	11.94	1.97	16.87	86.51	267.89
木材加工及家具	1.31	9.93	1.91	13.77	90.28	813.78
造纸印刷及文教用品	0.95	2.80	1.36	3.88	64.16	193.46
石油加工、炼焦、核燃料及煤气加工产品	0.45	0.79	0.71	1.27	107.20	1859.85
化学工业产品	0.57	1.23	0.83	1.80	49.35	162.82
非金属矿物制品	0.37	0.55	0.52	0.77	72.70	4917.82
金属冶炼及压延加工产品	0.34	0.64	0.49	0.92	32.47	84.59
金属制品	0.65	4.49	0.93	6.27	34.30	92.64
通用、专用设备	0.89	6.62	1.28	9.28	75.81	2102.39
交通运输设备	0.94	6.55	1.35	9.17	87.37	2433.68
电气、机械及器材	0.84	10.60	1.21	15.10	70.97	1417.63
通信设备、计算机及其他电子设备	1.55	17.97	2.25	26.26	134.89	4538.61
仪器仪表及文化办公用机械	1.23	11.33	1.78	15.98	104.60	1300.98
其他工业产品	0.93	2.05	1.33	2.87	96.81	2908.36
电力、热力	0.72	1.22	1.02	1.69	9.92	10.84
建筑业产品	0.89	18.47	1.29	27.43	83.52	1531.21
交通运输仓储及邮电服务	0.92	1.86	1.45	3.04	131.78	569.49
批发和零售贸易/住宿和餐饮服务	1.87	7.36	2.76	10.82	140.48	831.45
非物质生产部门提供的服务	2.02	8.48	3.00	12.98	177.52	2316.72

表 C7　2003 年各类最终使用产品或服务的完全生态效率和直接生态效率

产品或服务	基于能源消费（万元/TCE）		基于二氧化碳排放（万元/TC）		基于二氧化硫排放（万元/吨）	
	完全	直接	完全	直接	完全	直接
农业产品	1.70	4.63	2.49	6.83	127.00	512.06
煤炭开采和洗选业产品	0.62	0.93	0.87	1.27	53.43	180.37
石油和天然气	0.67	0.91	1.05	1.46	90.70	1180.17
金属矿采选业产品	0.67	1.30	0.95	1.80	37.27	140.90
非金属矿采选业产品	0.66	1.34	0.95	1.87	49.54	210.20
食品制造及烟草加工产品	1.50	5.15	2.16	7.12	99.38	371.30
纺织业产品	0.98	2.80	1.39	3.88	70.78	316.32
服装皮革羽绒及其制品	1.47	11.54	2.12	16.25	112.15	2521.56
木材加工及家具	1.19	6.23	1.71	8.58	78.40	687.51
造纸印刷及文教用品	0.94	2.48	1.33	3.43	56.84	155.78
石油加工、炼焦、核燃料及煤气加工产品	0.47	0.84	0.74	1.34	54.33	122.50
化学工业产品	0.56	1.13	0.81	1.64	47.41	175.77
非金属矿物制品	0.41	0.63	0.57	0.87	23.33	39.77
金属冶炼及压延加工产品	0.36	0.71	0.51	1.01	33.99	120.26
金属制品	0.62	3.47	0.88	4.83	52.60	1965.12
通用、专用设备	0.90	5.94	1.29	8.32	74.16	1525.86
交通运输设备	1.07	8.20	1.54	11.47	89.95	1532.00
电气、机械及器材	0.94	11.86	1.36	16.81	79.49	4590.88
通信设备、计算机及其他电子设备	1.83	19.76	2.63	28.40	137.76	8928.06
仪器仪表及文化办公用机械	1.49	11.85	2.15	16.84	119.06	1898.52
其他工业产品	0.77	1.46	1.09	2.04	72.41	2753.90
电力、热力	0.67	1.10	0.94	1.51	8.17	8.94
建筑业产品	0.81	12.40	1.17	19.25	59.70	1781.16
交通运输仓储及邮电服务	0.75	1.23	1.19	2.02	107.93	453.40
批发和零售贸易/住宿和餐饮服务	2.04	7.43	2.99	10.87	137.17	991.12
非物质生产部门提供的服务	2.03	8.75	2.99	13.21	151.26	2639.70

表 C8　2004 年各类最终使用产品或服务的完全生态效率和直接生态效率

产品或服务	基于能源消费（万元/TCE）		基于二氧化碳排放（万元/TC）		基于二氧化硫排放（万元/吨）	
	完全	直接	完全	直接	完全	直接
农业产品	1.55	4.40	2.28	6.51	111.88	433.30
煤炭开采和洗选业产品	0.55	0.83	0.77	1.14	53.26	253.07
石油和天然气	0.75	1.08	1.15	1.71	89.78	1322.52
金属矿采选业产品	0.65	1.20	0.92	1.66	36.19	114.23
非金属矿采选业产品	0.68	1.33	0.97	1.86	54.97	277.48
食品制造及烟草加工产品	1.45	5.15	2.09	7.15	98.36	425.00
纺织业产品	0.93	2.65	1.32	3.66	70.30	351.32
服装皮革羽绒及其制品	1.41	11.23	2.02	15.83	109.21	2389.76
木材加工及家具	1.09	5.74	1.57	7.94	72.03	686.38
造纸印刷及文教用品	0.89	2.22	1.26	3.07	59.44	171.57
石油加工、炼焦、核燃料及煤气加工产品	0.47	0.71	0.75	1.15	54.40	96.25
化学工业产品	0.57	1.16	0.83	1.68	49.33	187.85
非金属矿物制品	0.41	0.64	0.58	0.88	28.39	52.80
金属冶炼及压延加工产品	0.33	0.55	0.47	0.78	34.86	94.60
金属制品	0.61	3.28	0.87	4.56	55.45	1765.25
通用、专用设备	0.95	6.19	1.35	8.74	81.51	1566.66
交通运输设备	1.10	8.11	1.57	11.43	100.12	2608.47
电气、机械及器材	1.09	13.46	1.57	19.16	98.63	10039.45
通信设备、计算机及其他电子设备	2.01	20.76	2.88	29.58	161.61	17005.81
仪器仪表及文化办公用机械	1.60	16.26	2.29	23.00	126.18	1440.84
其他工业产品	0.70	1.53	0.99	2.11	69.70	2173.26
电力、热力	0.82	1.72	1.16	2.37	12.55	14.50
建筑业产品	0.85	13.12	1.23	20.45	67.07	2065.67
交通运输仓储及邮电服务	0.72	1.14	1.15	1.89	118.19	640.70
批发和零售贸易/住宿和餐饮服务	1.95	6.80	2.85	10.02	134.97	1015.02
非物质生产部门提供的服务	2.18	9.07	3.20	13.81	169.89	3012.05

表 C9　2005 年各类最终使用产品或服务的完全生态效率和直接生态效率

产品或服务	基于能源消费（万元/TCE）		基于二氧化碳排放（万元/TC）		基于二氧化硫排放（万元/吨）	
	完全	直接	完全	直接	完全	直接
农业产品	1.68	4.33	2.46	6.41	129.57	443.25
煤炭开采和洗选业产品	0.50	0.93	0.70	1.27	39.21	205.74
石油和天然气	0.64	0.97	0.98	1.53	75.63	929.13
金属矿采选业产品	0.58	1.40	0.82	1.93	32.70	173.64
非金属矿采选业产品	0.81	2.22	1.17	3.09	57.03	305.59
食品制造及烟草加工产品	1.58	6.25	2.28	8.67	117.61	598.72
纺织业产品	1.00	3.16	1.42	4.36	78.72	451.18
服装皮革羽绒及其制品	1.56	14.94	2.24	21.02	124.37	2980.24
木材加工及家具	1.23	7.54	1.77	10.42	89.33	1009.27
造纸印刷及文教用品	0.97	3.08	1.38	4.26	64.30	223.76
石油加工、炼焦、核燃料,及煤气加工产品	0.42	0.77	0.66	1.25	41.53	99.09
化学工业产品	0.61	1.42	0.89	2.05	47.33	232.83
非金属矿物制品	0.50	0.90	0.70	1.25	32.94	77.04
金属冶炼及压延加工产品	0.28	0.52	0.40	0.74	29.65	96.86
金属制品	0.61	4.55	0.87	6.34	55.48	3365.51
通用、专用设备	0.86	7.91	1.23	11.11	76.20	2562.34
交通运输设备	1.02	10.16	1.47	14.39	93.26	4118.19
电气、机械及器材	1.07	17.85	1.54	25.35	95.75	6664.92
通信设备、计算机及其他电子设备	1.78	22.65	2.55	32.23	138.01	16687.41
仪器仪表及文化办公用机械	1.34	21.60	1.93	30.35	108.36	2741.84
其他工业产品	0.89	2.22	1.26	3.05	106.37	3471.10
电力、热力	0.85	2.22	1.20	3.05	13.26	16.18
建筑业产品	0.90	11.38	1.29	17.77	68.25	1873.95
交通运输仓储及邮电服务	0.99	2.01	1.55	3.34	126.30	1278.84
批发和零售贸易/住宿和餐饮服务	2.28	6.43	3.35	9.51	168.26	980.81
非物质生产部门提供的服务	1.84	8.57	2.69	12.81	142.52	2982.72

表 C10 2006 年各类最终使用产品或服务的完全生态效率和直接生态效率

产品或服务	基于能源消费（万元/TCE）		基于二氧化碳排放（万元/TC）		基于二氧化硫排放（万元/吨）	
	完全	直接	完全	直接	完全	直接
农业产品	1.81	4.64	2.65	6.86	139.02	517.44
煤炭开采和洗选业产品	0.53	0.75	0.73	1.02	53.95	235.43
石油和天然气	0.79	1.12	1.23	1.81	89.88	1099.72
金属矿采选业产品	0.55	0.88	0.77	1.21	32.60	89.34
非金属矿采选业产品	0.60	0.95	0.84	1.32	48.70	140.12
食品制造及烟草加工产品	1.82	6.15	2.60	8.53	131.44	577.03
纺织业产品	1.04	2.61	1.46	3.59	86.56	419.39
服装皮革羽绒及其制品	1.68	11.38	2.41	15.95	138.76	2387.51
木材加工及家具	1.24	4.63	1.77	6.39	88.53	705.75
造纸印刷及文教用品	0.93	1.94	1.32	2.68	63.38	150.20
石油加工、炼焦、核燃料及煤气加工产品	0.58	1.00	0.92	1.63	58.82	138.68
化学工业产品	0.65	1.24	0.94	1.79	58.64	226.12
非金属矿物制品	0.41	0.58	0.58	0.80	28.93	49.32
金属冶炼及压延加工产品	0.33	0.59	0.46	0.83	35.00	120.75
金属制品	0.67	3.43	0.94	4.75	61.55	1847.13
通用、专用设备	1.04	6.03	1.48	8.44	94.25	2438.99
交通运输设备	1.34	10.65	1.92	15.06	125.24	4934.10
电气、机械及器材	1.38	19.84	1.97	28.08	126.65	22096.13
通信设备、计算机及其他电子设备	2.61	24.62	3.73	34.82	216.51	19979.19
仪器仪表及文化办公用机械	1.93	17.35	2.76	24.26	160.77	2076.76
其他工业产品	0.76	1.35	1.06	1.86	78.19	2321.85
电力、热力	0.92	2.02	1.30	2.77	13.37	15.75
建筑业产品	0.85	14.89	1.22	23.27	68.89	2877.82
交通运输仓储及邮电服务	0.77	1.14	1.24	1.89	142.59	906.21
批发和零售贸易/住宿和餐饮服务	2.21	7.08	3.24	10.48	162.85	1340.36
非物质生产部门提供的服务	2.50	9.81	3.65	14.60	200.88	3655.99

表 C11　2007 年各类最终使用产品或服务的完全生态效率和直接生态效率

产品或服务	基于能源消费（万元/TCE）		基于二氧化碳排放（万元/TC）		基于二氧化硫排放（万元/吨）	
	完全	直接	完全	直接	完全	直接
农业产品	1.63	4.10	2.39	6.06	148.22	563.74
煤炭开采和洗选业产品	0.60	1.07	0.84	1.46	59.18	275.81
石油和天然气	0.67	1.32	1.02	2.16	56.43	1142.47
金属矿采选业产品	0.61	1.54	0.87	2.12	26.37	101.85
非金属矿采选业产品	1.09	3.14	1.57	4.36	69.45	370.70
食品制造及烟草加工产品	1.77	8.00	2.55	11.07	136.29	679.31
纺织业产品	1.18	4.06	1.67	5.59	103.28	687.09
服装皮革羽绒及其制品	1.60	16.94	2.29	23.69	142.08	4459.44
木材加工及家具	1.60	11.49	2.31	15.87	122.24	1827.33
造纸印刷及文教用品	1.22	4.07	1.73	5.60	77.49	241.17
石油加工、炼焦、核燃料及煤气加工产品	0.57	1.04	0.89	1.68	53.62	139.00
化学工业产品	0.75	1.79	1.08	2.59	65.59	315.89
非金属矿物制品	0.64	1.19	0.90	1.65	43.11	96.14
金属冶炼及压延加工产品	0.36	0.70	0.51	0.98	37.98	135.84
金属制品	0.83	6.09	1.18	8.45	71.02	2437.14
通用、专用设备	1.18	10.26	1.69	14.41	107.60	4751.10
交通运输设备	1.38	15.03	1.98	21.23	129.38	6515.34
电气、机械及器材	1.42	24.53	2.03	34.63	135.61	22707.39
通信设备、计算机及其他电子设备	2.46	25.37	3.54	35.82	212.36	23166.43
仪器仪表及文化办公用机械	1.78	19.43	2.55	27.17	155.60	20347.82
其他工业产品	1.22	3.99	1.72	5.49	116.56	769.44
电力、热力	1.04	2.86	1.46	3.91	13.45	21.55
建筑业产品	0.87	13.17	1.25	20.65	72.71	3598.87
交通运输仓储及邮电服务	1.02	1.78	1.63	2.97	174.91	2125.37
批发和零售贸易/住宿和餐饮服务	2.28	6.91	3.39	10.29	200.41	1824.98
非物质生产部门提供的服务	2.25	9.56	3.30	14.15	198.44	4388.88

参 考 文 献

陈德铭：《深入贯彻党的十七大精神　全面开创商务工作新局面——在 2008 年全国商务工作会议上的报告（摘要）》，商务部新闻办公室，2008 年 1 月 21 日。

陈德铭：《对外开放三十年的伟大历程和光辉成就》，2008 年商务部网站（http：//www. gov. cn/gzdt/2008 - 12/18/content_ 1181505. htm）。

陈丽萍、杨忠直：《中国进出口贸易中的生态足迹》，《世界经济研究》2005 年第 5 期。

陈文敬：《中国对外开放三十年回顾与展望》（一）、（二），《国际贸易》2008 年第 2—3 期。

陈文玲、王检贵：《关于我国进出口不平衡问题的认识及政策建议》，《财贸经济》2006 年第 7 期。

陈锡康：《中国 1995 年对外贸易投入产出表及其应用》，许宪春、刘起运编：《2001 年中国投入产出理论与实践》，中国统计出版社 2002 年版。

程恩富、丁晓钦：《构建知识产权优势理论与战略——兼论比较优势和竞争优势理论》，《当代经济研究》2003 年第 9 期。

邓福光：《"加工贸易新政"出台的原因、影响及对策》，《对外贸易实务》2008 年第 9 期。

傅自应：《中国外贸面临的新形势和新任务》，《中国对外贸易》2007 年第 4 期。

高广生：《气候变化与碳排放权分配》，《气候变化研究进展》2006 年第 6 期。

龚震：《我国加工贸易产业链延伸的困境》，《经济导刊》2006 年第

4 期。

郭克莎：《对中国外贸战略与贸易政策的评论》，《国际经济评论》2003 年第 5 期。

何亚东：《我国外贸发展战略的历史沿革与内涵调整》，《国际贸易》2008 年第 2 期。

胡鞍钢：《中国崛起与对外开放：从世界性开放大国到世界性开放强国》，《学术月刊》2007 年第 9 期。

胡方、余炳雕：《入世以来的中外经济摩擦：现状、原因与对策》，《东北亚论坛》2005 年第 6 期。

胡秀莲、姜克隽等：《中国温室气体减排技术选择及对策评价》，中国环境科学出版社 2001 年版。

霍建国：《中国外贸与国家竞争优势》，中国商务出版社 2004 年版。

金柏松：《向内需主导型过渡——适时调整我国开放式加外向型经济发展战略》，《国际贸易》2004 年第 12 期。

兰宜生：《论中国贸易政策调整的方向》，《学习与探索》2005 年第 5 期。

李安方：《探索对外开放的战略创新——新开放观研究的时代背景与理论内涵》，《世界经济研究》2007 年第 3 期。

李刚：《中国对外贸易生态环境代价的物质流分析》，《统计研究》2005 年第 9 期。

李计广、桑百川：《"出口导向"贸易战略回眸与下一步"中性"贸易战略的提出》，《改革》2008 年第 4 期。

李计广、张汉林、桑百川：《改革开放三十年中国对外贸易发展战略回顾与展望》，《世界经济研究》2008 年第 6 期。

林建红、徐元康：《比较优势战略在我国经济发展中的不适应性研究》，《国际贸易问题》2003 年第 10 期。

林毅夫：《发展战略，自生能力和经济收敛》，《经济学季刊》2002 年第 2 期。

刘似臣：《中国对外贸易政策的演变与走向》，《中国国情国力》2004 年第 8 期。

刘强、庄幸、姜克隽、韩文科：《中国出口贸易中的载能量及碳排放量分析》，《中国工业经济》2008 年第 8 期。

吕政：《提高我国在国际产业分工中的地位》，《中国社会科学院院报》2005 年 11 月 1 日。

马涛、陈家宽：《中国工业产品国际贸易的污染足迹分析》，《中国环境科学》2005 年第 4 期。

裴长洪、彭磊：《加工贸易转型升级："十一五"时期我国外贸发展的重要课题》，《宏观经济研究》2006 年第 1 期。

裴长洪、彭玉镏：《增长方式转变：对外贸易发展的新挑战》，《经济学动态》2007 年第 3 期。

彭海珍：《关于贸易自由化对中国环境影响的分析》，《财贸研究》2006 年第 4 期。

Perman Roger、Yue Ma、James McGilveray、Michael Common：《自然资源与环境经济学》，侯元兆等译著，中国经济出版社 2002 年版。

齐晔、李惠民、徐明：《中国进出口贸易中的隐含能估算》，《中国人口·资源与环境》2008 年第 3 期。

齐晔、李惠民、徐明：《中国进出口贸易中的隐含碳估算》，《中国人口·资源与环境》2008 年第 3 期。

沈利生：《对外贸易对中国能源消耗的影响》，《管理世界》2007 年第 10 期。

申恩威：《"统筹国内发展与对外开放"的科学内涵》，《中国社会科学院院报》2005 年 5 月 10 日。

王德发、阮大成、王海霞：《工业部门绿色核算研究——2000 年上海市能源—环境—经济投入产出分析》，《财经研究》2005 年第 2 期。

王佃凯：《比较优势陷阱与中国贸易战略选择》，《经济评论》2002 年第 2 期。

王宏淼：《中国的"新重商主义"及其改进思路：对外开放模式的一个审视》，《经济与管理研究》2008 年第 4 期。

王立和、王国聘：《贸易与环境关系问题研究综述》，《世界经济与政治论坛》2007 年第 1 期。

王文中、程永明：《地球暖化与温室气体的排放——中日贸易中的 CO_2 排放问题》，《生态经济》2006 年第 7 期。

王雪坤：《我国外贸发展进入了战略转型期》，《中国贸易》2006 年第 5 期。

王艳：《我国出口贸易政策的缺失及调整取向》，《现代财经》2007年第 2 期。

王子先、姜荣春：《对外开放 30 年：迈向开放型经济目标的过程及路径》，《国际贸易》2008 年第 6 期。

许士春：《贸易对我国环境影响的实证分析》，《世界经济研究》2006年第 3 期。

杨之刚：《从国际比较看中国出口退税制度改革》，《税务研究》2004年第 10 期。

姚愉芳、齐舒畅、刘琪：《中国进出口贸易与经济、就业、能源关系及对策研究》，《数量经济技术经济研究》2008 年第 10 期。

尹敬东：《外贸对经济增长的贡献：中国经济增长奇迹的需求解析》，《数量经济技术经济研究》2007 年第 10 期。

于培伟：《对外开放三十年》，《经济研究参考》2008 年第 29 期。

张汉林、李计广：《中国外经贸政策的调整与完善——中国经济的崛起与有管理的贸易—投资自由化政策》，《国际贸易》2005 年第 7 期。

章晶、唐海燕、王洪峰：《贸易秩序变迁对传统贸易理论的挑战》，《世界贸易组织动态与研究》2006 年第 6 期。

张连众、朱坦、李慕涵、张伯伟：《贸易自由化对我国环境影响的实证分析》，《南开经济评论》2003 年第 3 期。

张曙霄、王爽：《关于我国外贸增长方式与可持续发展的探讨》，《财经问题研究》2006 年第 10 期。

张燕生、毕吉耀：《"十一五"时期的国际经济环境和我国开放型经济发展战略》，《宏观经济研究》2005 年第 11 期。

张幼文：《从廉价劳动力优势到稀缺要素优势——论"新开放观"的理论基础》，《南开学报》（哲学社会科学版）2005 年第 6 期。

张幼文：《开放战略调整的核心问题——"新开放观"的战略主张》，《世界经济研究》2007 年第 3 期。

张蕴岭：《对我国外向发展战略的分析与反思》，《当代亚太》2006年第 8 期。

张志敏：《中国对外贸易战略调整及其转换路径：一个文献综述》，《改革》2007 年第 8 期。

郑凯捷：《从政策性开放到制度性开放的历史进程》，《世界经济研究》2008 年第 5 期。

郑玉歆、樊明太、张友国：《WTO 条件下中国贸易与环境的协调发展——基于中国 CGE 模型的总体分析》，研究报告，2005 年。

周大地等：《2020 中国可持续能源情景综合报告》，载周大地主编《2020 中国可持续能源情景》，中国环境科学出版社 2003 年版。

张友国：《需求模式变动的环境影响》，《统计研究》2009 年第 7 期。

张友国：《经济发展方式变化对中国碳排放强度的影响》，《经济研究》2010 年第 4 期。

AI – AIi, H. M. , Input – output Analysis of Energy Requirements：An Application to the Scottish Economy in 1973′, *Energy Economics* 1979 （4）1211 – 218.

Ang, B. W. , 2004. Decomposition Analysis for Policymaking in Energy：Which is the Preferred Method? *Energy Policy* 32：1131 – 1139.

Ackerman, F. , Ishikawa, M. , Suga, M. , 2007, The Carbon Content of Japan – US Trade, *Energy Policy* 35 （9）, 4455 – 4462.

Ahmed N. and A. Wyckoff, 2003, Carbon Dioxide Emissions Embodied in International Trade ［R］. DSTI/DOC （2003）15, Organization for Economic Cooperation and Development （OECD）.

Agras, J. and D. Chapman, 1999, A Dynamic Approach to the Environmental Kuznets Curve Hypothesis, *Ecological Economics* 28 （2）, 267 – 277.

Alcántara, V. , R. Duarte （2004） Comparison of Energy Intensities in European Union Countries, Results of a Structural Decomposition Analysis, *Energy Policy*, 32, 177 – 189.

Alcántara, V. , Padilla, E. , 2009, Input – output Subsystems and Pollution：An Application to the Service sector and CO_2 Emissions in Spain, *Ecological Economics* 68 （3）, 905 – 914.

Alcántara V. and J. Roca （1995） Energy and CO_2 Emissions in Spain：Methodology of Analysis and Some Results for 1980 – 1990, *Energy Economics*,

17 (3), 221 - 230.

Andrew, R. , Forgie, V. , 2008, A Three – perspective View of Green-house gas Emission Responsibilities in New Zealand, *Ecological Economics* 68 (1 – 2), 194 – 204.

Andrew, R. , Peters, G. P. , Lennox, J. (2009) Approximation And Regional Aggregation In Multi – Regional Input – output Analysis For National Carbon Footprint Accounting, Economic Systems Research 21: 311 – 335.

Antweiler, W. , 1996, The Pollution Terms of Trade. Economic Systems Research 8 (4), 361 – 365.

Antweiler, W. , B. R. Copeland and M. S. Taylor, 2001, Is Free Trade Good for the Environment? *American Economic Review* 91 (4), 877 – 908.

Atkinson, G. , Hamilton, K. , 2002, International Trade and the "Eco-logical Balance of Payments", *Resources Policy* 28, 27 – 37.

Atkinson, G. , Hamilton, K. , Ruta, G. , et al. (2010) Trade in "Virtual Carbon": Empirical Results and Implications for Policy, WPS 5194, World Bank.

Ayres, R. , Kneese, A. , 1969, Production, Consumption, and Exter-nalities, *American Economic Review* 59, 282 – 297.

Barker, T. (1990) Sources of Structured Change for the UK Service In-dustries, 1979 – 1984, *Economic Systems Research* 2, pp. 173 – 183.

Battjes, J. J. , Noorman, K. J. , Biesiot, W. , 1998, Assessing the en-ergy Intensities of Imports, *Energy Economics* 20, 76 – 83.

Beghin Jhon, Sébastien Dessus, David Ronald – Holst and Dominique van der Mensbrugghe, 1996, General Equilibrium Modelling of Trade and The En-vironment, Technical Papers, No. 116, OECD Development Center, Paris, Sepetember.

Behrens, A Energy and Output Implications of Income Redistribution in *Brazil' Eneroy Economics* 1984 6 (2) 110 – 116.

Betts, J. R. , 1989, "Two Exact, Non – arbitrary and General methods of Decomposing Temporal Change", Economic Letter, Vol. 30, pp. 151 – 156.

Bezdek, P. R. H. and Jones, J. D. (1990) Economic Growth, Technological Change, and Employment Requirements for Scientists and Engineers, Technological Forecasting and Social Change, 38, pp. 375 – 391.

Bhagwati, J. , 2004, *In Defense of Globalization*, New York: Oxford University Press.

Bicknell, K. B. , Ball, R. J. , Cullen, R. , Bigsby, H. R. , 1998, New Methodology for the Ecological Footprint with an Application to the New Zealand Economy, *Ecological Economics* 27 (2), 149 – 160.

Biesiot, W. , Noorman, K. J. , 1999, Energy Requirements of Household Consumption: A Case Study of The Netherlands, *Ecological Economics* 28 (3), 367 – 383.

Bon, R. , Comparative Stability Analysis of Demand – side and Supply – side Input – output Models, *International Journal of Forecasting* 1986, 2, 231 – 235.

Bon, R. , Xu, B. , Comparative Stability Analysis of Demand – side and Supply – side Input – output Models in the U. K. , *Applied Economic* 1993, 25, 75 – 79.

Bon, R. , Yashiro, T. , Comparative Stability Analysis of Demand – side and Supply – side Input – output Models – The Case of Japan, 1960 – 1990, *Applied Economics Letters* 1996; 3; 349 – 354.

Bosi, M. , Riey, B. (2002) Greenhouse Gas Implications of International Energy Trade, IEA Information Paper: Presented at COP 8, New Delhi, International Energy Agency.

Boyd, G. , Hanson, D. A. and Sterner, T. (1988) Decomposition of Change in Energy Intensity: A Comparison of the Divisia Index and Other Methods, *Energy Economics* 10, pp. 309 – 312.

Boyd, G. , McDonald, J. F. , Ross, M. and Hanson, D. A. (1987) Separating the Changing Composition of US Manufacturing Production from Energy Efficiency Improvements: A Divisia Index Approach, *The Energy Journal*, 8, pp. 77 – 96.

Bullard, C. W. and Herendeen, R. A. (1975) The Energy Cost of Goods and Services, *Energy Policy*, 3, pp. 268 – 278.

Bullard, C. , Penner, P. , Pilati, D. (1978) Net Energy Analysis: Handbook for Combining Process and Input – output Analysis, *Resources and Energy* 1, pp. 267 – 313.

Cao, S. , G. Xie. , L. Zhen (2010) Total Embodied Energy Requirements and its Decomposition in China's Agricultural Sector, *Ecological Economics*, 69 (7): 1396 – 1404.

Carter, A. (1970) *Structural Change in the American Economy*, Cambridge, MA, Harvard University Press.

Carter, A. (1974) Applications of Input – output Analysis to Energy Problems, *Science*, 19, pp. 325 – 329.

Casler, S. , Afriasabi, A. and McCauley, M. (1991) Decomposing change in Energy Input – output Coefficients, *Resources and Energy*, 13, pp. 95 – 109.

Casler, S. , and Blair, P. D. (1997) "Economic Structure, Fuel Combustion, and Pollution Emissions", *Ecological Economics*, 22: pp. 19 – 27.

Casler, S. and Hannon, B. , Readjustment Potentials in Industrial Energy Efficiency and Structure, *Journal of Environmental Economics and Management* 1989 17: 93 – 108.

Casler, S. and Matthew S. Gallatin, 1997, "Sectoral Contributions to Total Factor Productivity: Another Perspective on the Growth Slowdown", *Journal of Macroeconomics*, 19, pp. 381 – 393.

Casler, S. D. and Rose, A. (1998) Carbon Dioxide Emissions in the U. S. Economy: A Structural Decomposition Analysis, *Environmental and Resource Economics*, 11, pp. 349 – 363.

Casler, S. , Wilbur, S. , 1984. Energy Input – output Analysis: A Simple Guide, *Resources and Energy* 6, pp. 187 – 201.

Chai, J. , J. Guo, S. Wang, K. Lai (2009) Why Does Energy Intensity Fluctuate in China? *Energy Policy*, 37: 5717 – 5731.

Chapman, P. F. , 1974, Energy Costs: A Review of Methods, *Energy Policy*, 2 (2), pp. 91 – 103.

Chang, Y. F. , Lewis, C. , Lin, S. J. , 2008, Comprehensive Evaluation of Industrial CO_2 Emission (1989 – 2004) in Taiwan by Input – output Structural Decomposition, *Energy Policy* 36, pp. 2471 – 2480.

Chang, Y. F. , Lin, S. J. , 1998, Structural Decomposition of Industrial CO_2 Emission in Taiwan: An Input – output Approach, *Energy Policy* 26, 5 – 12.

Chen, C. Y. and Rose, A. (1990) A Structural Decomposition Analysis of Energy Demand in Taiwan: 1971 – 1984, *The Energy Journal*, 11, pp. 127 – 146.

Chen, C. Y. and Wu, R. H. (1994) Sources of Change in Industrial Electricity Use in the Taiwan Economy, 1976 – 1986, *Energy Economics*, 16, pp. 115 – 120.

Chen, Z. M. , G. Q. Chen, J. B. Zhou, M. M. Jiang, B. Chen, 2010, Ecological Lnput – output Modeling for Embodied Resources and Emissions in Chinese economy 2005, Commun Nonlinear Sci Numer Simulat 15, pp. 1942 – 1965.

Chenery, H. , Shishido, S. and Watanabe, T. (1962) The Pattern of Japanese Growth, 1914 – 1954, *Econometrica*, 30, pp. 98 – 139.

Chung, H. S. , Rhee, H. C. , 2006, Change in CO_2 Emissions and its Transmissions between Korea and Japan Using International Input – output Analysis, *Ecological Economics* 58, 788 – 800.

Common, M. S. (1983) The IIED Industrial Energy Conservation Programme: An Order of *Magnitude Assessment' Energy Economics* 5(4)232 – 236.

Common, M. S. and McPherson, P. A. (1982) Note on Energy Requirements: Calculations Using the 1968 and 1974 UK Input – output Tables' *Energy Policy*, 10 (1) 42 – 48.

Common, M. S. and Salma, U. (1992) Accounting for Changes in Australian Carbon Dioxide Emissions, *Energy Economics*, 14 (3), 217 – 225.

Copeland, B. and S. Taylor, 1994, "North – South Trade and Environment", *Quarterly Journal of Economics*, August.

Copeland, Brian R. , M. S. Taylor, 2004, Trade, Growth, and the Environment [J] . *Journal of Economic Literature*, XLII, pp. 70 – 71.

Costanza, R. , R. A. Herendeen, 1984. Embodied Energy and Economic

Value in the United States Economy: 1963, 1967 and 1972, *Resource and Energy*, 6 (2), pp. 129 – 163.

Daly, H. E. (1968), "On Economics as a Life Science", *Journal of Political Economy*, 76: pp. 392 – 406.

de Haan, Mark, 2001, A Structural Decomposition Analysis of Pollution in the Netherlands, *Economic Systems Research*, Vol. 13 (2), 181 – 196.

de Nooij, M., van der Kruk, R., van Soest, D. P., 2003. International Comparisons of Domestic Energy Consumption, *Energy Economics* 25 (4), 359 – 373.

Dietzenbacher, E., In Vindication of the Ghosh Model: A Reinterpretation as a Price Model, *Journal of Regional Science* 1997; 37; 629 – 651.

Dietzenbacher, E. (2005) Waste Treatment in Physical Input – output Analysis, *Ecological Economics*, 55 (1), 11 – 23.

Dietzenbacher, E., Hoen A. R., L. and Los, B. (2000) Labor Productivity In Western Europe 1975 – 1985: An Intercountry, Interindustry Analysis, *Journal of Reglonal Science*, 40, pp. 425 – 452.

Dietzenbacher, E., Lahr, M. L. and Los, B., The Decline in Labor Compensation's Share of GDP: A Structural Decomposition Analysis for the US, 1982 – 1997, Wassily Leontief and Input – output Economics, Erik Dietzenbacher And Michael L. Lahr, Eds., Cambridge University Press, 2004.

Dietzenbacher, E., Los, B., 1998 Structural Decomposition Techniques: Sense and Sensitivity, *Economic System Research* 10 (4): 307 – 323.

Dietzenbacher, E., Los, B., 2000, Structural Decomposition Analyses With Dependent Determinants, *Economic Systems Research*, Vol. 12 (4): 497 – 514.

Dietzenbacher, E., Mukhcpadhyay, K., 2007, An Empirical Examination of the Pollution Haven Hypothesis for India: Towards a Green Leontief Paradox? *Environmental and Resource Economics* 36 (4), 427 – 449.

Druckman, A., Bradley, P., Papathanasopoulou, E., Jackson, T., 2008, Measuring Progress Towards carbon Reduction in the UK, *Ecological Economics* 66 (4), 594 – 604.

Druckman A. , T. Jackson, 2009, The Carbon Footprint of UK Households 1990 – 2004: A Socio – economically Disaggregated, Quasi – multi – regional Input – output Model, *Ecological Economics* 68, 2066 – 2077.

Duarte, R. , A. Mainar, J. Sánchez – Chóliz, 2010, Supply – side Structural Effect on Carbon Emissions in China, *Energy Economics*, Vol. 32 (1), 176 – 185.

Esty, D. C. , 1994, Greening the GATT: Trade, Environment, and the Future [J] . *Journal of International Economics*, Vol. 39, Issues 3 – 4, November 1995, pp. 389 – 392.

Esty, D. and D. Geradin, 1998, Environment Protection and International Competitiveness: A Conceptual Framework [J] . *Journal of World Trade*, Vol. 32 (3), June, 5 – 46.

Feldman, S. , McClain, D. and Palmer, K. (1987) Sources of Structural Change in the United States, 1963 – 1978: an Input – output Perspective, *Review of Economics and Statistics*, 69, pp. 461 – 514.

Flaschel, A. , (1982) Input – output Technology Assumptions and the Energy Requirements of Commodities, *Resource and Energy* 4, 203 – 230.

Flick, Warren A. (1974) Environmental Repercussions and the Economic Structure: An Input – output Approach: A Comment, *The Review of Economics and Statistics*, Vol. 56, No. 1, pp. 107 – 109.

Forssell, O. (1990) The Input – output Framework for Analyzing Changes in the Use of Labor by Education Levels, *Economic Systems Research*, 2, pp. 363 – 372.

Forssell, O. and L. Mäenpää (2002) Paths of Air Pollution Due to Energy Consumption in Finland 1970 – 2000, Paper Submitted for the 14th International Conference on Input – Output Techniques to be Held at University of Quebec, Montreal, Canada, Oct. 10 – 15, 2002.

Frankel, J. A. , 2002, The Environment and Economic Globalization in Weinstein, M. (ed.), Globalization: What is New? Cambridge, M. A. : W. W. Norton, pp. 129 – 169.

Fujimagari, D. , 1989, "The Sources of Change in the Canadian Industry

Output", *Economic Systems Research*, Vol. 1, pp. 187 – 202.

Fujita, N. and James, W. E. (1991) Growth Patterns of the Japanese E-conomy in the 1980s: Before and after the Appreciation of the Yen, *Economic Systems Research*, 3, pp. 399 – 412.

Galatin, M. (1988) Technical Change and the Measurement of Productivity in an Input – output Model, *Journal of Macroeconomics*, 10, pp. 613 – 632.

Gale, L. R. (1995) Trade Liberalization and Pollution: An Input – output Study of Carbon Dioxide Emissions in Mexico, *Economic Systems Research*, 7, pp. 309 – 320.

Garbaccio, R. F., Ho, M. S., Jorgenson, D. W., 1999, "Why has the Energy – output Ratio Fallen in China", *Energy Journal*, Vol. 20, pp. 63 – 91.

Gavrilova O., M. Jonas, K. Erb, H. Haberl, 2010, International Trade and Austria's Livestock System: Direct and Hidden Carbon Emission Flows Associated with Production and Consumption of Products, *Ecological Economics* 69, 920 – 929.

Gay, P. W., Proops, J. L. R., 1993, Carbon – dioxide Production by the UK Economy: An Input – output Assessment, *Applied Energy*, Vol. 44, Issue 2, pp. 113 – 130.

Gowdy, J., J. Miller (1991) An Input – output Approach to Energy Efficiency in the U. S. A. and Japan (1960 – 1980), *Energy* 16, 897 – 902.

Ghosh, A. Input – output Approach in an Allocation System, *Economica* 1958, 25; 58 – 64.

Giljum, S. and Hubacek, K. (2009) Conceptual Foundations and Applications of Physical Input – output Tables S. Suh (ed.), Handbook of Input – output Economics in Industrial Ecology (Eco – Efficiency in Industry and Science 23), 61 – 75.

Giljum, S., Lutz, C. and Jungnitz, A., 2007, A Multi – regional Environmental Input – output Model to Quantify Embodied Material Flows, 16th International Input – output Conference of the International Input – output Association (IIOA), Istanbul, Turkey. http: //www. iioa. org/Conference/16th – downable% 20paper. html, http: //www. io2007. itu. edu. tr.

Gould, B. and Kulshreshtha, S. (1985) An Input – output Analysis of the Impacts of Increased Exports Demand for Saskatchewan Products, *Canadian Journal of Agricultural Economics*, 33, pp. 186 – 196.

Gould, B. & Kulshreshtha, S. (1986) An Interindustry Analysis of Structural Change and Energy Use Linkages in the Saskatchewan Economy, *Energy Economics*, 8, pp. 186 – 196.

Gowdy, J. (1992) Labour Productivity and Energy Intensity in Australia 1974 – 1987: An Input – output Analysis, *Energy Economics* 14 (1) 43 – 48.

Gowdy, J. M. and Miller, J. L. (1987a) Technological and Demand Change in Energy Use: An Input – output Analysis, *Environment and Planning A*, 19, pp. 1387 – 1398.

Gowdy, J. M. and Miller, J. L. (1987a) Energy Use in the U. S. Service Sector: An Input – output Analysis, *Energy*, 12, pp. 555 – 562.

Gowdy, J. M. and Miller, J. L. (1990) Harrod – Robinson – Read Measures of Primary Input Productivity: Theory and Evidence from US Data, *Journal of Post Keynesian Economics*, 12, pp. 591 – 604.

Grossman, Gene, and Alan Krueger, 1993, *Environmental Impacts of a North American Free Trade Agreement*, In the U. S. – Mexico Free Trade Agreement, Peter Garber, ed. , Cambridge MA, MIT Press.

Grossman, Gene, and Alan Krueger, 1995, Economic Growth and the Environment [J] , *Quarterly Journal of Economics*, 353 – 377.

Guan, D. B. , Hubacek, K. , Weber, C. L. , Peters, G. P. , Reiner, D. M. , 2008, "The drivers of Chinese CO_2 Emission from 1980 to 2030", Global Environmental Change, Vol. 18, pp. 626 – 634.

Guan, D. , Hubacek, K. , 2007, Assessment of Regional Trade and Virtual Water Flows in China. *Ecological Economics* 61 (1) , 159 – 170.

Guan, D. , Peters, G. P. , Weber, C. L. , Hubacek, K. , 2009, Journey to World Top Emitter: An Analysis of the Driving Forces of China's Recent CO_2 Emissions Surge, Geophysical Research Letters 36, L04709. doi: 10. 1029/2008GL036540.

Guo, D. , Webb, C. , Yamano, N. , 2009, Towards Harmonised Bilateral Trade Data for Intercountry Input – output Analyses: Statistical Issues, STI Working Paper 2009/4 (DSTI/DOC (2009) 4), 25 February 2009, Organisation for Economic Cooperation and Development (OECD), Paris, France.

Guo J. , L. Zou, Y. Wei, 2010, Impact of Inter – sectoral Trade on National and Global CO$_2$ Emissions: An Empirical Analysis of China and US, *Energy Policy*, 38, 1389 – 1397.

Han, X. (1995) Structural Change and Labor Requirement of the Japanese Economy, *Economic Systems Research*, 7, pp. 47 – 65.

Han, X. , Lakshmanan, T. K. , 1994, Structural Changes and Energy Consumption in the Japonese Economy 1975 – 85: An Input – output Analysis, *The Energy Journal* 15 (3): pp. 165 – 188.

Harnnon, B. , T. Blazeck, D. Remedy and R. Illyes, (1983) A Comparison of Energy Intensities: 1963, 1967, and 1972, *Resource and Energy* 5, 83 – 102.

Haukland, E. , 2004, Trade and Environment: Emissions Intensity of Norway's Imports and Exports. Industrial Ecology Programme. Norwegian University of Science and Technology (NTNU), Trondheim, Norway.

Hawdon, D. and Pearson, P. , 1995, Input – output Simulations of Energy, Environment, Economy Interactions in the UK, *Energy Economics* 171, pp. 73 – 86.

Hayami, H. and Kiji, T. (1997) An Input – output Analysis of Japan – China's Environmental Problem: Compilation of the Input – output Table for the Analysis of Energy and Air Pollutants, *Journal of Applied Input – output Analysis*, 4, pp. 23 – 47.

Herendeen, R. A. , 1978, Total Energy Cost of Household Consumption in Norway, 1973, *Energy* 3, 615 – 630.

Herendeen, R. A. , 1978 Input – output Techniques and Energy Cost of Commodities, *Energy Policy* 6 (2), 162 – 165.

Herendeen, R. A. (1978) "Energy Balance of Trade in Norway, 1973", *Energy Systems and Policy*, 2 (4): pp. 425 – 432.

Herendeen, R. A. and Bullard, Clark, W. (1976), "US Energy Balance of Trade, 1963 - 1967", *Energy Systems and Policy*, 1(4): pp. 383 - 390.

Herendeen, R. A. , Ford, C. , Hannon, B. , 1981, Energy Cost of Living, 1972 - 1973, *Energy* 6, 1433 - 1450.

Herendeen, R. A. and J. Tanaka, 1976, Energy Cost of Living, *Energy* 1, 165 - 178.

Hettige, H. , M. Mani and D. Wheeler, 2000, Lndustrial Pollution in Economic Development: The Environmental Kuznets Curve Revisited [J] . *Journal of Development Economics* 62, 445 - 476.

Hillman, A. and Bullard III, C. 1978, Energy, the Heckscher - Ohlin - theorem, and U. S. International Trade, *The American Economic Review* 68, 96 - 106.

Hitomi, K. , Okuyama, Y. , Hewings, G. J. D. and Sonis, M. (2000) The Role of Interregional Trade in Generating Regional Economies of Japan, 1980 - 1990, *Economic Systems Research*, 12, pp. 515 - 537.

Hoekstra, R. and Van der Berg, J. C. J. M. , 2002, "Structural Decomposition Analysis of Physical Flows in the Economy", *Environmental and Ressource Economics*, Vol. 23, pp. 357 - 378.

Hoekstra, R. and Van der Berg, J. C. J. M. , 2003, Comparing Structural and Index Decomposition Analysis, *Energy Economics*, 25, pp. 39 - 64.

Hoekstra R. and J. C. J. M. van den Bergh. (2006) Constructing Physical Input - output Tables for Environmental Modeling and Accounting: Framework and Lllustrations, *Ecological Economics*, 59 (3), 375 - 393.

Hoekstra, A. Y. , Chapagain, A. K. , 2007, Water Footprints of Nations: Water Use by People as a Function of Their Consumption Pattern, *Water and Resource Management* 21, 35 - 48.

Holland, D. and Cooke, S. C. (1992) Sources of Structural Change in the Washington Economy: An Input - output Perspective, *Annals of Regional Science*, 26, pp. 155 - 170.

Holland, D. and Martin, R. P. (1993) Output Change in US Agriculture: An Input - output Analysis, *Journal of Agricultural and Applied Econom-*

ics, 25, pp. 69 – 81.

Hu, B., and McAleer M., 2004, "Input – output Structure and Growth in China", Mathematics and Computers in Simulation, Vol. 64, pp. 193 – 202.

Hubacek, K., Giljum, S., 2003, Applying Physical Input – output Analysis to Estimate Land Appropriation (Ecological Footprints) of International Trade Activities, Ecological Economics 44 (1), 137 – 151.

Hudson, E. and D. Jorgenson, 1974, U. S. Energy Policy and Economic Growth, 1975 – 2000, Bell Journal of Economics 5, 461 – 514.

International Monetary Fund (IMF), 2002, Globalization: A Framework for IMF Involvement. IMF Issues Brief of March 15, Washington, DC: IMF.

IPCC, 1996, Revised 1996 IPCC Guidelines for National Greenhouse Gas Inventories: Workbook (Volume 2), http: //www. ipcc – nggip. iges. or. jp/ public/gl/invs5a. html.

Isard W., K. Bassett, C. Choguill, J. Furtado, R. Izumita, J. Kissin, E. Romanoff, R. Seyfarth and R. Tatlock, 1968, On the Linkage of Socio – economic and Ecologic Systems, Regional Science Association Papers, 21: pp. 79 – 99.

Jacobsen, Henrik K. (2000) Energy Demand, Structural Change and Trade: A Decomposition Analysis of the Danish Manufacturing Industry, Economic Systems Research, 12: 3, 319 – 343.

Jenne, C. A. and R. K. Catell, Structural Change and Energy Efficiency in Industry, Energy Economics, Vol. 5, No 2, April 1983, pp. 114 – 123.

Jollands Nigel, Jonathan Lermit, Murray Patterson, Aggregate Eco – efficiency indices for New Zealand—A Principal Components Analysis, Journal of Environmental Management, 2004, 73, pp. 293 – 305.

Jones Tom, 2003, Trade and Investment: Selected Links to Domestic Environmental Policy, Papers Prepared for An International Conference on Globalization and National Environmental Policy, Veldhoven, 22 – 24 September.

Kagawa, S., 2005, Inter – industry Analysis, Consumption Structure, and the Household Waste Production Structure, Economic System Research 4,

409 – 423.

Kagawa S. and Inamura H. (2001) A Structural Decomposition of Energy Consumption Based on a Hybrid Rectangular Input – output Framework: Japan's Case, *Economic Systems Research*, 13: 4, 339 – 363.

Kagawa S. and Inamura H. (2004) A Spatial Structural Decomposition Analysis of Chinese and Japanese Energy Demand: 1985 – 1990, *Economic Systems Research*, 16, pp. 279 – 299.

Kander A., M. Lindmark (2006) Foreign Trade and Declining Pollution in Sweden: A Decomposition Analysis of Long – term Structural and Technological Effects, *Energy Policy*, 34 (13), 1590 – 1599.

Kerkhof, A. C., Nonhebel, S., Moll, H. C., 2009, Relating the Environmental Impact of Consumption to Household Expenditures: An Input – output Analysis, *Ecological Economics* 68 (4), 1160 – 1170.

Kondo, Y. & Moriguchi, Y., H. Shimizu (1998) CO_2 Emissions in Japan: Influences of Imports and Exports, *Applied Energy*, 59, pp. 163 – 174.

Kondo, Y. and Nakamura, S. (2004) Evaluating Alternative Life – cycle Strategies for Electrical Appliances by the Waste Input – output Model, *International Journal of Life Cycle Assessment*, 9, pp. 236 – 246.

Koo, Anthony Y. C. (1974) Environmental Repercussions and Trade, *The Review of Economics and Statistics*, Vol. 56, No. 2, pp. 235 – 244.

Krenz, J. H., 1977, Energy and the Economy: An Interrelated Perspective, Energy 2, 115 – 130.

Kutscher, R. E. (1989) Structural Change in the USA, Past and Prospective: Its Implication for Skill and Education Requirements, *Economic System Research*, 1, pp. 351 – 391.

Kuznets, Simon, 1955, "Economic Growth and Income Inequality [J]. *American Economic Review* 45, 1 – 28.

Lakshmanan, T. R., Han, X. and Liang, Y. (1993) The Evolution of Knowledge in the Labor Force During Industrial Structuring in Japan, The Annals of Regional Science, 27, pp. 41 – 60.

Lee, C. F., Lin, S. J., 2001, Structural Decomposition of CO_2 Emissions from Taiwan's Petrochemical Industries, *Energy Policy* 29 (3), 237 – 244.

Lee Hiro, David Roland – Holst, 1993, International Trade And The Transfer of Environmental Costs And Benefits [R] . OECD Development Centre, Technical Paper No. 91.

Lee Hiro, David Roland – Holst, 2000, Trade – Induced Pollution Transfers and Implications for Japan's Investment and Assistant [J] . *Asia Economic Journal*, 14 (2), pp. 123 – 146.

Lenzen, M. , 1998, Primary Energy and Greenhouse Gases Embodied in Australian Final Consumption: An Input – output Analysis, *Energy Policy* 26 (6), 495 – 506.

Lenzen, Manfred (2001) A Generalized Input – output Multiplier Calculus for Australia, *Economic Systems Research*, 13: 1, 65 – 92.

Lenzen, M. , Dey, C. J. , 2000, Truncation Error in Embodied Energy Analyses of Basic Iron and Steel Roducts, *Energy* 25, 577 – 585.

Lenzen, M. , Dey, C. , Foran, B. , 2004, Energy Requirements of Sydney Households, *Ecological Economics* 49 (3), 375 – 399.

Lenzen, M. , Murray, S. A. , 2001, A modified Ecological Footprint Method and Its Application to Australia, *Ecological Economics* 37 (2), 229 – 255.

Lenzen, M. , Pade, L. , Munksgaard, J. , 2004, CO_2 Multipliers In multi – region Input – output Models, *Economic Systems Research* 16 (4), 391.

Lenzen, M. , Wood, R. and Wiedmann, T. (2010) Uncertainty Analysis For Multi – Region Input – Output Models – A Case Study Of The Uk's Carbon Footprint, *Economic Systems Research*, 22: 1, 43 – 63.

Leontief, Wassily, Quantitative Input – output Relations in the Economic System of the United States, *Review of Economics and Statistics*, Vol. 18, No. 3, 1936, 105 – 25.

Leontief, W. (1941) *Structure of the American Economy*, New York, Oxford University Press.

Leontief, W. (1953) *Studies in the Structure of the American Economy*, New York, Oxford University Press.

Leontief, W. (1970) Environmental Repercussions and the Economic Structure: An Input – output Approach, *The Review of Economics and Statistics*, Vol. 52, No. 3 (Aug. , 1970), pp. 262 – 271.

Leontief, W. (1974) Environmental Repercussions and the Economic Structure: An Input – output Approach: A Reply, *The Review of Economics and Statistics*, Vol. 56, No. 1, pp. 109 – 110.

Leontief, W. and Ford, D. (1972) Air Pollution and Economic Structure: Empirical Results of Input Output Computations, in A. Brody and A. Carter (eds.) Input Output Techiniques, Amsterdam, North – Holland.

Li, H. , Zhang, P. , He, C. , Wang, G. , 2007, Evaluating the Effects of Embodied Energy in International Trade on Ecological Footprint in China, *Ecological Economics* 62, 136 – 148.

Li You, C. N. Hewitt, "The effect of Trade Between China and the UK on National and Global Carbon Dioxide Emissions", *Energy Policy*, 2008, 36, 1907 – 1914.

Liddle, B. , 2001, Free Trade and the Environment – development System [J] . *Ecological Economics* 39, 21 – 36.

Lim, H. , S. Yoo, S. Kwak (2009) Industrial CO_2 Emissions From Energy Use in Korea: A Structural Decomposition Analysis, *Energy Policy* 37, 686 – 698.

Limmeechokchai, B. , Suksuntornsiri, P. , 2007, Embedded Energy and Total Greenhouse Gas Emissions in Final Consumptions Within Thailand, *Renewable and Sustainable Energy Reviews* 11 (2), 259 – 281.

Lin, B. , C. Sun, "Evaluating Carbon Dioxide Emissions in International Trade of China", *Energy Policy*, 2010, 38 (3), 1389 – 1397.

Lin, X. , Polenske, K. R. , 1995, "Input – output Anatomy of China's Energy Use Changes in the 1980s", *Economic Systems Research*, Vol. 7, pp. 67 – 84.

Lin, X. and Polenske, K. R. (1995) Input – output Anatomy of China's

Energy Use Changes in the 1980s, *Economic Systems Research*, 7, pp. 67 – 83.

Liu, A. and Saal, D. S. (2001) Structural Change in Apartheid – era South Africa: 1975 – 1993, *Economic Systems Research*, 13, pp. 235 – 257.

Liu H., J. Guo, D. Qian, Y. Xi (2009) Comprehensive Evaluation of Household Indirect Energy Consumption and Impacts of Alternative Energy Policies in China by Input – output Analysis, *Energy Policy* 37 (8) 3194 – 3204.

Liu, X., Ishikawa, M., Wang, C., Dong, Y., Liu, W., 2010, Analyses of CO_2 Emissions Embodied in Japan – China Trade, *Energy Policy* 38, 1510 – 1518.

Menp, I. (2002) Physical Input – output Tables of Finland 1995 – solutions to Some Basic Methodological Problems, Paper Presented at the Fourteenth International Conference on Input – output Techniques, Montreal.

Mäenpää, I., Siikavirta, H., 2007, Greenhouse Gases Embodied in the International Trade and Final Consumption of Finland: An Input – output Analysis, *Energy Policy* 35 (1), 128 – 143.

Ma T., Fang C., Chen J., 2009, Analysis of the Energy Embodied in Foreign Goods Trade of China, *Chinese Journal of Population*, *Resources and Environment* 2009 Vol. 7, No. 4, 39 – 45.

Machado, Giovani, Roberto Schaeffer, and Ernst Worrel, 2001, Energy and Carbon Embodied in the International Trade of Brazil: An Input – output Approach [J] . *Ecological Economics*, 39 (3), pp. 409 – 424.

McDonald, G. W., Patterson, M. G., 2004, Ecological Footprints and Interdependencies of New Zealand Regions, *Ecological Economics* 50 (1 – 2), 49.

McGregor, P. G., Swales, J. K., Turner, K., 2008, The CO_2 "Trade Balance" between Scotland and the Rest of the UK: Performing a Multi – region Environmental Input – output Analysis with Limited Data, *Ecological Economics* 66 (4), 662 – 673.

Miller, R. E., Blair, P. D., 2009, *Input – output Analysis: Foundations and Extensions* 2ed. , Cambridge University Press.

Milner, H. V. , Mansfield, E. D. , and Botcheva – Andonova, L. , 2006, International Trade and Environmental Governance in the Post Communist World, Manuscript, http: //www. wws. princeton. edu/hmilner/Research. htm.

Milana C. , 2001. The Input – output Structural Decomposition Analysis of "Flexible" Production Systems. In Michael L. Lahr and Dietzenbacher E. (Editors), Input – output Analysis: Frontiers and Extensions, Essays in honor of Ronald E. Miller, London: Macmillan Press, 2001: 349 – 380.

Minx, J. , Scott, K. , Peters, G. , Barrett, J. , 2008, An Analysis of Sweden's Carbon Footprint—A report to WWF Sweden, February 2008, WWF, Stockholm, Sweden.

Mongelli, I. , Tassielli, G. , Notarnicola, B. , 2006, Global Warming Agreements, International Trade and Energy/carbon Embodiments: An Input – output Approach to the Ltalian Case, *Energy Policy* 34 (1): 88 – 100.

Moore F. and J. Peterson, Regional Analysis: An Interindustry Model of Utah, *Review of Economics and Statistics*, Vol 37, 19. 55, pp. 363 – 383.

Moore, Stuart A. (1981), Environmental Repercussions and the Economic Structure: Some Further Comments, *The Review of Economics and Statistics*, Vol. 63, No. 3, pp. 139 – 142.

Mukhopadhyay Kakali, 2006, Impact on the Environment of Thailand's Trade with OECD Countries [J] . *Asia – Pacific Trade and Investment Review*, 2 (1), pp. 25 – 46.

Mukhopadhyay, Kakali and Chakraborty, Debesh (1999) India's Energy Consumption Changes during 1973/1974 to 1991/1992, *Economic Systems Research*, 11: 4, 423 – 438.

Mukhopadhyay, Kakali and O. Forssell (2005) An Empirical Investigation of Air Pollution From Fossil Fuel Combustion and Its Impact on Health in Lndia During 1973 – 1974 to 1996 – 1997 , *Ecological Economics*, 55, 235 – 250.

Muñoz, P. J. , Hubacek, K. (2008) Material Implication of Chile's Economic Growth: Combining Material Flow Accounting (MFA) and Structural Decomposition Analysis (SDA), *Energy Economics* 65, 136 – 144.

Munksgaard J. and K. A. Pedersen, 2001, CO_2 Accounts for Open Economies: Producer or Consumer Responsibility? [J] . *Energy Policy*, 29, pp. 327 - 334.

Munksgaard Jesper, Klaus Alsted Pedersen, Mette Wier, 2001, Impact of household consumption on CO_2 emissions, *Energy Economics* 22: 423 - 440.

Munksgaard, J. , Pade, L. L. , Minx, J. , Lenzen, M. , 2005, Influence of Trade on National CO_2 Emissions, *International Journal of Global Energy Issues* 23 (4), 324 - 336.

Muradian, R. , O'Connor, M. , Martinez - Alier, J. , 2002, Embodied Pollution in Trade: Estimating the "Environmental Load Displacement" of Industrialised Countries, *Ecological Economics* 41, 51 - 67.

Murthy, N. S. , Panda, M. , Parikh, J. , 1997, Economic Development, Poverty Reduction and Carbon Emissions in India, *Energy Economics* 19, 327 - 354.

Nakamura, S. and Kondo, Y. (2002) Input - output Analysis of Waste Management, *Journal of Industrial Ecology*, 6, pp. 39 - 64.

Nakano, S. , Okamura, A. , Sakurai, N. , Suzuki, M. , Tojo, Y. , Yamano, N. , 2009, The measurement of CO_2 Embodiments in International Trade: Evidence From the Harmonised Input - output and Bilaterial Trade Database, STI Working Paper 2009/3 (DSTI/DOC (2009) 3), 6 February 2009, Organisation for Economic Cooperation and Development (OECD), Paris, France.

Najam Adil, David Runnalls and Mark Halle, 2007, Environment and Globalization - Five Propositions, www. iisd. org/publications.

Nijdam, D. , Wilting, H. C. , Goedkoop, M. J. , Madsen, J. , 2005, Environmental Load from Dutch Private Consumption: How Much Pollution is Exported? *Journal of Industrial Ecology* 9 (1 - 2), 147 - 168.

Norman, J. , Charpentier, A. D. , MacLean, H. L. , 2007, Economic Input - Output Life - Cycle Assessment of Trade Between Canada and the United States. *Environmental Science & Technology* 41, (5), 1523 - 1532.

Stblom, G. (1982) Energy Use and Structural Changes: Factors Behind the Fall in Sweden's Energy Output Ratio, *Energy Economics*, 4, pp. 21 – 28.

Stblom, G. (1989) Productivity Changes and the Requirements of Imports in the Swedish Economy 1957 – 1980, *Economic Systems Research*, 1, pp. 97 – 110.

OECD, 1994, The Environmental Effects of Trade, OECD: Paris.

Oosterhaven J. On the Plausibility of the Supply – driven Input – output Model, *Journal of Regional Science* 1988, 28, 203 – 217.

Oosterhaven, J., The Supply – driven Input – output Model: A New Interpretation but Still Implausible, *Journal of Regional Science* 1989, 29, 459 – 465.

Oosterhaven J. Leontief Versus Ghoshian Price and Quantity Models, *Southern Economic Journal* 1996; 62; 750 – 759.

Oosterhaven, Jan and Jan A. Van der Linden, 1997, "European Technology, Trade and Income Changes for 1975 – 85: An Intercountry Input – Output Decomposition", *Economic Systems Research*, 9, 393 – 412.

Oosterhaven, J. and Hoen, A. R. (1998) Preferences, Technology, Trade and Real Income Changes in the European Union: An Intercountry Decomposition Analysis for 1975 – 1985, *Annals of Regional Science*, 32, pp. 505 – 524.

Pachauri Shonali, Daniel Spreng (2002) "Direct and Indirect Energy Requirements of Households in *India*", *Energy Policy* 30 (6) 511 – 523.

Pan J. Phillips J., Chen Yi, 2008, "China's Balance of Emissions Embodied in Trade: Approaches to Measurement and Allocating International Responsibility", *Oxford Review of Economic Policy*, Vol. 24, No. 2, pp. 354 – 376.

Panayotou Theodore, 2000, Globalization and Environment, Center for International Development at Harvard University Working Paper No. 53.

Papathanasopoulou, E., Jackson, T., 2008, Fossil Resource Trade Balances: Emerging Trends for the UK, *Ecological Economics* 66 (2 – 3), 492 – 505.

Parikh, J. and Gokarn, S., 1993, Climate Change and India's Energy

Policy Options: New Perspectives on Sectoral CO$_2$ Emissions and Incremental Costs, Global Environmental Change, pp. 276 – 291 (September).

Park S. (1982) An Input – output Framework for Analysing Energy Consumption, *Energy Economics* 4 (2) 105 – 110.

P. J. G. Pearson, Proactive Energy – environment Policies: A Role for Input Output Analysis, Environment and Planning 1989 (21), 1329 – 1348.

Peet, N. J., Carter, A. J., Baines, J. T., 1985, Energy in the New Zealand Household, 1974 – 1980, *Energy* 10 (11), 1197 – 1208.

Peet, N. J., 1986, Energy Requirements of Output of the New Zealand Economy, 1976 – 1977, *Energy* 11 (7), 659 – 670.

Peet, N. J., J. T. Baines, M. G. Macdonald, J. C. Tohill, R. M. Bassett, 1987, Energy and the Net Energy in New Zealand, *Energy Policy* 15 (3), 239 – 248.

Peters, G. P., 2007, Opportunities and Challenges for Environmental MRIO Modeling: Illustrations with the GTAP Database, 16th International Input – output Conference of the International Input – output Association (IIOA), 2 – 6 July 2007, Istanbul, Turkey.

Peters, Glen P., Hertwich, E. G., 2005, Energy and Pollution Embodied In Trade: The Case Of Norway, Technical Report, Industrial Ecology Program, Norwegian University of Science and Technology (NTNU), Trondheim, Norway.

Peters, G. P., Hertwich, E. G., 2006a, The Importance of Imports for Household Environmental Impacts, *Journal of Industrial Ecology* 10 (3), 89 – 109.

Peters, G. P., Hertwich, E. G., 2006b, Structural Analysis of International Trade: Environmental Impacts of Norway, *Economic Systems Research* 18 (2), 155 – 181.

Peters, Glen P., Hertwich, E. G., 2006c, Pollution Embodied in Trade: the Norwegian Case [J]. *Global Environmental Change*, 16 (4), pp. 379 – 387.

Peters, G. P., Hertwich, E. G., 2008, CO$_2$ Embodied in International

Trade with Implications for Global Climate Policy, *Environmental Science & Technology 42* (5), *1401 – 1407.*

Peters, G. , Webber, C. , Guan, D. , and Hubacek, K. , 2007, China's Growing CO_2 Emissions – A Race Between Lifestyle Changes and Efficiency Gains, *Environmental Science and Technology*, Vol. 41, pp. 5939 – 5944.

Ploger, E. , The Effects of Structural Changes on Danish Energy Consumption, in: A. Smyshlyaev (ed.) Input – Output Modeling, Berlin, Springer.

Polenske, K. R. and Lin, X. (1993) Conserving Energy to Reduce Carbon – Dioxide Emissions in China, *Structural Change and Economic Dynamics*, 4, pp. 249 – 265.

Porter M. , C. Van der Lind, 1995, Toward a New Conception of the Environment – Competitiveness Relationship [J] . *Journal of Economics Perspective*, 9, 97 – 118.

Proops, J. L. R. (1977) Input – output Analysis and Energy Intensities: A Comparison of Some Methodologies, *Applied Mathematical Modelling*, 1, pp. 181 – 186.

Proops, J. L. R. (1984) Modelling the Energy – output Ratio, *Energy Economics*, 6, pp. 47 – 52.

Proops, J. L. , G. Atkinson, B. F. Schlotheim, S. Simon (1999), International Trade and the Sustainability Footprint: A Practical Criterion for its Assessment, *Ecological Economics*, 28: pp. 75 – 97.

Reinders, A. H. M. E. , K. Vringer, K. Blok (2003) The Direct and Indirect Energy Requirement of Households in the European Union *Energy Policy* 31 (2) 139 – 153.

Reinvang, R. , Peters, G. , 2008, Norwegian Consumption, Chinese Pollution —An Example of How OECD Imports Generate CO_2 Emissions in Developing Countries. WWF Norway, WWF China Programme Office, Norwegian University of Science and Technology, Trondheim, Norway.

Reitler, W. , Rudolph, M. and Schaefer, H. (1987) Analysis of the Factors Influencing Energy Consumption in Industry: A Revised Method, *Energy Economics*, 9, pp. 145 – 148.

Rhee, H. - C., Chung, H. - S., 2006, Change in CO_2 Emission and its Transmissions Between Korea and Japan Using International Input - output Analysis, *Ecological Economics*, Vol. 58, pp. 788 - 800.

Rrmose, P. and Olsen, T., 2005, Structural Decomposition Analysis of Air Emissions in Denmark 1980 - 2002, Presented in the 15th International Conference on Input - Output Techniques Beijing, China, June 27 to July 1, 2005.

Roca, J., Serrano, M., 2007, Income Growth and Atmospheric Pollution in Spain: An Input - output Approach, *Ecological Economics* 63 (1), 230 - 242.

Rodrigues, J., Domingos, T., 2007, Estimation of the Transboundary Indirect Effect of Greenhouse Gas Emissions 16th International Input - output Conference of the International Input - output Association (IIOA), 2 - 6 July 2007, Is Tanbul, Turkey.

Rose, A. and S. Casler, 1996, Input - output Structural Decomposition Analysis: A Critical Appraisal, *Economic Systems Research*, 8, 33 - 62.

Rose, A. and Chen, C. Y. (1991) Sources of Change in Energy Use in the US Economy, 1972 - 1982: A Structural Decomposition Analysis, *Resources and Energy*, 13, pp. 1 - 21.

Rose, A. and Miernyk, W. (1989) Input - output Analysis: The First Fifty Years, *Economic Systems Research* 1, pp. 229 - 271.

Rothman, D. S., 1998, Environmental Kuznets Curve - real Progress or Passing the Buck: A Case for Consumption - base Approaches [J]. *Ecological Economics* 25, 177 - 194.

Roy, S., Das, T. and Chakraborty, D. (2002) A Study on the Indian Information Sector: An Experiment with Input - output Techniques, *Economic Systems Research*, 14, pp. 107 - 129.

Runge, C. F., 1995. Trade Pollution and Environmental Protection. in Bromley, D. W. (ed.) *The Handbook of Environmental Economics*, Blackwell, Oxford.

Sánchez - Chóliz, J., Duarte, R., 2004. CO_2 Emissions Embodied in International Trade: Evidence for Spain, Energy Policy 32 (18), 1999

– 2005.

Schaeffer R. and Leal de Saá, A. , 1996, The Embodiment of Carbon Associated with Brazilian Imports and Exports, *Energy Conversion and Management*, 37 (6 – 8): pp. 955 – 960.

Schipper, L. , Ting, M. K. , Khruschch, M. , Golove, W. , 1997, The Evolution of Carbon Dioxide Emissions from Energy Use in Industrialied Countries: An End – use Analysis, *Energy Policy* 25 (7 – 9), 651 – 672.

Scholte, J. A. , 2000, *Globalization: A Critical Introduction*, New York: Palgrave.

Schulz N. B. , 2010, Delving into the Carbon Footprints of Singapore— comparing Direct and Indirect Greenhouse Gas Emissions of a Small and Open Economic System, *Energy Policy* 38 (9), 4848 – 4855.

Seibel, S. , 2003, Decomposition Analysis of Carbon Dioxide Emission Changes in Germany – Conceptual Framework and Empirical Results, European Commission Working Papers and Studies.

Shui, B. , Harriss, R. C. , 2006, The Role of CO_2 Embodiment in US – China Trade, *Energy Policy*, Vol. 34, pp. 4063 – 4068.

Siegel, P. , J. Alwang and T. Johnson (1996) "Decomposing Sources of Regional Growth with an Input – output Model: A Framework for Policy Analysis", *International Regional Science Review* 17.

Skolka, J. (1977) Input – output Anatomy of Import Elasticities, *Empirical Economics*, 2, pp. 123 – 136.

Skolka, J. (1989) Input – output Structural Decomposition Analysis for Austria, *Journal of Policy Modeling*, 11, pp. 45 – 66.

Sonis, M. & Hewings, G. J. D. (1993) Hierarchies of Regional Sub – structure and Their Multipliers Within Input – output Systems, Miyazawa Revised, *Hitotsubashi Journal of Economics*, 34, pp. 33 – 44.

Sonis, M. , Hewings, G. J. D. , Guo, J. and Hulu, E. (1997) Interpreting Spatial Economic Structure: Feedback Loops in the Indonesian Interregional Economy, 1980, 1985, *Regional Science and Urban Economics*, 27, pp. 325 – 342.

Sonis, M. , Oosterhaven, J. , Hewings, G. (1993) Spatial Economic Structure and Structural Changes in the European Common Market: Feedback Loop Input – output Analysis, *Economic Systems Research* 5: 173 – 184.

Stephenson, J. and Saha, G. P. (1980), "Energy Balance of Trade in New Zealand", *Energy Systems and Policy*, 4 (4): pp. 317 – 326.

Steenge, Albert E. (1978), Environmental Repercussions and the Economic Structure: Further Comments, *The Review of Economics and Statistics*, Vol. 60, No. 3, pp. 482 – 486.

Sterner, T. (1985) Structural Change and Technology Choice: Energy Use in Mexican Manufacturing Industry, 1970 – 1981, *Energy Economics*, 9, pp. 77 – 86.

Straumann, R. , 2003, Exporting Pollution? Calculating the Embodied Emissions in Trade for Norway, Reports 2003/17, Statistics Norway.

Strout, A. , 1984, The Hidden World Trade in Energy, Research Report to the World Bank.

Su, B. , H. C. Huang, B. W. Ang, P. Zhou, 2010, Input – output Analysis of CO_2 Emissions Embodied in Trade: The Effects of Sector Aggregation, *Energy Economics*, 32, 166 – 175.

Subak, S. , 1995, Methane Embodied in the International Trade of Commodities: Implications for Global Emissions, *Global Environmental Change* 5 (5), 433 – 446.

Suh, S. (2004) A Note on The Calculus for Physical Input – output Analysis and its Application to Land Appropriation of International Trade Activities, *Ecological Economics*, 48 (1), 9 – 17.

Suri, V. and D. Chapman, 1998, Economic Growth, Trade and the Energy: Implications for the Environmental Kuznets Curve [J] . *Ecological Economics* 25, 195 – 208.

Tarancón Morán M. , P. del Río González, 2007, A Combined Input – output and Sensitivity Analysis Approach to Analyse Sector linkages and CO_2 Emissions, *Energy Economics* 29: 578 – 597.

Tarp, Finn, Roland – Holst, D. and R. , John (2002)' Trade and Income Growth in Vietnam: Estimates from a New Social Accounting Matrix, *E-conomic Systems Research*, 14: 2, 157 – 184.

Ten Raa, T. , Wolff, E. N. (1991) Secondary Products and the Measurement of Productivity Growth, *Regional Science and Urban Economics*, 21 pp. 581 – 615.

Tolmasquim, M. T. , G. Machado, 2003, Energy And Carbon Embodied In The International Trade Of Brazil, Mitigation And Adaptation Strategies for Global Change 8: 139 – 155.

Tukker, A. , Poliakov, E. , Heijungs, R. , Hawkins, T. , Neuwahl, F. , Rueda – Cantuche, J. M. , Giljum, S. , Moll, S. , Oosterhaven, J. , Bouwmeester, M. , 2009, Towards a Global Multi – Regional Environmentally Extended Input – Output Database, *Ecological Economics* 68 (7), 1928 – 1937.

Tun, G. I. , Türüt – Asik, S. , Akbostanci, E. , 2007, CO_2 Emissions vs. CO_2 Responsibility: An Input – output Approach for the Turkish Economy, *Energy Policy* 35 (2), 855 – 868.

Turner, K. , M. Lenzen, Wiedmann T. , J. Barrett, 2007, Examining the Global Environmental Impact of Regional Consumption Activities—Part 1: A Technical Note on Combining Input – output and Ecological Footprint Analysis, *Ecological Economics* 62 (1), 37 – 44.

Tuyet, N. T. A. , K. N. Ishihara (2006) Analysis of Changing Hidden Energy Flow in Vietnam, *Energy Policy*, 34, 1883 – 1888.

United Nations, Handbook of Input – output Table Compilation and Analysis, Studies in Methods Series F, No. 74, Handbook of National Accounting, United Nations, 1999.

Van Engelenburg, B. C. W. , Van Rossum, T. F. M. , Blok, K. and Vringer, K. (1994) "Calculating the Energy Requirements of Household Purchases: A Practical Step – by – step Method", *Energy Policy* 21 (8) 648 – 656.

Vringer, K. , Blok, K. , 1995, The Direct and Indirect Energy Requirements of Households in the Netherlands, *Energy Policy* 23 (10), 893 – 910

Wachsmann U. , R. Wood, M. Lenzen, R. Schaeffer (2009) Structural Decomposition of Energy Use in Brazil from 1970 to 1996, *Applied Energy*, 36: 578 – 587.

Walter, I. , 1973, The Pollution Content of American Trade, *Western Economic Journal* 9 (1), 61 – 70.

Wang, T. and Watson J. , 2007, Who Owns China's Carbon Emissions. Tyndall Briefing Note No. 23, October.

WBCSD (2000) Measuring Eco – Efficiency: A Guide to Reporting Company Performance, World Business Council for Sustainable Development.

Weber, C. L. (2009) Measuring Structural Change and Energy Use: Decomposition of the US Economy from 1997 to 2002, *Energy Policy*, 37: 1561 – 1570.

Weber, C. L. , Matthews, H. S. , 2007, Embodied Environmental Emissions in U. S. International Trade, 1997 – 2004, *Environmental Science and Technology* 41 (14), 4875 – 4881.

Weber, C. L. , Matthews, H. S. , 2008a, Food – miles and the Relative Climate Impacts of Food Choices in the United States, *Environmental Science & Technology* 42 (10), 3508 – 3513.

Weber, C. L. , Matthews, H. S. , 2008b, Quantifying the Global and Distributional Aspects of American Household Carbon Footprint, *Ecological Economics* 66 (2 – 3), 379 – 391.

Weber, C. , Perrels, A. , 2000, Modelling Lifestyle Effects on Energy Demand and Related Emissions, *Energy Policy* 28, 549 – 566.

Weber, C. L. , Peters, G. P. , Guan, D. , Hubacek, K. , "The Contribution of Chinese Exports to Climate Change", *Energy Policy*, 2008, 36, 3572 – 3577.

Weber, C. L. , Peters, G. P. , 2009, Climate Change Policy and International Trade: Policy Considerations in the U. S. , *Energy Policy* 37 (2), 432 – 440.

Weisz, H. and Duchin, F. (2005) Physical and Monetary Input – output Analysis: What Makes the Difference? *Ecological Economics*, 57 (3),

534 – 541.

Wheeler, D. , 2000, Racing to the Bottom? Foreign Investment and Air Pollution in Developing Countries, World Bank Development Research Group Working Paper No. 2524.

Wiedmann T. , 2009a, A First Empirical Comparison of Energy Footprints Embodied in Trade — MRIO versus PLUM, *Ecological Economics* 68 (7), 409 – 424.

Wiedmann, T. (2009b) A Review of Recent Multi – Region Input – Output Models used for Consumption – Based Emission and Resource Accounting. *Ecological Economics*, 69, 211 – 222.

Wiedmann, T. , M. Lenzen, K. Turner and J. Barrett (2007) Examining the Global Environmental Impact of Regional Consumption Activities – Part 2: Review of Input – Output Models for the Assessment of Environmental Impacts Embodied in Trade, *Ecological Economics*, 61, 15 – 26.

Wiedmann, T. , Minx, J. , Barrett, J. , Wackernagel, M. , 2006, Allocating Ecological Footprints to Final Consumption Categories with Input – output Analysis, *Ecological Economics* 56 (1), 28 – 48.

Wiedmann, T. , R. Wood, J. Minx, M. Lenzen, D. Guan and R. Harris (2010) A Carbon Footprint Time Series of the UK – Results from a Multi – Region Input – output Model, *Economic Systems Research*, 22, 19 – 42.

Wier M. , 1998, Source of Changes in Emission from Energy: A Structural Decomposition Analysis, *Economic Systems Research* 10: 99 – 111.

Wier M. , B. Hasler (1999) Accounting for Nitrogen in Denmark—A Structural Decomposition Analysis, *Ecological Economics*, 30, 317 – 331.

Wier, M. , Lenzen, M. , Munksgaard, J. , Smed, S. , 2001, Effects of Household Consumption Patterns on CO_2 Requirements, *Economic Systems Research* 13 (3), 259 – 274.

Wilting, H. C. , Biesiot, W. and Moll, H. C. (1999) Analysing Potentials for Reducing the Energy Requirement of Households in the Netherlands, *Economic Systems Research*, 11, pp. 233 – 244.

Wilting, H. C. , R. Hoekstra, S. Schenau (2006) Emissions and Trade:

A Structural Decomposition Analysis for the Netherlands, Paper Presented at the Intermediate Input – output Meeting on Sustainability, Trade & Productivity, 26 – 28 July, Sendai, Japan.

Wolff, E. N. (1985) Industrial Composition, Interindustry Effects, and the US Productivity Slowdown, *Review of Economics and Statistics*, 67, pp. 268 – 277.

Wolff, E. N. (1994) Productivity Measurement within An Input – output Framework, *Regional Science and Urban Economics*, 24, pp. 75 – 92.

Wood R. (2009) Structural Decomposition Analysis of Australia's Greenhouse Gas Emissions, *Energy Policy* 37, 4943 – 4948.

World Bank, 1992, *Development and the Environment*, *World Development Report*, Oxford University Press, NY.

Wright, D., 1974, Goods and Services: An Input – output Analysis, *Energy Policy* 2 (4), 307 – 315.

Wu, R. H., Chen, C. Y., 1990, On the Application of Input – output Analysis to Energy Issues, *Energy Economics* 12 (1), 71 – 76.

Wu J., Chen Y., and Huang Y., 2007, Trade Pattern Change Impact on Industrial CO_2 Emissions in Taiwan, *Energy Policy*, 35, pp. 5436 – 5446.

Wyckoff A. W. and J. M. Roop, 1994, The Embodiment of Carbon in Imports of Manufactured Products: Implications for International Agreements on Greenhouse Gas Emissions [J]. *Energy Policy*, 22, pp. 187 – 194.

Xu Y. and T. Zhang (2009) A New Approach to Modeling Waste in Physical Input – output Analysis, *Ecological Economics*, 68 (10), 2475 – 2478.

Yabe N. (2004) An Analysis of CO_2 Emissions of Japanese Industries During the Period Between 1985 and 1995, *Energy Policy* 32, 595 – 610.

Yan Y., L. Yang (2010) China's Foreign Trade and Climate Change: A Case Study of CO_2 Emissions, *Energy Policy*, 38 (1), 350 – 356.

Young, C. E. F. (1996), Industrial Pollution and Export – oriented Policies in Brazil, Rio de Janeiro: IE/UFRJ (working paper number 383).

Zhang Bing, Jun Bi, Ziying Fan, Zengwei Yuan, Junjie Ge. Eco – efficiency Analysis of Industrial System in China: A Data Envelopment Analysis

Approach", *Ecological Economics*, 2008, 68, pp. 306 – 316.

Zhang, Y. , 2009 Structural Decomposition Analysis of Sources of Decarbonizing Economic Development in China: 1992 – 2006, *Ecological Economics*, Vol. 68, pp. 2399 – 2405.

Zhang Y. , 2010, Supply – side Structural Effect on Carbon Emissions in China, *Energy Economics*, Vol. 32, pp. 186 – 193.

Zhao, X. , Hong D. (2008) The Effect of the International Trade on Energy Consumption in China, 2008 International Conference on Management Science & Engineering (15th), September 10 – 12, 2008 Long Beach, USA.

Zhou, X. , Kojima, S. , 2009, How does Trade Adjustment Influence National Emissions Inventory of Open Economies? Accounting Embodied Carbon Based on Multi – region Input – output Model, 17th International Input – Output Conference of the International Input – output Association (IIOA), 13 – 17 July 2009, São Paulo, Brazil.